WANG YAO ZANG XUE WEN JI

中 国 藏 学 出 版 社

【现代中国藏学文库】

主　　编：拉巴平措

王尧藏学文集

（卷五）

藏汉文化双向交流·藏传佛教研究

宋 李公麟《唐明皇击毬图》局部 （清 丁观鹏临摹）

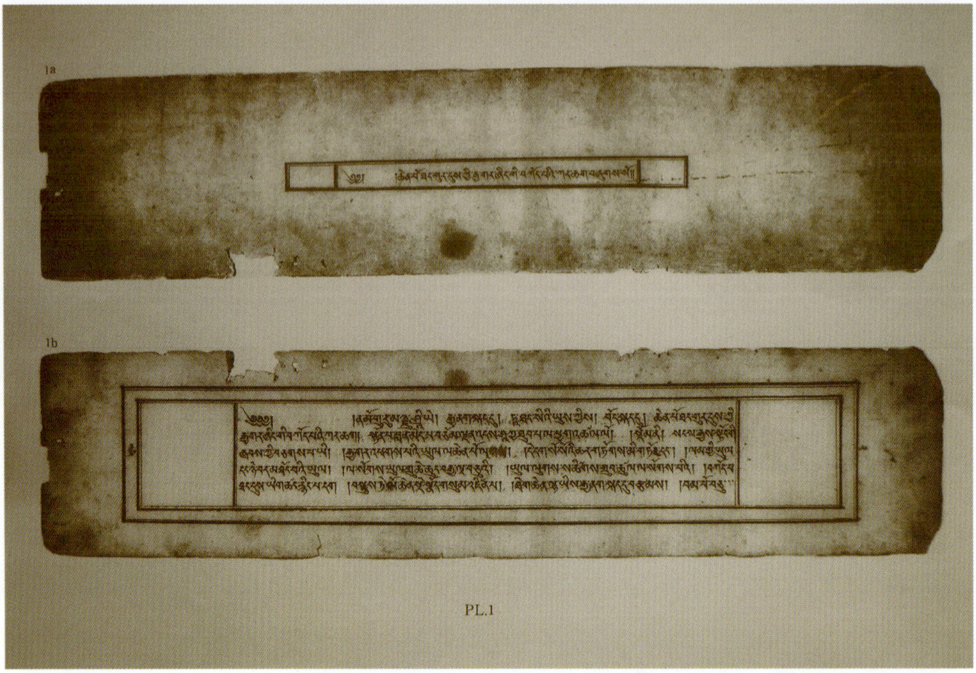

PL.1

藏文《大唐西域记》封面、首页

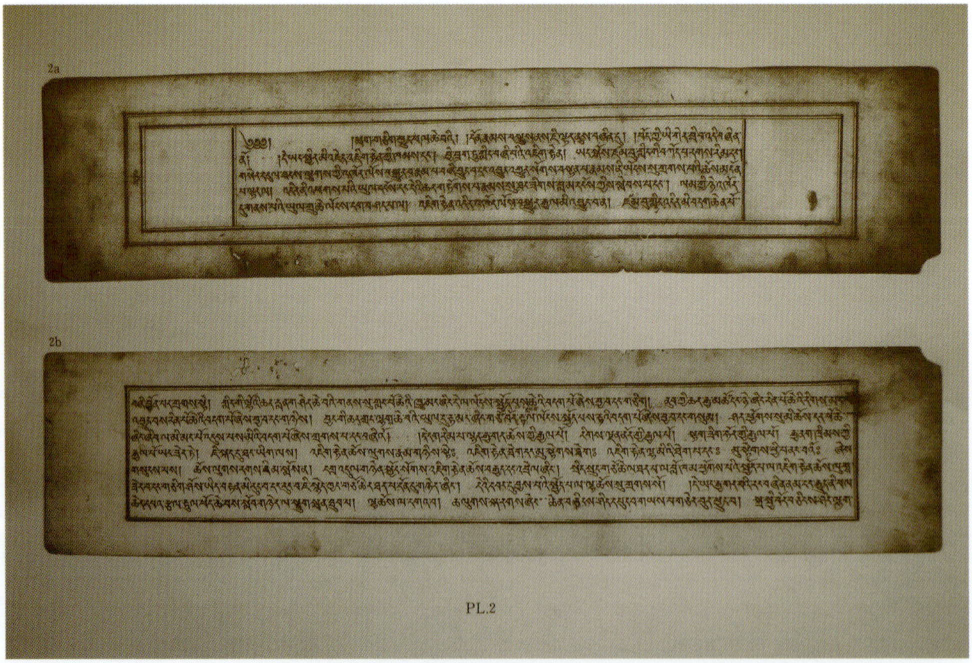

PL.2

藏文《大唐西域记》正文

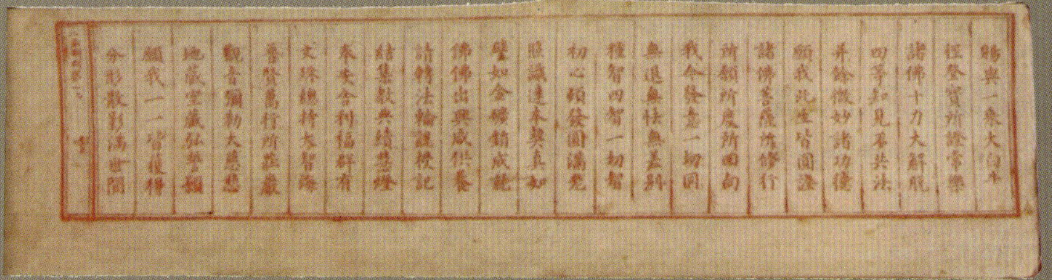

丽江——理塘版《甘珠尔》尾跋第2页上

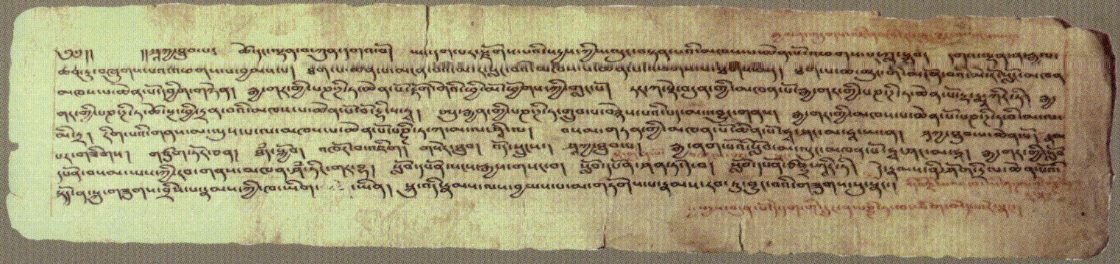

《庞塘目录》第1页

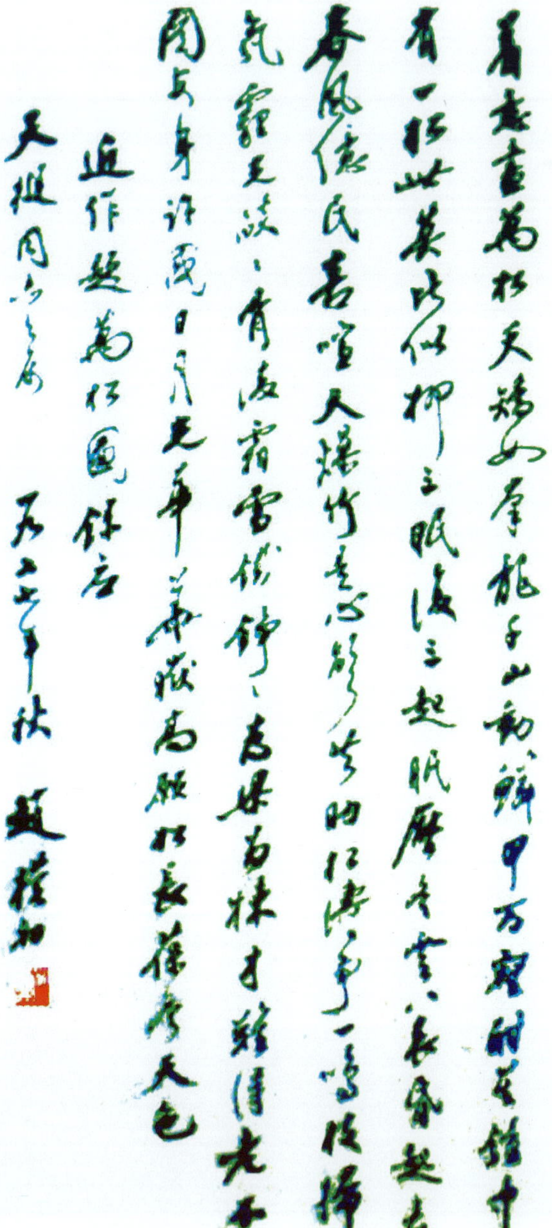

赵朴初《题万松图》墨迹

《现代中国藏学文库》总序

中国是藏学的故乡。西藏是中国不可分割的重要组成部分，藏族是中华民族大家庭的重要成员。这些正是藏学研究产生、发展的最根本条件，也是藏学研究取之不尽、用之不竭的源泉。在中华大地上成长发展起来的这门人文社会科学，现在已经成为世界性的显学。为了展示中国藏学研究的成果，加强同世界同行的学术交流，促进藏学研究的繁荣发展，为西藏和其他藏区的两个文明建设服务，在中国藏学研究中心的领导下，我们编辑出版的这套《现代中国藏学文库》丛书，主要包括四个方面的内容：中国藏学家（包括港澳台学者）的学术专著；具有重要价值的藏学文献（包括现代学者辑录的历史文献）；译成汉文的藏文学术名著；获得博士学位的藏学论文（对于优秀的硕士研究生论文酌情予以收录）。所有收入的论著，均以学术价值为唯一衡量标准，文学作品、游记、通俗读物等暂不收录。作为中国藏学研究的一项基本建设工程，我们将把这项工作长期坚持下去。我们期望得到海内外藏学家的大力支持。

中国藏学出版社

2002 年 10 月

自　序

这套藏学文集，是我20世纪50年代以来主要藏学论著的结集，包括《敦煌本吐蕃历史文书》、《吐蕃金石录》、《吐蕃简牍综录》三部研究吐蕃文献的专著，以及不同时期撰写的涉及藏学几个领域的绝大部分论文。

根据体例编排和选收标准，兹将《文集》厘定为五卷：第一卷《敦煌本吐蕃历史文书·吐蕃制度文化研究》；第二卷《吐蕃金石录·藏文碑刻考释》；第三卷《吐蕃简牍综录·藏语文研究》；第四卷《敦煌吐蕃文书译释》；第五卷《藏汉文化双向交流·藏传佛教研究·附录》。此次结集，对部分篇章的总标题及节标题略有调整或更动；尽量对不同时期所用的译例作了统一，将不同篇章中互相重出的若干长条注释作了归并；于所收各个篇目之后，均标示其原始出处；凡内容有所增补或改订者，则予以特别说明。

另需指出，我的如下论著《文集》暂不收录：（1）《宗喀巴评传》等其他一些合撰性质的著作；（2）《吐蕃文化》等属于讲义、教材性质的著作；（3）关于藏族民间故事、戏剧、格言的译注和研究；（4）留待整理的其他书稿以及序跋、杂文和书信。

承蒙中国藏学研究中心及中国藏学出版社诸位执事先生的美意，使这套五卷本的《文集》得以在“现代中国藏学文库”同时推出。马丽华女士是我多年的老友，以她这份关切藏文化的心情，转而对我过去发表的一些小文予以关注，实在令我感、愧兼而有之。季垣垣女士是上世纪60年代的藏学专业毕业生，也是我毕生的朋友。多亏她的鼎力相助，应该向她敬礼。

陈践教授是我的多种论著的合作者，此次她又在《文集》中藏文录文和译文的校勘方面，向编辑同志提供了不少资料。任小波博士悉心、细心地选辑、编排和校对，包括对许多不统一的译名进行处理。没有他全心全意的帮助，恐怕很难完成此次结集。对于他们的辛劳，在此一并感谢。

自1951年我离宁来京、研究藏学迄今，时光已经跨过了整整一个甲子。作为中国社会中最平凡的一分子，我有幸在建国之初响应时代的感召，投身于民族工作，收获了难忘的人生经历。而今结成此集，或可以回馈社会、仰报师友！

王　尧

2011年3月于北京

目　录

藏汉文化双向交流

藏传佛教研究

附　录

藏汉文化双向交流

藏族翻译家管·法成对民族文化交流的贡献

一、管·法成小史考索

管·法成（vgos chos grub）是公元9世纪间一位藏族翻译家，出身于吐蕃贵姓管氏家族。这一家族在吐蕃地方政权里有过一些声势煊赫的人物，如墀都松芒保杰（khri vdus srong mang bo rje，676—704年）时的七大权臣之一，就是出自管氏家族，名叫管·雅琼（vgos gyag chung）；[①]《大臣遗教》所列吐蕃时期权贵名单中，管氏家族就占三人，他们是赤桑雅卜腊（khri bzang yab lhag）、杨贡喇嘛（yang gong bla ma）和拉卓（lha gro），而且赤桑雅卜腊还被列入七大元老勋臣名单之中，[②] 可见其地位之崇高。在《敦煌本吐蕃历史文书》P. T. 1287号中列为吐蕃赞普勋臣。[③] 管氏家族食邑领地在后藏“茹拉下部”（ru lag smad）改札木（gad bkram）东岱。所谓 gad bkram vgos

① 《吐蕃王统世系明鉴》，德格版，第82页a。

② 《大臣遗教》ca，第8页a；《遗教》总页码60a—b。

③ 《敦煌本吐蕃历史文书》赞普传记第2节。

kyi stong sde yin，就是说“改札木是管氏东岱也”。管氏家族的另一分支又在叶茹统领一个东岱，就是所谓 yel rab brom steng vgos kyi stong sde yin，意思是“叶若卜卓木顶是管氏东岱也”。[1] 总之，吐蕃六十一东岱里，管氏家族就占了两个。这一家族又出过几个显赫的学者，管·库巴拉则是著名的大译师，《集圣》、《金刚空引四奉请》、《大玛雅呼金刚》这三大怛特罗都是出自他的译笔。

及至15世纪，出现了一本史学名著《青史》（deb sngon，1478年成书），它的作者名叫薰奴贝（gzhon nu dpal），又名意桑则巴（yid bzang rtse pa），也是出于这一家族。所以人们称之为管洛·薰奴贝，意思是“管氏家族的译师薰奴贝”（洛，是 lo tsa ba“译师”的缩称）。管·法成原籍后藏达那地方金谢村，现属日喀则地区谢通门县仁钦孜区。看来就是叶茹范围内的那个“叶若卜卓木顶”千户所所在地。从地望上讲两者是相符的。法成成年以后辗转到了沙州（敦煌）。究竟是什么原因和怎样去的，现在已经不大清楚。由于整个河西走廊和安西四镇被吐蕃人完全控制以后，沙州已成为当时唐、蕃、回鹘和西域之间的交通要塞，经济、文化十分繁荣，不少藏族军队和居民在瓜、沙一带定居，跟当地原有的汉人、吐谷浑人、回鹘人在一块土地上生活。一批佛教学者也就到当时佛教文化中心之一的沙州来开展宗教、学术活动。法成给我们留下来不少工作成果，可以供我们探索。松巴堪布益西班觉所著《如意宝树史》大译师名单中，在“无分别”之后、“三大译师”（噶、交、襄）之前即是管·法成，名列第34位。萨迦文殊妙慧著《本续杂集目录》中，在前弘期译师、论师目次内列出管·法成、管·林马二人。看来，佛教经典的研究者对管·法成是相当重视的。日喀则扎什伦布寺内有一幅丝绣唐卡（thang kha，轴画），即为“管氏译师之像”，据扎寺管理人员指认，即系管·法成。确否，尚有待进一

① 《大臣遗教》ca，第8页6/2。

步证实。[1]

法成到达沙州以后住在永康寺，开始了他的译经事业。《敦煌遗书总目索引》P. 2794 号《大乘四法经论及广释开诀记》一卷，题记中写“大蕃国大德三藏法师沙门法成集”，末尾又题署“癸丑年八月下旬九日于沙州永康寺集毕记”。这个题记标明“大蕃国”和在“沙州永康寺”，那么必然是吐蕃人完全控制了沙州以后的事，也就是从沙州最后一次转入吐蕃人之手的 781 年到张义潮举瓜、沙等十一州归唐的 848 年之间的事[2]。在 781—848 年之间的癸丑，就只能是 833 年了。同时还可以举出一条旁证：《敦煌遗书总目索引》P. 2765 号《甲寅年日历》，背后录愿文数篇，其中最有意思的是《大蕃敕尚书令赐大瑟瑟告身尚起律心儿圣光寺功德颂》一篇，下题“大蕃右敦煌郡布衣窦吴撰”。尚起律心儿是当时的赫赫重臣，823 年在拉萨树立的《唐蕃会盟碑》上，作为吐蕃一侧的负责官员，他也参加了会盟，并在碑上署名落款。[3] 这时他在敦煌搞这个功德颂，也必然是在他长驻沙州统领东、北两道兵马之时的事情。那么，这个甲寅也就只能是 833 年（癸丑）的第二年，即 834 年。

P. 2404 号《太玄真一本际经》卷第三，其背面为《六门陀罗尼经论》和《六门陀罗尼经论广释》，这都是法成的译品。尾题“癸丑年十月上旬八日，于沙州永康寺集译讫，故记之也”，也说明了这是法成在 833 年做出的另一件成就。

P. 2284 号《大乘稻芉经随听手镜记》末有“净土寺藏经”印，又有“永康寺后辈法律比丘福渐受持，并兼通稻芉及坐禅，

---

① 1978 年笔者访问扎什伦布寺时，承寺内导游者尼玛杰伯见告，得以目睹这一幅唐卡，并摄有照片。唐卡下有一列藏文，题“达那管译师之像”云云。

② 关于沙州陷蕃年代，见《元和郡县志》卷 40 沙州条下“建中二年陷于吐蕃”；S. 788 号《沙州地志》残卷记寿昌县“右汉龙勒县正光六年改为寿昌郡。武德二年为寿昌县，永徽六年废，乾封二年改为寿昌［县?］，建中初陷吐蕃，大中二年张义潮收复”。据此已知陷蕃年代应在 781 年（建中二年），张义潮举旗起义在 848 年（大中二年）。参见向达《罗叔言“补唐书张义潮传”补正》一文中的详细讨论。

③ 参见《吐蕃金石录》所收《唐蕃会盟碑》北侧吐蕃官员与盟者名单。

并具足义”等字样，福渐是在永康寺直接听法成讲述经论的人。P. 2245 号《四分戒本疏》卷第三（沙门慧述）的末尾题“沙门福渐勘讫（墨书），寅年十月十一日比丘福渐详阅（朱书）”。这个寅年，似乎也就是 834 年（甲寅），说明福渐于 834 年在永康寺继续听法成讲经说法，听了《大乘稻芊经》，还做了笔记。

我们又从一些译品题记里知道，法成后来离开了沙州，到了甘州，住在修多寺。S. 1287 号《诸星母陀罗尼经》，尾题：“沙门法成于甘州修多寺译。”S. 5010 号同一经卷，题记：“壬戌年四月十六日于甘州修多寺翻译此经。”据此，可以知道法成在 842 年（壬戌）已经到了甘州，住在修多寺，继续开展翻译经典的工作。P. 2073 号《萨婆多宗五事论》一卷，上题“大蕃大德三藏法师沙门法戒（当是成字，目录中误植）于甘州修多寺道场译”，卷尾题署“丙寅年五月十五日于大蕃甘州张掖县译”。可知 846 年（丙寅），法成仍在甘州译经。

唐宣宗大中二年（848 年），张义潮举旗起事，联合当地各族人等，推翻了吐蕃奴隶主在沙州一带的统治。同时吐蕃本部的政局也发生了极大的变化。所有这些变化给各个阶层都带来一定的影响。法成作为吐蕃人统治时期的僧侣上层人物，可以想象到也会有所波及。这首先表现在他又从甘州西行，回到沙州；第二，从这以后他在译品题记中落款再不提“大蕃”二字，只署“国大德三藏法师沙门法成”。这可能是沙州在张氏领导下，已奉唐廷正朔，举起“大唐归义军节度使”的旗号，为了遵行功令，而作了更改。

法成回到沙州以后，住在开元寺，开讲《瑜伽师地论》。S. 5309 号《瑜伽论》三〇卷，落款：“比丘恒安随听论本，大唐大中十一年岁次丁丑六月二十二日，国大德三藏法师沙门法成，于沙州开元寺说毕记。”表明 857 年法成已在沙州开元寺讲述《瑜伽论》。还有比丘明照等人记录在大中十二年（858 年）、大中十三年（859 年）法成继续开讲的记录。P. 4587 号《诸星母陀罗尼经》，题记：“壬戌年四月十六日于甘州修多寺翻译此经，大中十一年阳英德书记。”似乎是把法成833年旧译稿，在857年再次由阳英德其人重新记录；也可能是法成此时在开元寺讽诵此经，由阳英德书而记之。

总之，直到公元859年以前，还可以见到法成活动的踪迹。从这以后，就没有他的消息了。

日本上山大峻对于管·法成的事迹做了很多可贵的工作，但是他认为管·法成就是P.4660号《吴和尚邈真赞》中的吴和尚。这一点，我却不敢苟同。前面，我已把管氏家族在吐蕃的社会地位、家世渊源做了一个概述，同时还指出管·法成的出身籍贯。他只能是藏人，决不会是汉人。吴和尚是汉僧，原籍山西而流寓河西，与法成并非一人。上山大峻氏主要依据是P.4660号《吴和尚邈真赞》，那么，我们也来看看这份文献：

大唐沙州译经三藏大德吴和尚邈真赞

军事判官将仕郎守监察御史上柱国张球撰

大哉辩士　为国鼎师　了达玄妙　峭然天机

博览犹一　定四威仪　鹫峰秘密　阐于今时

西天轨则　师谓深知　八万既晓　三藏内持

桧叶教化　传译汉书　孰能可测　人皆仰归

圣神赞普　虔奉真如　诏临和尚　愿为国师

黄金百镒　驿使亲驰　空雪志理　浩然卓奇

自通唐化　荐福明时　司空奉国　固请我师

愿谈唯识　助化旌麾　星霜不换　已至无依

奈何损世　而弃厌离

法学弟子丝丘恒安题

这里的“圣神赞普，虔奉真如，诏临和尚，愿为国师”几句话，不过说明吴和尚的名气很大，连吐蕃赞普由于信仰佛教，也下了诏令，请他去担任国师罢了，并不能就此断言他是藏人。其实，在建中二年（781年）以后，汉地僧侣到吐蕃去传布佛教的人前后相望，络绎不绝。汉僧在藏土者为数正复不少，吴和尚不过是其中之一而已。

二、管·法成译著目录

第一部分：由汉文译为藏文的经籍

1）འཕགས་པ་གསེར་འོད་དམ་པ་མཆོག་ཏུ་རྣམ་པར་རྒྱལ་བའི་མདོ་སྡེའི་རྒྱལ་པོ་ཐེག་པ་ཆེན་པོའི་མདོ།

vphags pa gser vod dam pa mchog tu rnam par rgyal bavi mdo sdevi rgyal po theg pa chen povi mdo/

（《金光明最胜王经》，汉文本系义净译，10 卷。）

1. 北京版方册本，第 7 函 p. 23—1—3，尾题：

zhu chen gyi mkhan po dang lo tstsha ba bcom ldan vdas kyi ring lugs ban de chos grub kyis rgyavi dpe las sgyur cing zhus te gtan la phab pa/

（大校阅大德方丈翻译师、世尊之徒、沙门法成据汉文本译出并校阅勘定。）

2. 德格版：据《藏文大藏经总目录》甘珠尔部，怛特罗部，第 555 号，即为此书。注明“汉文藏译”，且在卷首，标明汉语音译：“大—乘—金—光—明—最—胜—王—经”，译者：vgos chos grub。

3. 《伯希和劫经录》藏文部分：据《拉露目录》Ⅰ，499、500、502，三号均为此经写本。

2）འཕགས་པ་དགོངས་པ་ཟབ་མོ་ངེས་པར་འགྲེལ་པའི་མདོའི་རྒྱ་ཆེར་འགྲེལ་པ།

vphags pa dgongs pa zab mo nges par vgrel pavi mdovi rgya cher vgrel pa/

（《解深密经疏》，圆测撰，10 卷。）

1. 北京版方册本，第 106 函 p. 349—3—4，载：

vphags pa dgongs pa zad mo nges par vgrel pavi mdo rgya cher vgrel pa rgyavi slob dpon wen chig gis mdzad pa rdzogs so/

（《圣解深密经大疏》，汉大论师圆测造，完。）

dpal lha btsan povi bkav lung gis zhu chen gyi lo tsav ba dge slong vgos chos grub kyis rgyavi dpe las bsgyur cing zhus te gtan la phab pa/

（奉吉祥天赞普之诏命，大校阅翻译师、比丘管·法成据汉本译出并校阅勘定。）

2. 德格版：据《藏文大藏经总目录》丹珠尔部，经疏部，第4016号，标明“汉文藏译”，圆测造，vgos chos grub（管·法成）译。

圆测（613—696年）是玄奘弟子，西明寺唯识派巨匠。玄奘译出《解深密经》，圆测就造了此疏，汉本已经佚失，所幸管·法成所译的藏文本保存完整，可以窥出原书全貌，不能不算汉藏文化交流史的一段佳话。

3）འཕགས་པ་ལང་ཀར་གཤེགས་པ་རིན་པོ་ཆེའི་མདོ་ལས་སངས་རྒྱས་ཐམས་ཅད་ཀྱི་གསུང་གི་སྙིང་པོ་ཞེས་བྱ་བའི་ལེའུ།

vphags pa lang kar gshegs pa rin po chevi mdo las sangs rgyas thams cad kyi gsung gi snying po zhes bya bavi levu/

（《楞伽阿波多罗宝经》，《入楞伽经》。）

1. 北京版方册木，第29函 p. 85—1—3，127—3—8，尾题：

dpal lha btsan povi bkav lung gis rgyavi slob dpon wen hwi yis mdsad pavi vgrel pa dang sbyar nas lo tstsha ba dge slong vgo chos grub kyis bsgyur cing zhus/

（奉吉祥天赞普之诏命，取汉大论师圆晖所撰之疏相对，翻译师、比丘法成译出并校阅。）

2. 德格版：据《藏文大藏经总目录》甘珠尔部，经部，第108号，标明“汉文藏译”，vgos chos grub（管·法成）译。又：第107号，《入楞伽经》（vphags pa lang kar gshegs pavi theg pa chen povi mdo）亦标明“汉文藏译”。

3. S. 5603号，圆晖述《楞伽经疏》似为此书之写本流布于敦煌者。

4）འཕགས་པ་ལེགས་ཉེས་ཀྱི་རྒྱུ་དང་འབྲས་བུ་བསྟན་པ་ཞེས་བྱ་བ་ཐེག་པ་ཆེན་པོའི་མདོ།

vphags pa legs nyes kyi rgyu dang vbras bu bstan pa zhes bya ba theg pa chen povi mdo/

（汉本《善恶因果经》。）

1. 北京版方册本，第 40 函 p. 342—5—7，尾题：

zhu chen gyi lo tstsha ba ban de chos grub kyis rgya gar dang rgyavi dpe las bsgyur cing zhus te gtan la phab pa/

（大校阅翻译师、沙门法成取梵、汉两本译出并校阅勘定。）

2. 德格版：据《藏文大藏经总目录》甘珠尔部，经部，第 354 号，标明“汉文藏译”，chos grub（法成）译。

5）འཛངས་བླུན་ཞེས་བྱ་བའི་མདོ།

vdzangs blun zhes bya bavi mdo/

（汉本《贤愚经》，13 卷，元魏慧觉等译。）

1. 北京版方册本，第 40 函 p. 54—5—1，123—2—4，佚译者名。

2. 德格版：据《藏文大藏经总目录》甘珠尔部，经部，第 341 号，标明“梵、汉两本藏译”，vgos chos grub（管·法成）译。

汉文本全 69 品，今取德格版藏文本相比勘；藏文本 51 品，汉文本中有 18 品未译成藏文。失译各品品次为：

七：须阇提缘品

十六：大光明王始发道心

十七：摩诃斯那优婆夷

二十八：五百盲儿往返逐佛

二十九：富那奇

三十：尼提度

三十八：盖事

四十：阿难总持

四十一：优婆斯兄所杀缘品

四十二：儿误杀父

四十三：须达起精舍

四十四：大光明始发无上心

四十五：勒那阇耶缘品

四十六：迦毗梨百头缘品

四十七：净居天请洗浴缘品

五十七：波婆梨缘品

五十八：二鹦鹉闻四谛缘品

五十九：鸟闻比丘说法升天缘品

6）འཕགས་པ་གོ་ཆའི་བཀོད་པ་བསྟན་པ་ཞེས་བྱ་བའི་ཐེག་པ་ཆེན་པོའི་མདོ།

འཕགས་པ་མངལ་དུ་འཇུག་པ་བསྟན་པ་ཞེས་བྱ་བའི་ཐེག་པ་ཆེན་པོའི་མདོ།

འཕགས་པ་བུ་མོ་རྣམ་དག་དད་པས་ཞུས་པ་ཞེས་བྱ་བའི་ཐེག་པ་ཆེན་པོའི་མདོ།

vphags pa go chavi bkod pa bstan pa zhes bya bavi theg pa chen povi mdo/

vphags pa mngal du vjug pa bstan pa zhes bya bavi theg pa chen povi mdo/

vphags pa bu mo rnam dag dad pas zhus pa zhes bya bavi theg pa chen povi mdo/

（《大宝积经被甲庄严会第七》，《大宝积经佛为阿难说处胎会第十三》，《大宝积经净信童女会第四十》。）

1. 北京版方册本，第22函 p. 160—2—6，191—3—1，佚译者名（第七会）。

2. 德格版：据《藏文大藏经总目录》甘珠尔部，宝积部，第51号，标明“汉文藏译”，vgos chos grub（管·法成）译。

3. 那塘版：甘珠尔部 kha，标明 chos grub 译自汉本。

十三会：德格版：《藏文大藏经总目录》编号58；那塘版：甘珠尔部 ga。

四十会：德格版：《藏文大藏经总目录》编号84；那塘版：甘珠尔部 cha。

上两会均标明“法成译自汉本”。德格版并注：“大宝积经四十九会由梵、汉、于阗各本搜集译成云。”

7）འཕགས་པ་དུས་དང་དུས་མ་ཡིན་པ་བསྟན་པ་ཞེས་བྱ་བའི་མདོ།

vphags pa dus dang dus ma yin pa bstan pa zhes bya bavi mdo/

（《佛说时非时经》，若罗严译。）

北京版、德格版均失载，唯见于斯坦因劫走敦煌遗书藏文卷 34 尾题：

zhu chen gyi mkhan po dang lo tsa ba bcom ldan vdas kyi ring lugs ban de chos grub kyis rgyavi dpe las bsgyur cing zhus te gtan la phab pa/

（大校阅大德方丈译师、世尊之徒、沙门法成自汉本译出并校阅勘定。）

8）འཕགས་པ་ཁར་སིལ་གྱི་མདོ། འཁར་གསིལ་འཆང་བའི་ཀུན་དུ་སྤྱོད་པའི་ཆོ་ག།

vphags pa khar sil gyi mdo/ vkhar gsil vchang bavi kun du spyod pavi cho ga/

（《锡杖经》，《执持锡杖普行轨则》。）

1. 北京版方册本，第 39 函 p. 114，115。

2. 德格版：据《藏文大藏经总目录》，第 335、336 号，未注译者，《斯坦因劫经录》藏文卷 24 收录此经，尾题：“大校阅译师、沙门法成自汉本译出并校阅勘定。”

9）འཕགས་པ་བྱང་ཆུབ་སེམས་དཔའ་སྤྱན་རས་གཟིགས་དབང་ཕྱུག་ཕྱག་སྟོང་སྤྱན་སྟོང་དང་ལྡན་པ་ཐོགས་པ་མི་མངའ་བའི་ཐུགས་རྗེ་ཆེན་པོའི་སེམས་རྒྱ་ཆེར་ཡོངས་སུ་རྫོགས་པ་ཞེས་བྱ་བའི་གཟུངས།

vphags pa byang chub sems dpav spyan ras gzigs dbang phyug phyag stong spyan stong dang ldan pa thogs pa mi mngav bavi thugs rje chen povi sems rgya cher yongs su rdsogs pa zhes bya bavi gzungs/

（《千手千眼陀罗尼》。）

1. 北京版方册本，第 8 函 p. 110—2—6，123—5—8，尾题：

zhu chen gyi lo tstsha ba ban de chos grub kyis rgyavi

dpe las bsgyur cing gtan la phab pavo/

（大校阅翻译师、沙门法成自汉本译出并校阅勘定。）

2. 德格版：据《藏文大藏经总目录》，第691号，标明“汉文藏译”，chos grub（法成）译。

10）འཕགས་པ་སྤྱན་རས་གཟིགས་དབང་ཕྱུག་གི་གསང་བའི་མཛོད་ཐོགས་པ་མེད་པའི་ཡིད་བཞིན་གྱི་འཁོར་ལོའི་སྙིང་པོ་ཞེས་བྱ་བའི་གཟུངས།

vphags pa spyan ras gzigs dbang phyug gi gsang bavi mdzod thogs pa med pavi yid bzhin gyi vkhor lovi snying po zhes bya bavi gzungs/

（《观音陀罗尼经》。）

1. 北京版方册本，第8函 p. 125—1—1，130—2—5，尾题：

zhu chen gyi mkhan po dang lo tstsha ba bcom ldan vdas kyi ring lugs pa ban de chos grub kyis rgyavi dpe las bsgyu cing zhus te gtan la phab pavo/

（大校阅方丈大德翻译师、世尊之徒、沙门法成自汉本译出并校阅勘定。）

2. 德格版：据《藏文大藏经总目录》，第692号，标明“汉文藏译”，chos grub（法成）译。

3. 《敦煌遗书总目录索引》：S. 5598、2498《观世音菩萨密藏无碍如意轮心转陀罗尼》，即系此经汉文写本。

11）འཕགས་པ་ཞལ་བཅུ་གཅིག་པའི་རིག་སྔགས་ཀྱི་སྙིང་པོ་ཞེམ་བྱ་བའི་གཟུངས།

vphags pa zhal bcu gcig pavi rig sngags kyi snying po zhes bya bavi gzungs/

（汉本《十一面神咒心经》，玄奘译。）

1. 北京版方册本，第8函 p. 131—3—3，134—5—6，尾题：

zhu chen gyi mkhan po dang lo tstsha ba bcom ldan vdas kyi ring lugs pa ban de chos grub kyis rgyavi dpe las bsgyur cing zhus te gtan la phab pa/

（大校阅大德方丈翻译师、世尊之徒、沙门法成自汉本译出并校阅勘定。）

2. 德格版：据《藏文大藏经总目录》，第694号，标明“汉文藏译”，chos grub（法成）译

12）ཡི་གེ་བརྒྱ་པ་ཞེས་བྱ་བའི་རབ་ཏུ་བྱེད་པ་ཚིག་ལེའུ་བྱས་པ། ཡི་གེ་བརྒྱ་པའི་རབ་ཏུ་བྱེད་པ་རྣམ་པར་བཤད་པ།

yi ge brgya pa zhes bya bavi rab tu byed pa tshig levu byas pa, yi ge brgya pavi rab tu byed pa rnam par bshad pa/

（《百字论颂》,《百字论释》。）

1. 北京版方册本，失载。

2. 德格版：据《藏文大藏经总目录》，第3834号《百字论》，第3835号《百字论疏》，为阿难陀、称富智译，未说明自何种文字译出。

3.《斯坦因劫经录》藏文卷24有此经，尾题：

zhu chen gyi lo tsa ba ban de chos grub kyis rgyavi dpe las bsgyur cing zhus te gtan la phab pa/

（大校阅译师、沙门法成自汉本译出并校阅勘定。）

可能有两种译本。

13）རྟེན་ཅིང་བབྲེལ་བར་འབྱུང་བ་ཚིག་ལེའུར་བྱས་པ་སུམ་ཅུ་པ།

རྟེན་ཅིང་འབྲེལ་པར་འབྱུང་བ་ཚིག་ལེའུར་བྱས་པ་སུམ་དུ་པའི་རྣམ་པར་བཤད་པ།

rten cing vbrel par vbyung ba tshig levur byas pa sum cu pa/

rten cing vbrel par vbyung ba tshig levur byas pavi rnam par bshad pa/

（汉本《缘生三十颂》，楞伽造，达磨笈多译。《缘生三十颂释》，楞伽造，不空译。）

1. 北京版方册本，失载。

2. 德格版：据《藏文大藏经总目录》，译名不同，第980、981号，译者不同。

3.《斯坦因劫经录》藏文卷24录此经，尾题：

rten cing vbrel par vbyung ba tshig levur byas pa sum ju

pa slob dpon ur lang kas mdsad pa rdsogs so/

（《缘生三十颂》，楞伽大师造，完。）

zhu chen gyi lo tsa ba ban de chos grub kyis rgyavi dpe las bsgyur cing zhus te gtan la phab pa/

（大校阅译师、沙门法成自汉本译出并校阅勘定。）

14）འཇུག་པའི་སྒྲ་བརྒྱད་བསྟན་པ་ཚིག་ལེའུར་བྱས་པ།

vjug pavi sgra brgyad bstan pa tshig levur byas pa/

（《八转声颂》。）

1.《斯坦因劫经录》藏文卷625号录此经。

2.《伯希和劫经录》藏文部分：《拉露目录》第1册，783号为此经写本。

3.《敦煌遗书总目索引》：P. 2061号。

《八转声颂》，题记："国大德三藏法师法成译"字样，似乎表明汉文本也是法成所译。

藏文本尾题又作"法成译自汉本"。由此看来，汉本也有可能是"法成译自梵本"。这一推测是否可信，尚待证明。

第二部分：由藏文译为汉文的经籍

1）《般若波罗蜜多心经》

据《敦煌遗书总目索引》，P. 4882号《般若心经》，尾题："大蕃国大德三藏法师、沙门法成译。"

据《敦煌劫余录》，别译《般若波罗蜜多心经》，李53、始55、海77等号均为此经，题"法成译"。S. 1251、1306、5447诸号，亦为法成译此经。北京刻经处辑印的《心经七译本》中，就收有"国大德三藏法师、沙门法成译"本。另外六种是：

鸠摩罗什（344—413年）译；

玄奘（649年）译；

法月（653—743年）译；

般若（790年）译；

智慧轮（861年）译；

施护（982—1017年）译。

2）《诸星母陀罗尼经》

据《敦煌遗书总目索引》，S. 5010号即为此经，尾题："沙门法成于甘州修多寺译"，"壬戌年四月十六日，于甘州修多寺"。藏文名为：

གཟའ་རྣམས་ཀྱི་ཡུམ་ཞེས་བྱ་བའི་གཟུངས།

gzav rnams kyi yum zhes bya bavi gzung/

载《斯坦因劫经录》藏文卷334号；伯希和藏文卷410、411号。

3）《萨婆多宗五事论》

据《敦煌遗书总目索引》，P. 2073号即为此经，题："大蕃国大德三藏法师、沙门法成，于甘州修多寺道场译"，"丙寅年五月十五日，于大蕃甘州张掖县译"。

4）《菩萨律仪二十颂》

据《敦煌遗书总目索引》，P. 3950号即是此经，题："赞多啰具名菩萨造，国大德三藏法师法成译。"

5）《释迦牟尼如来像法灭尽之记》

据《敦煌遗书总目索引》，P. 2136号即是此经，题："国大德三藏法师、沙门法成译。"此书与li yul lung bstan（《于阗授记》）、li yul chos kyi lo rgyus（《于阗教法史》）二书首尾相接。

第三部分：集录或讲述的经籍

1）《大乘四法经论及广释开决记》

据《敦煌遗书总目索引》，P. 2794号即是此经，题："大蕃国大德三藏法师、沙门法成集，癸丑年八月下旬九日，于沙州永康寺集毕记。"

2）《大乘稻芊经随听手镜记》

据《敦煌遗书总目索引》，P. 2284、2303，S. 1080，均为此经法成集本，题"大乘稻芊经随听疏"。P. 2303号有题字"沙门法成译”，恐有误书。

3）《叹诸佛如来无染着德赞》

据《敦煌遗书总目索引》，P. 2886 号为此经，题“吉祥童子授草偈，国大德三藏法师法成述。”

4）《瑜伽师地论》讲义录

此经为法成在沙州开元寺讲述的主要经籍，汉文由听讲会众分别记录，录文极多，分别见于《敦煌遗书总目索引》之内，时间由唐宣宗大中九年（855 年）三月十五日起，直至大中十三年（859 年）岁次乙卯四月二十四日，中间长达四年有余；随听会众见于记录者有谈迅、论慧、法镜、洪真、恒安、明照、一真、智慧山等 10 余人。

从录文中多次出现“故蕃本云……”、“若于蕃本……”等字样看来，法成讲述此论时以汉、藏两种文字对比，充分利用了其掌握两种文本的有利条件。

在《敦煌遗书总目索引》P. 3301 号所录《瑜伽论汉藏对照字汇》一卷，最堪注意，可能就是在法成讲述此论时的产物。李方桂氏曾做过考证，见《通报》1961 年，原题为 A Sino-Tibetan Glossary from Tun-huang，并附有对照字汇及索引。

附记：

这一题目原来是在 1963 年给藏文研究班同学讲述《藏文大藏经述略》一文中提出的，事隔十多年没有再去理它。最近见到日本上山大峻的新著《大蕃国大德三藏法师沙门法成的研究》，很受启发，颇多不谋而合之处。于是摭拾旧稿，草成新篇，作为中央民族学院校庆 27 周年学术报告会上的宣读文稿。文中采用了上山氏的一些研究成果，不敢苟同之处已如上述。由于上山氏的论文至今没有汉文译本，理合申明如上，以免掠美之嫌。1979 年 4 月补记。

（原载《文物》1980 年第 7 期。）

《贤愚因缘经》藏文本及其译者小考

一

《贤愚经》又译作《贤愚因缘经》，国内有汉、藏、蒙古三种文字译本。[①] 在敦煌石室遗书中亦多有发现，经调查情况如下：（1）汉文：北京图书馆（今中国国家图书馆）藏敦煌写卷来

---

① 三种不同文本的《贤愚经》刻本情况如下：

（1）汉文本：《大正藏目录》本缘部，202 号：《贤愚经》13 卷，元魏慧觉等译。吕澂：《新编汉文大藏经目录》律部，088 号：《贤愚经》15 卷，元魏慧觉译，太平真君六年（455 年）据《古今译经图纪》。梁僧祐：《出三藏记集》，天监九年至十七年（510—518 年），作昙学、威德合译。金陵刻经处木刻本《贤愚因缘经》13 卷，元魏沙门慧觉译。

（2）蒙古文本：《天清番经局目录》，蒙文《贤愚经》4 卷。未注明译经时代及译者，似据藏文译出。

（3）藏文本：布顿《布顿佛教史》（1322 年成书）列为小乘经典，题名 mdo vdzang blun。未标译者，但云系从梵文本及汉文本译出。木刻诸本有：那塘版（na）196B—464B，卓尼版（co）146A—334B，北京版（A、B）139B—302B，德格版（A）129A—298A，拉萨版（sa）207B—476B。均注明自汉文译出，译者为管 · 法成（mgo 或 mgos/chos grub）。但拉卜楞版，最为特别，声称据彭楚林版有 52 品（其他各版均为 51 品，其末品即为须阇提缘品），不著译者。

上述汉藏诸本分类不同，亦反映对此经认识上的差别。吕澂先生将其归入律部，藏文本归入小乘类，《大正藏》归入本缘部。金克木先生另有新的分类法，把它列入“宗教文学”一类，参见《比较文化论集》，第 215—222 页。

81、冬32、称95、潜87、师82、人11、文53等共7个卷号，皆为《贤愚经》残卷。S. 3693号《贤愚经》第四。P. 2105号《贤愚经》第十三，P. 2316号《贤愚经》第十一，P. 3312号《贤愚经》第一。日本大谷大学图书馆藏敦煌遗书0737号《贤愚经》第二（首尾缺），中村不折藏敦煌遗书0821号《贤愚因缘经》。① 以上汉文写卷《贤愚经》共13个卷号。（2）藏文：I. O. 217号《贤愚经》第二十三，I. O. 218号《贤愚经》第二十四。② P. T. 943号《贤愚经》第三十八至第四十九。③

匈牙利东方学家台也耶克曾就P. T. 943号《贤愚经》残卷进行研究，写过一篇名重一时的论文，发表在《东方学报》1969年第22期和1970年第23期。④ 他做了不少有益的探索，其主要成就在于：（1）弄清P. T. 943号残卷，除了部分缺佚以外，实际包含了《贤愚经》第三十八至第四十九，共11个品次。（2）取藏文木刻本的北京、那塘和德格三种版本与敦煌写本相较，发现并总结了敦煌写本若干正字法上的特点，以及正字法特点所反映的语音价值。（3）归纳出写本中梵文音译语词（人名、地名）的转写规则。（4）探讨再后加字、强音da（即da drag）对辅音韵尾的影响。（5）有关古藏语形态学问题。

台氏文章未及I. O. 217、218两个卷号的藏文写本内容，亦未能以藏文写本和藏文木刻本与汉文刻本相互对勘、比较，似嫌不足。在此前后，日本的高桥盛孝写过两篇关于《贤愚经》的介绍文字，即《藏汉文本〈贤愚经〉》（1963年）和《藏汉对译〈贤愚经〉》（1969年），惜未见。笔者不才，取汉文金陵刻经处

---

① 参见王重民：《敦煌遗书总目录索引》有关各条。日本藤枝晃称日本所藏者为伪品。

② 威利布散：《印度事务部图书馆藏敦煌藏文写本目录》，1962年，第79页。

③ 拉露：《巴黎国家图书馆藏伯希和搜集的敦煌藏文写本目录》，第2册，1950年，第22页。

④ J. Terjēh, Fragments of the Tibetan Sutra of The Wise and the Fool, from Tun-Huang Acta Orientalia Academiae Scientiarum Hung-ricae, Tomus XXII, 1969, p. 334, 1970, pp. 55-83.

刻本与藏文拉卜楞寺刻本比较：知汉文69品、藏文51品、阙译18品，而品次排列亦有参差。下面是两种文本的对照目录及阙译的品次目录：

藏文	汉文
1. dpe sna tshogs bstan pavi levu/	杂譬喻品第一（梵天请法六事）。
2. sems can chen pos stag mo la lus sbyin pavi levu/	摩诃萨埵以身施虎缘品第二。
3. kun tu rgyus tshul khrims bsrungs pavi levu/	梵志受斋缘品第三。
4. lus btsongs te mchod pa byas pavi levu/	波罗柰人身贸供养缘品第四。
5. rgya mtshovi lhas dris pavi levu/	海神难问船人缘品第五。
6. lhavi bu gang gavi da ra zhes bya bavi levu/	恒伽达缘品第六。
7. rgyal po gsal gyi bu mo rdo rjevi levu/	波斯匿王女金刚缘品第八。
8. gser dbyig gi levu/	金财因缘品第九。
9. lhavi me tog gi levu/	华天因缘品第十。
10. lhavi rin chen gyi levu/	宝天因缘品第十一。
11. bzod pavi levu/	羼提波罗因缘品第十二。
12. rgyal po byams pavi stobs kyis sbyin pavi levu/	慈力王血施缘品第十三。
13. ston pa drug btul bavi levu/	降六师缘品第十四。
14. gcan gzan kun tas lus sbyin pa byas pavi levu/	锯陀身施缘品第十五。
15. rab tu byung bavi yon tan bsngags pavi levu/	出家功德尸利苾提缘品第十八。
16. dge tshul gyis tshul khrims	沙弥守戒自杀缘品第十九。

bsrungs pavi levu/	
17. khyim bdag dbang po med pavi levu/	长者无耳鼻舌缘品第二十。
18. dbul mos ros byin pavi levu/	贫人夫妇氎施得现根缘品第二十一。
19. bran g·yog dbul mos kav tyav ya na la dbul btsongs pavi levu/	迦旃延教老母卖贫缘品第二十二。
20. gser lhavi levu/	金天缘品第二十三。
21. rigs gnyis pavi levu/	重姓缘品第二十四。
22. rgal po zla vod kyis mgo byin povi levu/	月光王头施缘品第二十六。
23. blon po ri dwags kyi bu bdun gyi levu/	梨耆弥七子缘品第三十三。
24. ka pin chen povi levu/	大劫宾宁缘品第三十一。
25. dge slong ma sud pavi levu/	微妙比丘尼缘品第三十二。
26. rgyal po shu do la gar nivi levu/	设头罗健宁缘品第三十四。
27. rgyal po a sho kavi levu/	阿输迦施土缘品第三十五。
28. gser gyi bum pavi levu/	七瓶金施缘品第三十六。
29. tham ze mo bde bavi levu/	差摩现报缘品第三十七。
30. sbyin pa chen po rgya mtshor zhugs pavi levu/	大施抒海缘品第三十九。
31. rgyal po mo long gdong gi levu/	摩诃令奴缘品第四十八。
32. legs tshol nyes tshol gyi levu/	善求恶求缘品第四十九。
33. rgal bu dge don gyi levu/	善事太子入海缘品第五十。
34. khyim bdag sdums byed	五百盲儿往返逐佛缘品第二

gyi levu/	十八。
35. rgyal po mig vbyed kvi levu/	快目王眼施缘品第二十七。
36. mi gdung pa sor vphreng can gyi levu/	无恼指鬘缘品第五十一。
37. dbul mo bsnyon dgav movi levu/	贫女难陀缘品第五十三。
38. ba shi tsir gyi levu/	婆世踬缘品第六十六。
39. khyim bdag dbyig pa can gyi levu/	檀腻羁缘品第五十二。
40. bram ze shi tsir zhes bya bavi levu/	师质子摩头罗瑟祯缘品第五十四。
41. khim bdag dan byi li zhes bya bavi levu/	檀弥离缘品第五十五。
42. glang po skyong gi levu/	象护缘品第五十六。
43. bram ze lnan pa phul bavi levu/	梵志施佛衲衣得授记缘品第六十二。
44. sangs rgyas thog ma byams pavi sems bskyed pavi levu/	佛始起慈心缘品第六十三。
45. rgyal po spyi bo skyes kyi levu/	顶生王缘品第六十四。
46. bu ma su ma navi bu bcuvi levu/	苏曼女子缘品第六十五。
47. au pa ku ba tavi levu/	优婆鞠提缘品第六十七。
48. ngang pa lnga brgya lhar skyes pavi levu/	五百雁闻佛法生天缘品第六十。
49. seng ge yid dam brtan zhes bya bavi levu/	坚誓狮子缘品第六十一。
50. srin buvi rgyu bstan pavi levu/	汪水中虫缘品第六十八。

51. dge sbyong kyun te zhes 沙弥均提缘品第六十九。
bya bavi levu/

根据藏汉两种刻本对勘，可知以下几点：

（1）I. O. 217 号敦煌写卷是 ka pin chen povi levu（汉文本：大劫宾宁缘品第三十一），I. O. 218 号是 blon po ri dwags kyi bu bdun gyi levu（汉文本：梨耆弥七子缘品第三十三），而 P. T. 943 号则为藏文刻本第 38—49（相当于汉文本第六十六、五十二、五十四、五十五、五十六、六十二、六十三、六十四、六十五、六十七　六十和六十一，品名请查阅上列子目即可对照），共 12 个品次。

（2）藏文本（包括敦煌写本在内）的目次顺序，与汉文本不一致，前后放置，颇多捍格，看来藏译本是逐品译出后，自行排列，未按汉文本顺序。

（3）藏文本阙译 18 个品次，目录如下：

1. 须阇提缘品第七（彭楚林刻本有此品，作尾跋文）；
2. 大光明王始发道心缘品第十六；
3. 摩诃斯那优婆夷缘品第十七；
4. 散檀宁缘品第二十五；
5. 富那奇缘品第二十九；
6. 尼提度缘品第三十；
7. 盖事因缘品第三十八；
8. 阿难总持缘品第四十；
9. 优婆斯兄所杀缘品第四十一；
10. 儿误杀父缘品第四十二；
11. 须达起精舍缘品第四十三；
12. 大光明始发无上心缘品第四十四；
13. 勒那阇耶缘品第四十五；
14. 迦毗梨百兴缘品第四十六；
15. 净居天请洗浴缘品第四十七；
16. 波婆梨缘品第五十七；

17. 二鹦鹉闻四谛缘品第五十八；

18. 鸟闻比丘说法生天缘品第五十九。

究竟什么原因未能全译，已不可知，需要有更多的资料来求证。

二

佛教是拥有广大群众的宗教，在民间有深厚的基础。佛陀本人很喜欢接近群众，一贯地把自己的主张向周围所接触到的群众宣传。同时，在与群众接触中也得到支持和精神鼓舞，得到感情上的交流。在佛陀涅槃以后，这一传统又为他的弟子们大大地发扬。举凡诗歌吟诵、故事讲述，都被佛教徒吸取用为宣讲佛陀理想的形式。随诗歌的韵律和故事情节的逐步展开，暗暗地就把佛陀的道德原则和行为规范与人类关系的理论结合起来，教诲群众了。可以说佛经中所宣讲的故事，或者用诗歌形式表现的故事，无不蕴孕着佛陀的智慧和光辉。

《本生经》、《譬喻经》和其他杂经一类的故事，大都体现了佛陀关心他人幸福、自我克制的崇高目的。当然，这些故事取譬往往来自古代印度的神话，其中不乏婆罗门、天神、魔怪等名目乃至战争、嫉恨、瘟疫、野兽等等苦难。《贤愚经》中的故事就是这一类故事的结集，其通俗性、文学性正符合《毗尼母经》卷8之中所记佛陀的主张，[1] 巴利文佛经中也有相似的记载。[2]

《贤愚经》既译为藏文之后，在藏区广为传播，影响至巨。

---

① 《毗尼母经》卷8：“有二比丘，一名乌磋陀，二名三摩陀，来到佛前曰：‘诸比丘有种种姓，种种国土人出家，用不正音，坏佛义，愿世尊听我用阐提之论，正佛经义’。佛言：‘我法中不贵浮华之言语，品质朴不失其义，令人受解为要。’”见于《大正藏》第24卷，律部三，1463号。

② 佛陀说：“我允许你们，比丘呀，用［你们］自己的语言来学习佛所说的话。”转引自季羡林：《原始佛教的语言问题》，中国社会科学出版社，1985年，第15页。

最为明显的，莫过于对藏戏发展起了推动作用。肇始于13世纪之间的藏戏，其保留的传统戏目中直接取材于《贤愚经》者有三：(1)《敬巴钦保》(sbyin pa chen po)：实为《贤愚经》"大施抒海缘品"（汉文本第三十九，藏文本第三十）的改编。(2)《絮贝旺秋》(bzod pavi dbang phyug)：实为《贤愚经》"羼提波罗因缘品"（汉文本第十二，藏文本第十一）的改编。(3)《岱巴登巴》(dad pa brtan pa)：实为《贤愚经》"善事太子入海缘品"（汉文本第五十，藏文本第三十三）的改编。[①]

其次，见于宗教活动者。肇始于公元1399年正月初一至十五日的祈愿法会，先在山南精其寺，后移拉萨大昭寺的传召大法会，又称"祈愿大法会"(smon lam chen mo)，为黄教祖师宗喀巴（1357—1419年）大师首创。实系根据《贤愚经》第一品（汉藏文本同）梵天请法六事、调伏外道六师的故事而兴。这一法会，一直延续至今，成为藏传佛教一大盛会。王森先生认为：宣传戒律，兴复旧寺，举行法会，对团结蒙藏僧众、宣传佛教道理起了很大作用。[②]

第三，以《贤愚经》故事为材料而创作的佛画、唐卡(thang kha)和壁画，不胜枚举。[③]

三

至于《贤愚经》的翻译问题，汉文本有元魏慧觉等译之说，见诸刻本。[④] 僧祐《出三藏记集》所记，言其始末，则为昙学、威德等

① 参见拙作：《藏剧故事集》附录，西藏人民出版社，1980年。

② 王森：《宗喀巴传论》、《宗喀巴年谱》，载《西藏佛教发展史略》，中国社会科学出版社，1997年。

③ 刘艺斯：《西藏佛教艺术》，文物出版社，1957年；西藏自治区文管会：《西藏唐卡》，文物出版社，1985年；文金扬：《藏族佛画木刻选》，文物出版社，1957年。

④ 《大正藏》第4卷本缘部下，202号，《贤愚经》13卷，元魏慧觉等译；金陵刻经处刻本，元魏沙门慧觉译，13卷。

于于阗国大寺遇般遮于瑟之会，所讲经律，各书所闻，还至高昌，集为一部。凉州沙门慧朗命以此名。[①] 所以，被认为"贤愚因缘经本无梵文原本，实为支那僧徒游学中亚时听讲之笔记撰集而成"。[②] 此书既无梵文本，乃汉土僧人各就所听故事纂集而成。藏文本上的梵文译名亦系根据汉文转译，追无可疑。故"慧觉等译"之说不可信，或谓慧觉之名系昙学之讹。

藏文译自汉文，已成定论。有人指为译自"梵汉两种文字"，[③] 恐系误会。也许从书名上看，有梵文标题 Damamukonamasutra 而作此想。其实，如伪经《楞严经》系乾隆时译为藏文，[④] 而藏译本前赫然冠以梵文经名，其实乃是藏土译者自汉文推译为梵，不足为据。

《贤愚经》藏文译者法成（chos grub），又称管·法成（vgos 或 mgo/mgos chos grub），为公元 8—9 世纪之间在敦煌出现的最有影响的翻译家和佛教学者。关于他的事迹和成就，以陈寅恪先生的译论为最明白，以其业绩比之于玄奘法师。[⑤] 近年来

---

① 陈寅恪:《童受喻鬘论梵文残本跋》,《金明馆丛稿二编》,上海古籍出版社，1980 年,第 208—209 页。梁僧祐:《出三藏记集》卷 9。

② 陈寅恪:《莲花也尼出家因缘跋》附注一,《金明馆丛稿二编》。

③ [日]宇井伯寿等编:《西藏大藏经总目录》,甘珠尔,正藏 No. 341,《贤愚经》（梵汉两本藏译）。名著出版株式会社,1970 年。

④ 吕澂:《楞严百伪》，载《中国哲学》第 2 辑，1980 年。陈寅恪《童受喻鬘论梵文残本跋》:"又如楞严经者，此土伪经，乾隆时译为藏文，而此藏文译本其经名亦有梵文音译。……实不足为藏文别有一本译自梵文之证。"

⑤ 陈寅恪:《大乘稻芊经随听疏跋》云：法成"其人为吐蕃沙门，生当唐文宗太和之世，译经于沙州、甘州。其译著之书，今所知者，中文则有敦煌石室发见之《大乘稻芊经随听疏》、《般若波罗蜜多心经》、《诸星母陀罗尼经》、《瑜伽论附分门记》、《萨婆多宗五事论》、《释迦如来像法灭尽之记》、《叹如来无染着功德赞》等。藏文则有西藏文正藏中之《善恶因果经》、义净译《金光明最胜王经》重译本，及关于观世音菩萨神咒三种（柏林图书馆所藏西藏文正藏目录，第 123 页第 5 号、第 124 页第 1 号及第 5 号）等。""夫成公之于吐蕃亦犹慈恩之于震旦；今天下莫不知有玄奘，法成则名湮没者且千载，迄至今日，钩索故籍，仅乃得知。"见于《金明馆丛稿二编》，第 254—255 页。陈氏文中还列举伯希和、羽田亨、石滨纯太郎诸氏对法成事迹的考证文字。见于 JA. Ⅱ卷 1941 年第 4 期；《史林》第 8 卷第 1 号；《支那学》第 3 卷第 5 号。

日本上山大峻、旅法华裔学者吴其昱及笔者都有专文论及。①

目前为止，讨论的焦点集中在“法成其人是汉人还是藏人”的问题上，从这一问题又派生出来“法成—吴和尚—洪䛒”的关系。上山大峻认为法成是汉僧，管·法成即是吴和尚（或作吴法成）。管（vgo）系汉姓吴的对音，而敦煌有名的吴和尚或以官称吴僧统者即是法成。马世长又提出吴和尚或吴僧统即是洪䛒的新说。② 苏莹辉、石璋如拿不定主意，认为洪䛒可能是吴绪芝第三子，为吴僧统之讹。③ 这一问题发展得非常有趣：“管·法成是吴和尚”，“吴和尚（吴僧统）是洪䛒”，依据 A = B，B = C，A = C 的公式，管·法成必然是洪䛒。可是人们至今还未发现任何材料来证明管·法成即是洪䛒。认为法成是藏僧的，首推伯希和，还有陈寅恪、姜亮夫、王重民、④ 吴其昱及笔者本人。陈寅恪说“夫成公之于吐蕃亦犹慈恩之于震旦”，亦非溢美之誉。

简短的结论：敦煌本藏文《贤愚经》有三个卷号 I. O. 217、

---

① 上山大峻：《大蕃国大德三藏法师沙门法成的研究》，《东方学报》第38—39册，1967、1968年。此文对法成之译著事业，做了极为详尽的搜寻考证。文中作者第一次提出法成为汉人，吴姓，是继承昙旷的传统把唯识宗的教理导入敦煌发扬光大的大师。他的论文受到戴密微（P. Demiéville）的赞扬，为“才华横溢的论文”。参见戴氏的论文：《敦煌学近作》，耿昇译，载《敦煌译丛》，甘肃人民出版社，1985年。

吴其昱：《大蕃国大德三藏法师法成事迹考》，载《讲座敦煌7：敦煌与中国佛教》，东京，1984年。文中对上山氏的法成族别论点提出驳正。

王尧：《藏族翻译家管·法成对民族文化交流的贡献》，《文物》1980年第10期。请参阅笔者的基本观点及材料。

② 马世长：《关于敦煌藏经洞的几个问题》，《文物》1978年第12期。

③ 苏莹辉：《论莫高窟七佛药师之堂非洪䛒所开凿》，《敦煌学》第4辑，1979年。石璋如：《关于藏经洞的几个问题》，《大陆杂志》第2辑特刊，1962年；《敦煌千佛洞遗碑及其相关的石窟考》，《历史语言研究所集刊》第34本上册，1962年。

④ P. Pelliot, Journal Asiatique, Serie 2, Tome 4, p. 143. 陈寅恪：《大乘稻芋经随听疏跋》；又见《斯坦因 khara-khoto 所获西夏文大般若经考》中云：“考唐代吐蕃翻译经大德法成译义净中文本《金光明最胜王经》为藏文。”见于《金明馆丛稿二编》，第190页。姜亮夫：《莫高窟年表》833年（唐文宗太和七年，癸丑）条：“吐蕃大德法成，甚出经论于沙州，亦一代高僧。”王重民：《记敦煌写本的佛经》，载《敦煌遗书论文集》下编，第301页。

218 和 P. T. 943，包括 14 个品次，译自汉文。译者为管·法成，系 9 世纪的藏族翻译家及佛教学者。关于他的事迹，已经有国内外多位学者做了十分有益的探讨，日益明朗。

附记：

关于藏汉佛典的对勘校读问题，笔者亦多有着意。曾先后撰写《般若波罗蜜多心经》、《金刚经》、《大乘无量寿宗要经》、《佛说阿弥陀经》以及《大宝积经》的举要文章，分载《西藏研究》1989 年 3、4 期，1990 年 2、4 期，以及《汤一介先生 75 周年华诞暨从教 50 周年纪念文集》（北京大学出版社，2001 年），感兴趣者可以参阅。

（原载王宗维、周伟洲编：《马长寿纪念文集——纪念马长寿教授诞辰 85 周年逝世 20 周年》，西北大学出版社，1993 年。）

吐蕃时期藏译汉籍名著及故事

概　述

中华民族屹立在亚洲的东方，生生不已，绵绵不断，自强不息，溥化四方，历经沧桑之变，受尽人间风雨。近百年来，列强入侵，屡厄恶运，备受欺凌，但却能如凤凰涅槃，常保其美妙之青春，实因中华文化为迄今世界上最古老而具有生命力的文化。其自我调整、自我涤新的机能固然重要，而生活在中华大地上的各民族之间，文化孳乳、繁衍，相互吸收、融合，乃孕育出多元一体格局的中华文化，成为巩固中华各民族的纽带，更是历史主流也。

本篇以汉族和藏族中流传的文学故事来阐明这个事实：（1）汉族中“孔子与采桑娘”和藏族中“七试婚史·巧穿九曲明珠”的故事。（2）汉文中“孔子师项托”和敦煌藏文中“孔子项托相问书”的故事。（3）汉文《史记·平原君列传》和敦煌藏文中“自我推荐”的故事。以此三个故事来比较、勘合，不难发现汉、藏两大民族文化上的交融、吸收是历史的事实。有如长江、黄河，均发源于藏区，联系着汉、藏两族人民，血肉相连，休戚与共。

公元7世纪中叶，在我国西南边疆建立的吐蕃王朝，是藏族建立最早的政权，它存在了200余年。藏王松赞干布（srong btsan sgam po，？—650年）在位时，“尚公主，夸后世”，唐朝文成公主下嫁藏王的故事，成为藏族人民世代传诵的盛事。与此有关的唐、蕃文化交流的一系列内容，为我们今天研究汉、藏关系史提供了非常宝贵的资料。《新唐书·吐蕃传》：“（贞观）十五年，妻以宗女文成公主，诏江夏王道宗持节护送，筑馆河源王之国。弄赞（松赞干布）率兵次柏海亲迎。见道宗，执婿礼恭甚。见中国服饰之美，缩缩愧沮。归国，自以其先未有婚帝女者，乃为公主筑一城以夸后世，遂立宫室以居。公主恶国人赭面，弄赞下令国中禁之。自褫毡罽，袭纨绡，为华风。”更为重要的措施是，“遣诸豪子弟入国学，习《诗》、《书》，又请儒者典书疏”。我们可以从敦煌吐蕃文书写本中，发现一些可贵的资料，证明唐人这一段记载的真实可信。松赞干布本人派遣豪酋子弟到长安学习，主要是学习唐朝礼仪、典章制度。而学习的成果之一，就是把汉文史籍文献译为藏文。现存的藏文《尚书》、《战国策》、《史记》等残卷及藏译汉族故事文本，即为重要之例证。

关于《尚书》、《战国策》的藏文译文残卷，笔者已分别撰有专文讨论。在此需要进一步指出的是：从《尚书》的藏文译文来看，可以毫不夸大地说，这是汉籍《尚书》译成其他文字的第一次，也就是至迟在公元9世纪以前，藏文译本已存在于天地之间，于此足见藏族学者的智慧、才华和识见。吐蕃豪酋子弟在长安国子学读书，取得的成绩是值得称颂的。《唐诗纪事》中，就记载了藏族年轻学者明（名）悉猎以柏梁体在殿上参与联句的佳话。其才思之敏捷，文学功底之深厚，都很了不起。如今，我们见到《战国策》的藏译文残卷出现于敦煌石窟，那就毫不足怪了。这说明当时吐蕃朝野上下，学习汉文化的风气十分浓郁，效果也相当显著。现仅就《史记》“毛遂自荐”段落的翻译、《孔子项托相问书》以及“蚁穿九曲明珠”的故事三个例证，分别论述于下。

一、《史记》“毛遂自荐”段落的翻译

请看汉文经典性的史学、文学名著《史记》中的一个最富于戏剧性的“毛遂自荐”段落，是如何被译成藏文，又改编成吐蕃历史故事的。

《史记》卷76《平原君列传》中，有一段为人传诵的美谈。原文如下：

> 秦之围邯郸，赵使平原君求救，合纵于楚，约与食客门下有勇力文武备具者二十人偕。平原君曰：“使文能取胜，则善矣。文不能取胜，则歃血于华屋之下，必得定从而还。士不外索，取于食客门下足矣。”得十九人，余无可取者，无以满二十人。门下有毛遂者，前，自赞于平原君曰：“遂闻君将合纵于楚，约于食客门下二十人偕，不外索。今少一人，愿君即以遂备员而行矣。”平原君曰：“先生处胜之门下几年于此矣?”毛遂曰：“三年于此矣。”平原君曰：“夫贤士之处世也，譬若锥之处囊中，立末立见。今先生处胜之门下三年于此矣，左右未有所称诵，胜未有所闻，是先生无所有也。先生不能，先生留。”毛遂曰：“臣乃今日请处囊中耳。使遂蚤得处囊中，乃颖脱而出，非特其末见而已。”平原君竟与毛遂偕。十九人相与目笑之而未废也。毛遂比至楚，与十九人论议，十九人皆服。

下面接着叙述平原君与楚王的外交活动，楚王对合纵的方略游疑不决，表现出大国主义者的傲慢。毛遂就在这一关键时刻，挺身而出，挟制楚王，痛陈利害，楚王口服心服，乖乖地参与歃血盟誓，办成了合纵抗秦的一件外交大事。“毛遂自荐”也就成为一则表现智慧、机智和勇于自我推荐的成语。

吐蕃的学者们既然熟悉汉文典籍，对《史记》也自然不会陌生。至今，虽然我们在敦煌吐蕃文书中还未发现像《尚书》、《战国策》那样的《史记》译文，但是在《敦煌本吐蕃历史文书》中，却发现藏族学者十分熟练地运用了这一故事。这是 P. T. 1287 号《赞普传记》第 4 节中的一段：

后，于达布（dags po，地名，今工布达布地区）地方，有已入编氓之民户谋叛。赞普（松赞干布之父囊日松赞）与诸大论相聚而议降服达布王：谁人堪充任将军？时，有名为参哥米钦（seng ge mi chen，意为参哥氏大人物）者，自告奋勇，应声而起，曰："不才堪充此任！"琼保·邦色（khyung po spung sad，大臣之一）曰："尔往昔曾充任此将军之职乎？若谓聪明俊哲之士有如毛锥，置于皮囊之中，尔出任悉囊纰巴（snam phyi pa，官名）一职，已经多年，吾未闻有人赞尔能胜此任者。尔实不堪当此大任也，……"米钦曰："众人未曾称美于不才，信然！往昔，吾［有如毛锥］未处于皮囊之中以露锋芒者，亦信然也。设若往昔，吾处于皮囊之中，别说锋刃外露，连锥柄以下早已出露于外矣，遑论锋刃?！故于今日吾能有所启请也。"

后，赞普竟依米钦所请，授以征讨达布、抚绥编氓之将军之职。米钦乃克达保王，收抚达保全境。为赏米钦之功勋，乃将"赛孔日乌垓"（gser khung revu rgal，金矿小山，地名）之民众与牧户悉数赐予之，大野牦牛饰以银角，人众咸赞美称颂。歌云：

参哥米钦者，
征达布森堡寨，
以长矛一刺，
获得全部牧场，
曲岩松赞独自一人，
成出类拔萃之英勇好汉，

一日之中，

能杀达布百人！

以上《史记·平原君列传》中的毛遂与《敦煌本吐蕃历史文书》中的参哥米钦，平原君与赞普，楚王与达布王，都一对对整齐地对等排列。故事中的对话所引述的“毛锥”与“革囊”，又是完全同一模式。其中心思想是，有才有识的志士，不惜自荐来发挥自己的才干，报效恩主，又是亦步亦趋地步调一致。人们不难看出这种因缘契合，是《史记》传播的影响所致。

若是我们稍微站得高点看，《敦煌本吐蕃历史文书》有《大事纪年》、《赞普传记》、《小邦邦伯家臣表及赞普世系表》等组成。这种体制高度完备的史部著作的出现绝非偶然，不能不承认它是以《史记》为代表的内地发达的史学，对吐蕃起了良好的借鉴作用。从中也可以了解，吐蕃人如何从中原文化中吸取了充分的营养来丰富本身的学术园地。

应该提到，1982 年 7 月在美国哥伦比亚大学召开第三届国际藏学研究讨论会时，日本京都的留美青年学者武内绍人（Tsuguhito Takeuchi）就曾以 A Passage from the Shih Chi in the Old Tibetan Chronicle（《古代吐蕃编年史中出自〈史记〉的一个段落》）为题，撰写了一篇极有趣味和见解高超的论文。他在文中也确认《史记·平原君列传》的“毛遂自荐”故事传播到了吐蕃，从而构成吐蕃编年史的一个段落。他认为：“古代藏族人民对汉族历史编纂学的了解程度，要比以前人们所设想的广泛得多，一个富有经验的文学史学派，乃至编撰敦煌吐蕃历史系年的作者群，在那时已经形成。”①

在那次会上，我曾与武内先生交换了意见，当时他还没有见到拙译汉文本《敦煌本吐蕃历史文书》。我把我的看法和比较的结果告诉了他，并请他注意即将出版的《藏族文学史》中我的

① 刊于 Soundings of Tibetan Civilization（《西藏文明论集》），新德里：Manabar 出版社，1985 年，第 135—146 页。

见解。[①] 1985 年在日本京都，1992 年在北欧挪威法根尼斯，又两次与武内先生相遇，非常愉快地回顾大家不约而同的共识。虽不敢妄称“英雄”，但“所见略同”却是事实。

像《尚书》、《战国策》、《史记》等史籍在藏区流传的文化交流，在当时也并不是为所有人接受的共同认识。这里我们不妨看看唐廷官员们对于将汉文经典著作传送到吐蕃一事，所经历的一场有趣的辩论。开元十九年（731 年）辛未，唐“遣鸿胪卿崔琳使于吐蕃。……吐蕃使者称公主求《毛诗》、《春秋》、《礼记》”。本来吐蕃人用金城公主的名义求几种要籍的官定正本，是一种十分友善的表示。但唐廷一位名叫于休烈的官员，为宰相于志宁的孙子，思想比较保守，对此却大加反对，上疏以为：

东平王汉之懿亲，求《史记》、诸子，汉犹不与。况吐蕃国之寇仇，今资之以书，使知用兵权略，愈生变诈，非中国之利也。

于氏这种文化闭关主义的理论是站不住脚的，他把汉朝成帝时东平王宇来朝，上疏求诸子及《太史公书》一事与此相提并论。当时汉成帝以此事问大将军王凤，王凤却说：“诸子书或反经术、非圣人，或明鬼神、信物怪。《太史公书》有战国纵横权谲之谋。汉兴之初，谋臣奇策，天官灾异，地形厄塞，皆不宜在诸侯王，不可与。”这是汉代统治者企图用愚民政策来壅塞人们的智慧和谋略，极其可笑。到了唐代，于休烈仍死抱着闭门锁国的老例不放，连皇帝也感到不合适，就把他的疏子和此事“下中书门下议之”。裴光廷是比较开明的人士，他和他的同僚的奏请得到了皇帝的认同：

吐蕃聋昧顽嚚，久叛新服，因其有请，赐以《诗》、《书》，庶使之渐陶声教，化流无外。休烈徒知《书》有权略变诈之语，不知忠、信、礼、义，皆从

① 1959—1964 年，我参加了第一到第四稿的调查、收集资料和编写，后来因为某种人所共知的政治原因，被摒于编写组之外，但我写的文字仍保留在该书中。

《书》出也。”上曰：“善。”遂与之。

依当时的情况看，吐蕃的态度是诚恳的，学习的热情是认真的，唐朝也是比较合作的。这就是我们今天能见到唐代的《尚书》、《战国策》的藏文译本，和《史记》毛遂故事翻版的原因吧！这一段著名的辩论，见载于《资治通鉴》卷213“开元十九年”条，同样内容又见于《册府元龟》卷320《宰辅部·识见》。

二、《孔子项托相问书》

在敦煌石室遗书中，有一则《孔子项托相问书》的故事，汉、藏文写本共19个卷号。汉文写本共16个卷号：（1）英国不列颠图书馆藏6个卷号，即S.5529、S.5674、S.5530、S.1392、S.395和S.2941等号。（2）法国巴黎国家图书馆藏6个卷号，即P.3883、P.3833、P.3255、P.3754、P.3882等号和P.3883号的又一写本。[①]（3）俄罗斯圣彼得堡亚洲民族研究所藏3个卷号，即俄1481、俄2861和俄2862等号。此据孟西可夫《列宁格勒亚洲民族研究所藏敦煌汉文写本解题目录》列出。（4）据《敦煌遗书总目索引》第180页，散藏卷子0222号《孔子见项托》，即《李氏珍藏敦煌写本目录》所录。乃李木斋盛铎所藏者，后多售与日本人藤井。据饶宗颐《京都藤井氏有邻馆藏敦煌残卷记略》[②]云“孔子项托问答文（有天福年号）藤井氏藏均无之”，则不知所在何处。

藏文本有3个卷号，分别藏于伦敦及巴黎：（1）I.O.729号。（2）P.T.992号。（巴黎出版的由麦克唐纳夫人和今枝由郎编选的《敦煌藏文写本选集》第1卷中未收。）（3）P.T.1284

① 按P.3833号有一为册页本，计14页，每半页8—10行。第10页起抄《孔子项托相问书》，计4页，97行。P.3883号另一卷子本，计66行。

② 载《选堂集林》，台北：明文书局，1982年，第998—1007页。

号。（《敦煌藏文写本选集》第2卷中仅收2行，以下各行未见。）

汉文本有王重民、周一良、王庆菽、启功、向达、曾毅公等编选的《敦煌变文集》(上卷)卷3,收录了《孔子项托相问书》,并以11个汉文同类卷子相比较。文后附录了明刊本《历朝故事统宗》卷9中的《小儿论》一篇，其文字与《孔子项托相问书》十同八九；民国年间北京打磨厂宝文堂同记书铺新印的《新编小儿难孔子》一文，作为参考。王重民、周一良诸先生下了很大工夫，在文字考订和补正方面，颇见功效，值得一读。今转录其中《孔子项托相问书》于下：

昔者夫子东游，行至荆山之下，路逢三个小儿。二小儿作戏，一小儿不作戏。夫子怪而问曰："何不戏乎?"小儿答曰："大戏相煞，小戏相伤，戏而无功，衣破里空。相随掷石，不［如］归舂。上至父母，下及兄弟，只欲不报，恐受无礼。善思此事，是以不戏，何谓怪乎？"

项托有相，随拥土作城，在内而坐。夫子语小儿曰："何不避车?"小儿答曰："昔闻圣人有言：上知天文，下知地理，中知人情。从昔至今，只闻车避城，岂闻城避车？"夫子当时无言而对，遂乃车避城下道。遣人往问："此是谁家小儿？何姓何名？"小儿答曰："姓项名托。"

夫子曰："汝年虽少，知事甚大。"小儿答曰："吾闻鱼生三日，游于江海；兔生三日，盘地三亩；马生三日，趁及其母；人生三月，知识父母。天生自然，何言大小!"

夫子问小儿曰："汝知何山无石？何水无鱼？何门无关？何车无轮？何牛无犊？何马无驹？何刀无环？何火无烟？何人无妇？何女无夫？何日不足？何日有余？何雄无雌？何树无枝？何城无使？何人无字？"小儿

答曰："土山无石。井水无鱼。空门无关。辇车无轮。泥牛无犊。木马无驹。斫刀无环。萤火无烟。仙人无妇。玉女无夫。冬日不足。夏日有余。孤雄无雌。枯树无枝。空城无使。小儿无字。"

夫子曰："善哉！善哉！吾与汝共游天下，可得与否？"小儿答曰："吾不游也。吾有严父，当须侍之；吾有慈母，当须养之；吾有长兄，当须顺之；吾有小弟，当须教之。所以不得随君去也。"

夫子曰："吾车中有双陆局，共汝博戏如何？"小儿答曰："吾不博戏也。天子好博，风雨无期；诸侯好博，国事不治；吏人好博，文案稽迟；农人好博，耕种失时；学生好博，忘读书诗；小儿好博，笞挞及之。此是无益之事，何用学之！"

夫子曰："吾与汝平却天下，可得与否？"小儿答曰："天下不可平也。或有高山，或有江海，或有公卿，或有奴婢，是以不可平也。"

夫子曰："吾以汝平却高山，塞却江海，除却公卿，弃却奴婢，天下荡荡，岂不平乎？"小儿答曰："平却高山，兽无所依；塞却江海，鱼无所归；除却公卿，人作是非；弃却奴婢，君子使谁？"

夫子曰："善哉！善哉！汝知屋上生松，户前生苇，床上生蒲，犬吠其主，妇坐使姑，鸡化为雉，狗化为狐，是何也？"小儿答曰："屋上生松者是其椓（椽），户前生苇者是其箔，床上生蒲者是其席。犬吠其主，为傍有客；妇坐使姑，初来花下也；鸡化为雉，在山泽也；狗化为狐，在丘陵也。"

夫子语小儿曰："汝知夫妇是亲，父母是亲？"小儿曰："父母是［亲］。"夫子曰："夫妇是亲。生同床枕，死同棺椁，恩爱极重，岂不亲乎？"小儿答曰："是何言与！是何言与！人之有母，如树有根；人之有妇，如车有轮。车破更造，必得其新；妇死更娶，必得贤家。一树死，百枝枯；一母死，众子孤。将妇比母，岂不逆乎?”

小儿却问夫子曰：“鹅鸭何以能浮？鸿鹤何以能鸣？松柏何以冬夏常青？”夫子对曰：“鹅鸭能浮者缘脚足方，鸿鹤能鸣者缘咽项长，松柏冬夏常青［者］缘心中强。”小儿答曰：“不然也！虾蟆能鸣，岂犹咽项长？龟鳖能浮，岂犹脚足方？胡竹冬夏常青，岂犹心中强?”

夫子问小儿曰：“汝知天高几许？地厚几丈？天有几梁？地有几柱？风从何来？雨从何出？霜出何边？露出何处?”小儿答曰：“天地相却万万九千九百九十九里，其地厚薄，以天等同。风出苍吾（梧），雨出高处，霜出于天，露出百草。天亦无梁，地亦无柱，以四方云，而乃相扶，故与为柱，有何怪乎?”

夫子叹曰：“善哉！善哉！方知后生实可畏也。”

夫子共项托对答，下下，不如项托；夫子有心煞项托，乃为诗曰：

孙景悬头而刺股，匡衡凿壁夜偷光。

子路为人情好用（勇），贪读诗书是子张。

项托七岁能言语，报答孔丘甚能强。

项托入山游学去，叉手堂前启娘娘：

“百尺树下儿学问，不须受记有何方。”

耶娘年老惛迷去，寄他夫子两车草；

夫子一去经年岁，项托父母不承忘。

取他百束将烧却，余者他日喂牛羊。

夫子登时却索草，耶娘面色转无光。

当时便欲酬倍价，每束黄金三锭强。

金钱银钱总不用，婆婆项托在何方?

“我儿一去经年岁，百尺树下学文章。”

[夫子当时闻此语，心中欢喜倍胜常]。
夫子乘马入山去，登山蓦岭甚分方。
树树每量无百尺，葛蔓交脚甚能长。
夫子使人把锹镬，撅着地下有石堂：
一重门里石师子，两重门外石金刚。
入到中门侧耳听，两伴读书似雁行。
夫子拔刀撩乱斫，其人两两不相伤；
化作石人总不语，铁刀割截血汪汪。
项托残去犹未尽，回头遥望启娘娘：
“将儿赤血瓮盛着，擎向家中七日强。”
阿娘不忍见儿血，擎将写（泻）着粪堆傍。
一日二日竹生根，三日四日竹苍苍。
竹竿森森长百尺，节节兵马似神王。
弓刀器械沿身带，腰间宝剑白如霜。
二人登时却觅胜，谁知项托在先亡。
夫子当时甚惶怕，州悬（县）分明置庙堂。

下面就谈谈藏文的《孔子项托相问书》卷子。法国苏远鸣教授（Prof. Michael Soymie）于1954年发表过一份《孔子项托的问答对话》，[①] 文中对《孔子项托相问书》英、法两国收藏的汉、藏文本进行了比较研究。尤其是他首先介绍了藏文本，引起了人们的普遍注意。我国学者冯蒸先生励志藏学，在“文革”劫难中仍锐意攻读藏文及英、法外文，曾多次把他在图书馆见到的新资料、新消息拿来与我磋商、研究，其中就有关于藏文卷子《孔子项托相问书》。他把卷子依藏文还译为汉文，进行详细的校订，撰成《敦煌藏文本〈孔丘项托相问书〉考》一文，先让我拜读。我当时身处逆境，极不自由，能有这样一位同道青年为友，空谷足音，跫然而喜。后来，他的文章在《青海民族学院

① L'entrevue de Confucius et de Hsiang To，刊《亚细亚学报》（Journal Asiatique）第242期，第311—392页。

学报》1981 年第 2 期发表，人们这才知道有这么一回事。冯蒸历尽苦难，后荣获文学博士学位，并晋为首都师范大学文学院教授。他虽已不再投入藏学研究领域，但他在那样困难的条件下所出版的《国外西藏研究概况》等书，至今还是人们手头必备的工具书。其功可佩，其志可嘉，其奋斗上进的精神更可学习。

下面，我们就把冯蒸据藏文译汉文的《孔子项托相问书》介绍给大家：

从前，孔子乘车东游，他在路旁遇见三个小孩。[其中] 两个在作游戏，一个却一点儿也不玩儿，而严肃地略带笑容。孔子问道："[你们] 这三个孩子，有两个高高兴兴地玩儿，而一个却一点儿不玩儿，带着严肃的面容，这是因为什么呢？"这个孩子说："我曾听说，二人高兴地玩耍，如果两个人闹急了，很有可能发生斗殴。假使发生了争吵，除了撕破衣服外，没有别的好处。况且他们彼此打伤了，一方面父母会有坏的名声，而另一方面父兄会遭到耻辱，因此我不参加游戏。"

孔子问道："孩子啊，这样年轻，你就懂得许多事情，这是从哪儿学来的呢？"孩子说："出生三天之后，龙子便在海洋里翻腾。小马生下三天之后，就能跑得很远。小兔生下三天之后，便能跑过视野的三倍。婴儿生下三月（天）之后，便认得父亲和母亲。事实就是这样，这又算得了什么懂得很多的事情呢?"

孔子说："善哉！善哉!"他问道："孩子啊，你是哪家的？你的姓名是什么?"孩子说："我没姓没名。"孔子说："什么人没有姓名？什么山没有石头？什么水没有鱼？什么人没有妻子？什么女人没有丈夫？什么树没有枝桠？什么牛没有犊？什么马没有驹？什么门没有门闩？什么车子没有轮盘？什么火没有烟？什么刀没有鞘？什么人没有姓名?"孩子说："土山没有石头，井水没有鱼，化身修道的人没有妻子，玉女没有丈夫，土牛无犊，木马无驹，单身的旅客没有妻子，枯树无枝，剪刀无鞘，两个人抬着的车子（轿子）没有轮子，坟墓的门没有门闩，萤火没有烟，坟地的集市没有钱赚。我也是如此，没有姓也没有名。”

孔子说：“善哉！善哉！我的车子里有棋盘，我们俩一起痛快玩玩儿，可以不可以？”孩子说：“我曾经听说过，国王沉溺于此，百姓的事情就处理不公平了。公卿大夫沉溺于此，就不能风调雨顺。商贾沉醉于此，就会失信。要是农人沉醉于此，耕地和收获就错过了时间。商旅要是沉溺于此，就会遭受损失。幼童要是沉溺于此，就会在背上受到捶挞。所以我也不想和你一块儿玩儿。”

孔子说：“善哉！善哉！你愿意不愿意和我一块儿坐车周游列国？”孩子说：“我在家里有侍奉父母的重大责任。我不得不看守我严父的丧葬。我不得不担负对慈母的侍养。我有责任注意厉害的弟弟的抚育。所以我不能去周游列国。”

孔子说：“善哉！善哉！让我们秘密地结成盟兄弟吧。如果有酒喝的时候，我们要互相宴请；如果有打架的事，我们要彼此帮助。我们一起到处游逛，然后分手，如何？”孩子说：“喝酒喝长了，便会引起恶劣的名声；做打架的朋友，相随而至的怨恨便愈来愈大了。与其那样，不如远而避之。”

孔子说：“夫妻或父母，谁是最亲近呢？”孩子说：“父母亲。”孔子说：“妻子亲。为什么说是妻子亲呢？因为活着的时候共床枕，死了以后同墓穴。”孩子说：“父母亲可以比作什么呢？如树有根。妻子不亲可以比作什么呢？如车有轮。假如树根断了的话，一百个树枝就都干枯了。一个母亲若是死了，十个孩子就被遗弃在野地里了。假使旧的车子经过修理，就成为新的了。假使一个妻子死了，还能再娶一个贤惠的妻子。许许多多星星聚集在一起，也抵不上一个月亮的光明。从一个门进来的光亮，要超过六个天窗和窗户进来的光。同时，一根针能消耗上千束的线。朋友啊，所谓妻子亲、父母疏的说法，这在愚人傻子的王国才是如此吧？讲起父母的恩情是忘不了的。”

孔子说：“好极了！好极了！我来对你说：[在这个世界上]，我和万物是从哪儿来的呢？谁是父亲？谁是母亲？谁是男人？谁是女人？什么是左？什么是右？[什么是外？什么是内？] 风是从哪儿刮起来的？雨是从哪儿下来的？什么是高级？什么是低级？天和地之间有几千［里］?”孩子说：“这么比较地问是没有意义的。天是父亲，地是母亲。太阳是丈夫，月亮是妻子。东方是右，西方是左。南方是外，北方是里。风是从昆仑山来的，雨是从东北山来的。富人是高级，穷人是低级。天与地之间相隔一亿零九百九十［里］。四方等成四角形。朋友啊，既然你是长辈，你前边对我讲的那些话是从何而来呢?”

孔子无言以对，便没有回答，把车子转了个方向。又走了三里路，在路上看见一个小孩儿在追赶打杀水鸟。孔子把车拴起来，说道：“你这个小孩，这个小水鸟并不吃五谷，它犯了什么罪呀，你要把它打死呢?”小孩回答说：“朋友啊，你只知其一，不知其二。我听说，男孩到了十五岁，便能替他的父亲服兵役。女孩到了十岁，便能替她的母亲做饭。生下才八天的鸥鸟，便会把它的父母放在窝里喂食，用食物报答它母亲的恩。这个水鸟从它母亲的肚子里生出来时，和别的生物一点儿不一样，在把它母亲的肺和心吃了以后，才把它母亲的背弄破了生出来。它并不理会它母亲的死活，到树上乱叫去了。我并不是喜欢要吃肉，只不过是要把这个不孝的子孙杀死。”

孔子字字句句听得清清楚楚，他身上的汗像水一样流下来了。因为他被这个小孩奚落得不轻，把车子转了过来，又回去了。过了很多年，这才替他父母办了丧事，孔子也得到了一个大孝的名声。这个化身的小孩儿回答孔子的故事完了。

我们还知道，在藏族苯教古典经籍《钥匙》一书中，有孔子与恰·亢孜兰梅的对话记述，是旅法藏族学者桑木旦·噶尔梅先生介绍出来的。[①] 此外，我们还不能忘掉孔子在苯教众神殿中也有他的座位，被奉为神变之王。大家都已了解这些，那么，《孔子项托相问书》的故事能在藏区流传，也就非常自然而合乎情理了。

关于《孔子项托相问书》卷子的研究，近年来又有新的发展，其最重要的有二：一是台湾中兴大学法商学院《法商学报》第24期1990年发表的郑阿财先生的《敦煌写本〈孔子项托相问书〉初探》一文，共分五章：（1）序言：以往民间故事往往借助特定历史人物以表达人民的思想，因此故事中人物可能为历史上所实有的，而内容情节却非真实。《孔子项托相问书》将神圣不可亵渎的至圣先师孔子拿来调侃、揶揄，极尽丑化诬蔑之能事，其中原委值得探讨。（2）写本及研究概述：又分两节，即写本概述与研究概述。（3）故事之形成与流传：内分抄本与写作时代、故事之形成、故事之定型及故事之流传等四节。作者认为远在战国时代即已流行。引述俞正燮《癸巳类稿》中的《项橐考》、刘师培《左庵外集》中的《达芭党人考》、钱穆《先秦诸子系年》所附《项橐考》，颇详。（4）故事盛行之因由：其一为六朝玄学兴起与儒学减弱；其二为唐代三教并行，佛道争胜。

---

① Samten G. Kamay, Agzermig Version of the Interview between Confucius and Phyva Kheng tse lanmed,《伦敦大学亚非学院学报》（BSOAS）第38卷，1975年，第562—580页。

（5）结语。文章长达26页，洋洋洒洒，广引诸书，考核周详，其结论虽不无可商之处，但也确实是一家之言。

第二篇为张鸿勋[①]《敦煌本〈孔子项托相问书〉研究》，刊于《敦煌研究》，1985年第2期。张氏认为：“唐代文学，包括主要属于这一时期的敦煌文学，表现了我们民族高度的智慧与巨大的创造力，不仅在我国文学史上占有极重要的地位，而且由于大唐帝国同周边各少数民族、东西方各国频繁的文化交往，因而对这些地区和民族的文学发展影响也很大。像唐朝与吐蕃，尽管由于双方统治者利益冲突，不时发生一些战争，但更多的是，两族人民长期和睦相处，友好往来，特别是正处于奴隶社会的吐蕃，深深受到汉族文化的熏陶，极大地促进了本民族的文学发展。”这是颇有见地的论述。

我们不妨从《孔子项托相问书》汉、藏两种文字比较和从民族文化交流的角度，来对上述诸家研究的结论作一次检讨：这一卷子主要是表彰项托的聪明、智慧和敏捷的才思、雄辩的口才。对孔夫子的不敬和揶揄，倒不会引起读者或听者的反感和沮丧。惟其如此，藏文本才会在众多内地民间故事中被选中并翻译，从而得到了广泛的流传。

三、“蚁穿九曲明珠”的故事

作为文化发展的历史动力，婚姻不仅仅是家庭构成的支柱，而且是民族与政治关系的补充和接触剂。在中国政治舞台上，婚姻更成为历代王朝摆弄得十分顺手的工具和筹码，这在汉、唐之间已臻于炉火纯青了。

松赞干布继承了父亲的余荫，登上赞普大位，把吐蕃奴隶制

---

① 张氏另有《唐写本〈孔子与子羽对语杂抄〉考略》，《敦煌学辑刊》1984年第1期；《〈孔子项托相问书〉故事传承研究》，《敦煌学辑刊》1986年第1期。

的军事部落联盟政体推向新的发展阶段，积极谋求更大的扩张的机会。尤其是能与大唐王室缔结亲密的政治联盟，莫过于通婚。贞观八年（634 年）、贞观十二年（638 年）松赞干布一再派遣使者入贡并求婚公主。经过一番推拒、复求，再推拒、再求的过程，最后，终于在贞观十四年（640 年）十月，“吐蕃赞普遣其相禄东赞献金五千两及珍玩数百以请婚，上许以文成公主妻之”。（《资治通鉴》卷 195）这总算是终于迎合了吐蕃的好胜心理，因为“吐蕃闻突厥、吐谷浑皆尚公主”，强烈的民族荣誉感迫使他去追求大唐公主。文成公主入藏成了千古佳话，松赞干布不无自豪地说：“我祖、父未有通婚上国者，今我得尚大唐公主，为幸实多！”（《册府元龟》卷 978）在藏族人民中间，诗歌、戏剧、壁画、雕塑，一直把文成公主入藏事当成取之不尽的题材。可以说，人们认为文成公主进藏带来的幸福，推动了藏族社会的发展。因而藏族人民调动一切艺术手法，来颂扬这一门婚事。当时曾有一首民歌，流传已久，最为深情。歌词说：

正月十五那一天，
文成公主答应来吐蕃。
莲花大坝不用怕，
有百匹善走骏马来接你；
高山连绵不用怕，
有百头力大犏牛来接你；
大河条条不用怕，
有百条黑色皮船来接你；
来到逻些的“望逻”渡口时，
有百艘马头木舟来接你；
来到逻些的“劳累”滩时，
有百辆双轮马车来接你；
来到逻些的“东直角”时，
有百名英武青年来接你；
来到“铜锣湾”的山嘴时，

有百名美丽姑娘来接你；
来到红山红宫时，
有百名亲信大臣来接你。
今天公主来到吐蕃，
好像狮子进入大森林，
好像孔雀飞落大平原，
好像不落的太阳升起，
吐蕃从此幸福又繁荣，
这是唐蕃友好的象征。
祝松赞干布身体健康，
祝文成公主平安吉祥，
祝吐蕃人民举部安乐，
今天真是三喜临门啊！

这民歌至今仍在藏族老艺人口中传诵。歌词经过一千多年的洗练，铸成如此高昂、开朗、热情、奔放的主旋律，它早已被历史学家吸收进入史册。在民间故事中，流传着为了迎娶文成公主，唐皇七试婚使（一说五试）的情节，其中第一试就是“蚁穿九曲明珠”，今引自《西藏王统记》。① 此书在藏文史部中极为重要，文字明快简洁，叙事颇具文采，可以作为佛教史家关于吐蕃王统记述的信实可靠之作。汉文有王沂暖、刘立千以及陈庆英、仁青扎西合译的三种译本，可见其受重视的程度。书中有这样的情节：噶尔·东赞（禄东赞）奉命到长安为赞普求婚，唐皇屡试婚使，最后噶尔·东赞胜利。现转引陈、扎合译本中有关这一段故事的文字如下：

其后，皇帝宣布说：“我对你们各位婚使本无亲疏之别，只是想许给聪明敏捷的。现在通过斗智来决定。”于是，取出翠玉一颗，称为夏葛摩，大小如同一

① 又译名《吐蕃王统世系明鉴》，萨迦·索南坚赞著。作者1333年生于后藏夏鲁康赛，曾依止布顿大师，此书似应在1388年阳土龙年完成。

面小盾牌，宝光闪耀，有一孔在侧边，有一孔在正中，里面的孔道如像藤条一样曲折。又取出绫一匹，交给五家使臣，说："谁能把这匹绫穿过翠玉里面的孔道，即答应嫁公主给他家。"吐蕃以外的其他使臣都有势力，所以先由他们把玉取去。过了好多天，传来递去，谁也不能穿过，才交给大臣噶尔，说："我们怎么也不能穿过去，看你能不能。"这聪明的噶尔，事前已捕捉了一只汉地的蚂蚁，喂给它奶子，蚂蚁长到拇指般大小。于是用丝线拴在蚂蚁腰上，再将绫缎的一端缝到丝线上，然后，将蚂蚁放入玉的孔眼中，拿着绫缎往里吹气。由于气的逼催，蚂蚁就从侧边的孔里爬去，然后从蚂蚁腰上把丝线解下，缓缓抽过，绫缎即随着丝线从玉孔中穿过。大臣噶尔就对皇帝说："我们按你的规定完成，请把公主许给我们。"皇帝说："还要比试智慧。"……

下面又开始新的考试。这一则故事在另外几种藏文史籍，如《红史》（1393 年成书）、五世达赖所著《西藏工臣记》（1643 年成书）均有记载，说明它流传很广。而且据君岛久子《关于金沙江竹娘的传说》① 提供的资料，日本《枕草集》中的"蚁道明神"故事，是唐王以五难题考试日本使者，其中难题之一是"七曲玉环"。在日本流传的弃老故事"年老智不衰"中，作为三难题之一，是用丝线穿过宝石的弯弯曲曲的小孔。在古印度的"佛本生故事"中，也有大致相同的羊毛线穿过八角形宝石的故事。

我们不妨把眼光再转向汉文化的文化库藏中去探索。远在唐以前，就有一部颇有趣味的民间故事、小说体的《冲波传》。其中有一则是：

孔子去卫适陈，途中见二女采桑。子曰："南枝窈窕北枝长。"答曰："夫子游陈必绝粮。九曲明珠穿不

---

① 载《民间文学论坛》1983 年第 3 期。

得，著来问我采桑娘。”夫子至陈，大夫发兵围之，令穿九曲珠，乃释其厄。夫子不能，使回，赐返问之。其家谬言女出外，以一瓜献二子。子贡曰：“瓜，子在内也。”女乃出，语曰：“用蜜涂珠，丝将系蚁，蚁将系丝，如不肯过，用烟熏之。”子依其言，乃能穿之，于是绝粮七日。①

又敦煌 P. 3821 号写卷《十二时》中有一曲子，也曾提及九曲明珠与采桑娘，这说明敦煌民间也在流传这一故事。曲辞是：

食时辰，夫子东行厄在陈，九曲明珠难可任，悔不桑间问女人。②

“论十二时”中举出 10 个卷号，第 8 个即是“十二时行孝文，一卷，P. 3821 号”。在郑阿财的论文《〈孔子项托相问书〉初探》中并有提及。林继富在《蚁穿九曲明珠故事源流探析》③中，更把汉、藏两族中流传的这一故事，与印度、日本同一母题的故事联系起来，真令人大开眼界，增加了不少兴趣。

关于“蚁穿九曲明珠”故事，在唐代还有若干线索可寻。林继富的文章中就下了不小的工夫，探幽抉微，从唐人的诗赋中发掘出两条极为可贵的资料：

（1）王奉珪在他的《明珠里》诗中有句：

一丸则鹤赠于哙参，九曲乃蚁穿于夫子。

（2）杨涛有《蚁穿九曲明珠赋》：

蚁为质兮微渺，珠有窍而虚圆，苟一缕之是系，虽九曲而可穿。当通幽洞微，丝莫能贯；俾有条而不紊，蚁可先知。始蠢蠕以中出，稍连绵而外延。岂不以内彼鸿辉，曳兹纤缕，才容小往之径，乍见规行之迂。入惟追曲，穷莹质以诚难；途匪履端，观巧历历可数。宛转而进，萦纡是寻，似登折坂之峻，如出重泉之深。始九

① 事载《绎史》卷 81，《钦定四库全书》，商务印书馆本。

② 王重民：《敦煌遗书论文集》，中华书局，1984 年。

③ 载《西藏民族学院学报》1991 年第 4 期。

折以渐达，终一贯而克任。去似洞中，方游剖蚌之质；动殊床下，奚闻斗牛之音？是知圣者之使，宛如穷理，诚在小而罔遗，俾入微而有以。蚁周游而在内，进必束身；丝抽缕以贯中，屈如绕指。隔青荧而可见，如遥绕而未已。苟非委实而行之，安得茹柔而展矣？诘出若兹，周流出之。当曲转之中，才可容发；既旁通以后，亦既牵丝。苟柔弱之是引，则缭绕而奚辞？虽云曲径而入，终殊在垤之时。斯则贯累累而匪匹，达规规而如一。求蹊而投彼夜光，出室而曾非时术。兹虫也，小而近智，故可以穿无类之质。

这一回肠荡气的赋辞，不在于对民间“蚁穿九曲明珠”的故事的赞咏惊叹，而在于反映出在唐代“蚁穿九曲明珠”的故事也同样在骚人墨客中流传。这样，我们既然能够确知像《冲波传》的故事和王奉珪、杨涛等人的诗赋作品，都有“蚁穿九曲珠”的内容，与藏族中流传的一致，也就可以理解像杜甫那样的大诗人所吟咏的“似闻赞普更求亲，舅甥和好应难齐”（《近闻》）、“赞普多教使入秦，数道和好止烟尘”（《喜闻盗贼总退口号五首》）的心情了。

这说明了汉、藏人民之间的和好友情和文化交流，才是真正代表了历代人民共同的愿望。

（原载《水晶宝鬘——藏学文史论集》，台北：佛光文化事业有限公司，2000 年；此次结集，有部分删节。）

唐拨川郡王事迹考

——吐蕃大相禄东赞嫡孙仕唐故实

一、录文

拨川郡王碑（张说奉敕撰）

珠玉无远，而驰辇乘辂之饰，宝也；松括（柏）无幽，而入殿登堂之构，才也。物贵其用，人亦如之。拨川王论弓仁者，源出于疋末城，吐蕃赞普之王族也。曾祖赞、祖尊、父陵，代相蕃国，号为东赞。戎言谓宰曰“论”，因而氏焉。公有由余之深识，日磾之先见，陋偏荒之韦毳，慕上国之衣冠。圣历二年，以所统吐浑七千帐归于我。是岁吐蕃大下，公勒兵境上，纵谍招之，其吐浑以论家世恩，又曰：“仁人东矣”，从之者七千。朝嘉大勋，授左玉钤卫将军，封酒泉郡开国公，食邑二千户。周语曰：犬戎树郭，守终纯固。今其俗犷而轻死，其法折而不挠，故前代无降人，中土无僮仆。自公拔身向化，守变华风，泽潞之间，始见戎州矣。若夫河南胡苑，坰牧所利，每岁冰合，虏骑是虞，中军必谋于元老，上将固选于时杰。神龙三年，以为朔方军前锋游奕使。景龙二年，授左骁骑将军。开元五年，兼归德州都督使，皆如故。八年，本卫大将军改朔方节度副大使。公之理兵也，坚三革，利五刃，偶拳勇，齐力信，罚分甘苦，六辔如手掌，千夫一心，接獯猃犹蚊蚋，卧沙塞如袵席，荐居露食垂二十年，雨毕而成师，冰泮而休卒，塞气入于肌骨，夜霜出于发鬓，人不堪其勤，公不改其节。韩公之建三城也，公洗兵诸真之水，刷马草心之山，以为外厈，而版徒安堵；郑卿之和默啜也，公授馆李陵之台，致饔光禄之塞，以为内候，而宾至如归；九姓之乱也，公四月度碛，过白柽林，收火拔部帐，纳多真种落，弥川蒲野，怀惠志亡，汉南诸军，尟其计也；降户之叛河曲也，公千骑奋击，万虏奔走，戡翦略定，师旅方旋，而延陁跌复相啸聚，上军败于青刚岭，元师没于赤柳涧，公越自新堡，奔命寇场，赢粮之徒未满五百，凶丑四合，众寡万倍，公杀牛为垒，啖寇为饷，决命再宿，冲溃重围，连兵蹑踵，千里转战，合薛讷于河外，反知运于寇手，朔方诸军，壮其战矣！斫摩之奔也，邀于黑山口，覆其精锐；市惠之背也，追至红桃帐，掩其辎重。乳泊之会，�兰池之狂胡；禾盘之役，缧方渠之逋寇。凡前后大战数十，小战数百，算无遗策，兵有全胜。是以六狄逃遁，三垂乂宁，声暴露于天下，业光辉于代载，信皇威之所加，亦武臣之力也。故锦衣宝玉，允答戎功，申第良田，丕承锡命，语其智效，未甚优宠，黄头黑齿，比价齐名。积战多疮，累劳生疹，恩命尚药，驰往诊之，晋竖已深，秦医无及，十一年四月五日，薨于位，享年六十。制：赠为拨川郡王。称故国，志其本也。太常议谥曰忠，由旧典昭其行也。长子卢袭官封、继事业，次子旧久，特拜郎将。十二年四月，诏葬于京城之南，怀远人也。大路鼓吹，介士龙旆，虎帐貔裘，封犛殉马，吉凶之仪举，夷夏之物备，长安令揔徒以护事，鸿胪卿序宾以观礼，哀荣之道极矣，君臣之义厚矣，有命国史，立碑表墓。吾尝同僚，敢昧遗烈，铭曰：

黄河接天　清海殊壤　举世安俗　拔俗谁放

倬哉论俟　利有攸往　奋飞横绝　搏空直上

以众疑塞　因敌立勋　吐蕃万户　今啸成群
精感天地　气合风云　既封酒泉　乃位将军
朔方阴塞　直彼獯虏　帝命先锋　阚如虓虎
山北加电　汉南击鼓　十数年间　耀国威武
我有师旅　将军掬之　我有边甿　将军育之
柳涧亡师　一剑复之　兰池叛胡　三战覆之
武节方壮　朝露不待　王爵送终　宿恩未改
时来世去　人物如在　铭勋谥忠　以告四海

二、解　题

上录《拨川郡王碑》，载唐《张说之文集》卷17。碑刻原石未见，碑文云“葬于京城之南”，依例似在长安南郊，但不知其确处，亦未见前人著录。此文出于张说之手，在当时可以说是很大的荣誉。据《新唐书》卷125张说本传：“说字道济，或字说之。集贤院学士知院事，右丞相兼中书令。开元十八年薨，年六十四。”“前后三秉大政，掌文学之任凡三十年。”“为文俊丽，用思精密。朝廷大手笔皆特承旨撰述”，“天下词人，咸讽诵之”，“尤长于碑文、墓志，当代无能及者”。谥封燕国公，史称张燕公。正是由于燕公主政时“尝同僚”，与论弓仁有所接触，比较了解其为人、身世。以其所长，撰文勒石，作为永久的纪念。

盛唐之季，由太宗和魏、房，玄宗和姚、宋等明君贤相制定了一系列开明的用人政策，知人善任，政宽人和，不拘一格地延揽人才，擢拔蕃将。一时，边鄙民族中的俊杰之士，草莽山泽里的豪雄之夫，争先恐后效命疆场，建立殊勋，标名丹阙，威震四海，成就大唐王朝的光辉事业。如李光弼、史大奈、契苾何力、黑齿常之、尉迟胜、裴玢、论弓仁等，均以少数民族苗裔，功业煊赫，位至将相。《新唐书》卷110为之辟专章立传，总名为

"诸夷蕃将"。

传中的论弓仁，即碑文中的主人翁，系吐蕃大相禄东赞的嫡孙，大相论钦陵之子，论赞婆之亲侄。出身名门显贵，熟娴刀箭弓马。按《旧唐书·吐蕃传》所载：禄东赞父子兄弟，代相其国，专国政数十年，引起了赞普王室忌恨，酿成一场巨变。圣历二年（698 年）随其叔父赞婆，率所部七千帐投唐，名震一时，誉满京师，成为当时轰动朝野的新闻人物。唐廷当然待以上宾，恩宠无比，接待礼仪规格之高，授与勋爵禄位之重，都是空前的，可以看出唐廷朝野重视的程度。而论弓仁归唐以后，历仕武后、中宗、睿宗至玄宗四朝，勋业彪炳，倚重当朝，或转战于朔方，或喋血于西域，"接玁狁犹蚊蚋，卧沙塞如衽席"。"荐居露食，垂二十年"。治军统旅，纪律严明，能达到"雨毕而成师，冰泮而休卒"的程度。"人不堪其苦，公不改其节"；"大战数十，小战数百，算无遗策，兵有全胜"。这样一位骁勇的蕃将，在《新唐书》中传文过于简约，每多阙漏，许多重要事迹，晦而不显，殊为可惜。今取此碑所记，参以《敦煌本吐蕃历史文书》（以下简称《敦煌文书》）、《贤者喜宴》等藏文史册，并以两《唐书》、《册府元龟》、《资治通鉴》有关史料相核，将其主要事迹，敷陈考订，以博读者一粲！

三、考　证

（一）生卒年

据碑文，论弓仁薨于开元十一年（723 年）四月五日，寿六十（《新唐书》本传云寿六十六，不知何所本，今从碑文）。由此上推，当生于高宗龙朔三年（663 年）。时系吐蕃赞普松赞干布之孙芒松芒赞在位，其祖禄东赞正任大相，提兵远征吐谷浑之时。此时，噶尔家族也正处于兴旺鼎盛之期。按其本名应为噶尔·芒布支·论弓仁，藏文作 mgar mang po rje blon gung ring

(663—723 年)。

(二) 家世

论弓仁源出于噶尔氏家族。噶尔藏文作 mgar (或 vgar),《旧唐书》记为“薆”;《新唐书》作“薛”;《通典》作“嶭”;《会要》作“築”;依李方桂先生意见,以嶭字最为适宜。嶭,《广韵》读若 ngât。藏文 mg－对汉文 ng－, －r 对汉文－t,正合当时习惯。碑文中标明噶尔家族“出于吐蕃赞普王族”。这一说法或出有因,这一家族从来不与王室互通婚姻可为旁证。但其为王室一支,藏文诸书不载。《敦煌文书》大相位序表中列出,囊日松赞在位时,有噶尔·赤札考门任大相,为该族中秉政之第一人,或为东赞之祖。后又有噶尔芒相松囊任大相,或为东赞之父。又在《敦煌文书》小邦邦伯家臣世系表中,说明噶尔家族原为苏毗王森波杰之家臣。碑文中的“曾祖赞”就是禄东赞,据藏文史料看,辈分上错列了一代。

《旧唐书·吐蕃传》云:“禄东赞有子五人,长曰赞悉若,早死;次钦陵;次赞婆;次悉多干(于);次勃论。及东赞死,钦陵兄弟复专其国。”

禄东赞(blon stong btsan):全名为噶尔·东赞域宋(mgar stong btsan yul zung)。《旧唐书》称他“虽不识文记而性明毅严重,讲兵训师,雅有节制。吐蕃之并诸羌,雄霸本土多其谋也”。作为赞普的代表,吐蕃婚使,来长安迎文成公主至逻些,成为传颂千年的佳话。《旧唐书》还说太宗妻以琅邪长公主外孙女段氏,藏文史书《吐蕃王统世系明鉴》述其大意。他的主要政绩是扶持幼君、制订法律、定税赋、分桂庸(桂指武士阶层,庸指随军奴户)、查户口、立丁册、征服吐谷浑、用兵西域,成为吐蕃史上一代贤相。《敦煌文书》大事纪年、赞普传记有详细记载,今不赘引。《敦煌文书》载:及至兔年(高宗乾封二年,丁卯,667 年),大论东赞薨于“日布”(ris bu),患的是颈部痈疽之症。看来在 641 年至 667 年,25 年之间掌握吐蕃大政。东赞死后,大相一职便落到其子赞悉若手中。

赞悉若：东赞长子，《旧唐书》早死之说不确。其全名为噶尔·赞悉若·覃布（mgar btsan snya ldom bu），东赞死后掌政。由于东赞新死，幼君秉政，政局不稳，会盟事一直推迟到六年之后即鸡年(咸亨四年,癸酉,673 年),才由噶尔·赞悉若·覃布及其弟钦陵二人主持，召集于董噶之鹦鹉谷。事实上他们弟兄已牢牢地把大权掌握在手中了。676 年，赞悉若领兵赴突厥，拜命青海湖行军衙；并及时打击了政治对手麹氏家族，没收其全部财产。集会议盟事即由其兄弟一人负责。685 年（乙酉），赞悉若为芒辗达乍布仇杀而死于孙波河谷。同年，其弟论钦陵被任为大相。

论钦陵：全名为mgar blon khri vbring btsan brod，应译为钦陵赞卓。禄东赞次子，论弓仁的生父。《资治通鉴》又记其名为“起政”，即 khri vbring 的不同译音也。《旧唐书·吐蕃传》：“仪凤四年（679 年）赞普卒，其子器弩悉弄嗣位，复号赞普，时年八岁，国政复委于钦陵。”看来，钦陵继承了乃父乃兄的遗绪，出任大相，同时掌握着兵马大权，兄弟子侄结成一个密密麻麻的网，盘根错节，左右着吐蕃政局。所以《旧唐书·吐蕃传》又说：“吐蕃自论钦陵兄弟专统兵马，钦陵每居中用事，诸弟分据方面。……其兄弟皆有才略，诸蕃惮之。”看来，钦陵是东赞诸子中最能干的一位。685 年接任大相之后，686 年立即继承父兄遗志，用兵于西域。《敦煌文书》载：“及至猪年（中宗嗣圣四年，太后垂拱三年，丁亥，687 年），……大论钦陵领兵赴突厥龟兹之境。”委托其弟噶尔·悉多于在家参加了三人主持的集会议盟，他还“平息大藏首次叛乱”。权势煊赫，令人生畏。这使赞普王室渐感不安。《旧唐书·吐蕃传》云：“圣历二年，其赞普器弩悉弄年渐长，乃与大臣论岩等密图之。时钦陵在外，赞普乃佯言将猎，召兵执钦陵亲党二千余人，杀之。”这就是吐蕃史上著名的由王室发动的一次政治行动。这次政变经过精心策划。694 年，论岩在赞普的安排下主持集会议盟。因为钦陵之弟噶尔·悉多于在这一年的征突厥战争中被粟特胡人所俘，出了问题。第二年，赞普本人亲自集会议盟，宣布钦陵另一弟弟赞辗恭顿（勃论）背叛，加以谴责，并公开宣读判处恭顿的诏文，于辗噶尔之江浦下诏杀之。696 年，由论岩单独主持集会议盟。697 年，政治气氛乌云密布。698 年冬，噶尔家族获罪。事实上，也就是正式把这几年紧锣密鼓经营的政变正式公之于众。第二年,清查了获罪家族之财产。也正如《旧唐书·吐蕃传》所载,赞普"发使召钦陵、赞婆等,钦陵举兵不受召。赞普自帅兵讨之,钦陵未战而溃,遂自杀。其亲信左右同日自杀者百余人"。[1] 噶尔家族遭此巨变,钦陵之弟赞婆就把担子肩起来。而且,审情度势,采取了断然与吐蕃王室决裂的行动。于是,如《旧唐书·吐蕃传》所云:"赞婆率所部千余人,及其兄子莽布支等来降。"

赞婆：赞婆之名只见于汉籍，而在敦煌文书及其他藏文史册中不载。可能是由于他投唐的行动，蕃人需要避忌，不肯列入史册。他的名字大概是叫噶尔·赞婆（mgar btsan ba）。原来是长期统兵专驻东境，控制着东线的战局。《旧唐书·吐蕃传》说他"三十余年，常为边患"。698 年来归时，"则天遣羽林飞骑郊外迎之，授赞婆辅国大将军，行右卫大将军，封归德郡王，优赐甚厚。仍令领其部兵于洪源谷讨击"。大概没有多久就病故了。《旧唐书·吐蕃传》云："寻卒，赠特进、安西大都护。"

悉多于（《旧唐书》作悉多干，误）：全名为噶尔·悉多于日松（mgar sta gu ri zung），《敦煌文书》大事纪年 687 年中，第一次记录他作为负责集会议盟的三人中之一。当时，其兄钦陵正任大相。看来，钦陵有意安排这一位亲弟做他政治上的帮手，以便他本人集中力量去解决西域的战争。后来，这位悉多于也参加到安西四镇的争夺战当中去了。而且，不幸于 694 年，被粟特胡所俘。这一事件既使钦陵失去政治上的帮手，更成为反对派攻击的口实，作为摧灭噶尔家族的第一步行动。

---

① 值得一提的是,钦陵与唐元帅王孝杰尚书之间的对话,虽然是一篇民间文学作品,仍可一读。见于《敦煌文书》赞普传记第 10 节。

勃论：可能是 blon 的音读，不应该是个人专名。禄东赞的这一儿子的事迹汉文失载，而在《敦煌文书》中有线索可寻。看来应该是噶尔·赞辗恭顿其人，藏文作 mgar btsan nyen gung rton。藏文书中并没有用很多笔墨记录他的活动事迹，偏偏只在 695 年用突然的方式宣布他背叛，并受赞普亲自的谴责，接着在“鹿苑”议盟的集会上，赞普亲自宣读判处恭顿的诏文，而且立即杀于辗噶尔之江浦。看来，这是器弩悉弄赞普与论岩周密计划的第二步行动。可能此事发生之前，封锁消息极严，不让钦陵、赞婆等其他弟兄知道，接着又当众公布了罪状，取得舆论的支持，这样来造成无法挽回的既成事实。到这时，吐蕃王廷的政治风云已经越来越紧，火药味也越来越浓了。钦陵、赞婆虽然领兵在外，但失去了内应，失去了在本土的优势和支持，权力再大，也无法挽回这一局势。

这就是噶尔家族以大相之裔，投奔唐廷的政治的和社会的背景。吐谷浑部落七千帐，随之也投唐，可以看作吐蕃与其他部族之间的矛盾发展，也是王室的一次挫折。

（三）事迹

论弓仁以圣历二年（689 年）来归，立即受到优遇，并能长期发挥其所长，在军事系统中任职，历有升迁。直至开元十一年（723 年）病故，前后达 24 年之久。而且，在唐王室内部的派系、家庭纠纷冲突之中能超然物外，不受干扰，也是难能可贵的。兹据碑文将其事迹列表如下：

论弓仁仕唐事迹表

年代	职务及爵位	年龄	附注
圣历二年(698年)	左玉钤卫将军,酒泉郡开国公	36岁	食邑二千户
神龙三年(707年)	朔方军前锋游奕使	44岁	当年改元景龙
景龙二年(708年)	左骁骑将军	45岁	
开元五年(717年)	兼归德州都督使	54岁	
开元八年(720年)	本卫大将军改朔方节度副大使	57岁	
开元十一年(723年)	薨,制授拨川郡王	60岁	长子袭官封

(四)余绪

《新唐书》本传,只记其孙论惟贞之名。碑文中则并列其二子:论卢、论旧久。据汉文史料尚有一孙名论惟明出仕,可见其后裔仕唐,皆有所立,今排列于后:

长子:论卢,袭官封,继事业。

次子:论旧久,特拜郎将。

孙:论惟贞。《新唐书》有传,附弓仁传后。云:"名瑀,以字行。开元末,为左武卫将军。肃宗在灵武,以卫尉少卿募兵绥、银,阅旬,众数万。从还凤翔,迁光禄卿,为元帅前锋讨击使。战陕州,以功进殿中监。史思明攻李光弼于河阳,周挚以兵二十万阵城下,惟贞请锐卒数千,凿数门出,自旦及午,苦战破之。光弼表为开府仪同三司。光弼讨史朝义,以惟贞守徐州。贼将谢钦让据陈,乃假惟贞颍州刺史,斩贼将,降者万人。封萧国公,实封百户。光弼病,表以自代,擢左领军卫大将军,为英武军使,卒。"

孙:论惟明。《新唐书》卷110《裴玢传》:"玢初事金吾将军论惟明为傔力。德宗在奉天,以功封忠义郡王。从惟明镇鄜坊,署牙将。"可见论惟明曾任金吾将军,又出镇鄜坊。据《资治通鉴》卷228建中四年(783年)冬十月条:朱泚之叛,"邠宁留后韩游瓌，庆州刺史论惟明，监军翟文秀受诏将兵三千拒泚于便桥，与泚此遇于醴泉”。

根据这些记载，可知其后裔在唐廷仍然是官高爵显，备受优渥。这里还可以补充一条，据《敦煌文书》赞普传记第10节：

芒布支悉诺赞与巴策·野多日投唐之时，巴策·野多日高歌吟诵，歌云：

“……

妻子虽越过山头，
孩子还遗留在后。
［前年］早于去年啊，
老祖母将我搂于怀中，
母、妹伤心来送行。
来至大小宗喀，
……
余之属官长上，
是唐王二郎。
逃亡者之故乡是大唐！”

时，噶尔·芒布支之妻室属卢氏同时投唐……歌云：

“从辗噶尔达则，
一座铁样堡寨，
放出一只铁犬。
从玛地之‘滂扎’，
响起了海螺号角。
从美列朗玛，
金鹿受惊逃逸，
受惊的金鹿啊，
……
到喀卜钦贡拉山，
漫游到索高杂，

住宿在山顶上。

……

[忆前年早于去年],

长官悉诺赞,

与唐王三郎二者间,

……

如若相拼多日也能克敌。

依而今来观看,

……

过去失和的唐王啊,

倒来解救了我们!"

这首歌可能是在论弓仁与其妻室属卢氏一同投唐以后产生的,属于追忆性质,所以出现"唐王三郎"(唐玄宗)这样的称呼。

四、笺　注

碑文中有若干用典及当时史实，笺出以供参考：

(一) 由余之深识、日磾之先见

由余本晋人，亡入戎，能操晋言。闻秦缪公贤，使由余观秦。缪公与之语，以为贤，留而不遣，遗戎王以女乐而间之。后，由余降秦，为秦谋伐戎之策，益国十二，开地千里，遂霸西戎。事见《史记》秦本纪第五。

日磾本匈奴休屠王太子，字翁叔，没入官初为马监，汉武帝奇其貌，拜为侍中、驸马都尉、光禄大夫，数十年无过失，笃慎为帝所信爱，拜车骑将军。莽何罗谋反，日磾缚而诛之，以功封秺侯。武帝崩，与霍光同受遗诏辅政，卒谥"敏"，以休屠作金人为祭天主，故赐姓金氏。事见《汉书》本传。

(二) 戎言谓宰曰论，因而氏焉

藏语 blon，音译为"论"，或"布论"，意为相、臣，以论为氏之说不确。

（三）韩公之建三城也

《新唐书》卷 111《张仁愿传》：仁愿华州下邽人，本名仁亶，以睿宗讳音近避之，神龙中进左屯卫大将军，兼检校洛州长史。先是贾敦颐尝为长史，有政绩，时人为之语曰：“洛有前贾后张，敌京兆三王。”仁愿于河北筑三受降城。以拂云为中城，南直朔方，西城南直灵武，东城南直榆林。景龙二年，拜左卫大将军，同中书门下三品，封韩国公。

（四）公洗兵诺真之水

《资治通鉴》卷 209 景龙二年（708 年）：以左玉钤卫将军论弓仁为朔方军前锋游奕使，戍诺真水为逻卫（胡注：游奕使，领游兵以巡奕者也）。中受降城西二百里为大同川，北行二百四十余里至步越多山，又东北三百余里至帝割达城，又东北至诺真水。

（五）源出于疋末城

《通典》作疋播城，吐蕃古牙帐所在，今山南琼结县。古名 phying ba stag rtse。简称 phying ba，译为疋末。

（六）郑卿之和默啜也

默啜可汗（？—716 年），东突厥后朝可汗，唐封之为“特进、颉跌利施大单于立功报国可汗”。697 年，唐给以河曲六州突厥降户及种子、农具、铁等，社会生产力迅速发展。武后至玄宗间屡屡扰唐，拓地万余里，有兵 40 万，为颉利可汗以后最强盛时代。开元四年（716 年）大破拔野古，归途中为拔野古残众所杀。郑卿，不知何所指，待考。

（七）收火拔部帐，纳多真种落

《旧唐书·突厥传》：默啜妹婿“火拔颉利发石阿失毕率精骑围逼北庭。右骁卫将军郭虔瓘婴城固守，俄而出兵擒同俄特勤于城下，斩之，虏因退缩，火拔惧，不敢归，携其妻来奔。制授左卫大将军，封燕北郡王，封其妻为金山公主，赐宅一区，奴婢十人，马十匹，物千段。”

（八）降户之叛河曲

《旧唐书·突厥传》："明年，十姓部落左厢五咄六啜，右厢五弩失毕五俟斤及子婿高丽莫离支高文简，跌跌都督跌跌思泰等各率其众，相继来降，前后总万余帐。制令居河南之旧地。……俄而降户阿悉烂、跌跌思泰等复自河曲叛归。"

（九）上军败于青刚岭，主帅没于赤柳涧

《旧唐书·突厥传》："张之运既不设备，与降户战于青刚岭，为降户所败，临阵生擒知运，拟送与突厥，朔方总管薛讷率兵追讨之。"

（十）合薛纳于河外，反知运于寇手

《旧唐书·突厥传》："朔方总管薛纳（薛仁贵子，字慎言，新旧《唐书》有传，附于仁贵传后），率兵追讨之，贼至大斌县，又为将军郭知运所击，贼众大溃，散投黑水呼延谷，释张知运而去。"

（十一）制赠为拨川郡王，称故国，志其本也

拨，古音作 puat，与 bod 的发音最为切近。故赠以拨川郡王，而且曰"称故国"，说明这里的"拨"即论弓仁的故国 bod 也。张说在碑文中用"拨"而不用"蕃"，可能是"蕃"（pian）在对音上距 bod 较远，而且有蔑称之意。按"拨"字古音读若 puat，是依据 B. Karlgren 的 Analytic Dictionary of Chinese and Sino-Japanese，第 867 页。

附记：

本文之成，参考了李方桂教授的《吐蕃大相禄东赞考》（1981 年，台北，抽印本）、佐藤长教授的《古代西藏史》（1959 年）、山口瑞凤的《吐蕃王国成立史》（1983 年）等研究成果。

（原载朱东润等主编：《中华文史论丛》第 35 辑，上海古籍出版社，1985 年。）

南宋少帝赵㬎遗事考辨

一、宋少帝—瀛国公—合尊大师事迹述略

元世祖至元十三年（1276 年）正月，伯颜丞相率蒙古大军，云集临安，南宋王朝无力抵抗，派宗室使节保康军承宣使赵尹甫和和州防御使赵吉甫“赍传国玉玺及降表诣（伯颜）军前”请降。二月，召“伯颜偕宋君臣入朝”。年甫 7 岁的南宋德祐帝赵㬎（又称少帝、幼帝、恭帝），偕母全太后及少数随侍离杭州北上。五月乙未，朔，“伯颜以宋主㬎至上都，制授㬎开府仪同三

司检校大司徒，封瀛国公”。[1] 从此，宋朝的德祐皇帝就成了元朝封授的瀛国公。这时，对宋的战争虽已基本结束，但以陆秀夫为首的抗战政府还在南方继续活动。另一方面，在新征服的广大地区还存在抵抗力量。[2] 元朝统治者是很清楚这一点的，所以，对已经投降但仍有潜在作用的宋少帝——瀛国公，必须作进一步的安排。

至元十九年（1282 年）十二月乙未，“中书省臣言：‘平原郡公赵与芮、瀛国公赵㬎、翰林直学士赵与禀宜并居上都。’帝曰：‘与芮老矣，当留大都，余如所言。’继有旨，给瀛国公衣粮发遣之。”[3] 此年，瀛国公才 12 岁，一个娃娃家为什么“不

---

① 均见《元史》卷9《世祖纪》，至元十三年该条下又附有宋德祐皇帝的降表。苏天爵编《国朝文类》卷11，录有《降封宋主为瀛国公制》。这两份文献形成鲜明的对照。现分别录出供比较，可以看出元、宋双方的政治形势和精神状态。

降表：“大宋国主㬎，谨百拜奉表于大元仁明神武皇帝陛下：臣昨尝遣侍郎柳岳、正言洪雷震捧表驰诣阙庭，敬伸卑悃，伏计已彻圣听。臣眇焉幼冲，遭家多难，权奸似道，背盟误国，臣不及知，至于兴师问罪，宗社阽危，生灵可念。臣与太后日夕忧惧，非不欲迁辟以求两全，实以百万生民之命寄臣之身，今天命有归，臣将焉往？惟是世传之镇宝，不敢爱惜，谨奉太皇（后）命戒，痛自贬损，削帝号，以两浙、福建、江东西、湖南北、二广、四川见在州郡，谨悉奉上圣朝，为宗社生灵祈哀请命。欲望圣慈垂哀，祖母太后耄及卧病数载，臣茕茕在疚，情有足矜，不忍臣祖宗三百年宗社遽至殄绝，曲赐裁处，特与存全，大元皇帝再生之德，则赵氏子孙世世有赖，不敢弭忘，臣无任感天望圣，激切屏营之至。”

《降封宋主为瀛国公制》：“时逢屯否，岳渎分疆，运值休明，乾坤一统，眷靖康之余裔，擅吴会之奥区，远隔华夏，久睽邻好。我国家诞膺景命，奄有多方，炎风朔雪之乡，尽修职贡；若木虞渊之地，靡不来庭。历六合而混同，岂一方之独异？用慰徯苏之望，爰兴问罪之师；戈船飞渡而天堑无凭，铁马长驱而松关失险。末主㬎，乃能察人心之向背，识天道之推移，正大奸误国之诛，斥群小浮海之议；决谋宫禁，送款军门，奉章奏以祈哀，率亲族而入觐。是用昭示大信，度越彝章，位诸台辅之尊，爵以上公之贵，可封开府仪同三司、检校司徒、瀛国公。”

② 《宋史》卷451《姜才传》：“瀛国公至瓜州，才与庭芝泣涕誓将士出夺之。将士皆感泣。乃尽散金帛犒兵，以四万人夜捣瓜州，战三时，众拥瀛国公避去。才追战至浦子市，夜犹不退……六月，护饷至马家渡，万户史弼将兵挈夺之，才与战达旦，弼几殆……庭芝以在围久，召才计事，屏左右，语久之。第闻才厉声曰：‘相公！不过忍片时痛耳！’左右闻之俱汗下。”这证明抵抗力量的存在，而且仍然眷恋故主，对瀛国公寄予期望。

③ 《元史》卷12、13《世祖纪》。

宜”居大都（北京）而“宜居”上都（开平）呢？这是因为当时中山有薛保住者“上匿名书告变”。元朝统治者抓住这一机会，一方面把南宋的故主瀛国公发遣到蒙古腹地，同时，就在“柴市”杀害了宋丞相文天祥。

次年，即至元二十年（1283 年）正月，元朝统治者反过来又杀掉那个上匿名信的中山薛保住，罪名是“妄效东方朔书，欺罔朝廷，希觊官赏”。这是告密者所没有料到的结果。至元二十一年（1284 年）二月，又“迁宋宗室及其大臣之仕于内地者”。① 至元二十四年（1287 年）十一月，桑哥、玉速帖木儿透露出元朝统治者的真正忧虑，他们说：“江南归附十年，盗贼迄今未靖者，宜降旨立限招捕。”②。他们对于瀛国公尤其不能放心，于是“至元二十五年（1288 年）冬十月丙寅，赐瀛国公赵㬎钞百锭”。事隔十天，丙子“瀛国公赵㬎学佛法于土番”。③ 当时，瀛国公年方十九。至元二十八年（1291 年）十二月己巳，“宣政院臣言：‘宋全太后、瀛国公母子以（已）为僧尼，有地三百六十顷，乞如例免征其租。’从之”。④

就这样，瀛国公母子一个当了尼姑，一个做了和尚，而且瀛

---

① 《元史》卷 12、13《世祖纪》。

② 《元史》卷 14《世祖纪》：当时散处广东、福建一带的所谓“盗贼”，大都是民间抗战力量，叶李说：“臣在漳州十年，详知其事。大抵军官嗜利与贼通。”说明这些力量还得到官军的支持，所以“尤难弭息”。

③ 《元史》卷 15《世祖纪》。

④ 关于全太后事，明田汝成的《西湖游览志余》卷 2 载之颇详，足资参考：“度宗全皇后，会稽人，理宗宪圣夫人侄孙女也。略涉书史，幼从父昭孙知岳州……诏后入宫……册为皇太子妃，生少帝。宋亡，从少帝入朝于燕京。后为尼正智寺而终。世祖令词臣皆作挽诗，叶森诗云：‘繁华如梦习空门，曾是慈明秘殿尊，一夕顿抛尘世事，半生知感圣朝恩。五千里外无家别，八十年来有命存，回首钱塘江上月，夜深谁与赋招魂。’”下自注：“少帝，度宗子也，生四岁立，改元德祐，降于元，封瀛国公。”世祖对于全后的态度，也有一段记载：“元至元十一（三）年丙子二月，伯颜以宋谢、全两后以下北去……五月二日抵上都，朝见。十二日夜，宋宫人陈氏、朱氏与二小姬沐浴整衣，焚香缢死。朱氏遗四言诗于袖中云：‘不免辱国，幸免辱身，世食宋禄，羞为北臣，妾辈之死，守于一贞，忠臣孝子，期以自新。’世祖览之命断其首，悬全后所。”

国公本人并被打发到土番去“学佛法”。此后一段很长时间，未见《元史》于瀛国公的下落有任何交待。直到文宗天历二年（1329年）的记事中，才透露出他们母子已不在人世。“九月，市故宋太后全氏田为大承天护圣寺永业。”[①] 文宗至顺元年（1330年）二月，“市故瀛国公赵㬎田为大龙翔集庆寺永业”。[②]

但是，瀛国公究竟死在哪一年？怎样死的？死在什么地方？史文未作说明，这就成为明清之间一桩疑案，引起种种传说。[③] 既然知道瀛国公出家当了和尚，而且又去了吐蕃（《元史》中作“土蕃”），那就应该向释家著述和藏文记载中去搜寻。[④]

据《佛祖历代通载》[⑤] 卷32载：“乙亥，至元十二年（1275年）大元天兵临境，举国（南宋）归附……封幼主瀛国公，全后为尼正智寺”；“丁丑，至元十四年（1277年）敕令瀛国公往脱思麻路（吐蕃一路），习学梵书、西蕃字经”；“壬午，[至元]十九年（1282年）八月，赐文天祥死时，年四十七岁”；“宋主以王位来归，学佛修行，帝（忽必烈）大悦，命削发为僧宝焉。……宋主毳衣圆领，帝命往西天，讨究大乘明（佛理）”；“至治三年（1323年）四月，赐瀛国公合尊死于河西，诏僧儒金书藏经”。

上述记载有些事件时间不确，如谓南宋之亡在至元十二年，失之过早；谓瀛国公赴脱思麻路学习梵书、西番字经在至元十四年，也大大提前。因为直到至元十九年，瀛国公和其他宋宗室成员还一直住在大都。事实上，他学佛于吐蕃是在至元二十五年

---

① 《元史》卷33《文宗纪》。

② 《元史》卷34《文宗纪》。

③ 流传最广的传说是“元顺帝乃瀛国公之子”，参见下文。

④ 故陈援庵（垣）先生来信云：“我估计藏文史料中会有关瀛国公的记载，今，果然不出所料……”（1963年间与笔者的通信）。

⑤ 释念常撰。念常号梅屋，华亭人。至元十九年（1282年）生，至治三年（1323年）应召赴京师，缮写金字佛经，曾礼帝师，是颇为活跃的政治和尚。在他的书中记载瀛国公的事迹，可以说是当时人的记载，与书的其他部分纯为抄袭前人旧作者，不能同样看待，应有所区别。

(1288 年)十月。尽管疏失如此，但是，《佛祖历代通载》所记的材料仍不失其重要的史料价值，因为他告诉了我们几个前所未载的史实：

(1) 瀛国公是奉诏出家；

(2) 瀛国公出家后名叫合尊（这一点将在下文介绍藏文材料时讨论）；

(3) 瀛国公是在英宗至治三年被赐死于河西的；

(4) 瀛国公的母后全氏，削发为尼，是在正智寺。

明初，洪武年间，和尚恕中无愠著《山庵杂录》,[①] 有一段关于瀛国公的记载：

> 瀛国公为僧后，至英宗朝，适兴吟诗，云“寄语林和靖，梅开几度花？黄金台上客，无复得还家”。谍者以其意在讽动江南人心，闻之于上，收斩之。既而上悔，出内帑黄金，诏江南善书僧儒，集燕京，书大藏经云。

无愠是由元入明的遁世学者，对当时故实多有记载，他在这里也明确说瀛国公死于英宗朝，与《佛祖历代通载》的说法相符。而且还说明死因是诗文贾祸，大概文人习气未改，要弄笔墨，被谍者（就是当时的特工人员吧）告密，以致赐死。

陶宗仪的《南村辍耕录》[②] 卷 20，也收录了瀛国公那首诗，用韵略有不同，语气上也有所差异，兹引录如下：

> “寄语林和靖，梅花几度开？黄金台下客，应是不归来。”此宋幼主在京师所作钞也。始终二十字，含蓄无限凄戚意思，读之而不兴感者几希！

《宋稗类钞》收录此诗文句与《南村辍耕录》全同，但还有一段说明：“少帝在燕京，凄凉无赖，时，汪水云以黄冠放还，少帝作诗送之。”云云。[③]

---

① 《续藏经》本。

② 《南村辍耕录》，清康熙刻本。

③ 此诗，再见于田汝诚《西湖游览志余》卷 2，与《宋稗类钞》同。

可见，元末即有一种说法：瀛国公因为一首诗而被元帝赐死。诗中牵涉的两个名词“黄金台”和“林和靖”，“谍者”极容易“上纲”为“意在讽动江南人心”。这里略加诠释：

黄金台：据明人蒋一葵《长安客话》卷1“皇都杂记”，有黄金台条：“都城黄金台，出朝阳门循濠而南，至东南角，岿然一土阜是也。日薄崦嵫，茫茫落落，吊古之士，登斯台者，辄低回眷顾，有千秋灵气之想。京师八景有曰‘金台夕照’，即此。”同条又云：“台故燕昭王所筑，置千金于上以延天下士，后人因以名台。”“黄金台下客”句，可以解释成住在大都的瀛国公自况。

林和靖（林逋）：宋代最著名的高士、诗人之一。钱塘人，字君复，少孤力学，恬淡好古，结庐西湖之孤山，20年足不及城市，自为墓于庐侧。年六十一卒，宋仁宗赐谥和靖先生。逋，善行书，喜作诗，每多奇句。终生不娶，无子。所居植梅蓄鹤，人称其为“梅妻鹤子”。这样一位高洁之士，象征着钱塘（杭州），也正可以解释对故国的怀念。

这里，还要指出一点：传闻中的这首诗写作时间很不一致，有的说是“英宗朝”，那就应在1321—1323年之间；有的说是在汪水云南返之时，少帝在燕京日，那就应在至元二十五年（1288年）之前，前后相距30余年。难道也是旧日文字被翻腾出来，“老账新账一起算”的结果吗？

下面，引录几种藏文史书：

《红史》（deb ther dmar po，又译作《红册》，成书于1346年）[①] 记载：

---

① 《红史》，西藏蔡巴万户长庆喜金刚（贡噶多吉，kun dgav rdo rje）著，成书于1346年。向以抄本传世，是藏文史籍中一部十分重要的著作。1962年间，曾据察绒氏藏本晒蓝，名为晒蓝本，104页。民族文化宫藏萨迦抄本116页，西藏印经院藏夏札抄本56页。1964年，日本法藏馆出版稻叶正就、佐藤长据锡金甘托克藏学研究院藏本译为日文本。东噶·洛桑赤列先生著《红史校注》（藏文），民族出版社，1981年。

se chen rgyal po rgyal sar bzhugs nas tsi dben lo dcu gsum pavi dus su sman rtsivi gyivu juvi rgyal sar bsdad nas lo gsum song ba la/ pa yan phying sang gis rgyal khams blangs/ rgyal po sa skya btang lha btsun byas/ rting la ge gan rgyal povi dus su bsad pas khrag dkar po byung/

译文："［世祖］薛禅皇帝登极之至元十三年；时，蛮子南宋幼主登位三年，伯颜丞相尽取其国土，幼主皇帝被发遣至萨斯迦地方，出家为僧。后，至［英宗］格坚皇帝之时，杀之，出白血焉。"

译文里有几个问题需要解释：

（1）"出家为僧"句，在藏文原文里作 lha btsun，音译就是"合尊"，意思是"天神家族的出家人"。这是对王室子弟舍位出家的僧人的尊称。上文引《佛祖历代通载》中提到的"瀛国公合尊"，即源出于此。由于吐蕃时代的古史传说中，认为赞普王室乃是"天神下世，来主人间"（见《唐蕃会盟碑》东侧藏文盟词）。以后，历史上王室子弟出家者，名字之前皆冠以 lha 字，意为天神家族。如 11 世纪名震一时的阿里小邦王子出家后，取名"益西俄"（ye shes vod，意译"智光"），人们通称之为 lha bla ma ye shes vod，可译为"天喇嘛智光大师"。《佛祖历代通载》在另一处所记忽必烈把瀛国公出家学佛喻为"皇家佛"，也正是藏文称为"合尊"的意思。而"合尊"仅仅是瀛国公出家后的尊称。另有藏文本名，详见下文。

（2）"出白色血"句，又可译为"流血成乳"。这是佛教历史上习见的说法，用来表示一种冤狱，被害者流出来的血是白色的，像奶子一样。就在同一本《红史》里，还记载汉地姚秦时代，汉族僧肇被冤屈杀害时，流出来的血是白色的。在藏族口头流传的故事中，也有同样的说法，被冤而死的英雄人物，流出来的不是血而是奶子。[1] 由此可见，藏族史学家对瀛国公之死寄予

① 中央民族大学藏《大老爷》的故事资料。

同情，认为他的被害是冤枉的。

（3）“蛮子地方”句，例指南宋。在藏文史书中，也把南宋皇帝称之为“蛮子国主”。这是藏人沿用元代蒙古人对宋人的蔑称，史书中因袭下来。甚至在《萨迦世系史》中把江南地方也称之为蛮子地方。

（4）藏族史学家称元代诸帝很少用庙号，率皆以蒙古名号称之。如：太祖称成吉思皇帝，太宗称窝阔台皇帝，定宗称贵由皇帝，宪宗称蒙哥皇帝，世祖称薛禅皇帝或称忽必烈汗，成宗称完泽笃皇帝，武宗称曲律皇帝，仁宗称普颜笃皇帝，英宗称格坚皇帝，泰定帝称也逊铁木耳皇帝，天顺帝称阿速吉八皇帝，明宗称护都笃皇帝，文宗称扎牙笃皇帝，宁宗称亦璘质班皇帝，顺帝称妥懽铁木耳或称兀哈笃皇帝。读藏文有关元朝史料时，不可不察。这里的薛禅皇帝即元世祖。

《青史》（deb ther sngon po，成书于1476—1478年之间）[①]中也录有关于瀛国公的史料。除与上引《红史》相同的一段以外，还有一段记载，如下：

civu thavi rdzung zhes pavi rgyal po rgyal rabs brgyad spen lyang gi sa char byung/ rgyal rabs brgyad pashang hwang pha bu gnyis kyi lag nas chi tan tavi glevu zhes pas spen lyang la sogs pavi rgyal khams phyed phrog/ rgyal khams de la tavi glevu zer/ shang hwang gi zha gon mavi bu khang dbang zhe pa sman tsivi yul du song nas phavi yul gyi rgyal khams phyed po gzung hor gyi snam thavi zer khyen khang hwang jevu bsdad rgyal khab de la gsung zer/ de nas sman rtse lha btsun gyi bar bu rgyal rabs brgyad sman rtser byung/

① 《青史》，管译师熏奴贝著，成书于1476—1478年之间，全书15品，有羊八井木刻本（木版后归功德林，现存于布达拉宫）。据云另有四川若尔盖刻本，未见。此书对历史人物年代考索最详，一向被推崇为信史。G. N. Roerich 译为英文，1947—1953年出版，翻译中曾得到藏族学者更敦群培的帮助。

译文："赵太祖称帝，建都于汴梁，传八代，至上皇父子（徽钦二帝）时，有契丹大辽崛起，袭取汴梁等城池及国土之半，称大辽。上皇侧妃之子名康王者，至蛮子地方，领其父王其余一半国土，蒙古称之为'南台'，居建康杭州，国号曰宋，直至蛮子合尊，共传八帝。"

从这一段文字记载来看，藏人对于宋代北方民族关系诸如辽、金之间嬗递，并不十分了然，因而把赵太祖误作太宗，把取汴梁之事误记为辽，且以"大辽"代"金国"，均错。但称宋南渡后为蛮子、南台，称临安为建康、杭州，均与当时蒙古人习惯称呼相符。值得注意的是，在这里称呼少帝为蛮子合尊，与上文所引《红史》的记载一致。说明当时藏人史学家也以"合尊"径称瀛国公，不称其名。

《新红史》（deb dmar gsar ma，成书于1538年）[①] 除了与上引两段相同的记载以外，还有一句很关紧要的话：

phyis sman rtsevi yul du rgyal rabs brgyad byung ste sman rtse lha btsun pavi bar davo/（vdis sa skyar spyi vdzin mdzad/）

译文："后，于蛮子地方，王统八传，即至蛮子合尊之中间也。（原注：此人曾任萨斯迦总持。）"

从这里，我们又知道瀛国公进吐蕃，到了萨迦还担任过萨迦大寺的总持。

《贤者喜宴》（mkhas pavi dgav ston，成书于1564年）[②] 在

---

① 《新红史》，甘丹池巴福称（索南札巴，bsod nams grags pa，1478—1554年）著。成书于1538年，写本，103页。按福称，泽当人，著有《噶当派教史》、《俱舍论疏》等书。52岁时被选任甘丹池巴，55岁退任。曾充任色拉、哲蚌等寺池巴，史称班钦，意为大学者。此书有意大利东方学院图齐（G. Tucci）英译本，于1971年出版。

② 《贤者喜宴》，巴俄·祖拉陈瓦著，成书于1564年，全书以木刻本791页传世。版藏于山南洛扎岱瓦宗拉陇寺，又称《洛扎教史》。此书广征博引，忠于史实，尤其对于古代史、西夏史的叙述最为可贵，书中所引史料每与敦煌石室藏文遗书相合。1964年，印度加尔各答大学由钱德拉·罗开什影印出版。意大利东方学院图齐有英译本出版广告刊出，未见译书。西藏印经院藏有较好的印本。

“于阗、汉地、蒙古各地教法源流之品”内，亦有上述两段文字记载，不赘引。

《如意宝树史》（chos byung dpag bsam ljon bzang，1748年成书）[①] 在“后弘期大译师名次录”之品内，有瀛国公的名字，列在第60名，称为 lha chos kyi rin chen，意为“合（尊）法宝”。名次顺序排在管洛·熏奴贝（《青史》作者）和多罗那它（《印度佛教史》作者）之前。《贤者喜宴》的“译师、智者、哲人之品”内，也有瀛国公的名字，亦称“合（尊）法宝”，与《如意宝树史》同。

还有一件更为重要的材料，那塘版藏文《因明正理论》（tshad ma rigs par vjug pavi sgo），[②] 扉页上有用藏文拼写的汉字语音 g·yin ming gzhev cing livi lun，尾页有如下短跋：

rgya nag chen povi lhavi btsun pa chos kyi rin chen gyis dpal ldan sa skyavi gtsug lag khang du rgyavi dpe dang bod kyi dpe gnyis po legs par gtugs shing bcos te dag par bsgyur pavo/ rgyavi bpe la rigs pa la vjug pa zhes snang deng sang bod rnams rigs pavi sgo zhes grags so/

译文：“大汉王者出家僧人合尊法宝，在具吉祥萨斯迦大寺，取汉文本与蕃字本二者善为对勘，修订并正确翻译之。汉文本名为‘入正理［论］’，而晚近蕃地诸人名之为‘正理门论’云。”

据此可知瀛国公到了萨迦以后，学会了藏语藏文，并在萨迦

---

① 《如意宝树史》，松巴堪布益西班觉（sum pa mkhan po ye shes dpal vbyor）著，成书于1748年（戊辰）。1908年印度人达斯铅印出版。此书对于蒙藏关系、安多地区，记述较详备，并附《丹珠尔》目录，检阅方便。其“译师哲人名次录”更有特色，是极为有用的史料。

② 德格版藏文大藏经亦收此书，日本东北大学编《德格版藏文大藏经总目录》丹珠尔部第十七因明部，即有此书。中国社会科学院民族研究所王森（雨农）先生辑有该书的藏、梵、汉会本，未刊。又，对于瀛国公——合尊法宝的事迹，发生兴趣最早的是王森先生。1962年他在中央民族学院藏文研究班讲授因明学，即以此书为教本，笔者承乏辅导。时，王森先生即指出瀛国公、合尊法宝可能是一人，这是他的远见卓识。

大寺翻译比较深奥的佛家逻辑专著《因明入正理论》。此外还有《百法明门论》,[①] 也是出自于他的译笔。因而，藏族史学家把他列入翻译大师队伍之中。可以说，瀛国公在汉藏文化交流上作出一些贡献，上述扉页及尾页题跋可能就是他的手笔。

综合汉、藏文献资料，可将瀛国公事迹概述如下：

宋度宗咸淳七年（1271 年）九月乙丑，生于临安。度宗第二子，母全氏。

咸淳九年（1273 年）十一月，封嘉国公。

咸淳十年（1274 年）七月癸未，即皇帝位，明年改元德祐。时年四岁，太后全氏临朝听政。

元世祖至元十三年（1276 年）降，五月至大都，封瀛国公。

至元十九年（1282 年）十二月，迁上都。

至元二十五年（1288 年）十二月，被遣至吐蕃，习学佛法。

长期住于西藏萨迦大寺，曾任总持。更名合尊法宝，习藏语文，从事佛经翻译工作，有《因明入正理论》、《百法明门论》等译品传世。

英宗至治三年（1323 年），被赐死于河西。元末即传因诗文贾祸，藏族史学家皆认为冤屈而死。

二、元顺帝为瀛国公之子说辩伪

元顺帝（惠宗），蒙古名妥懽铁木耳，未有谥号之前一般称为庚申帝。因为他生于英宗延祐七年（1320 年），即庚申。元末即传说他是瀛国公的儿子。

最先记录这一传说的，是元末隐士权衡的《庚申外史》：

---

① 参见考第尔《大藏经丹珠尔目录》。除这两种以外，可能还有他译品，未被人们知道，待考。《湖山类稿》载“瀛国公为僧后，号木波讲师”，“木波”疑是“本波”，形近而讹。本波即藏语 dpon po，意为官家、长官，则与藏文记载瀛国公在萨迦担任过“总持”同义。

> 国初，宋江南归附时，瀛国公幼君也。入都，自愿为僧白塔寺中。已而奉诏居甘州山寺。有赵王者，嬉游至其寺，怜国公年老且孤，留一回回女子与之。延祐七年，女有娠，四月十六夜，生一男子。明宗适自北方来，早行，见其寺上有龙文五彩气，即物色得之，乃瀛国公所居室也。因问："子之所居得无有重宝乎?"瀛国公曰："无有！"固问之，则曰："今早五更后，舍下生一男子耳。"明宗大喜，因求为子，并其母载以归。①

宋濂主修的《元史》，对于《庚申外史》颇多推崇，广为征引，且盛赞权衡是"隐德硕学之士"，独独对于这一条，弃而不顾。

传播这一传说并加以渲染、发展的，是洪武初年的福建政和县儒学训导余应，他"悲宋室以仁义亡国，因览虞文靖公［集］为文宗草顺帝非周王（明宗）己子之诏，撰诗以述其事"。② 他的诗不胫而走，流传很广，并且在很长时间无人知道作者是谁。直到景泰年间（1450—1456年），经何乔新考证，才弄清楚。余应的原诗，是一种想象力十分丰富的创作。引如下：

皇宋第十六飞龙，元朝降封瀛国公；
元君诏公尚公主，时蒙赐宴明光宫。
酒甜舒指爬金柱，化为龙爪惊天容；
元君含笑语群臣，凤雏宁与凡禽同。
侍臣献谋将见除，公主夜泣沾酥胸；
瀛国晨驰见帝师，大雄门下参禅宗。
幸脱虎口走方外，易名合尊沙漠中；
是时明宗在沙漠，缔交合尊情颇浓。
合尊之妻夜生子，明宗隔帐闻笙镛；
乞归行营养为嗣，皇考崩时年甫童。

---

① 据《豫章丛书》本，《学津讨原》本在"白塔寺"中句下增"号合尊大师"一句，余全同。《昭代丛书》、《宋遗民录》、《元诗纪事》均录此说。

② 《寰宇通志》、《政和县志》。

文宗降诏移南海，五年仍归居九重；
壬癸枯干丙丁发，西江月下生涯终。
至今儿孙主沙漠，吁嗟赵氏何其雄；
惟昔祖宗受周禅，仁厚绰有三代风。
虽因浪子失中国，此为君长传无穷。

从这首诗作中，可以看出几个新的变化，《庚申外史》中的“回回女子”已变成“元君”的“公主”，“年老且贫”的瀛国公变成非常阔气的尚主的娇客，并且增添了“见帝师”、“走方外”、“居沙漠”、“名合尊”等细节，使这一故事饶有兴味。

到了袁忠彻手里又有新的发展。袁忠彻，字静息，是明初著名占卜星相家袁柳庄的儿子。幼年，随父在燕王驾前行走，永乐初，授鸿胪寺序班，迁尚宝司少卿，正统中坐矜傲休致，卒。他在《符台外集》中说：

予幼时，闻诸先生与先人言，宋幼主北迁，元降封为瀛国公。一夕，世祖梦金龙舒爪缠金殿柱，明日，瀛国来朝，立所梦柱下。世祖感其事，欲除之，谋诸臣下；瀛国知，惧，遂乞从释，号合尊大师，往西天受佛法，获免。过朔北扎颜之地，谒周王（原注：即明宗），见瀛国后罕禄鲁氏，郡王阿儿厮兰之裔孙也，明宗爱而纳之，未几，生妥殱贴睦尔。后有言于文宗，诏曰：明宗在朔漠之时，素谓非己子。遂两徙高丽海岛，寻移广西。……瀛国孤儿寡妇，元君忍不相容也。瀛国居燕八年，因杀文丞相，方给衣粮，此待之薄甚。迨梦感有疑，瀛国逆知，假往西天，又遇周王夺其后而生顺帝。以明宗朔漠之言观之，明为遗腹也。

这一段话基本上是余应诗的内容，不同的只是把元顺帝生母罕禄鲁氏（郡王阿儿厮兰裔孙）加给瀛国公，元顺帝就变成明宗夺瀛国公妻而后生下的“遗腹子”。袁忠彻的故事还没说完，他接着还叙述自己的一段经历：

归老于家，或诵虞文靖公诗所纪瀛国之事，因而有感，遂并书旧时所闻者：永乐十年（1412 年）五月十八日，我太宗文皇帝御武英门，命内官李谦、王吉于古今通集库取宋列帝遗像，命臣忠彻及画士百户徐英观之。上笑谓忠彻曰："宋太祖以下，虽是胡羊鼻，其气象清癯，若太医然。"十九日，上复御武英门，命臣忠彻同内官王吉看元列帝像，俱魁伟雄迈，上曰："都吃绵羊肉者。"及观顺帝像，顾谓臣忠彻曰："唯此何为类太医也？"忠彻斯时承命未实，俯首莫对；今蒙赐老田里，得以历考宋、元史传暨元学士虞集所作'第十六飞龙'之诗，果符太宗文皇帝之言，愈感圣鉴之明，愧当时不能对此为恨，庸书以俟秉笔者补之。

这段自高身价的回忆录，不脱星相术士世家的本色。却未料到，就在这里露出了马脚，他并没有"历考宋、元史传"，连虞集的集子也没读过，不然，怎能把"皇宋第十六飞龙"一诗的著作权，加给那位虞文靖公呢？当时就有人指出他的错误。叶盛在《水东日记》卷 37 中说："近见《寰宇通志》《政和县志》及《符台外集》乃知此诗（"第十六飞龙"一诗）余应作，袁忠彻以为虞集作，非也。"又据黄溥在《闲中今古录》中，又揭出袁忠彻的老底：

尝闻先大父南山先生曰：永乐间，一日，谒尚宝袁公，公曰："昨日同太监二人侍上位，看历代帝王像。看到宋太祖，上曰：'果然面方耳大。'又曰：'真宗而下，诸像清癯，如今时太医一般'。看到元世祖，上曰：'北人南相。'看顺帝像，又曰：'此又如太医样。何也？'不能对而退。"大父答曰："公尚不晓此耶？昔宋幼主㬎之妻有娠，元明宗见貌美悦之，乃生顺帝也。"尚宝因叹不得以此对为恨，乃备述于《符台外集》，而不明大父所云。

可见袁忠彻不过是从黄润玉（黄溥的祖父南山先生）那里听来的故事，加上自己的名字，录在集子里而已。

事实上，第一个考证出“皇宋第十六飞龙”诗的作者为余应的是进士何乔新。他著有《元史臆见》、《勋贤琬琰集》等。他在《跋余应诗》中说：

予年二十时，赴江西乡试，于馆人家见乐府一帙，内有“沙漠主”一篇，云杨廉夫所作。予方从事科举之业，不暇录，但记其篇末句云：“吁嗟乎！凤为鸠，龙为鱼，三百年来龙凤裔，竟堕左衽称单于。”又识其后云：“宋太祖之德至矣！肇造帝业，不传子而传诸弟，太宗负约，金人之祸，举族北迁，而太祖之末孙复绍大统，有江南者百余年，为元所灭，而瀛国公之子阴篡元绪，世为漠北主。天之报太祖一何厚哉?!”其所云颇与应（余应）合。近考铁崖乐府无此篇，岂出于假托耶？

由此，我们知道还有一首托名杨铁崖作的新乐府“沙漠主”，渲染这一故事。

以上就是“元顺帝为瀛国公之子”这一传说产生、发展和在元明之间演变的过程。它逐渐形成一桩公案。就在明代，除了上文引述的诸家以外，还有程敏政的《宋遗民录》、陈霆之的《两山墨谈》、张志淳的《南园漫录》、陈汝锜的《甘露园短书》、罗伦的《近峰闻略》、《河上楮谈》、《禅寄笔谈》、《续宋宰辅编年录》等书，大致皆信而不疑。持疑有黄训、王世懋、罗凤等人，见《窥天外乘》、《延休堂漫录》等书。罗凤的话最有代表性，他以为瀛国公出家为僧与元顺帝出生的年代相距20多年，显示出这一故事在时间上几乎不可能。四库馆人对此特别推崇，评为：“此论最善，可以释千古之疑。”钱谦益在《牧斋初学集》卷25中作“瀛国公事实”一篇：“说者以为吕嬴牛马之事，微暧难明，传闻异辞，或者中原遗老伤故国，思少帝，从而为之说以相快欤?”采取了模棱两可的立场。

到了清代，万斯同《书庚申君遗事后》、《再书庚申君遗事后》，全祖望《跋庚申外史》、《鲒琦亭集》“答史雪汀问宋瀛国公遗事帖子”，都陆续有新的论述。他们都相信顺帝为瀛国之公子。赵翼《廿二史札记》卷31中所见与万、全二家同。

晚近学者王国维、余嘉锡、陈登原，都曾讨论过这一故事的可靠性。余嘉锡在《论学杂著》中剖析最详，否定了故事的可能性。近人魏青铓女士用功甚勤，查阅了大量资料，撰写《元顺帝为宋裔考》一文，[①] 引证浩繁。但是，由于作者采取了“与其阙而疑之，毋宁存而信之”的态度，所以她提供的目录是有用的，结论却落在旧的窠臼之中。

三、简短的结论

余生也晚，得以进行汉、藏两种文字史料的对勘。基本上可以确知从少帝到瀛国公、到合尊的经历。至于元顺帝为瀛国公之子的传说，有一条根本性的年代误差，不能成立。《元史》“英宗纪”、“文宗纪”都明载顺帝生于延祐七年（1320年）四月丙寅，生母为罕禄鲁氏，生地在北边。而这个时候，瀛国公已是年届半百，即使已从长期居住地西藏萨迦内返，来到河西，有可能与明宗相会，然而明宗出巡西北事在延祐三年（1316年），岂有夺人妻子（假定真有其事）过了四年之后，即1320年才生出“遗腹之子”？何况，延祐三年时，明宗年甫十六，瀛国公则已四十有六。假若他有妻的话，也难设想一位十六岁的青年王子，会去看上而且抢走四十六岁老汉的妻室！其说本不可信，但在几百年中，流传至广，而且许多文人墨客广为渲染，究竟是什么原因呢？

鄙意不外以下三条：（1）宋亡以后，汉族士大夫中有相当一部分不满于异族统治，编出这类故事来聊以自慰。这与清代盛传乾隆皇帝是陈阁老之子的故事如出一辙。（2）由于瀛国公当

① 《文史杂志》第2卷第2—3期，1942年。

年出家以后，下落不明，事迹不显，留下这一段空白，给舞文弄墨之客编造故事之机。（3）元代朝廷皇帝叔侄之间，争权夺位，文宗诏书说顺帝不是其父所生，这样，自己夺位更为有理！顺帝则竭力剖白自己确是其父的嫡子，可以取得合法的继承权！文宗本是亲手谋弑亲兄明宗，夺得帝位的，又利用乳母夫言来否定顺帝的合法性。制造舆论，打击对手，这是统治阶级内部斗争中惯用的手法。所以，顺帝上台以后，对已故的文宗，及其后、其子毫不客气，采取断然手段，报仇雪恨，而且在诏书中悻悻地指斥文宗："又私图传子，乃构邪言，嫁祸于八不沙皇后，谓朕非明宗之子，离间骨肉，罪恶尤重！"

（原载《西藏研究》1981 年第 1 期。）

摩诃葛剌（Mahākāla）崇拜在北京

在北京城西直门外直西一公里处，即是著名的动物园，昔称三贝子花园。其西侧，有一座在20世纪70年代修建的雄伟、壮丽、引人注目的体育馆。人们都知道，这叫“首都体育馆”。可是，很少有人知道那里原来叫“摩诃葛剌庙”。事实上，修建体育馆之前，那里曾是海淀评剧团驻地。再往前说，就叫摩诃葛剌庙了。那是大清王朝定都北京以后，在京城修建的几座摩诃葛剌庙之一。

“摩诃葛剌”系梵语，汉译为“大黑天神”，是古代印度的崇拜，由来已久。作为佛教的守护神，具有战神、财福神和冥府神几种性格，形象不一。①

最早在唐代传入中国：

不空（705—774年）《大日经疏》卷10：“此天为毗庐遮那

---

① 丁福保：《佛学大辞典》“大黑天”条：“梵语摩诃迦罗 Mahākāla，译为大黑天、大黑神，或译为大时。显、密二教之所说各异。密教谓为大日如来因降伏恶魔，示现忿怒药叉主之形者；或有一面八臂、或有三面六臂，系人之髑髅以为璎珞，可畏之相也。故古来以为军神而祀之。”《佛祖历代通载》卷35：“显教之所传者，以之为施福神，谓祀之则能得福德。西竺诸寺皆于食厨安置供养之。”因版本不同，此书有22卷及36卷的异数。

佛之化身，降伏荼吉尼天之忿怒身。”①

良贲（716—777年）《仁王护国般若波罗蜜多经疏》卷下：以“此天为战神，乃摩醯首罗（大自在天）之化身，夜游人间，食人血肉”。②

义净（635—713年）《南海寄归内法传》卷1“受斋轨则”条：以“此神（摩诃葛剌）为食厨之神，江南一带民间食厨多祀此神”。③

此神之事迹，分别见于下列各经卷：

(1)《大集经》卷55，《分布阎浮提品》。

(2)《理趣经》卷下。

(3)《青龙寺仪轨》卷下。

(4)《玄法寺仪轨》卷下。

(5)《慧琳音义》卷下。

可见，在唐代汉族地区仅仅把这一尊神当作一般守护神，乃至在厨房、仓库之类尽责的小神祇，没有多高地位。所谓战神的

---

① 不空（Amogharajra），唐代僧人，密宗创始人之一。与善无畏、金刚智合称开元三大士。原籍北天竺，随师金刚智来华，参与译场，传译密法。所译大乘及密典77部，120余卷。《大日经疏》卷10云：“摩诃迦罗，所谓大黑神也。毗庐遮那以降伏三世法门欲除彼（荼吉尼），故化作大黑神，过于彼无量示现，以灰涂身，在旷野中，以术悉召一切法成就。乘空、履水皆无碍，诸荼吉尼而诃责之：‘犹汝常啖人，故我今亦当食汝。’即吞啖之。”

② 良贲，唐京师安国寺僧，助不空译经。《宋高僧传》有传。《希麟音义》卷7：“良贲者，即助译《仁王经》沙门名也。”所作《仁王护国般若波罗蜜多经疏》卷下：“大黑天神，斗战神也。若祀彼神，增其威德，举事皆胜，故飨祀之。”

③ 义净，唐京北大荐福寺义净三藏。咸亨二年（617年）年三十七，发足取路南海，趋印度，经25年，经30余国。天后嗣圣元年（684年），还洛阳，天后亲迎于上东门外。初与于阗之实叉难陀共译《华严经》，后于长安福先寺及雍京西明寺自译《最胜王经》等20部。又译《庄严王经》等56部230卷。别出《南海寄归内法传》、《西域求法高僧传》等5部9卷。先天二年（713年）示寂。《宋高僧传》有传。《南海寄归内法抟》卷1云：“西方诸大寺处，或于食厨柱侧，或在大库门前雕木表形，或二尺、三尺为神王状。坐抱金囊，却踞小床，一脚垂地，每将油拭，黑色为形。号曰莫诃歌罗，即大黑神也。古代相承云：是大天之部属，性爱三宝，护持五众，使无损耗，求者称情。但至食时，厨家每荐香火，所有饮食，随列于前。”看来，义净所记此神在印度诸国地位、作用与译传来华后大致相同。

灵应尚未显著。

就在唐代，不空等三大士把密教传入中国时，在密教胎藏界曼荼罗外金刚部之中，也曾把此神列于左方第三位："呈现黑色极忿怒之相，火发竖立，三面六臂，正面有三目，左、右面各二目，以髑髅为璎珞，以蛇为臂钏，趺坐于圆座之上。"形象十分狰狞恐怖。①

在《大黑天神法》中载其真言："唵，密止密止，舍婆隶，多罗羯帝，娑婆诃。"其种子字 Yam，三昧耶形为剑，这一真言及意义如下表：

梵音	汉字译音	汉意
Om！Miccimicci	唵！密止密止	降伏
Svare	舍婆隶	自在
Toragate	多罗羯帝	救度
Svaha	娑婆诃	吉祥

②

看来，此神在密教中一直属于一般守护之神，战神地位仍未突出。

摩诃葛剌自唐代传入以后，译名颇不一致，唐代当时就有"摩诃伽罗"、"摩诃迦罗"；宋、元之间每每译作"摩诃葛剌"或"摩诃歌罗"；明、清以降又译作"嘛哈噶拉"或"吗哈噶拉"、"玛哈噶喇"。究其实，皆是 Mahākāla 的不同译名而已，

① 密教坛场中安置 13 大院 414 尊，一切之功德轮圆具足者，是胎藏界之曼陀罗也。第一，中台八叶院 9 尊；第二，遍知院 7 尊；第三，释迦院 39 尊；第四，持明院 5 尊；第五，虚空藏院 28 尊；第六，金刚手院 33 尊；第七，除盖障院 9 尊；第八，观音院 37 尊；第九，地藏院 9 尊；第十，文殊院 25 尊；第十一，苏悉地院 8 尊。以上 209 尊谓之内院。第十二，外周之金刚院 205 尊。通内外院为 414 尊也。此处所引为外金刚部，则与胎藏界坛城第十二所谓外周金刚院为一事，大黑天神当为 205 尊之一。

② "大黑真言"又不同汉字异译："唵！尾旨尾旨（降伏），惹口缚礼（自在），多唵伽帝（救度），莎诃（吉祥）。"其尾旨错作尼旨，显误。

意译为“大黑天”、“大黑天神”，倒是一致的。当然，因为藏语曾有 nag po chen po（大黑）和 mgon po（怙主、护主）的译法，元代也曾在汉语中依藏语译为“大护神”。①

元代，八思巴（vphags pa，1235—1280 年）以帝师之尊入仕元廷，② 萨迦一系僧侣在内地备受尊崇。藏传密传法与之俱来，深为帝王后妃及诸王公大臣之宠信。③ 经过藏僧之大力宣传，“摩诃葛剌”的地位猛增。乃以护神——护法之位阴助蒙元

---

① 藏语在多数场合以 mgon po（怙主、依怙、护主）来代表 Mahākāla，偶然也译称 nag po chen po（大黑）作为护法尊神，早已加入西藏万神殿中，受到普遍的尊崇。多杰觉拔喇嘛在内地弘传西藏密法时，其法本《密乘法海》共 108 种大法，护法部第一即为“嘛哈噶喇念诵法”。略云：“［观音］乃作思惟，众生难度之因，皆由魔所缠扰，于是化现嘛哈噶喇伏魔本尊，内怀彻骨之大悲，外现无比之威猛。当其化现此伏魔本尊时，悲泪下注，滴滴生莲，由此莲花上，复生白度母及绿度母二尊，发愿助嘛哈噶喇降魔化众，并有无量眷属。”见于新文丰出版公司影印本，第 436 页。藏人中名 mgon po（贡布）者甚多，亦与此护法崇拜有关。在寺庙内，密宗修法神殿称为 mgon khang，即护法神殿也。

《元史·释老传》载：“元贞间，海都犯西番界，成宗命祷于摩诃葛剌神，已而捷书果至。……有曰：古林朵四，华言至尊大黑神回遮施食也。”都可证明元廷已接受了摩诃葛剌的崇拜和信仰。

② 《元史·释老传》，中华书局标点本。《八思巴传》，陈庆英著，中国藏学出版社，1992 年。《萨迦世系史》，陈庆英、高禾福、周润年译，西藏人民出版社，1989 年。

③ 其最著名的莫过于《元史·顺帝纪》、《元史·哈麻传》所载西藏僧侣在大都的熏天气焰，可参看原文。今以元廷流传的西藏僧人译进御览的专著《大乘要道密集》中的《道果延晖集》一书为例，似为当时盛行于宫廷的“演揲儿法”的有力旁证。此书在国内原有吕澂（秋逸）先生印本，为数极少。现在有台湾金刚乘学会影印本流通。作者将另文介绍其内容及要旨。

朝廷，于是，大大地隆盛起来了。著名的《胆巴碑》① 载其事甚详：

至元七年（1270 年）与帝师八思巴俱至中国。帝师者，乃圣师之昆弟子也。帝师告归西蕃，以教门之事属之于师。始于五台山建立道场，行秘密咒法，作诸佛事，祠祭摩诃伽剌。持戒甚严，昼夜不懈，屡彰神异，赫然流闻。自是德业隆盛，人天归敬。②

文中提到的圣师指萨迦班智达贡噶坚赞（kun dgav rgyal mtshan，1182—1251 年），八思巴之伯父，以 63 岁高龄，应蒙古阔端王子之邀，携八思巴兄弟来凉州会商，解决西藏地方正式纳入中国版图之事，70 岁圆寂于凉州。③

在藏文本《汉藏史集》（rgya bod yig tshang，成书于 1434 年）中，列有胆巴传。内云："在涿州地方兴建神殿，内塑摩诃葛剌主尊及眷属之像，由上师亲自为之开光。像面南，朝蛮子地

① 《元赵孟頫书胆巴碑》全名《大元敕赐龙兴寺大觉普慈广照无上帝师之碑》，题"集贤学士资德大夫臣赵孟頫奉敕撰并书篆"。延祐三年（1316 年）立石。今据文物出版社影印本引录。原件藏故宫博物院，纸本卷装。赵孟頫（1254—1322 年），宋宗室仕元者，元代著名书法家、画家。

关于胆巴事迹，详于以下诸作：（1）《汉藏史集》中提到胆巴的事迹在"江孜法王世系"内，见汉译本第 232—233 页。（2）《元史·释老传》、《佛祖历代通载》卷 35。（3）陈庆英、周生文：《元代藏族名僧胆巴国师考》，《中国藏学》1990 年第 1 期，第 58—67 页。（4）E. Sperling, Some Remarks on Sga A-gnyan Dam-pa and the Origins of the Hor-pa Lineage of the Dkar-mdzes Region（《关于阿年胆巴及甘孜霍尔世系的几则考证》），Tibetan History and Language, Studies Dedicated of Uray Geza on His Seventieth Birthday（《藏族历史与语言·祝贺 G. 乌瑞 70 寿诞文集》），1991 年维也纳大学藏学佛学系出版，第 455—456 页。（5）R. A. Stein, Recherches sur L'epee et le barde Tibet, PARIS, 1959, p. 188. 石泰安教授《格萨尔王传研究》内所引用的"霍尔法王世系历代史传"，对阿年胆巴有专章叙述。以上诸家，已对胆巴生平做了详尽考释，可以确信碑文中所提到的事实无误。

② 碑文中提到在五台山建立道场事，又见于《佛祖历代通载》卷 35。

③ 《萨迦世系史》第 3 章第 5 节《法王萨迦班智达贡噶坚赞传》。其著名作品《致吐蕃地方僧俗领袖公开信》，载南京大学《元史及北方民族史研究集刊》第 3 辑，1978 年。由笔者首次译为汉文。

方，阿阇黎胆巴功嘉在此修法。”[①] 另，程钜夫（1249—1318年）的《雪楼集》中《凉国敏慧公神道碑》一文亦记：“阿尼哥确于至元十三年（1276 年）建寺于涿州。”[②] 柳贯（1270—1342 年）的《护国寺》中云：“初，太祖皇帝肇基龙朔，至元世祖皇帝绥华纠戎，率成伐功。常隆事摩葛剌神，以其为国持赖，故又号大护神，列诸大祠，祷辄响应。而西域圣师大弟子胆巴，遂以其法来国中，为上祈祠，因诏立庙于都城西南涿州。”[③]

以上汉、藏文史料都说，元初涿州（今河北涿县，在北京市西南 100 公里处）和五台山兴建了喇嘛神殿，祠祭摩诃葛剌，而由胆巴主其事。

究竟摩诃葛剌（大护神）有什么样的灵应呢？在释念常（元僧，1316 年任方丈）的《佛祖历代通载》中，有比较详细的记载：

> 初，天兵南下，襄城居民祷真武，降笔云：“有大黑天神领兵西北方来，吾亦当避。”于是列城望风款附，兵不血刃。至于破常州，多见黑神出入其家，民罔知故，实乃摩诃葛剌神也。此云大黑，盖师祖父七世事神甚谨，随祷而应，此助国之验也。[④]

南宋的张端义（1179—1248 年）《贵耳集》（1246 年成书）卷下所记，大意相同，称“摩诃葛剌”为“北方黑煞”，云：“均州武当山，真武上升之地，其灵应如响。均州未变之前，甝

---

① 《汉藏史集》上篇第 23 节《吐蕃地区驿站的设置，伯颜丞相的故事》中有此文，见汉译本，第 172—173 页。

② 程钜夫，元代著名学者，历任翰林集贤学士侍御史及闽海、山南江北、浙东海右诸道肃政廉访史。主修《成宗实录》、《武宗实录》等。著《雪楼集》，名重当时。

③ 柳贯，元朝著名理学家，其文收入苏天爵的《国朝文类》有《唐律疏议序》、《题郎中苏公墓志铭后》等，有《柳待制文集》传世。

④ 载《大正藏》第 49 册，《佛祖历代通载》卷 22，第 726 页上。

至，圣降笔曰：‘北方黑煞来，吾当避之。’”① 这些记载，说明了摩诃葛剌是萨迦人七世崇奉的家神。迎到蒙古以后，站到蒙古人一边，帮助蒙古军队征服襄阳、均川、常州。由此，可以了解摩诃葛剌的地位逐渐上升的原因。

《元史·泰定帝纪》至治三年（1323年）十二月：“塑马哈吃剌佛像于延春阁之徽清亭。”以上，由五台山而涿州而京城大内，这是摩诃葛剌进京入宫的记录。所以陶宗仪（1316—1402年）《辍耕录》卷2记载：“皇帝受佛戒，入戒坛时见马哈剌佛（即摩诃葛剌）。”说明在宫廷里也供奉摩诃葛剌了。②

明承元绪，喇嘛，尤其是来自西藏的喇嘛，受到特别的优渥礼遇。这是明初太祖、成祖对藏区实行“众建多封”、“礼聘僧人”的既定方针决定了的。所以封赏了大宝、大乘、大慈三大法王，分别笼络住噶举、萨迦和格鲁三大主流教派。而各地方势力也受封为阐化、阐教、辅教、护教和赞善五王，加在一起，就是著名的“明封五王”。③ 当然，前朝留下的摩诃葛剌崇拜，也与这些喇嘛高僧同在。

刘侗（？—1637年）的《帝京景物略》云：“西城双林寺，

① 所记均为同一传说。许地山《扶箕迷信的研究》引述了这一条箕诗，并下了评语，认为这位真武大帝实在不负责任，他本来应该保护地方、福佑人民，谁知当灾祸临头时，率先逃脱，大不应该。

② 陶宗仪，元黄岩人，字九成，号南村。此书又名《南村辍耕录》，30卷，580余条，记元代典章、制度、掌故、民俗、书画、戏曲资料等，有较高学术价值。

③ 王森《西藏佛教发展史略》一书，第5、6、8各篇记叙最详。又，日本学者佐藤长撰有《明代西藏八大教王考》，载《东洋史研究》第21卷第8期（1962年）、第22卷第2期（1963年）、第22卷第4期（1964年）。

后殿奉玛哈噶拉佛，以处西域僧也。”① 这一所寺庙大概是专门供养藏僧的喇嘛寺，地在西郊动物园之南。今为北京画院及计算机学院的后院，寺已毁圮，不可寻，惟有一座藏式白塔巍然独存。

类似的情况，明代各地犹有摩诃葛剌的崇拜踪迹，清代著名历史学家厉鹗（1692—1752 年）在其《樊榭山房集》卷 5 中有《吴山咏古诗》二首，内中颇有趣味地咏叹了摩诃葛剌庙，并有小序云：“麻曷葛剌佛在吴山宝成寺石壁上，复之以屋。元至治二年（1322 年），骠骑上将军左卫亲军都指挥使伯家奴所凿。按《元史》泰定帝元年，塑马哈吃剌佛像于延春阁之徽清亭下，

---

① 刘侗，明代湖北麻城人，字同人，号格庵，崇祯进士，授吴县知县。与于奕正同撰《帝京景物略》一书，刻于崇祯八年（1635 年）。凡 8 卷，列目 129 条。记明代北京城郊景物、园林寺观、陵墓祠宗、名胜古迹、山川桥梁，并旁及人物故事，颇有史料价值。

关于双林寺的记载，还有以下文字足资参考：于慎行《谷城山房集》载“万历初，大珰冯保营葬地，造寺曰双林。双林，冯之别字也”。这座明代有名的喇嘛寺，原来其后台是万历年间最著名的太监冯保。难怪其声势煊赫。冯琦的《北海集》内《双林寺歌》、于慎行的《谷城山房集》内《双林寺歌》，都以极为浓重的笔墨描写其豪华，嗟叹其衰败。明工部右侍郎王槐撰《双林寺碑》，记明寺成于万历四年（1576 年），岁次丙子，与刘侗所记同。

刘侗所记：双林寺“二大士四番变相也。相皆裸而跣，有冠、有裳、有金璎珞，犼、象、狮各出其座下。中金色，勇猛丈夫也，五佛冠；上二，交而杵铃；下二，趺而坐。左右各蓝色，三目，彩眉，耳旁二面，顶累二首，首三项腰，各周以髑髅而带以蛇。左喙鼻耳角，牛也。三十二臂，一十六足，中二手交，把髑髅半额而铲取其脑。其三十手所执械：号者，旗幡鼓铃焉。御者，牌金火轮焉。缚者，绳。击者，槌杵。杀者，刀、叉、枪、剑、斧钺、弓矢焉。其所执残者为身头手足，肉骨血淋淋皆新，其所陈者髑髅也。足左踏皆若凤、右踏皆若马，各有人金冠合掌腰腹承之，其一人两手拍捧而悲也。右魔王鬼神像也，有耳环，一十六臂而四足，手二交而托，十四仰而托，托皆葛巴拉碗，左之碗盛菩萨，右盛虎、狮、象、驼、犀、海马，三色焉。葛巴拉碗者，解顶颅骨而金络，瓣棱尖如莲房也。足踏人四色，前仰后伏之。殿壁所遍绘亦十方如来示现忿怒尊者像也。有鞯、人革，其面爪趾宛然者，有倒络人首而为璎、蹬髑髅口而为镫者。有戴人面首，若猎而狐、兔、雉累者，有尸三刃穿、有戟三首贯者。有方啖人半身而披发垂于吻者。其计令瞻而众怖，思而猛省欤？忿怒变相，乌斯藏每贡之，曰玛哈噶拉佛。寺后一土山，山前一塔，旁皆朱樱。”以上文字描写藏传佛教密教的佛像、壁画，与今日所见并无二致，惟妙惟肖。可以看出当年双林寺所供奉的摩诃葛剌，实为明朝廷所支持者。

《辍耕录》亦称马哈剌佛，盖梵音无定字故也。元时最敬西僧，此其像设狞恶，志乘不载，观者多昧其所自，放诗以著之。”这首诗颇有点气势，兹转录于下①：

寺古释迦院，青滑石如饴。
何年施斧凿？幻作梵相奇。
五彩与涂饰，黯惨犹淋漓。
一躯俨箕倨，努目雪两眉。
赤脚踏魔女，二婢相扶持。
玉颅捧在手，岂是饮月支？
有来左右侍，骑白象青狮。
狮背匪绵幪，藉坐用人皮。
髑髅乱系颈，珠贯何垒垒。
其余不尽者，便置戟与铍。
旁记至治岁，喜舍庄严资。
求福不唐捐，宰官多佞辞。
我闻刘元塑，妙比元伽儿。
搏换入紫阁，秘密无人知。
此像琢山骨，要使千年垂。
遍翻诸佛名，难解姚秦师。
游人迹罕到，破殿虫网丝。
来观尽毛戴，香火谁其尸？
阴告久凝立，相见初成时。
高昌畏吾族，奔走倾城姿。
施以观音钞，百锭鸦青披。
题以朴嫩笔，译写蟠蚪螭。
照以驼酥灯，深碗明流离。
供以刲羊心，洁于火祀牺。

① 宿白先生最早引用这首诗于他的大作《元代杭州的藏传密教及其有关遗迹》，载《文物》1990年第10期，给予笔者很大的启发，特此致谢。

红兜交膜拜，白伞纷葳蕤。
琅琅组铃语，逢逢扇鼓驰。
到今数百祀，眩惑生凄其。
但受孔子戒，漫书胆巴碑。
访古为此作，聊释怪谍疑。

作者在诗中，把杭州吴山宝成寺石壁上的摩诃葛剌像的狰狞怪诞描写得非常真切，而且对元代以来崇信喇嘛、尊祀摩诃葛剌的风气，也有皮里阳秋的月旦。作者目睹寺宇的颓圮，已经是“游人迹罕到，破殿虫网丝。来观尽毛戴，香火谁其尸？”不胜感慨系之。说明到了明末，摩诃葛剌的崇拜又逐渐衰落下去。这既与明代朝廷对喇嘛教的政策或起或落、或张或弛有关，也与内地汉族知识分子对佛教的密宗——喇嘛教持反对与批评的态度相联系。①

满洲人在1644年入关，定鼎北京，建立大清王朝。此前，远在天聪八年（1635年），皇太极为了与蒙古人结盟，谋求逐鹿中原，曾通过西藏喇嘛作为中介，并取得了实际上的成功。

天聪八年间，察哈尔部墨尔根剌麻载护法嘛哈噶剌之金身来归盛京。此金身当元世祖时帝师帕斯巴（八思巴）用千金铸为佛像，奉祀于五台山，后移于元裔

① 厉鹗，清代著名史学家、诗人。字太鸿，号樊榭，浙江钱塘人，举博学鸿词。作《辽史拾遗》10卷，使辽代200年事凡有可考者粲然具备。又撰《宋诗记事》100卷，亦富史料价值。《樊榭山房集》20卷，为其诗文总集。厉氏的诗及小序表明，摩诃葛剌的崇拜一度在杭州也很流行，可能与喇嘛教徒杨琏真迦在杭州担任江南佛教总统有一定的关系。至治二年（1322年）开凿的密教石窟供奉摩诃葛剌神像正是藏传佛教在内地进一步传播的例证。

傅维麟《明书》记录的故事最为有趣：一日散朝后，翰林侍读李继鼎问同僚：“君等知‘唵嘛呢叭咪吽’六字真言之意何解？”皆曰：“不知。”李曰：“我知，实乃‘俺把你们来哄’也！”众大笑。明、清小说中“番僧”、“胡僧”皆指藏土僧人，大都是作奸犯科、以术骗人、欺世盗名、妖言惑众的反面人物。如《野叟曝言》、《蜃楼志》、《隔帘花影》等书，比比皆是，也可看出汉族孔孟之徒对密教的反感。又张昱的《辇下曲》云：“似将慧日破愚昏，白昼如常下钓轩，男女倾城求受戒，法中秘密不能言。”（《张光弼诗集》）微言大义，语含讥刺，亦属此类。

> 之察哈尔国。剌麻知天命已归后金，因送致太宗之廷，太宗乃于殿侧（实胜寺）造银塔一座祀之。①

这件事并不偶然，在这之后，崇德七年（1642年），西藏的第四世班禅和第五世达赖喇嘛联合派出代表团，绕道蒙古，到达盛京，与满洲人建立了关系。往来沟通，日见亲密。②

再往前推，就该提到《大金喇嘛法师宝塔记》那一重要文件了：

> 法师斡禄打儿罕囊素者，乌斯藏人也。诞生于佛境，道演真净；已而演通大法，复急于普度群生。由是不惮跋涉，东历蒙古诸部。阐扬圣教，广散佛意，蠢动含灵之类，咸治佛性。及至我国家太祖皇帝敬谨尊师，倍加供给。天命辛酉年八月七日，法师示寂归西，太祖敕力修建宝塔，敛藏舍利。缘累代征伐，未建寿域。今天聪四年，法弟白喇嘛奉请钦奉皇上敕旨、八王府令

---

① 载《清朝全史》（稻叶君山著，但焘译，中华书局，1925年）。其事在《清史稿·太宗纪》天聪八年十二月丁酉："墨勒根喇嘛以嘛哈噶喇金像来贡，遣使迎至盛京。"与此正合。文中所云实胜寺内建塔祀摩诃葛剌神像事，于史有证。实胜寺内至今尚有摩诃葛剌（嘛哈噶拉）楼，位于大殿西南，二层歇山式，藏金质摩诃葛剌像，楼因此得名。楼下有小塔，葬有墨尔根都尔吉喇嘛遗骨，均不存。见于《中国名胜词典》，第220页。

② 《清史稿·太宗纪》崇德八年五月丙申："先是，图白忒部达赖喇嘛遣使修聘问礼，留京八月。至是，遣还，并赉其来使。"

《清实录》太宗崇德七年十月己亥（1642年10月25日），"图白忒部落达赖喇嘛，遣伊拉古克三胡土克图、戴青绰尔济等至盛京。上亲率诸王、贝勒、大臣出怀远门迎之。……命古式安布宣读达赖喇嘛及图白忒部落臧巴汗来书。"八年五月丁酉（1643年6月20日）遣还。……与达赖喇嘛书曰："大清国宽温仁圣皇帝致书于大持金刚达赖喇嘛：今承喇嘛有拯济众生之念，欲兴扶佛法，遣使通书，朕心甚悦。兹特恭候安吉。凡所欲言，俱令察干格隆、巴喇衮噶尔格隆、喇克巴格隆、诺木齐格隆、诺莫干格隆、萨木谭格隆、衮格垂尔札尔格隆等口悉。外附奉金碗一、银盆二、银茶桶三、玛瑙杯一、水晶杯二、玉杯六、玉壶一、镀金甲二、玲珑撒袋二、雕鞍二、金镶玉带一、镀金银带一、玲珑刀二、锦缎四，特以侑缄。"又与班禅胡土克图书一，书词与附送礼物同。又与噶尔马书。又与昂邦萨斯下书。又与济东胡土克图书一，鲁克巴胡土克图书一，达克龙胡土克图书一，书词及附送礼物俱同。此外，还分别与臧巴汗、顾实汗书翰，文长不录。可以说明满洲人入关之前所做的政治上的准备。

旨，乃建宝塔事峻，镌石而志其盛。

大金天聪四年岁次庚午孟夏吉旦

同门法弟白喇嘛建①

这件文献所署的天命辛酉即1621年，天聪四年即公元1630年，而白喇嘛即察汗喇嘛或察干喇嘛；蒙古语，察汗（察干），白也。

满洲八旗雄兵在多尔衮、多铎等将领率领下，蜂拥进关，进大都城，定鼎北京，国号大清。新的王朝开始，从此，中国王朝史又翻开新的一页。摩诃葛剌作为战神、护法大神，又受到新的战争胜利者的崇拜和尊敬。伴随着军事上的胜利、政治上的成功，于是，多尔衮在都城的东、西、南、北城及宫城大内修建了5座摩诃葛剌庙。用以酬酹这位护法战神的宏恩。同时，也表示了对藏传佛教的尊重，对于团结藏族、蒙古族起了很好的作用。尽管多尔衮早死，又被迅速地夺爵停封，削藩罢谥，撤去了一切荣誉，②但他所提倡的尊奉摩诃葛剌一事，似乎并未受到影响。

《日下旧闻考》卷40“皇城·普度寺”条：

在里新库北。普度寺旧名玛哈噶喇庙，康熙三十三年建，乾隆四十年修，四十一年赐名普度寺。寺内殿基高敞，去地丈余。因初为睿亲王府，相传即南城旧宫，后改今名。右为黑护法神殿，内藏铠甲弓矢，皆睿王旧物也。③

这一段记载有好几个问题：（1）康熙三十三年（1694年）所建

① 辽阳文管所：《辽阳碑志选·大金喇嘛法师宝塔记碑》，第30—31页。文字稍有出入，请读者注意。

② 多尔衮事迹详《清史稿》卷218《诸王列传》，其生前荣宠、功勋以及死后削爵、撤封、籍没、停椁，大起大落，是清朝前期一件大事。反映了宫廷内部权力争斗的尖锐、激烈程度。直至乾隆三十八年（1773年），又进行政治上的平反，恢复睿亲王的封号，“修其茔墓，春秋致祭，其爵世袭罔替”。不过那已是120多年以后的事了。

③ 《日下旧闻考》，是窦光鼐、朱筠等人根据朱彝尊的《日下旧闻》一书加以增补考证而成。由于乾隆皇帝亲自下诏，组织了以于敏中、英廉等人为总裁的审稿班子，所以，在乾隆五十二年（1787年）刻版时加上了“钦定”字样。写作过程历时13年之久（1774—1787年），成为关于北京地方史料最完备的专著。北京古籍出版社，1981年新排印本。

是否即“摩诃葛剌庙”？(2)否则“旧名”指什么时候的名称？新名当然是乾隆四十一年(1776年)所赐了。(3)寺内殿基何以是睿亲王府？睿亲王就是多尔衮,那么,他的城内旧居改建摩诃葛剌庙是在何时？(4)殿右为黑护法(摩诃葛剌)神殿,又是何时所建？是否在睿亲王在世时,府内即供奉着“黑护法神”？总之,很值得逐一探索。

故宫内至今还收藏着一批摩诃葛剌神像,金、铜合金都有,时代不一。或标为“大黑天神”、“大护神”、“玛哈噶拉神”等等不一。

简短的小结:(1)摩诃葛剌,唐代已传入;初,仅为财神、库厨守护神。(2)元代,由于藏族僧人尤其是萨迦派僧人的推崇宣传,其在蒙古兵力南征时助兵获胜的灵应故事备受尊崇。在京郊涿州、五台山等处建寺祠祭,最后进入宫廷。(3)明代一直处于或起或落的状况。(4)清代,由于尊崇喇嘛教,而摩诃葛剌的作用再次地受到宣扬,在北京建造了5座摩诃葛剌庙。在江南杭州等处,亦有摩诃葛剌庙等遗迹。(5)元、清两朝都是以少数民族入主中华大地,而且都是依靠军事力量的胜利而获得成功。他们从心理上总有一点恐惧感,需要神的力量加以护佑;而对于广大的汉族人民宣传 Mahākāla 的灵异,也正是这种心理的反映。Mahākāla 的神话由此而兴。

附记:

此文的正文部分,曾于1992年8月23日在第六届国际藏学研讨会(挪威法根尼斯)上以英文译稿演讲。1992年10月5日在伦敦大学亚非学院,又作一次同一题目的演讲。1993年,谨以汉文本全文祝王锺翰教授80华诞。

(原载蔡美彪主编:《庆祝王锺翰先生八十寿辰学术论文集》,辽宁大学出版社,1993年。)

清廷治藏盛事有见证

——介绍台北“故宫博物院”所藏几件藏传佛教文物

1994年5月3日至8月2日，笔者应邀到台湾台北政治大学讲学三个月。适逢其会，设在台北士林区外双溪的故宫博物院举办“藏传佛教法器特展”，承蒙在该院典藏部任职的蔡玫芬、胡进杉、葛婉章等几位藏学研究专家热情相邀，两次前往参观。这批文物大部分原藏于北京故宫大内（慈宁宫、雨花阁、养心殿、敦本殿），也有部分原藏于承德避暑山庄及沈阳故宫，器物精美，款式圆熟。台北故宫博物院特展说明指出：“院藏历代文物丰富，是为中华文化精华之表征。”举办展览“期能导引世人了解人类文化之衍进，并正视中华文化在人类文化衍进中的地位。砥砺国人继承中华文化深厚的传统，开创更灿烂、更辉煌的新的华夏文化。”

参观台北故宫博物院的“藏传佛教法器特展”同时，不由得想起1992年8月起在北京故宫博物院举办的“西藏佛教文物精品展”，笔者应邀顾问其事，参与拣选、拟定、解说和设计的工作，对宫内所藏极为丰富的文物有所了解。两处故宫同出一源，花开两朵，同生一根。东望云天，瑶台有路。“国家统一，民族团结”，乃全国同胞的共同愿望。文物虽小道，亦可见其大端也。兹举在台北故宫博物院所见之几件重要藏传佛教文物，供同好共赏。

一、嵌珊瑚松石坛城

主办此次特展的蔡玫芬女士，对此件有十分细腻的描写：“直径32公分，顶用切割整齐、色泽均匀的绿松石嵌镶。中央是象征宇宙中心的须弥山，四方以抽象符号象征四大部洲，周围再绕以一圈浑圆硕大的珊瑚串。金属镀金的周壁，以锤鍱技巧形成细腻的浮雕卷枝番莲纹上涌立各样珍宝；另以多种金属细工，如圆的金珠焊连成串，细扁金丝缠垒成细密的卷草纹等等，作边缘的细部装饰。”她的评价是：“全器无论金属工的紧密或珊瑚、松绿石的质材，均属上乘之作。”

按此件为第五世达赖喇嘛阿旺洛桑嘉措（ngag dbang blo bzang rgya mtsho，1617—1682年）于清顺治九年至十年（1652—1653年）晋京朝见时所献的礼贡之一。坛城内有详细文字说明，文分汉、满、蒙、藏四体，汉文7行共54字，今录于下：

利益金造曼达乃

世祖皇帝时五辈达赖来京供于西黄寺章嘉胡土

克图以其吉祥万年寰宇康宁众生利益故

奏

闻

皇上请于

内庭供奉

藏文说明与汉文内容相同，共15行，转写如下：

gser las grub pavi

maṇḍala byin can vdi nyid ta

lavi bla ma lnga pa gon sa shiv
tsu rgyal povi ring la rgyal khab
chen por vongs skabs lha
khang chen po nub ma la mchod
pa yin zhing lcang skya hu thog
thus vdi nyid lo khri phrag
mang por bkra shis sa steng
yongs la bde skyid kyis khyab
cing sems can thams cad
kyis phan bde thob par
vgyur bavi legs tshogs
can yin par shes nas zhus ten
du spyan drangs shing mchod pavo

藏文将京都、京师译为 rgyal khab chen po，即大邦、大都。西黄寺译为 lha khang chen po nub ma，即西大寺，皆循旧俗，颇见当时习尚。达赖喇嘛朝觐一事，在大清王朝开国之初固然是一件十分重大的盛典，在西藏地方历史和藏传佛教历史上也是极为隆重的举措。

《清实录》顺治元年、三年、四年都记载清廷一直与西藏保持着联系，内廷与达赖喇嘛之间音问不断，进贡与馈遗不绝。

顺治五年（戊子）五月甲申（1648 年 7 月 10 日）："遣喇嘛席喇布格隆等赍书存问达赖喇嘛，并敦请之。又遣书存问班禅胡土克图讷门汗，俾劝达赖喇嘛来京。各赐以金镶玉带、银茶筒等物。"顺治六年（己丑）八月丁酉（1649 年 9 月 16 日）："达赖喇嘛遣使奉表，言于壬辰年夏月朝见，并贡方物。"这是达赖喇嘛正式表态，将亲自晋京陛见，并预报了晋京的时间为壬辰年夏月（即顺治九年，1652 年）。此后，顺治六年、七年、八年按例进贡，朝廷赏赉如前。顺治八年三月遣官赍敕谕、礼物，往召达赖喇嘛。这还不够，同年四月又遣多卜臧古西等赍谕书、礼物，往召达赖喇嘛。

事实上，据藏文本《五世达赖喇嘛传》可知其确切动身日期为壬辰年三月十五日，“从吉祥方向吉德山嘴经过乌察木，抵达丹巴林卡中预先安设的帐幕之处”。[①]《清实录》顺治九年（壬辰）正月癸酉（1652年2月9日）：“汤古忒[②]部落达赖喇嘛表奏来朝起行日期。”顺治九年二月丁未（1652年3月14日）：“遣理藩院侍郎沙济达喇同户、礼、兵、工四部理事官，往迎汤古忒部落达赖喇嘛。赐达赖喇嘛袍、帽、鞍马、珍珠数珠等物。”朝廷眼看达赖喇嘛就要动身来京，未雨绸缪，紧锣密鼓做了许多具体的事务安排。定赏赉达赖喇嘛使臣例：每头目二人、随从役卒二十八名，共赏二等玲珑鞍马一、银茶筒一、银盆一、缎三十、毛青梭布四百、豹皮五、虎皮三、海豹皮五。八月十八日达赖喇嘛抵达塔尔寺。

达赖从者三千人，浩浩荡荡，先提出觐见之处或在归化城，或在代噶地方，后改为京师。十一月十六日，达赖喇嘛一行“抵达皇帝在克日代噶为我新建的驻处，一处带着围墙的汉式行宫”。“十一月二十七日启程进京，十二月初五经张家口城边。”“十二月十六日，我们前往皇帝驾前。”

《清实录》顺治九年（壬辰）十二月癸丑（1653年1月14日）：“达赖喇嘛至，谒上于南苑。上赐坐、赐宴。达赖喇嘛进马匹、方物，并纳之。”顺治十年（癸巳）正月戊寅（1653年2月8日）：“上御太和殿，赐达赖喇嘛宴。”“正月十一日进宫，遵旨前往，觐见。”五天之后，又在太和殿再次举行国宴，隆重招待达赖喇嘛，并赐金器、彩缎、鞍马等物有差。而且，奉旨：“达赖喇嘛一行，诸王依次设宴，就彼馆舍款之。”也就是让达赖喇嘛与王公大臣普遍接触，广泛交往，扩大其影响。

《清实录》顺治十年二月乙卯（1653年3月17日）：“以遣

---

① 陈庆英、马林：《五辈达赖喇嘛进京记》，《中国藏学》1992年第2—4期，1993年第2期。以下有关引文均见该文，不一一出注。

② 所说汤古忒或唐古特，均为西藏的不同称名，宋元之际蒙古人称之为唐兀，出于藏语 thang gur。

达赖喇嘛归，上御太和殿，赐宴并鞍马、金银、珠玉、缎匹等物。”两天以后，二月丁巳达赖喇嘛辞归。命和硕承泽亲王硕塞偕固山贝子顾尔玛洪、吴达海率八旗官兵送至代噶地方。“二月二十日，自黄寺启程返回。”又命叔和硕郑亲王济尔哈朗、礼部尚书觉罗郎球饯于清河。礼节规格极高，做到严针密线，无懈可击。两个月后，四月丁巳（1653 年 5 月 18 日）遣礼部尚书觉罗郎球、理藩院侍郎席达礼等赍送封达赖喇嘛金册、金印于代噶地方。“前五月初一日，此时皇帝颁赐汉、满、藏三种文字合璧金印金册。”这就是著名的历史上第一次由中央政府正式册封达赖喇嘛的册、印。册文曰：

> 朕闻兼善独善，开宗之义不同；世出世间，设教之途亦异。然而明心见性，淑世觉民，其归一也。兹尔罗布臧札卜素达赖喇嘛，襟怀贞朗，德量渊泓，定慧偕修，色空俱泯，以能宣扬释教，诲导愚蒙，因而化被西方，名驰东土。我皇考太宗文皇帝闻而欣尚，特遣使迎聘。尔早识天心，许以辰年来见。朕荷皇天眷命，抚有天下，果如期应聘而至。仪范可亲，语默有度，臻般若圆通之境，扩慈悲摄受之门。诚觉路梯航，禅林山斗，朕甚嘉焉！兹以金册印封尔为“西天大善自在佛所领天下释教普通瓦赤喇怛喇达赖喇嘛”。应劫现身，兴隆佛化，随机说法，利济群生，不亦休哉！

印文曰：“西天大善自在佛所领天下释教普通瓦赤喇怛喇达赖喇嘛之印。”册印文字用满、汉、藏三体。实物俱在，现藏于西藏自治区文管会。

《清实录》顺治十年（癸巳）五月乙亥（1653 年 6 月 5 日）：“达赖喇嘛自代噶起程返藏，命固山贝子吴达海饯之。”六月丙午（7 月 6 日）：“达赖喇嘛表谢颁赐册印及封号，附献马匹、琥珀等物。”至此，五世达赖喇嘛晋京朝觐的大事圆满结束，在中国民族关系史和中央政府与西藏地方政府的历史上留下极其光辉的一页。

上面提到的五世达赖贡礼之一的“嵌珊瑚松石坛城”，就是这一时期由西藏赍送北京的。当时，由于达赖喇嘛驿馆西黄寺，此件遂留在该地供养。后于乾隆年间，章嘉呼土克图（当为三世若必多吉，rol pavi rdo rje，1716—1786年）接受“管理京师寺庙喇嘛扎萨克达喇嘛”的封授以后（事在乾隆元年十二月二十一日），从西黄寺内奏请移在内庭养心殿供奉。而《五世达赖喇嘛传》记载“达赖喇嘛献给皇帝上千种不同的礼品，其中包括一些用珊瑚、琥珀和青玉串成的饰物”，即包括此件坛城也。

坛城，在上引顺治—乾隆之间译为曼达，是梵文 maṇḍala 的音译。自古以来译名颇多不同，或作曼荼罗、曼陀罗、曼扎，意译为坛场，为正意；就其内涵意义而言，以轮围具足，或“聚集”为本意也。《不空羂索陀罗尼经》：“曼陀罗，此云坛也。”[①]《大日经疏》三：“十世界微尘数大悲万行波罗蜜门，犹如华藏三乘六道无量应身，犹如根茎条叶，发晖相间，以如是众德轮圆周备，故名曼荼罗也。”[②] 实际上指一切圣贤、一切功德的聚集之处也。藏语译作 dkyil vkhor，《藏汉大辞典》第63页有解释：“坛城，道场，轮圆具足。梵音作曼荼罗，亦译曼拏，密乘本尊及其眷众聚集的场合。”亦可见其大意。贡献这一礼品，意味着五世达赖喇嘛对中央政府大皇帝权威盛德的最高、最美的赞颂。

二、六世班禅进呈的颅骨数珠

此为六世班禅额尔德尼洛桑班登伊西（blo bzang dpal ldan ye shes，1738—1780年）于乾隆四十五年（1780年）来京庆贺乾隆皇帝70大寿时，向皇帝呈进的礼品之一。在礼品数珠檀木

① 《大正藏》第20册，第418页中。

② 《大正藏》第39册，第610页中。

盒内，亦有文字说明。文分汉、藏、满、蒙四体，汉文 4 行共 33 字，文曰：

乾隆四十五年十月二十七日

班禅额尔德尼在

宁寿宫念经　呈

进嘎布拉念珠一盘

藏文 10 行，转写如下：

gnam skyong dgung

lo zhe lnga pavi zla

ba brgad pa tshes

gsum la pan

chen er te nivi

nying shovu gung du

chos gnang bavi

skabs gus pas

phul bavi thod pavi

vphreng ba gcig

这份说明中的宁寿宫是大内宫殿之一，曾建坛奉佛，六世班禅曾在此诵经为皇帝及皇室祝寿延福。嘎布拉，亦有译作嘎巴拉，乃为梵文 kapāla 的音译，意译为 thod pa，即颅骨、天灵盖骨，有时作法器、供器用。藏传佛教法器中以此为灵物。最奇怪的是，汉文作乾隆四十五年十月二十七日，而藏文则书为乾隆四十五年八月初三日。班禅以痘症于十一月二日（丙子）圆寂于西黄寺，在去世前五天，汉文所记十月二十七日尚在宁寿宫念经，藏文所记八月初三日当为另一次活动。

六世班禅晋京祝寿一事，几乎与五世达赖晋京朝见同等重要，为有清一代中治藏盛典。乾隆帝特别注意，引为毕生一大快事。《章嘉国师若必多吉传》藏文本[①]第 21 章《班禅大师进京陛

① 有陈庆英、马连龙汉译本，民族出版社，1988 年。

见》即专叙此事，甚为详实，可以参考。《清实录》乾隆四十三年（戊戌）十二月乙丑（1779 年 1 月 26 日）：

谕军机大臣曰：……昨据章嘉呼图克图奏称，班禅额尔德尼因庚子年为大皇帝七十万寿欲来称祝。朕本欲见班禅额尔德尼，因道路遥远，或身子尚生（未出过痘），不便令其远涉。今既出于本愿，实属吉祥之事，已允所请。是年，朕万寿月，即驻热河，外藩毕集。班禅额尔德尼若于彼时到热河，最为便益。已谕令于热河度地建庙，备其居住。至沿途应办事宜尚多，均系理藩院承办，虽为日尚宽，而早为部署，更觉从容妥当。

到了乾隆四十四年（己亥）正月丁未（1779 年 3 月 9 日）：

谕军机大臣等：明年七月间，班禅额尔德尼来避暑山庄谒觐。届期朕欲遣皇六子迎接，例应有一领侍卫内大臣随往，尤须得一老成练达者方妥。永贵熟悉外藩事务，且伊原系总谙达，朕欲即令伊为领侍卫内大臣总谙达，随皇六子前往。着传谕申保即于二月内驰驿赴乌什，到彼后传旨，令永贵速行交代起程来京。

接待、护送等等准备工作已经开始紧张地进行。到了乾隆四十四年三月乙巳（1779 年 5 月 6 日）：

谕军机大臣等：……据留保住（时为驻藏大臣）奏称，班禅额尔德尼拟于本年六月十七日自西藏起程，留驻塔尔寺，于明年由青海西宁一带行走，前至热河等语。其经由陕、甘、山西等省，俱有应行预备事宜，应令该督、抚来京面谕妥办。

班禅起程日期和行程路线均已确定，接待这位藏族宗教领袖的气氛更日益浓郁起来，连途经道路的整修、行馆的安排、兵丁的护卫、粮草的供应，都一一做了明确落实。皇帝还不放心，乾隆四十四年六月戊寅（1779 年 8 月 7 日）：

又谕：明岁班禅额尔德尼入觐，在岱汉庙住宿数日。着派德保驰驿前往张家口，会同常青查看岱汉庙宇，如有应行修理之处，伊二人公同酌定具奏。

乾隆还对接待准备工作给了一个原则：不可草率迟误，亦不得张大浮费。而署陕甘总督、陕西巡抚毕沅深知皇帝的心理，他提出："伏思此事，固不宜张大浮费，现饬司道择其必不可缓者预备。但班禅额尔德尼以外藩初次入觐，凡款待供帐，俱须整齐新洁，妥协适中。至沿途桥道，亦饬员略为修治，以利遄行。"皇帝批语："一切俱妥，可嘉。"① 可说是得了个头彩。皇帝还一再向臣工解释："至于西藏班禅额尔德尼预请觐祝，实属吉祥盛事，是以允其前来，即令于山庄瞻谒，俾从其便。"② 为此特殊的接待工作，颁发给总负责人伍弥泰一枚钦差大臣关防，以备沿途奏事、行文钤用。③ 一年一度的木兰围场的哨鹿活动，也因班禅前来热河朝觐筵宴而停止举行。可说是万事俱备，只欠东风了。

《清实录》乾隆四十五年七月丁酉（1780 年 8 月 20 日）："班禅额尔德尼自后藏入觐。上御依清旷殿召见，赐坐、慰问、赐茶。"而且用藏语与之交谈。乾隆引为自豪的是，他学习蒙、藏、维等少数民族语言，对话不需通过翻译。有诗为证："对语不须资象译，通情治惠系深恩。"④ 这并不是虚构的，这次做了充分、长期准备的觐见，皇帝当然十分惬意，还写诗以志其盛：

祝釐远至卺宗风，三接欣于避暑宫，
敬一人而千万悦，垂名册亦乃予同。
雪山青海胥增忭，色罽精金许献衷，
初见宛然旧相识，本来如是非神通。

后来，在祝寿活动的节日气氛里，乾隆又在万树园、淡泊敬诚殿、卷阿胜境殿等处多次接见、召饮班禅，赐茶果、赐观火戏。那金碧辉煌的完全仿照扎什伦布寺原型所建的须弥福寿寺，

① 《清实录》乾隆四十四年七月辛亥。
② 《清实录》乾隆四十四年八月己巳。
③ 《清实录》乾隆四十四年十一月丙午。
④ 《清高宗诗文全集》卷 10。

更是出于匠心的高超制作。乾隆一首御制诗，道出他心底的奥秘：

圣僧永祜小栖迟，神御巍临欲覲宜，
今佛云当拜古佛，古时希有见今时。
旧藩新部益生敬，设席承筐共受釐，
中外一家逮葱岭，大清万载巩天禧。

所云“中外一家，大清万载”，是这次与班禅会见的感情的升华，也是乾隆帝事业的高峰。可惜，好景不长，八月甲戌，乾隆自热河回銮京师，班禅随驾进京，还在南苑德寿寺接谈，并安单于西黄寺驻锡，讲经弘法，礼敬供养，赐以玉册、玉印。本文所介绍的“嘎布拉颅骨数珠”，大约就在入京之后，在宁寿宫诵经后呈进皇帝的。不意就成了最终的遗物。班禅大师于十一月初二日（丙子）以痘症圆寂于西黄寺。高宗为之辍朝一日，悲悼不已，敕命亲王致祭，近畿各喇嘛寺诵经 49 天。祭礼之隆重也是空前的。翌年，奉舍利金龛返藏，高宗亲临西黄寺拈香送行。并命于西黄寺之西侧，建清净化城塔，内藏班禅生前常用的经咒衣履，永为纪念。乾隆御制《清净化城塔记》，以垂永远之哀思，至今塔记犹存。1985 年，十世班禅大师在西黄寺旧址开办了中国藏语系高级佛学院，阐扬宗风，弦歌不绝，梵呗松涛，映月千江，于大千世界，作无量利益矣！

三、其他法器及饰物

除了本文介绍的两件与五世达赖和六世班禅这样极其重要的历史人物有关的文物之外，在展览的众多法物和饰物中还有：

1. 五世达赖呈进的扎嘛噜（ḍa ma ru）手鼓和铃杵法器，均为二世、三世达赖持用之物，贵重逾常。

2. 1793 年济咙呼图克图呈进的纯金托座的颅骨碗嘎巴拉（kapāla）。

3. 1749 年章嘉呼图克图呈进的塔尔寺白檀木枝叶，上有“唵、巴、打、吽、拉”字形。

4. 1778 年六世班禅呈进的金噶乌（gavu），附 78 粒香珠一串。

5. 1780 年六世班禅呈进的嵌宝石金胎绿珐琅盖罐，内储藏红花。

6. 1795 年七世班禅呈进的金嵌松石噶乌。

7. 1851 年十一世达赖呈进的蜜蜡数珠一串，124 粒。

8. 1895 年九世班禅呈进的蜜蜡数珠一串，108 粒。

9. 1875 年八世班禅呈进的珊瑚数珠一串，115 粒。

此外，珍珠帽、金刚杵、唐卡、藏刀等物，无一不蕴藏着民族友谊的情怀和宗教弘扬的圣光。参观这一展览的时间是短暂的，留下的记忆和回味却是深刻的、久远的。

（原载《中国西藏》1994 年第 6 期。）

台北故宫博物院藏一件驻藏大臣奏折介绍

——嘉庆治藏政策平议

一、前　记

1992 年 8 月 21—28 日，在北欧挪威王国的法根尼斯（Fagenis，Norway）小镇，举行第六届国际藏学研究讨论会，聚集了世界各国学者近 200 人。我国共有 31 人参加（大陆包括在海外留学人员 25 人，台湾学者 6 人），台湾学者系第一次参加这个会议。海峡两岸同道在会上会下相互支持，声气相求，十分融洽。[①] 在台北的故宫博物院内，有许多档案，其中西藏档甚为丰富，早有所闻。蒙台湾故宫博物院的胡进杉先生慨然相赠两件驻藏大臣奏折复印件，字迹清晰，首尾俱全，略一阅读，即可测知其重要意义。今将其中之一，台湾故宫博物院编号 010641 号，即“玉宁、文弼奏折”，公之于众。同时，就有关史实略加考订

① 参见拙文：《台湾近期藏学论著述评》，《中国西藏》1993 年第 2 期。

诠释。因其事有关于嘉庆皇帝治藏方针政策，不揣谫陋，臆陈如下。适逢承德避暑山庄建园290周年清史讨论会在承德举行，胜友如云，机缘难得，乃以拙文奉请与会专家指正。

二、录　文

台湾故宫博物院编号010641号（原件直行，共71行，行21字。抬头、空格悉依原件）：

奏

奴才玉宁、文弼跪

奏：为钦奉

谕旨，恭折复

奏。事前准成都将军特清额恭录移咨，嘉庆十三

年二月初九日奉

上谕：特清额奏，途次接奉谕旨，驰赴西藏，颁赐达赖喇嘛等赏件，并遵旨明白宣示。一折所论，俱是此次呼毕勒罕出世，诸多征验，实为吉事有祥，殊堪嘉慰。特清额驰抵西藏后，当时晓谕班禅额尔德尼、济咙呼图克图等，以前指称呼毕勒罕出世，率多牵合附会，或仅小着灵验，不足凭信，仰蒙

高宗纯皇帝特赏金本巴瓶，饬令书名封贮诵经签掣，以防弊混。今达赖喇嘛甫逾二岁，异常聪慧，早悟前身，似此信而有征，洵为从来所未有。是以大皇帝于驻藏大臣奏到后，即降旨加恩，令其作为达赖喇嘛呼毕勒罕，设当

高宗纯皇帝时，亦必立沛恩施，无须复令贮瓶签掣，但此系仅见之事，且征验确凿，毫无疑义。嗣后自应仍照旧章，不得援以为例。倘因稍有端倪即附会妄指，一经查明，必当治以虚控之罪。并着驻藏大臣等，将此旨敬

谨存记，一体钦遵办理。仍着特清额于颁赏达赖喇嘛呼毕勒罕时，令通事询问，试验如何灵敏出众之处，将实在情形详细复奏。将此由驿传谕特清额，并谕玉宁文弼知之。钦此。奴才

等跪读之下，仰见

皇上恩实施于

格外，法仍执以

大中，万里番情，皆在

圣明洞鉴之内。奴才等实钦佩之至，当即敬谨存记，入于交代册内永远遵行。并恭译夷字二道：一交班禅额尔德尼于扎什伦布，敬谨存记；一交济咙呼图克图于布达拉，敬谨存记。据班禅额尔德尼、济咙呼图克图告称：高宗纯皇帝圣旨，即与佛留戒律一样，我等不敢违背佛制，如何敢不恪遵圣旨。实因此呼毕勒罕出众灵奇，为从来未有之事，足以冒昧

奏恳

圣恩，仰蒙

俯准。是皆托

大皇帝鸿福，

高宗纯皇帝

在天默佑之恩所致。达赖喇嘛呼毕勒罕到藏以来，真是嘉祥叠见，瑞应有征，断非人力所能附会，亦断非寻常呼图克图喇嘛所能感召者。我等惟有凛遵

圣训，万世奉行，断不敢妄生希冀。嗣后益当率领众喇嘛，虔诚念经，恭祝大皇帝万寿无疆，普天下亿万众生常享

升平之福等语。兹

钦差将军特清额于四月十九日到藏，恭宣

恩旨。颁赐

赏件之时，奴才等在旁细看达赖喇嘛，举止从容，应答

敏捷。班禅额尔德尼、

济咙呼图克图及阖藏僧俗感激

天恩万分，真切具欲专差堪布恭赍

奏书随特清额回成都之便，赴京呈

奏。奴才等令其拣派熟身堪布，少带从人，于四月二十八日随特清额自

藏起身讫至。特清额遵

旨试验达赖喇嘛，并达赖喇嘛、班禅额尔德尼、济咙呼图克图及阖藏僧俗

感激

天恩各情形，由特清额具

奏外，所有奴才等钦奉

谕旨敁谨存记原由，谨恭折

奏

闻，伏祈

皇上圣鉴。谨

奏。

知道了！

嘉庆十三年四月二十八日

三、考　索

（一）奏折中几位有关人员

玉宁：他塔喇氏，满洲正红旗人。乾隆四十七年（1782 年）由官学生考取中书。到了嘉庆十年（1805 年）正月，已累迁至理藩院右侍郎，主管民族事务。后，以正黄旗副都统职衔任西宁办事大臣，直接接触到藏族事务。嘉庆十年（1805 年）十一月任驻藏办事大臣，进衔正红旗汉军都统。十三年（1808 年），接手办理第九世达赖喇嘛转世坐床一事。时，文弼为其副手——帮

办大臣，二人同署奏折，同年十二月卸任。十七年（1812 年）任乌里雅苏台参赞大臣，十九年（1814 年）卒。①

文弼：满洲正红旗人。嘉庆五年（1800 年）已任西安右翼副都统，七年（1802 年）任成都副都统。九年（1804 年）十月达赖有疾，奏旨带医驰往看视，未抵藏而达赖已于当月在布达拉圆寂。十年（1805 年），与玉宁同时拜命，任驻藏帮办大臣。十二年（1807 年），进衔镶黄旗蒙古副都统。十三年（1808 年），与玉宁共同办理九世达赖喇嘛转世坐床事，同署奏折。十月已奉命继玉宁为驻藏办事大臣。何时离任，史籍失载。但嘉庆十六年（1811 年）二月，以阳春（又名阳春保）为驻藏办事大臣。大概就在此时，文弼失去这一职务。原因是对布鲁克巴部长请封名号一事，擅自驳回，又未入奏，以溺职罪革职。②

特清额：钮祜禄氏，满洲镶黄旗人，为著名疆臣策楞第二子（策楞三子：特通额、特清额、特成额）。《清史稿》有传，附在卷 314《策楞传》内，极简短："初发杭州披甲。自上虞备用处拜唐阿，十一迁，至嘉庆间授成都将军。尝两摄四川总督。"此奏折所提及特清额奉命以特使入藏时，职衔正是成都将军，与本传合。其所以有入藏宣谕皇帝特旨拜命，实与家世渊源有关：其父策楞曾从傅恒征金川，参赞军务（实际上，因为其兄讷亲在金川战事中充当了替罪羔羊，乾隆为了平衡而起用策楞）。后又在西藏珠尔墨特之乱中，与岳钟琪一道戡难定藏，并与兆惠、纳穆札尔、班第等"遵循大皇帝之命"，制定《酌定西藏善后章程十三条》，在藏事中影响颇大。以其子特清额来藏宣命，当然是

① 吴丰培、曾国庆：《清代驻藏大臣传略》，第 114—116 页。《仁宗实录》卷 159—191。《耆献类征初编》卷 104《玉宁传》。

② 吴丰培、曾国庆：《清代驻藏大臣传略》，第 112—113 页。《仁宗实录》卷 202、228、232、239、251。以上二人的任命，见于《清实录》嘉庆十年乙丑十月甲申："以成都副都统文弼为驻藏帮办大臣。"嘉庆十年十月壬辰："以驻藏大臣成林为伊犁领队大臣，西宁办事大臣玉宁为驻藏大臣。"嘉庆十三年戊辰十月己巳："命驻藏大臣玉宁回京。以帮办大臣文弼为驻藏大臣，镶黄旗蒙古副都统隆福为帮办大臣。"

发挥其历史影响。而当时正任成都将军，就近入藏也是显示其现实作用。①

班禅额尔德尼：是为第七世班禅，法名罗布藏巴勒垫丹贝宜玛（依现代藏语译作：罗桑班登·丹贝尼玛）。六世班禅班登伊西于乾隆四十五年（1780 年）入京参见。至热河，为皇太后及皇帝祝嘏，备受优渥礼遇；返京，居西黄寺。颁玉册、玉印。不幸以痘症圆寂。七世班禅颇受朝廷优礼，乾隆五十三年（1788 年），廓尔喀扰边时，奉诏移座泰宁，② 平复后归后藏。此奏折启奏时，班禅已 27 岁，按藏传佛教习俗，应为达赖转世之主要负责人。七世班禅于咸丰二年（1852 年）圆寂，寿高七十有二。

济咙呼图克图：rje drung ho thug thu，即功德林大栻呼图克图，为有清一代在西藏最具权威的格鲁派四大王佛之一。达赖圆寂后，即可充任摄政，直至新一辈达赖亲政之前，实际上掌握全藏政教，权重一时。乾隆五十六年（1791 年），乾隆帝命济咙呼图克图掌办商上事务，极具权威。八世达赖喇嘛强白嘉措于嘉庆九年（1804 年）圆寂，帝命掌办商上事务的济咙呼图克图摄政，并负责寻找达赖的转世灵童。故于此奏折中提到他的名号。实际上，他在当时西藏政治舞台上具有极其重要的地位和身份。班禅（七世）虽然位在其上，但远驻日喀则扎什伦布寺，前藏事务例由摄政来管理，也可以由他决定后通知班禅，报备而已。

---

① 《清实录》嘉庆十三年（戊辰）二月乙亥："上谕：谕军机大臣等：特清额奏，途次接奉谕旨，驰赴西藏，颁赐达赖喇嘛等赏件，并遵旨明白宣示。"看来，特清额已在二月之前接旨进藏，并有奏折。

② 《清史稿·藩部传》"西藏"列有小传。因廓尔喀扰边而移驻泰宁，事见《西藏图考》。

济咙呼图克图作为转世活佛，另见《番僧源流考》。①

（二）活佛转世与金瓶掣签

佛教传入藏区已经1200余年，与当地原有的崇拜苯教（bon）长期交融，互为表里，成为藏族人民普遍的信仰。这种佛教是藏化了的佛教，是在历史长河中经过改造、重构，带有鲜明民族特色的文化现象，实际上成了藏族人民大众思想、文化中的重要组成部分。其历史、教派、奥义、人物、寺院、经典等各个方面，已有若干论著问兴，不用赘述。② 今仅就其特点之一“活佛”与“活佛转世”略加介绍。

“佛”在藏语里译为“桑结”（sangs rgyas），意思是“觉悟者”，与古代汉语译为“圆觉”、“正等觉”相合。佛不是居高临下俯视众生的神，不是创业的造物主，不像西方宗教里万能的上帝，而是实实在在的人；是创立某一种思想、教义，而且亲自实践，取得最高成就的典范。佛具有某种超凡脱俗的精神力量，成为信仰者的朋友和导师、亲人和保护者。但，他不能送人进天堂或打人入地狱。人的归宿得由自己的行为负责，因果律起着决定性的作用。人们对佛崇敬、膜拜、顶礼，不过表示出自己内心的愿望和祈求，希望得到他的引导和指示。在西藏，这样的社会心理的背景下，人们渴望能有更具真实感的佛存在。

佛教在藏区逐渐形成派别，特别是11、12世纪以后，各地

---

① 远在康熙二十一年（1682年），第巴桑结即派遣济隆（咙）呼图克图往准噶尔蒙古，表面上劝噶尔丹归顺，实际上密嗾准部入侵漠南。二十九年（1690年），清军在乌兰布通大败准部，济咙呼图克图又出面向清军乞和，“顶佛立誓，以误追师”。噶尔丹得以逃脱。三十二年（1696年），皇帝致书桑结，严责其罪，其中即明指济咙呼图克图的过失，并提出要将济咙械送京师。三十三年（1697年），济咙被遣送北京待罪，皇上开恩，软禁于北京安定门内东侧一座特修的僧院，名为济咙仓，今犹存。其后大概在家圆寂，转世活佛又在藏恢复其地位与权力。

② 参见王森：《西藏佛教发展史略》，中国社会科学出版社，1987年。按此书为王森先生力作，1963年曾以《关于西藏佛教史的十篇资料》的名义，铅印300部，对国内藏学研究影响极大。牙含章：《达赖喇嘛传》，人民出版社，1984年。班班多杰：《藏传佛教思想史纲》，上海三联书店，1992年。蔡志纯、黄颢：《活佛转世》，中国社会科学出版社，1992年。

豪强势力与宗教派别相结合，宗教寺院形成了一个个思想文化、经济运营的中心，甚至也成为政治的中心。这些中心里，要解决继承人的问题，为了避免世俗统治者的操纵，而且不愿意看到这些中心的经济力量散失，也需要借助于“佛”的力量。需要佛的代表、佛的化身，才有权威性，以解决这一问题。

佛教本身就有三身、三世的学说和理论。这三身中有一个“化身”之论，藏语称为“朱孤”（sprul sku）或“朱必孤”（sprul pavi sku，蒙语称为呼毕勒罕）。这一化身理论，与吐蕃时期藏族社会上普遍承认的赞普王系由天神化现的神话不谋而合，很容易得到人民大众的拥戴。

以上三种原因，是佛的转世——“活佛”产生的社会历史背景及思想基础。最早是由噶举派（bkav rgyud）的噶玛巴实行的，第一位转世活佛是都松钦巴（dus gsum mkhyen pa，1110—1193年），此后有噶玛拔希（karma pakshi，1204—1283年）及其转世让迥多吉（rang byung rdo rje，1284—1339年）。这位让迥多吉，实际上是第一位被确认为“了悟前生，乘愿重来”的活佛。当他圆寂后，又有乳必多吉（rol pavi rdo rje，1340—1383年）成为他的转世。从此，代代相传，以转世的方式，衍宗弘教。而且，受到朝廷和社会的极大尊崇。①

格鲁派（dge lugs pa）在西藏社会上取得了相当规模发展的同时，甘丹、色拉、哲蚌、扎什伦布等几座宏大的寺院先后建立。宗喀巴（tsong ka pa，1357—1419年）和他的弟子们发起的宗教改革运动取得成功，寺院经济力量相应地日益增长，影响也在不断地扩大。格鲁派的大师们，吸收社会上已颇见成效的活佛转世制度。索南嘉措（bsod nams rgya mtsho，1543—1588年）被确认为根敦嘉措（dge vdun rgya mtsho，1475—1542年）的转世活佛，成为第三世达赖喇嘛。同时，根敦嘉措、根敦主巴被追认为第二世和第一世达赖喇嘛。第四世班禅罗桑曲吉

① 参见王森：《西藏佛教发展史略》，第103—107页。

坚赞，是第一位被承认的班禅系统的活佛，并追认了前三世班禅。格鲁派把活佛转世制度接受过来，加以程式化、制度化，普遍推行。于是，活佛转世制度成为藏传佛教的一大特点而长期存在，各派都加以利用，直到目前。①

明清两代王朝认识到宗教在西藏的影响和作用，充分加以利用。颁诏封爵，赐以金册金印、玉册玉印，赏赉优渥，史不绝书。这也是活佛转世受到社会尊崇的又一原因。明朝封授噶举派为大宝法王、萨迦派为大乘法王、格鲁派为大慈法王。这些法王在西藏具有至高无上的宗教和政治地位，而且可以由他的转世袭封。如大宝法王一直沿袭至今，1992 年 8 月坐床的、经过国务院宗教局批准认可的乌金赤列是第十七世。萨迦和格鲁（大乘、大慈）两位法王的法嗣中断，原有的金册金印至今保存。清代顺治、康熙、雍正、乾隆四朝，先后封授了达赖喇嘛、班禅额尔德尼和章嘉等一大批国师、禅师、呼图克图。由于有了朝廷封授，这些宗教界的领导人物在藏区更有权威的力量和地位，这是一个不争的事实。②

金瓶掣签是乾隆治藏政策上的一大“发明”，是把活佛转世的最后决定权掌握于中央政府的决策。嘉庆曾对此事有过议论，在《普陀宗乘之庙瞻礼纪事诗》③ 中云：

转世相沿多诡谲，除弊特命金瓶掣，
决疑定众顺其情，鸿文巍焕喇嘛说。

嘉庆认为“转世相沿”，其中“弊病”甚多，而且是“诡谲”莫测，极不可信；但是为了“决疑”，为了“定众”，为了“顺从民情”，不得已才采取“金瓶掣签”的策略性措施，而将乾隆的《喇嘛说》抬了出来。

---

① 参见王森：《西藏佛教发展史略》，第 173—178 页。

② 《明史·乌斯藏大宝法王传》。《清史稿·藩部传》“西藏”。

③ 嘉庆《普陀宗乘之庙瞻礼纪事诗》碑。成于嘉庆十三年（1808 年），原刻石在拉萨色拉寺山门外廊下东壁。此据张羽新《清政府与喇嘛教》转录，西藏人民出版社，1988 年。

《喇嘛说》，乾隆五十七年（1792 年）御制。原碑现存于北京雍和宫内，满、汉、蒙、藏四体合璧。是乾隆乃至以后直至清末，对西藏宗教政策最为权威的解释，① 其中云：

其达赖喇嘛、班禅额尔德尼之号，不过沿元、明之旧，换其袭敕耳。盖中外黄教，总司以此二人，各部蒙古，一心归之。兴黄教，即所以安众蒙古，所系非小，故不可不保护之，而非若元朝之曲庇谄敬番僧也。

这一段话指出，朝廷封授达赖、班禅不过是沿袭元、明的传统，而重点是利用黄教来安定蒙古各部而已。又说：

其呼土克图（呼图克图）之相袭，乃以僧家无子，授之徒，与子何异？故必觅一聪慧有福相者，俾为呼必勒罕，幼而皆习之，长成，乃称呼土克图。此亦无可如何中之权巧方便耳，其来已久，不可殚述。

这一段，表明乾隆对活佛转世的态度。既肯定“觅一聪慧有福相者”、“幼而皆习之”的优选培养接班人的办法，又指出是“无可如何中之权巧方便”的措施。既承认了现实，又指出其不稳定性。乾隆作为一代雄才大略的国君，对活佛转世制度有根本性的洞悉，所以接着说：

孰意近世其风日下，所生之呼必勒罕，率出一族，斯则与世袭爵禄何异？予意以为大不然。盖佛本无生，岂能转世？但使今无转世之呼土克图，则数万番僧无所皈依，不得不如此耳。

这一段话彻底否认了活佛转世的可能，又指出在活佛转世问题上出现的种种弊端，利用职权私相授受，于是“率皆一族”、“与世袭爵禄何异”？后面还明白指出：“然转生之呼必勒罕出于一族，是乃为私。佛岂有私？故不可不禁。”于是，产生了十分果断的金瓶掣签政策上的决定。

乾隆五十七年（1792 年），以嘉勇公福康安大将军为首的各

---

① 以下《喇嘛说》中的引文，均据张羽新《清政府与喇嘛教》所录。

族联军挥师进藏，反击廓尔喀的入侵，保卫国防。在接受廓尔喀王的投降后，班师回藏，处理西藏内部问题，与孙士毅、惠龄、和琳等人商议，并通过达赖（八世）、班禅（七世）、济咙呼图克图和噶伦等，一起议定了《藏内善后章程二十九条》（上报皇帝，批准后，加了“钦定”二字）。① 这是乾隆发现西藏内部存在种种问题，必须加以整顿和重新安排的一整套治藏办法，这二十九条的第一条，② 便是金瓶签掣的具体办法：

> 大皇帝为求黄教得到兴隆，特赐一金瓶。今后遇到寻认灵童时，邀集四大护法，将灵童的名字及出生年月，用满、汉、藏三种文字写于签牌上，放进瓶内。选派真正有学问的活佛，祈祷七日，然后由各呼图克图和驻藏大臣在大昭寺释迦佛像前正式认定。……这些都是大皇帝为了黄教的兴隆，和不使护法弄假作弊。这个金瓶常放在宗喀巴佛像前，需要保护净洁，并进行供养。

这个金瓶送到拉萨时，也有很隆重的礼仪。皇帝遣御前侍卫惠伦、乾清门侍卫阿尔塔锡第将金瓶护送至拉萨，济咙呼图克图率领各寺呼图克图、大喇嘛及噶布伦以下官员远程迎接，八世达赖喇嘛强白嘉措也先期下山，在大昭寺前迎候，派喇嘛等各执香花、幡幢导引，接入大昭寺内供奉。③ 可以说金瓶掣签的制度，

---

① 《钦定藏内善后章程二十九条》，汉文载《卫藏通志》。藏文本存色拉寺、哲蚌寺内。牙含章：《达赖喇嘛传》，第62—71页，据藏文译汉。

② 《钦定藏内善后章程二十九条》第一条全文如下：“关于寻找活佛及呼图克图的灵童问题，依照藏人例俗，确认灵童必问卜于四大护法，这样就难免发生弊端。大皇帝为求黄教得到兴隆，特赐一金瓶。今后遇到寻认灵童时，邀集四大护法，将灵童的名字及出生年月，用满、汉、藏三种文字写于签牌上，放进瓶内。选派真正有学问的活佛，祈祷七日，然后由各呼图克图和驻藏大臣在大昭寺释迦佛像前正式认定。假若找到的灵童仅只一名，亦须将一个有灵童名字的签牌，和一个没有名字的签牌共同放进瓶内。假若抽出没有名字的签牌，就不能认定已寻得的灵童，而要另外寻找。达赖喇嘛和班禅额尔德尼像父子一样，认定他们的灵童时，亦须将他们的名字用满、汉、藏三种文字写在签牌上，同样进行。这些都是大皇帝为了黄教的兴隆，和不使护法弄假作弊。这个金瓶常放在宗喀巴佛像前，需要保护净洁，并进行供养。”

③ 蔡志纯、黄颢：《活佛转世》，第61页。

完全是乾隆皇帝精心安排的治藏、治边，利用并监督宗教活动的一个主要步骤。

（三）几个语词的解释

颁赐达赖喇嘛赏件：据嘉庆《普陀宗乘之庙瞻礼纪事诗》所记注："特赐达赖喇嘛呼必勒罕哈达一个、无量寿佛一尊、铃杵一分、珍珠纪念碧霞玞念珠一挂。令成都将军特清额赍赴西藏颁发。"旋据玉宁等奏报，达赖喇嘛呼毕勒罕于九月二十二日坐床，因特派御前行走喀喇沁亲王品级都楞、郡王多罗额驸佛珠巴咱尔，同御前侍卫、副都统，今授工部侍郎庆惠和乾清宫侍卫、副都统隆福、噶勒丹锡勒图呼图克图赴藏看视坐床，颁赐敕书、赏件并银一万两，以示优容。

金本巴瓶：此为汉、藏语合称。本巴（或译奔巴）系藏语（bum pa），意为瓶。金本巴瓶，即"金瓶"，以汉、藏语合称，似有强调遵俗之意。

呼图克图：ho thog thu，据《藏汉大辞典》第 3070 页："圣者，呼图克图。蒙古语。清代中央政府授予藏族和蒙古族地区佛教大活佛的封号，凡属这一级活佛，均载于理藩院册籍。西藏的大呼图克图，有些具有出任地方政府摄政的资格。"如奏折中的济咙呼图克图，即曾有两世于乾隆、光绪时充任摄政。

此次呼毕勒罕出世，诸多征验：据嘉庆《普陀宗乘之庙瞻礼纪事诗》注："本年（十三年戊辰）正月，据驻藏大臣玉宁等奏称：藏内各处具报幼孩九人，经济咙呼图克图驳去六人，只余三人。内惟西藏甸麻地方居住之春科土司丹怎吹忠之子，于乙丑十二月朔日降生。迄今年甫四龄，聪慧异常，早能持诵经咒，自知前身系八辈达赖喇嘛，试以前辈喇嘛所用铃杵等物，均能辨识。大众无不倾心信奉。而后藏班禅额尔德尼闻知，即亲至前藏，睹诸殊异，同深欢喜，并经玉宁等详加察验，信而有征。盖化身虽幻，而真性常存。似此灵异显然，不特化外波旬，无由伪托，去来因果，了了不迷。益征此心常住，有超乎色相之外者。"

通事：今称翻译。是专职从事汉、藏两种语文互译的工作人员，又称通司。此名甚古，盖唐代即称“通事舍人”。

夷字：即为藏文，系清代公文中对满、汉、蒙以外的民族文字的通称。

熟身堪布：堪布（mkhan po），汉译作亲教师，梵语音译作邬波驮那。寺院中领导宗教活动事务的负责人。熟身，指曾经出过痘，不会再感染天花的免疫者。藏族对内地的天花疫症视为险途，畏之如虎，故常派熟身去晋京。

四、平　议

嘉庆（1759—1820年）于1796年即皇帝位，时乾隆仍具有至高无上的权威，以太上皇居权力的高峰，“传位不离位”。嘉庆不过是名义上的皇帝，一切军国大事“惟皇爷处分，朕何敢与焉”。[①] 算是顶着皇帝的虚名，看着太上皇的眼色行事，大气不敢出一口，连和坤都不敢得罪。但是，嘉庆四年（1799年）正月初三日，太上皇晏驾，嘉庆才算真正撑起腰杆来做皇帝。立即动手拿问奸相和坤，出了一口恶气，这是嘉庆对先皇的一点纠察吧！其他方面只有类似的指责言词。

在治理西藏问题上，碰到了八世达赖喇嘛强白嘉措圆寂，新的达赖转世、确认和坐床的大事。本来，先皇明明白白定下了《藏内善后章程二十九条》，其中第一条安排得妥妥帖帖，就不用再费神另议了。但是，嘉庆帝却听从了班禅额尔德尼和济咙呼图克图的申请，免予金瓶签掣，而直接确认九世达赖喇嘛隆朵嘉措。这个问题上让嘉庆帝乾纲独断，造成了在制定了金瓶掣签制度之后，第一次免予掣签而直接确认，充分显示了嘉庆皇帝与乾

① 转引自万依、王树卿、刘潞：《清代宫廷史》，辽宁人民出版社，1990年，第345—349页。

隆皇帝有所区别，而且看出在治藏方针上的灵活性。

但九世达赖喇嘛隆朵嘉措只活了11岁，嘉庆二十年（1815年）在布达拉宫暴亡，接着又循例寻找灵童。班禅等再次提出申请免予签掣时，嘉庆帝严厉责备驻藏大臣督办不严，轻信奏禀，并对九世达赖喇嘛隆朵嘉措是否真佛提出怀疑。这样，十世达赖喇嘛楚臣嘉措只好按《钦定藏内善后章程二十九条》办理金瓶掣签了。这虽然是在道光年间执行的，但是由嘉庆决定的。这就体现了嘉庆帝在治藏方针上的严肃性。

总的说来，嘉庆治藏政策就是依照《礼记·王制》所云："修其教不易其俗，齐其政不易其宜。"①

（原载《水晶宝鬘——藏学文史论集》，台北：佛光文化事业有限公司，2000年。）

---

① 按照西藏的固有民俗，每一世达赖喇嘛被确认后，其家属即成为一大贵族，拥有大量的庄园、农奴和府邸。七世达赖的家属：桑珠颇章；八世达赖的家属：拉鲁；九世达赖的家属：姜乐建；十世达赖的家属：宇妥；十一世达赖的家属：彭康；十二世达赖的家属：拉鲁；十三世达赖的家属：朗敦；十四世达赖的家属：达拉。都体现了这个政策。

从“河图洛书”“阴阳五行”“八卦”在西藏看古代哲学思想的交流

一、河图洛书

太史公云：“三王不同龟，四夷各异卜。”又云：“蛮夷氐羌虽无君臣之序，亦有决疑之卜。或以金石，或以草木，国不同俗。然皆可以战伐攻击，推兵求胜，各信其神，以知来事。”①这一描写，比较接近于当时我们多民族国家宗教文化发展情况的事实。

西藏人的先民（吐蕃、羌、犬戎），自有一套民间的占卜文化系统，也就是哲学思想的骨架。自周秦以降，直至隋唐，尽管佛教思想在藏区已逐步广泛传播，而且在文化、思想、意识形态领域取得日益发展、扩大的地位，但从敦煌石窟遗留的吐蕃文书来看，当仍是民间固有思想起绝对的作用。笔者曾以“三探一

---

① 《史记·龟策列传》自序及正文。

书”述其大概。[①] 今再单就西藏人经常佩戴于腰间起护身符作用的铜镜图案，及藏历图上的画面来探索“河图洛书”以至“阴阳五行”、“八卦”这一系列哲学思想在西藏的影响。

在“护身铜镜”和“藏历图”中心，均有一“三三幻方”（Magic Square），藏语称为“九宫”（pho brang dgu gling），或又根据苯教说法称为“九痣”（sme ba dgu），[②] 在正方形的9格内填以藏式字码1—9，而这9个字码分别代表了方位、五行、颜色等等。[③] 如图：

阿拉伯字码		1	2	3	4	5	6	7	8	9
藏文字码		༡	༢	༣	༤	༥	༦	༧	༨	༩
含义	方位	北	西南	东	东南	中	西北	西	东北	南
	颜色	白	黑	碧	绿	黄	白	赤	白	紫
	五行	金	水	木	水	土	金	火	金	水

需要说明的是，图中方位与现行号位观念相反，是上南、下北、左东、右西。

---

① 拙作“三探一书”均与陈践合撰：（1）《吐蕃的鸟卜研究——P. T. 1045号卷子译解》，中央民族学院藏学研究所编：《藏学研究文集》第3集，民族出版社，1985年。（2）《吐蕃时期的占卜研究——敦煌藏文写卷P. T. 1047、1055号译释》，《世界宗教研究》1985年第3期。（3）《三探吐蕃卜辞——伦敦印度事务部图书馆所藏藏文占卜文书译释》，《青海社会科学》1987年第3期。（4）《吐蕃时期的占卜研究——敦煌藏文写卷译释》，香港中文大学出版社，1987年。

② 参见藏人苯教学者、旅居巴黎的桑木旦·江村·噶尔美博士的专文《苯教历史及教义概要》（A Brief Introduction of Tibetan Bon，Tokyo，1975）。汉文译文载《藏族研究译文集》第1集，中央民族学院藏族研究所，1983年。

③ 关于藏文数字码的起源，究竟是早于印度—阿拉伯字码，抑或源于印度—阿拉伯字码，至今尚无定论，有待于进一步探索。

4	9	2
3	5	7
8	1	6

这1—9九个数字，在九宫内的排列位置，表现了与“河图”完全一致的神秘观念。就是在宫内横、竖、斜各行加起来总和都是15，即：4+9+2=3+5+7=8+1+6=2+7+6=9+5+1=4+3+8=4+5+6=2+5+8=15。

再请比较一下河图：

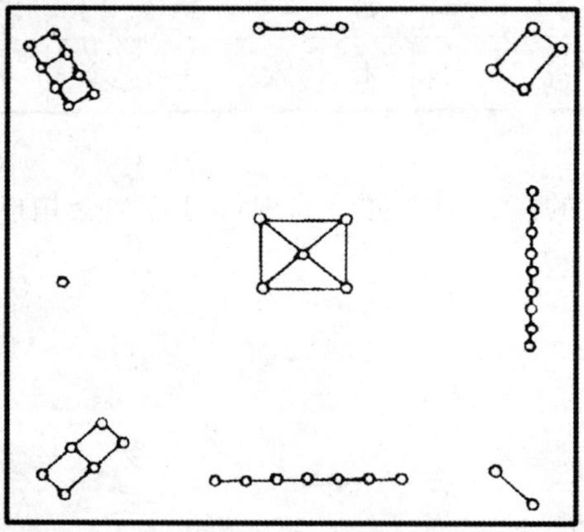

只需要把此图向左方逆时针旋转两格，即可看出与“九宫”完全一致。所不同者，藏人的九宫图取字码，河图取图像而已。

宋人邢凯在其《坦斋通论》中，有一段极为重要的描写：

> 河图之数，种放得之于陈抟，载九履一，左三右七，二四为肩，六八为足，五居其中，取白黑碧绿赤黄紫配之，以定吉凶，谓之九宫。①

① 此条系严敦杰先生故前面告笔者。

元人吴澂在《易纂言》一书中的说法，与宋人颇为接近，他说：

> 洛书者，禹治水时，洛出神龟，背之碑文，前九后一，左三右七，中五，前三右二，前三左四，后三右六，前三左八。以其坼文为字画而谓之书，禹则自其一至九之数，以叙洪范九畴。

吴澂的话是沿习了《尚书·洪范》的文字，不妨再看一下《洪范》是怎么说的：

> 天乃锡禹《洪范》九畴。……初一曰五行。……一、五行：一曰水、二曰火、三曰木、四曰金、五曰土。水曰润下，火曰炎上，木曰曲直，金曰从革，土爰稼穑。润下作咸，炎上作苦，曲直作酸，从革作辛，稼穑作甘。①

我们还是回到《周易·系辞传》里的说法上去整合：

> 河出图，洛出书，圣人则之。②

后来，经汉代刘歆的推衍，把河图洛书跟阴阳五行、八卦等一系列哲学思想的范畴统一起来，长时期成为最有影响的思想，对各兄弟民族发生了影响。相信“河图”与“九宫”传到西藏是在吐蕃时期，可以取唐李德裕所作《中书门下两省奏请崇重九宫祀典》一文为证。③ 以图表之九宫贵神坛图如下：④

---

① 黄侃手批《白文十三经》：《尚书·洪范》，第33—34页。

② 黄侃手批《白文十三经》：《周易》，第43页。

③ 《全唐文》卷706。

④ 此图系张建木（克强）先生生前绘赠。

招摇（四）	天辅 巽 木 绿	天一（九）	天英 离 火 紫	摄拦（二）	天芮 坤 土 黑
轩辕（三）	天冲 震 木 碧	天符（五）	天禽 离 土 黄	咸池（七）	天柱 兑 金 赤
太阴（八）	天任 艮 土 白	太一（一）	天蓬 坎 水 白	青龙（六）	天心 乾 金 白

我们从这幅图来看，大致可以确认“九宫”即“河图”所代表的哲学思想，在唐代藏人社会中已经定型。藏族史学家明确记载这一不争的事实。蔡巴·贡噶多吉在其所著《红史》（deb ther dmar po，1363 年成书）中记载：“囊日松赞（松赞干布之父）从汉地传入历法、医药。”[1] 第五世达赖喇嘛阿旺罗桑嘉措所著《西藏王臣记》（deb ther dpyid kyi rgyal movi glu dbyangs，1643 年成书）所记与《红史》相同。[2] 土观·罗桑却吉尼玛在其所著《宗派源流晶镜史》（grub mthav shel gyi me long，1801 年成书）中说：“历算实自汉地传来，[吾藏人]摒印度之地水火风空等五大种，而采汉地之木火土金水等五行。”[3] 相传为墀松德赞（742—797 年）时期的作品、藏人目为最重要的出土古籍（gter ma）之一的《五部遗教》（bkav thang sde

① 东噶·洛桑赤列注释本，民族出版社，第 35 页；陈庆英、周润年译本，西藏人民出版社，1986 年，第 31 页。

② 《西藏王臣记》，民族出版社，1956 年，第 24 页；郭和卿译本，1983 年。

③ 《宗派源流晶镜史》，甘肃民族出版社铅印本，1984 年。引文见第 10 品即“汉地孔教、道教之品”；刘立千汉译本，西藏人民出版社，1987 年。

lnga）对此事也有较具体的记述：“自汉地迎请最为著名之师摩诃衍那[来蕃]，传授汉地之医药及干支历法，并由那囊氏萨罗君担任通译之职。”① 受到藏学界普遍重视的藏文要籍《汉藏史集》（rgya bod yig tshang，1434 年成书）记载：

> [松赞干布]挑选了蕃人中聪明有识之寨达丹、朗措多勒、甲迦多衮、达米达卡等四人，赐给每人一个金盘、八枚银币、一枚金币及路上使用的金沙半升。对他们说：“你们到汉地去，学习对我们吐蕃有益的学问。以前，吐蕃只有公主带来的占卜历算书籍六十种，还有从印度翻译的十二缘起、六日轮转等。占卜历算未能发达。要学习测算生死，推算四季天时气节，须与汉人接触。你们要努力成为学者，我一定给予重赏。”这样吩咐以后，派遣他们前往汉地。他们到了汉地，分别投拜了汉地四名学者，向其中精于推算四时季节的嘉赤、摩诃衍那学习了一年又七个月。除了推算时命以外，分别教了《明灯书》、《卦书》、《天地寻迹》、《纸绳卦术》等测算方法。……[另有]汉地测算之学称为五大续的五支，即：《摄集证树之木续》、《神灯光明之火续》、《甘露净瓶之水续》、《隐匿幻艳之土续》、《黑色丹铅之铁续》以及其他十支古籍秘诀，等等。②

书中还接着夹叙夹议地记载，这四位学成回藏后，大展其

① 《五部遗教》，藏文德格木刻本，kha 卷，第 60 页上。又有民族出版社铅印本，1986 年。引文中提到的摩诃衍那，即大乘和尚，其入藏传法一事请参看：敦煌遗书 P. 4646 号《大乘顿悟正理决叙》；法国汉学家戴密微（P. Demiéville，1894—1979 年）所著的 Le concile de Lhasa（1952 年巴黎出版，汉译本题作《吐蕃僧诤记》，耿昇译，王尧校）；张广达：《唐代禅宗的传入吐蕃及有关的敦煌文书》，载《学林漫录》第 3 辑，中华书局，1981 年。

② 《汉藏史集》，达仓宗巴·班觉桑布著，成书于 1434 年。此间视为秘籍，间以抄本流传，极为罕见。1982 年顷，余自海外获影印本携归，由中央民族学院古籍小组翻印 500 部，分送同好。其后，四川民族出版社据此排印，1986 年出版，汉文译本由陈庆英承担，西藏人民出版社 1986 年出版。此处引文见汉译本第 99—100 页，文字略作订正。

才，如何运用所学的汉传历法、五行八卦知识，受到赞普的赞美。

至今我们还弄不清，上述记载中所称从汉地学习的那些古籍是哪几种。但是，可以确信在当时，藏人充满了向上的、朝气蓬勃的学习精神。汉藏文化大幅度的交融，① 人民之间以及社会上层之间相互婚嫁，使唐代中国呈现出极为和睦、谐美的气象。这个优良传统，时至今日，也是值得发扬的。

二、阴阳五行、八卦

（一）阴阳五行的由来

五行学说在中国由来已久，它是许多旧学问的主心骨，无论是古代科学（天文、医学）、古代哲学（思想、逻辑）、古代政治学（伦理、纲常）、古代神学（谶纬、卜筮），没有它就立不起来。这些学问与阴阳五行学说的关系恰是“剪不断、理还乱”。在秦汉时期，尤其是汉代经过董仲舒（前179—前104年）一类大儒的抉幽探微，上纲上线，朝廷大力推广，不遗余力，于是就成为社会上统治人们思想的最强劲的工具。

关于五行学说的起始、形成和发展，诸家众说，颇多差异。一般认为，五行始见于《尚书·甘誓》。《甘誓》是一篇战争动员令，据说是后人依据传闻写成的，写作时代有人以为是商代，也有人以为是战国时代形成。在《墨子·明鬼篇》（下）的引文中作《禹誓》，总之是夏代初年发生的事情。启（或者禹）发动

① 敦煌藏文写卷 P. T. 986 号是《尚书》藏文译本（残卷），P. T. 1291 号是《战国策》的藏文译本（残卷），可以代表当时雅爱唐风的藏文作品。参见：（1）《敦煌藏文写卷 P. T. 986 号〈尚书〉译文证补》，载《藏学研究文集》第 1 集，中央民族学院藏族研究所，1982 年。（2）《敦煌吐蕃文书 P. T. 1291 号〈战国策〉藏文译文证补》，载《青海民族学院学报》1983 年第 3 期。由此来看，两《唐书·吐蕃传》所记“遣诸豪子弟入国子学，习诗书，又请儒者典书疏”，“请《毛诗》、《礼记》、《左传》、《文选》各一部，制令秘书省写与之”，大概是可信的。

讨伐有扈氏的战争，两条罪状：一是“威侮五行”，二是“怠弃三正”。

> 大战于甘，乃召六卿。王曰：“嗟！六事之人，予誓告汝：有扈氏威侮五行，怠弃三正，天用剿绝其命，今予惟恭行天之罚。”①

《甘誓》的作者问题，众说杂陈，庞朴在叙述《墨子》、《书序》、《吕览》及郭沫若等不同的观点后，总结性地提出：在“卜辞中是有五行思想的”。他认为朴素的五方观念，正是后来神秘的五行学说的权舆。又进一步确信：“其实某种程度上在卜辞时代已经露头了。”②

《尚书·洪范》里有最初的系统的五行叙述：

> 惟十有三祀，王访于箕子。王乃言曰：“呜呼！箕子。惟天阴骘下民，相协厥居，我不知其彝伦攸叙。”箕子乃言曰：“我闻在昔，鲧堙洪水，汩陈其五行。帝乃震怒，不畀《洪范》九畴，彝伦攸叙。鲧则殛死，禹乃嗣兴。天乃锡禹《洪范》九畴，彝伦攸叙。一、五行：一曰水，二曰火，三曰木，四曰金，五曰土。水曰润下，火曰炎上，木曰曲直，金曰从革，土爰稼穑。……

《洪范》成篇的年代，也是有很多分歧意见，庞朴的意见是：“这种五者并列的五行说，可能正是周初时候的思想。”③ 刘起釪近创新说，他以为《洪范》原本出于商末，历西周、春秋、战国而有所增益和润色，最后可能经过齐方士的整理或加工④。语言学家俞敏（叔迟）先生在研讨《尚书·洪范》“土爰稼穑”句中的爰字含义时，提出十分中肯的意见，他说：

---

① 黄侃手批《白文十三经》，上海古籍出版社，1983 年。以下凡《尚书》引文，悉据此本。

② 庞朴：《先秦五行说之嬗变》，《稂莠集》，上海人民出版社，1988 年。

③ 庞朴：《先秦五行说之嬗变》，《稂莠集》，上海人民出版社，1988 年。

④ 刘起釪：《〈洪范〉成书时代考》，《中国社会科学》1980 年第 3 期。

质朴的先民们在生产力发展到一定的水平的时候，就开始探索宇宙的来源了。印度的哲人们以为宇宙是用地、水、火、风四种“原素”合成的。汉族的先哲得出了个差不多的结论：“原素”是水、火、木、金、土。最早纪录这个学说的文献是《尚书·洪范》。这篇文章，不像《大诰》那么诘屈聱牙，可还没有《世说新语》味儿的句子。大致可以信它是周初作品，流传到阴阳五行大流行的战国，也许经过润色。①

（二）藏文化中的阴阳五行思想

藏族接受阴阳五行学说甚早，远者可以上推到周初，姬、姜两大部落流动和转徙时，姜姓一支曾在西北从事放牧的事业，被称为羌人，就是藏族先民某支的祖先。羌人部落有100多种，其中最为偏远的叫“发羌”、“唐旄”，大概是藏族的直接祖先。他们既然与姬姓的华夏部落有过广泛的接触，当然具有天然的姻娅渊源。② 以故五行学说的思想和方法，在藏族中流传也是很久的事。

藏族称“五行”为 khams lnga，③ 就是 shing（木）、me（火）、sa（土）、lcags（铁，即金）、chu（水）。又各分为阴阳（pho mo，请注意藏族语言习惯，阳在前，阴在后，即阳阴），

① 俞敏：《〈尚书·洪范〉“土爰稼穑”解》，《中国语文》1985年第1期；收入《俞敏语言学论文集》，黑龙江人民出版社，1989年。

② 参见俞敏先生一篇别开生面的论文：《汉藏两族人和话同源探索》（《北京师范大学学报》1980年第1期，收入《俞敏语言学论文集》第262—275页）。文中有非常精辟入理的分析，把古文献中有关资料作了一次多层次的展览与订正。

③ 《藏汉大辞典》，第224页。同条注中还列举了《奇脉七占》和《脏腑论》等医学书籍中所包含五行（元素）的原理。

合计为十，用于对应十天干。① 再与十二地支，即十二生肖相配（这十二生肖的名称、位序也是和汉地一致的，称之为 lo rtags bcu gnyis）。下面就是汉藏两种文字的干支对照表：

表一：五行（分阴阳，即十天干）对应表

汉	甲	乙	丙	丁	戊	己	庚	辛	壬	癸
藏	shing 木		me 火		sa 土		lcags 金		chu 水	
	pho 阳	mo 阴	pho 阳	mo 阴	pho 阳	mo 阴	pho 阳	mo 阴	pho 阳	mo 阴

表二：十二地支（即十二生肖）对应表

汉	子	丑	寅	卯	辰	巳	午	未	申	酉	戌	亥
藏	byi ba	glang	stag	yos	vbrug	sbrul	rtag	lug	sprel	bya	khyi	phag

若用天干与地支来组合（按甲子、乙丑……的排列），起甲子，终癸亥，恰合于汉地历法，以60年为一轮。

我们知道，藏族历史虽然很古老（如上述，可以上推到周代），但藏文是公元7世纪中叶才创造推行的。远古的传说，于

---

① 令人感兴趣的是，在蒙古族中也有相同的系统，《中国蒙古族科学技术史简编》第59页写道：“蒙古族称‘木、火、水、金、土’为‘塔·库哈宝惕’（五行），并将‘五行’各‘行’，都分为‘额日’（公）、‘额木’（母），如‘木’分公、母，‘水’分公、母。然后把十二兽名与‘五行’公、母依次相配，如木（公）鼠年，木（母）牛年，火（公）虎年，火（母）兔年，……组成60年为1组，蒙古人称作‘热琼’。蒙古族的十二兽名纪年法配五行公母的第一年，是从公元1027年开始，即火（母）兔年。”

其实所谓“公”、“母”即“阴”、“阳”。藏语称作 pho mo，亦可称为雄、雌，公、母。“饶迥”一词正是藏语 rab vbyung 的译文，义为“胜生”，据云是纪念时轮法传入西藏的那一年即1027年，称为“极好的出现”。蒙古族在13世纪接受了藏传佛教后，相应地接受并翻译了藏族的历法。

史无征，难以确认，只好从有文字以后的文献中寻求。①

（1）公元823年，即唐穆宗长庆三年树立于拉萨（古称逻些）的《唐蕃会盟碑》，该碑四面勒文，西、北、南三面均为汉、藏对照，东面纯为藏文，其中有关于纪年（即五行、阴阳之历法应用）的记载：

> 结此千秋万世福乐大和盟约于唐之京师西隅兴唐寺前，时大蕃彝泰七年，大唐长庆元年，即阴铁牛年冬十月十日也，……；又盟于吐蕃逻些东哲堆园，时大蕃彝泰八年，大唐长庆二年，即阳水虎年夏五月六日也，……；其立石镌碑于此，为大蕃彝泰九年，大唐长庆三年，即阴水兔年春二月十四日事也。②

（2）公元1176年（西夏仁宗李仁孝乾祐七年），在甘肃甘州张掖立石的《黑水桥碑》，碑阳为汉文，碑阴为藏文，文义亦汉、藏对照，藏文第18行云："阳火猴年九月二十五日立石"。③

以上两通石刻的藏文史料，说明五行学说在历法运用方面，藏区在唐、宋之间已经普遍通行。还可以探索一下敦煌文书（均为公元10世纪以前的写本）。

（3）敦煌吐蕃文书写卷P.T.986号是《尚书》译文残卷，存157行。原卷出自敦煌千佛洞莫高窟藏经洞。1907年被法国伯希和劫去海外，现存于法国巴黎的国家图书馆东方手稿部。笔者在1982年研究此卷，撰写过一篇论文，后又对另一吐蕃文书

---

① 关于藏文创造的历史，有许多不同的意见。按藏族传统的说法是公元7世纪中叶，由松赞干布赞普的文臣通米·桑布札参照梵文的某一体字母，结合藏语实际而设计、创造的。同时，还编写了文法和正字法。近若干年来，西方的和日本的藏学学者提出一些不同的意见，但始终未能获得藏学界的共同承认。参见拙文：《藏文》，刊于《民族语文》1979年第1期。

② 拙作《吐蕃金石录》（文物出版社，1980年）收有全文并附有照片。李方桂教授等许多前辈做过深入研究，李氏并以专著发表《古代西藏碑文研究》，为中央研究院历史语言研究所专刊之九十一：A Study of the old Tibetan lnscriptions, by Fangkuei Li and W. South Coblin, Taipei, 1987.

③ 参见拙作：《西夏黑水桥碑考补》，《中央民族学院学报》1987年第1期。

P. T. 1291号《战国策》藏文古译残卷做了研究,[1] 其中有关于阴阳五行纪年记载，请察看下文比较。

《尚书》的藏文译文包括了《泰誓》两篇、《牧誓》一篇和《武成》一篇，都属于《周书》的范围。这与当时在敦煌一带流行的汉文写本有关。当时藏族的经济、文化和军事、政治都处于上升时期，一片欣欣向荣、积极进取的景象。不断大量派遣“豪酋子弟，入国子学”，习诗书礼仪，把唐朝盛世的雅言译成藏文，大大促进了藏族社会的繁荣和进展。从译文中，我们可以见到五行学说已经深深地进入了藏族人民生活之中。不妨举几个例子（为了印刷上的方便，省去藏文原文，仅以还译的汉文举例）：

藏文还译	《尚书》原文
仲春二月四日,阳木鼠日,天色将曙,[武王]乃定与纣交战。	时甲子昧爽,王朝至于商郊牧野,乃誓。
武王决定伐纣时,孟春一月二日,阳水龙之日,新月初升,其大部仍为黑暗笼罩,休憩一日。	惟一月壬辰,旁死魄。
初三,阴水蛇之日,登程,引兵伐纣。	癸巳,王朝步自周,于征伐商。
孟春一月二十八日[阳土马之日],渡黄河孟津灭纣。孟夏四月三日,阴土蛇之日,新月初上时,武王自商纣之地返回丰[镐]。 孟夏四月一日,阴火羊之日,祭祀七代祖宗之时,王宫二千里以内居住之诸侯,不召自来。	厥四月,哉生明,王来自商,至于丰[镐]。 丁未,祀于周庙,邦甸侯卫,骏奔走,执豆笾。
孟夏四月四日,阳铁狗之日,置三牲于柴堆之上,举火燔祭,祀奉上天。 其后,仲春二月初四,阳木鼠之日,天将曙时,纣兵如林,列队布阵交锋。	越三日,庚戌,柴、望,大告武成。 甲子昧爽,受率其旅若林,会于牧野。

从以上几例，可以清楚见到唐代藏族已经非常熟练地掌握了阴阳五行思想，并用于历法换算之中。至于在医学中应用五行学

---

① 日裔法籍学者今枝由郎，首先于1979年在《匈牙利东方学报》发表敦煌P. T. 1291号《战国策》研究，实为先导。

说，以及在占卜技术中运用五行学说是很自然的事。兹事体大，当另文研究之。

（三）八卦的由来

八卦，在藏语中称为spar kha或spar kha brgyad，就是汉语的译音，后面再加一个解释性的“八”字。[1] 这八卦所代表的八种事物和符号，都分别译为藏语：[2]

卦名	乾 khan	坤 khon	震 zin	艮 gin	离 li	坎 kham	兑 dwa	巽 zon
释义	天 gnam	地 sa	雷 gnam lcags	山 ri	火 me	水 chu	泽 mtshevu	风 rlung

八卦，在《周易》之中的八种基本图形符号，用“爻”来组成。爻的“—”称为阳爻，爻的“- -”称为阴爻，以六爻组成一卦。古人把它看成阐明事物变化原理的枢要。唐人修《周易正义》时，开头便说：“夫易者，变化之总名，改换之殊称。”所以，把它总综为“动”和“变”两大类的哲学观念，用来说明社会一切制度、仪文、器服，一切君臣、父子、夫妇之伦理，一切亲尊长幼之秩序的变化与不变。古人把八卦的发明权归于伏羲，也有人认为是图画文字的起源，也有人归结于结绳记事或数字的起源。《史记》太史公自序里说得明白：“昔西伯拘羑里，演《周易》。”这一说法大致可信。人们都习惯于认为八卦是代表了周人文化的，尽管它也吸收了殷人占卜文化的成分。由于孔子十分喜爱《周易》，一生都在研究《周易》，写过10篇文字作为原书的辅翼，所以称为《十翼》，名气更大了。

藏人的先民（姜/羌）跟周人（姬姓）有过密切关系，接触到八卦也是很自然的事。我们不妨比较一下，八卦的古音跟译成

① 《藏汉大辞典》，第1655页。

② 乾隆本《五体清文鉴》，是清乾隆时编成雕版印刷的一部满、汉、藏、蒙、维吾尔5种文字对照的词汇集，是一件非常了不起的工程。1956年据宫内藏本，由民族出版社影印，重新精装形式出版。此处所列均出自该书。

藏语之间是否接近或吻合，来考察传入藏区的时代，见下表：①

注音＼八卦	乾	坤	震	艮	离	坎	兑	巽
现代汉语	Qian	Kun	Zhen	Gen	Li	Kan	Dui	Xun
中古汉语	渠焉切 gǐɛn	若昆切 k‘uən	章刃切 tɕ‘ǐěn	古恨切 kən	丑知切 tɕ‘ǐe	苦感切 k‘ɒm	杜外切 duai	苏困切 suən
上古汉语	群元 gǐan	溪文 k‘uən	章文 tɕǐən	见文 kən	透歌 t‘ǐɑ	溪谈 k‘ɑm	定月 duāt	心元 suan

以上可以发现，藏语的译音非常接近上古汉语的音读。是否可以说“八卦”进入藏区早于隋唐？再看 ba gua（八卦）二字：

中古汉语	pæt kwai
上古汉语	pĕt kue
藏语译音	spar kha

其中“八”字韵尾 -t ~ -r 的转换，也是语言学界公认为中古汉语以前的事。

（四）汉藏古代哲学思想的交流

在藏文史书中，史学家不惮其烦地指出阴阳五行学说自汉地传入后，运用在历法和医学方面的事实。蔡巴·贡噶多吉在其所著《红史》、第五世达赖喇嘛阿旺罗桑嘉措所著《西藏王臣记》、土观·罗桑却吉尼玛在其所著《宗派源流晶镜史》，以及《五部遗教》中均有记述，已具引于上文，此不赘言。

① 中古汉语据《广韵》，古代汉语据《说文》、《诗经》。悉依郭锡良：《汉字古音手册》，北京大学出版社，1986 年。

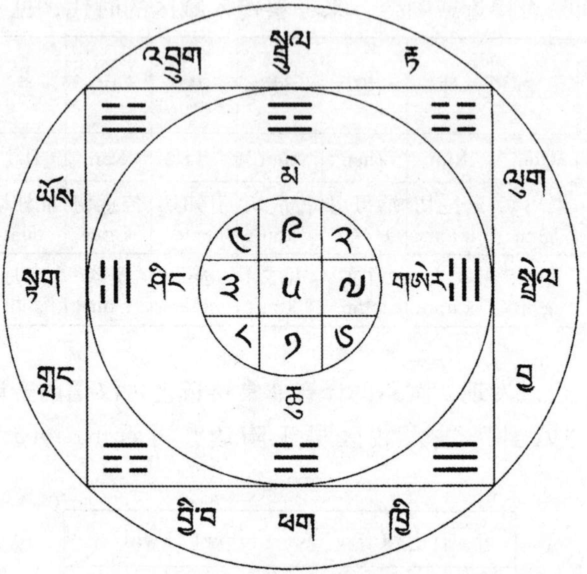

上图是藏区人们经常佩戴的护身铜镜［示意图］：内圆中9个藏式数字1—9，排成一个“三三幻方”，即上、下、左、右、斜、直，其总和都是15。藏人称之为pho brang dgu gling，即“九宫”。中圆即五行、五方，上南、下北、左东、右西，中间的༥，既是数码字代表5，又与藏文“土”（sa）写法一致，一举双用，即五行、五方相配，东木、西金、南火、北水、中土。方格内是八卦，分布顺序与汉地同。外圆是十二生肖，均为图像，今改成文字，取其意而已。

那么，这一小小铜镜所记，正是阴阳、五行、九宫、八卦等内容。于此可见，汉藏人民的思想交流，由来久矣！①

---

① 夏鼐先生在《元安西王府址和阿拉伯数码幻方》中指出：“幻方是数学中组合分析的一支，但是因为它有神秘色彩，宗教迷信后加以利用。”并举出现代埃及人用幻方催生或诅咒，印度人以幻方作护身符，伊斯兰世界相信幻方具有保护生命和医治疾病的力量。参见其专著《考古学和科技史》，第67页。

三、五姓说——阴阳五行在藏族中的具体运用之一例

阴阳五行的学说传入藏区以后，又有新的发展，人们把它应用到实际生活中去。例如，居住在河西一带的藏族，采用了与当地汉族相同的汉姓，而且以阴阳五行来规范姓氏的属性，这样来应用在婚姻、住宅和占卜等方面，叫做“五姓说”。日本京都大学学者高田时雄发表过一篇甚为著名的论文《五姓说在敦煌藏族》，文中说：

> 归义军时期（9 世纪后半叶和 10 世纪）的敦煌，继吐蕃统治时期之后，仍然居住着相当多的藏族人。他们继续使用藏语藏文，基本上保持了自己的民族特点。但是，随着时间的推移，他们逐渐接受了汉族的习俗，在日常生活的各方面采用汉族的作法，这是容易想象到的。五姓说是流行于古代汉族民间的一种迷信说法，敦煌文书中普遍看到它盛行的光景。这个说法本来只是具有汉族姓氏的人使用，才能发挥它的用处，而敦煌藏族却采用了这个五姓说。①

五姓是以宫、商、角、徵、羽之五音来分类姓氏，用来作为占卜基础的一种朴素原理，其起源比较古老，至少可溯源到后汉，见于王充的《论衡·诘术篇》。在《旧唐书·经籍志》下五行类著录有：《五姓宅经》二卷；《五姓塞图要诀》五卷，孙氏撰；《玄女弹五音法相冢经》一卷，胡君撰。《新唐书·艺文志》五行类有《五音地理经》十五卷等。

P. 2721 号《杂抄》是敦煌的童蒙读物，其中有“何谓五姓？宫商角徵羽。五姓作何声色，黄声宫、白声商、青声角、赤

---

① 中国敦煌吐鲁番学会编：《敦煌吐鲁番学研究论文集》，汉语大词典出版社，1990 年，第 756—767 页。

声徵、黑声羽。”在 P. 2581 号卷子《孔子备问书》中也有：“何谓五姓，宫商角徵羽，此之是也。五姓何属？角属东方木、徵属南方火、羽属北方水、宫属中央土、商属西方金，此之是也。”

藏文写卷 P. T. 127，正面 184 行，反面 77 行。其中反面第 10—28 行，是阴阳五行相生相克与五姓的关系的文字。高田时雄录出原文并译为汉字，现转抄如下：

10. // //srog myị mthun ba la/gser dang mye myị thun/
行 不 合 者 金 与 火 不 合

shịng dang mye myị thun/chu dang mye myị thun //
木 与 火 不 合 水 与 火 不 合

11. // // srog mthun ba la/ sa dang chur phrad na
行 合 者 土 与 水 配 时

mthun/ sa dang myer phrad na mthun/ sa dang shịng du phrad
合 土 与 火 配 时 合 土 与 木 配

na mthun//
时 合

12. sa dang gser du phrad na mthun/chu nyịs phrad na
土 与 金 配 时 合 两 水 配 时

mthun / mye gnyịs phrad na mthun / shịng gnyịs phrad
合 两 火 配 时 合 两 木 配

na mthun//
时 合

13. ser gnyịs phrad na myị mthun/ mye dang gser myị
两 金 配 时 不 合 火 与 金 不

[m] thun/ shịng dang gser myị mthun/ chu dang gser mthun/
合 木 与 金 不 合 水 与 金 合

chu dang shịng
水 与 木

14. mthun// //
合

15. //myịvi rus pa dgu yịm gang la gtogs pavị mdo//
人 姓 归 属 五 音 经

16. //kung zhes bgyị ba nị//savi srog ste// //pham/bam
称 做 宫 者 土 行 □ 氾

/kag/am/ zhịm/ vgyam/ lịvu/ cịng/zung/
□ □ 任 严 刘(柳) 郑 宋

17. kwan/sun/pyan/vgyovu/yevu/kung/phyam/khug/yun/
□ 孙 □ 牛 要 宫 □ 曲 □

levu/khyevu/shav/dzevu/byen/phyen/khung/gung/vdị tsam
牢 仇 沙 □ □ □ 孔 □ 此 等

18. nị sa la gtogs pa lags/
即 属 于 土 者 也

19. //sho zhes bgyị ba nị/gser gyị srog te// //cang/
称 做 商 者 金 行 张

wang/lyong/tho/yong/sag/sho/hav/hyevi/su/dza/vgu/thevu/
王 梁 唐 阳 索 常 何 □ □ 左 □ □

20. do/khang/cog/zo/hwa/grav/le hu/khyị/dzo/shịg/an/
屠 康 □ 桑 □ □ 令 狐 庆 蒋 石 安

lu/vbye/vbyevu/hag/ceg/phovu/phu/la/she/hong/gye /
庐 □ □ 郝 藉 □ 傅 □ 仕 向 荆

21. vbav/lwevị/phren/duv/huv/tovu/te/vbyovu/hig/lyo/rusv
□ □ □ □ □ □ □ □ □ □ 此

dị nị gser la gtogs lags//
姓 即 属 于 金 者也

22. // //kog zhes bgyị ba nị/srog shịng lags ste// //
称 做 角 者 木 行 也

lung/jeg/cu/thevu/ce/hevu/kyong/khung/
龙 翟 朱 窦 □ 侯 □ 寇

23. vgwen/dzevu/chevu/tsevu/lag/civu/[ ]er/kovu/thevu/dza
原 赵 巢 曹 乐 □ 寇 窦 左

/vgyevu/khyur/hwevu/shra/kyevu/rus vdị tsam nị
牛 屈 □ 沙 □ 此 等 姓 即

24. kog la gtogs pa lags /
属 于 角 者 也

25. //ywu zhes bgyị ba nị/ myes srog lags te// //
称 做 羽(sic) 者 火 行 也

lị/shị/jịn/then/ kwam/cheng/gyav/khug/ shịng / sịn/
李 史 陈 田 郭(?) 郑 贾 麹 申(?) 宁(?)

26. dwan /lag/ ị/ gevi/ thwan/ser/shovu/ha/vbye/kyịr/rus
段 □ 伊儿(?) □ 薛 □ □ □ □ 此

vdị rnams nị mye la gtogs pa legs //
等 姓 即 属 于 火 者 也

27. //[ ] ywị zhes bgyị ba nị/ srog chu la gtogs pa
称 做 羽 者 属 于 水 行

[ ]ị legs// //yị/lu/ ịr/vbav/meng/gav/byen /
也 □鲁 □马 孟 贤 □

28. hang /khyag/bye/thịvu/vbu/un/hu/lwị/zu/hivu/[ ]vị/
黄(?) □ 皮 □ 武 温 胡 □ 苏 □ □

byevu/phevi/wu/hyen/rus vdi rnam nị srog chu lags so
表 □ 巫 □ 此 等 姓 即 属 于 水 也

按 P. T. 127 号藏文写卷的正面 78—184 行是《藏医灸法》残卷，笔者在《敦煌吐蕃文献选》汉文本、藏文本分别刊出，[①]此处不予赘引。而反面的 10—28 行，即本文所举出的五姓说的部分。文中的“合”与“不合”也就是我们常说的“相生”与“相克”。所举均汉姓，有：氾、任、严、刘（柳）、郑、宋、孙、牛、曲、仇、沙、孔、张、梁、唐、阳、索、常、何、左、屠、桑、令狐、庆、蒋、石、安、庐、郝、藉、傅、向、荆、龙、翟、朱、窦、侯、原、赵、巢、曹、乐、寇、屈、史、陈、田、郭、贾、麹、申、段、伊、薛、鲁、马、孟、黄、皮、武、温、胡、苏、巫……六七十种之多。过去我们在吐蕃文书和汉文书中，常常见到在吐蕃部落里有汉姓的藏族，比如 P. 1475《寅年正月令狐宠宠卖牛契》中的令狐宠宠、P. 1475《阿骨萨部落百姓赵卿卿便麦契》中的赵卿卿、P. 1475《阿骨萨部落百姓马其邻便麦契》

① 四川民族出版社，1983 年；民族出版社，1983 年。

中的马其邻、P. 3485号题记中的王吐浑等，看来都是一些汉姓藏人，也都是采取了五姓说，逐步在姓氏上汉化了的藏人。

高田时雄在他的论文最后的结论中说：

> 五姓是汉族人特有的思想，没有姓氏的藏族是不得应用的。但是，上举的藏文五姓材料使我们断定，到了10世纪，敦煌的藏族受邻居汉族的影响而采用了这个迷信思想。我们知道，敦煌的一部分藏族人早在吐蕃时期就有采用汉姓的了。比如，9世纪初在敦煌开展了大规模的《无量寿宗要经》的抄写事业。由此，今天尚有无数的《无量寿宗要经》的抄本保存下来，附在各份抄本末尾的写经人名和校勘人名中有若干“姓汉名藏”的人，如 cang（张）stag skyes，wang（王）klu legs，sag（索）legs bzang 等等，不胜枚举。如此，他们在吐蕃时期也准备了后来采用五姓说的基础。敦煌藏族汉化的证据表现在各种资料中，但是五姓的采用可以说是最突出的一个表现。

高田氏这一见解是很有说服力的，是阴阳五行的哲学思想在藏族中具体应用的一个实例。

附录：饶宗颐先生跋语①

读王尧先生大作，受益良多，然细绎文中所论，似可作如下补充：

河图、洛书的起源，近时出土新资料，若安徽含山凌家滩的玉龟夹带钻孔之数与大圆及小圆之间，八个箭头和四隅四箭，正示周天四方、八极之象，说者咸谓即历术所肇始，证明5000年前汉人祖先已有河图、洛书与八风、八索的观念（参见《陈久金集》第98页及其他有关论文，不复刊举），王先生以为经刘歆的推衍，把河、洛与阴阳、八卦范畴统一起来，其说似较为

① 选堂先生所见甚是，容当斟改，谨致谢意。

保守。

文中引张克强绘制之九宫贵神坛图，其实王溥《唐会要》已有详细记载，敦煌写卷中大小《九宫图》有多件（如 S. 2404、276、861、95、612、1473，P. 2623、3403、3507），以九方九种颜色配星辰神宿以定方向，以占休咎，上利兴功乃为紫（位九之天一）白（位一之太一）两方（参见耿昇译:《法国学者敦煌学论文选粹》，中华书局，1993 年，第 301—311 页）。唐代其术十分盛行，濡染及于藏土，理所当然。

王文据藏文《五部遗教》证明摩诃衍入藏传授汉地医药及干支历法。余于 1964 年尝发现 S. 2672 号即为王锡《顿悟大乘正理决》之第二写本，写有《神会门下摩诃衍之入藏兼论禅门南北宗之调和问题》(载《香港大学五十周年纪念论文集》，收入《选堂集林》中册第 697—770 页，兼述摩诃衍与南诏禅灯系统)，与王锡是卷校记(此文收入台湾《大藏经补编》第 35 册，1987 年；又见上山大峻:《敦煌佛教研究》，法藏馆，1990 年；《佛学新书》第 27，新文丰出版公司，1993 年)，王君未及拙作，故为补述。

王文引吐蕃 P. T. 1291 号谓为《战国策·魏策》，沿法京今枝由郎、石泰安二氏之说，今按核实应是东晋孔衍的《春秋后语·魏语》，P. T. 1291 号与 P. 2589 号之《魏语》记载多相同。法京所藏《春秋后语》唐写卷多件，故易被翻成藏文，此事早经马明达君考出（《P. T. 1291 号敦煌藏文文书译解订误》，《敦煌学辑刊》1984 年第 2 辑），宜加改正。[①]

本文第三节的五姓说，大量采用高田时雄之论文。细溯其源，《汉书·艺文志》有《五音奇胲用兵》23 卷，说者引《左传》哀公九年，史龟云："利以伐姜，不利子商。"姓之有五音，已见于此。王符《潜夫论·卜列篇》记宅有宫商之第，在王充之前。著《五行大义》之隋人萧吉，亦有《五姓宅经》（见

① P. T. 1291 号文书据尧仔细寻绎，藏文似与《战国策》接近，而马明达君所云《春秋后语》恐系揣测之词，未敢苟同。

《通志·艺文略》)，先于吕才。高田所录藏文，如第25行“ywu称zhes做bgyi羽（sie） ba ni者”句，羽字误，应作徵。① 至于所列诸姓，有无舛错，尚待细校。此类材料甚多，宋谢维新《古今合璧事类备要》、《排韵增广事类氏族大全》(《四库全书》本）等类书及拙刊《李卫公兵要望江南》皆有五音姓氏，可资比勘。

（原载饶宗颐主编：《华学》第1辑，中山大学出版社，1995年。）

① ywu之对音为“羽”，而“称做”乃zhes一词之对译，排列之误，并非“徵”之误列。谨跋如上。

枭（sho）、博（sbag）考源

——西藏民间娱乐文化探讨

我一直有兴趣于探讨西藏的民间文化，自 1980 年以来的 15 年中，曾陆续向国际藏学研究会的同道介绍过西藏的民间戏剧（a ce lha mo，1982 年，纽约）、民间占卜（mo，khram，1985 年，慕尼黑）、马球源流（polo，1989 年，东京），摩诃葛剌崇拜（Mahākāla，1992 年，奥斯陆）。这一次，我将介绍民间娱乐，或者说是博戏娱乐。在西藏，一般娱乐有放风筝（phyi phi blod）、克郎球（ke rem）、藏棋（dmig dmag）、麻将（ma cang）等等，但流行最广的还要数枭（sho）和博（sbag）。

一、枭（sho）

枭（sho）还有一种称呼，叫做 cho lo。[①] 这两个词等义，可以互训。枭有6面，正方形，骨制而成。汉语叫骰子，每面镌有点子，从1到6，如下图。1和4用红色，2、3、5、6用黑色或蓝色。用两只枭，可排列组合21种不同的点子：

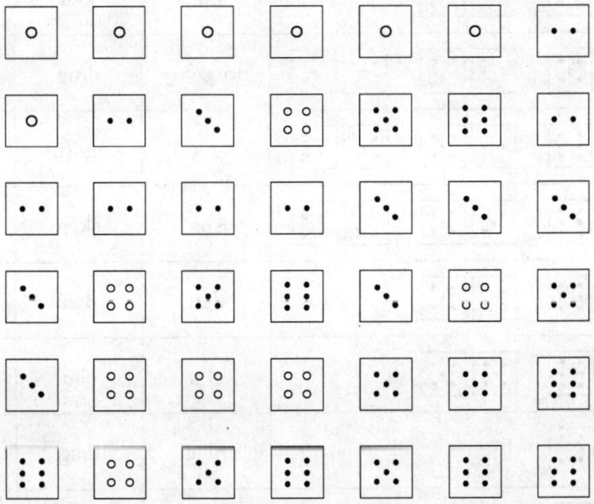

在玩枭的时候，不便于叫2点，3点，4点……直到12点。因而分别取了代号，用一个藏语发音来代替：从2到12，代号分别是 par ra、sug、……，参见下表：

---

① 在《藏汉大辞典》第823页 cho lo 条下，直接注为 sho，又解释成："rgyan bzhag nas rgyal pham rtse bavi rtsed mo zhig。骰子，下注可赌输赢之赌具。"而第2866页 sho 条下，又以 cho lo 为其异名，而注为："brtag spyad kyi sho dang rtsed spyad kyi sho。占卜或赌博用的骰子。"

枭（sho）的数目及代音符号表①

数目	可能出现的机会	代音符号（各方言）		
		拉萨	巴塘	江孜
2	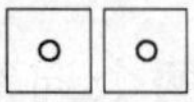	par ra	spar ar	par ra
3	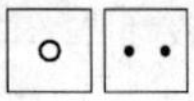	sug	sub	sgu/tsong
4		tshigs	zing	zig/tsig
5	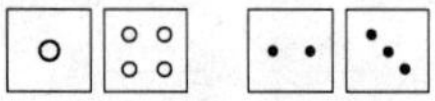	kha	kha	kha
6	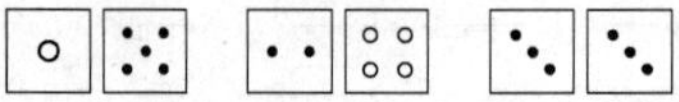	drug/lug	drug	drug
7	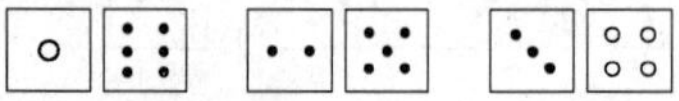	rig	tig/rig	tig
8	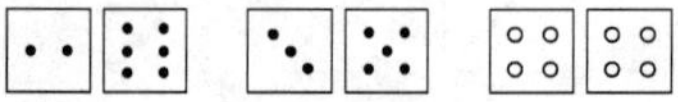	sha	skya	skya
9	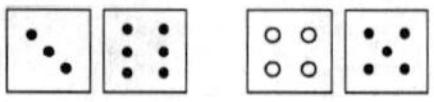	dgu	dgu	dgu
10	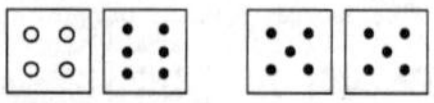	chu	chu	chu
11	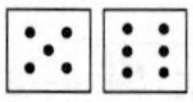	rdog	thog	thog
12	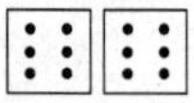	vjang	vjang	vjang

玩枭时，有二人局 nyis cho、三人局 sum cho 和四人局 bzhi cho 之分。而四人局则是二人二人配，实际上仍与二人局同。入局时，掷枭，决定名次，计数进取，顺着 2 到 12 的次序往前移动“子儿”，谓之 la rgyab（翻山越岭）。每方有几个“子儿”

① 笔者手头有拉萨、江孜、达布、昌都、牧区和巴塘等地几份 sho bshad 资料，今仅选取拉萨、巴塘和江孜三地为代表。江孜与拉萨两地特别相近，巴塘差别稍大。提供宝贵资料的友人：拉萨：格桑；江孜：穷达；巴塘：格桑居冕。谨向他们表示感谢。

入局，每掷枭一次可安放“子儿”一个或两个，掷着自己需要的好点子则可以连掷。如果一方的9个“子儿”都达到终点，叫做 la phud（越过大山了），即获胜，得彩。作为赢家，可获得全部赌注。赌注大小、多少及种类都是入局前双方商定的，不可反悔。①

为了需要好点子，所以在掷枭时，便按自己的“子儿”所处的地位而呼唤枭中出好“点子”，这就是“枭词”（sho bshad），与汉族的“呼卢喝雉”（汉族中有很多这一类的故事）相当。

sho bshad（枭词）就是用上面提到的代音符号起头的。如渴望得到2点，就呼唤 par ra，如希求3点就呼喊 sug，其他类推。而每一个代音符号后面都跟着两句或四句或更多的“歌词”。而歌词中常见许多有趣味的东西：讽刺的、幽默的、调笑的，也有带有历史的、地方的故事情节。当玩枭者手抓骰子摇动，闭上双眼，口中喃喃念叨时，观者都很紧张，屏息期待，而那沉重而带有感情的歌词就一句一句印入人们脑子和注意之中。蓦地一掷，随着骰子转动，呼声顿起，一片盈耳的欢笑叫骂，在烟草味、茶炊味、汗水味中混合散发。

玩枭的代价有时很惨重。在藏族传记文学作品《米拉日巴传》中，便有一段叙述米拉日巴的祖父米拉多杰森格（mi la rdo rje seng ge）由于性耽赌博 sho 而倾家荡产，被迫离乡的故事：②

> 却说，米拉多杰森格生性极为喜欢掷骰子赌博，而且精于赌技，每掷辄胜。有一年，有个精通赌骰子技巧的江湖上的大骗子，来到迥巴吉村。此人不仅仅是掷骰子的能手，而且家族中健壮男丁众多，人强马壮。此人为了摸清米拉多杰森格的赌技底细，[在开赌时] 故意

① 这一方面技术和规则，是格桑居冕教授教会我如何玩的。

② 据青海人民出版社藏文版第1品第16—17页译出。

下点小注子，闹着玩。很快就知晓了他的赌技的底蕴。次日，此人故作姿态，略施小技，赢了米拉多杰森格。当然，米拉多杰森格不肯服输，说："明天再来翻本！"骗子说"可以！"下一日，于是下了比以前更大的注子。一掷，米拉多杰森格获胜得彩。接着，又连掷三盘。那骗子故意装傻，连掷连输。最后，大骗子说："我也要［明日］翻本！"米拉多杰森格自然应诺："可以！"二人约定，以土地、房屋和财物（包括牲畜）作为赌注，不折不扣，并且立下保证文书，一决高下。［次日］，骰子一掷，米拉多杰森格哪里是对手！全盘输得精光。于是房屋、土地、财物，眼睁睁地被对方男丁健壮大汉一一点收。米拉（多杰森格和多顿森格）父子二人，只好乖乖地离开家园，流浪他乡。

从这段文字的记述可以看出几件事：（1）至少在米拉日巴（1040—1123年）的祖父时代，应该是公元10世纪末、11世纪初，在西藏已流行了掷骰子的赌博，并称之为枭（sho）。(2)掷骰子的赌博有时输赢很大，甚至可以倾家荡产。而精于此道者，可以用赌技来行骗发财。社会上不予谴责，而予默认。(3)赌博的背后还依靠着"男丁众多，人强马壮"的势力。也就是某种程度上以黑道力量来配合，与后来的赌局与黑帮相结合颇为相近。

关于枭，不仅有文字记载还有考古实物为证。在新疆婼羌（nob chung）地区出土的吐蕃时期古堡文物中，便居然有一枚骰子，形制与现代的骰子全同。[①] 这证明公元9世纪以前，在吐蕃军旅（驻扎在西域一线）中也有玩枭的习俗。用枭来占卜，已是不争的事实。就是在敦煌吐蕃文献中也有记载，P. T. 1046号写卷残存42行，即是用四面骰子占卦的卜辞。[②]

① 《新疆考古工作三十年》第169—185页："1973年对米兰（myi rang）古堡发掘，清理出大量吐蕃木简……博戏用的骰子和卜骨等等。"文物出版社，1983年。

② 参见拙作：《吐蕃时期的占卜研究——敦煌藏文写卷译释》，香港中文大学出版社，1987年。

二、博（sbag）

把21种不同的点子合在一张张骨制的牌上，就成为博（sbag）的基础——“牌”了。所以，藏语中把sho和sbag常常连在一起来说。而博的组成也就是利用这21种牌再分成两类，第一类11种，叫rgya，每种4张（11×4=44）；第二类10种叫sog，每种2张（10×2=20），rgya、sog合在一起共64张，就是全副博具。枭和博的关系是非常紧密的。

博是四人对局，64张牌平均分到四人手中，64张牌先分作两类rgya和sog（即汉人和蒙古人，也有方言称为bod和rgya即藏人和汉人）。用掷骰子的办法决定每一局牌中的cing（将，相当于王牌）。如果两只骰子掷出来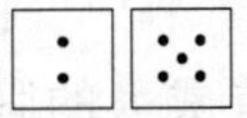，那么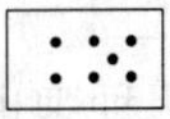就是将，而且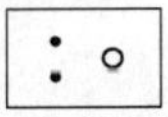和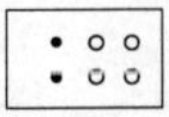配在一起是天然的“将”，又称“皇帝”，是无敌的大牌、胜牌。

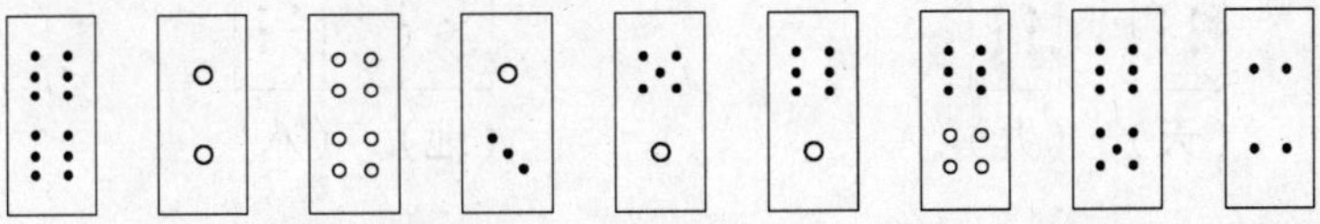

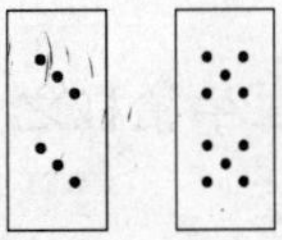以上这11种称为rgya（汉人）的每种4张，其地位高下的顺序如上图，而其中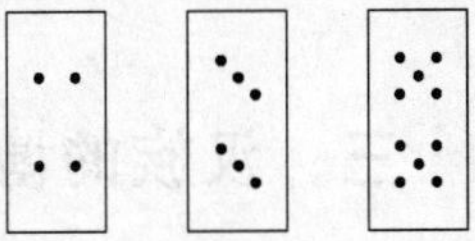是同一个等级；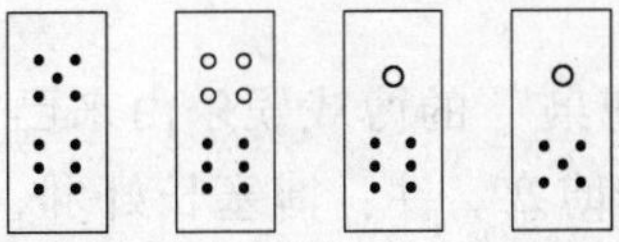是同一等级。

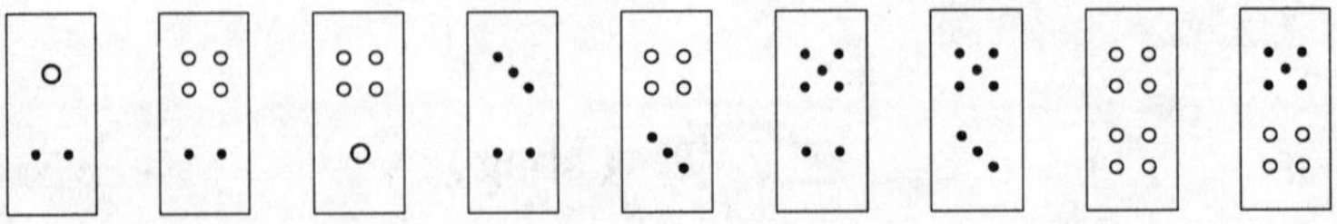

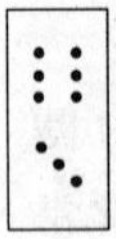这10种称之为sog（蒙古人）的每种2张，以自身的点子决定高下、大小。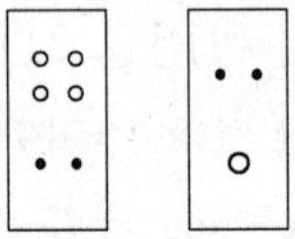除外，它们是天生的“将”牌，是无敌的。在四人对局时，出牌比大小。如保住16张牌是个基数。愈多愈好，通吃，大获全胜则是胜利者。也有另外的大牌：

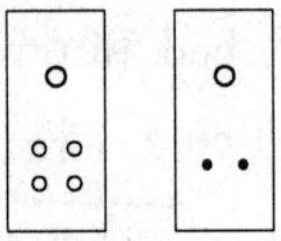 sha sdur（小斗） 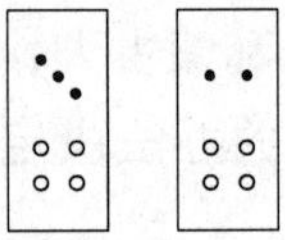 rda sdur（大斗）

两种牌也是具有威力的牌，如果它们组成这样的牌，可操胜券。

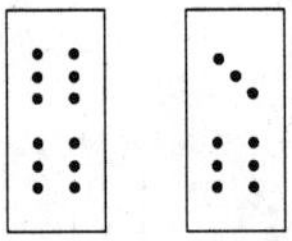
（天）（九）
称之为“天九”，

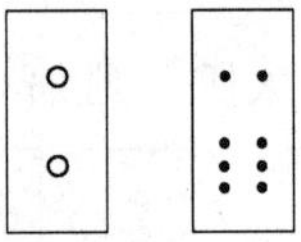
（地）（八）
称之为“地八”，是属于第一和第二两等大牌。

出牌时可以出单张、双张（叫做mdzo，大概取二牛抬杠之意思，成双成对）、三张、四张，都看手中的牌势而定。

三、汉族的博戏娱乐

汉族中，在民间从事“博塞”、“博枭”的博戏娱乐由来已久。《管子·四时》即载：“一政曰禁博塞。注：博塞长奸邪，故禁之。”《论语·阳货》也说：“不有博弈者乎？皇疏：博者，十二棋而掷采者也。"《史记·魏公子无忌列传》载:"公子与魏王博。"

唐代刘禹锡（772—842 年）则撰有《观博文》："客有博戏自任者，速余观焉。初，主人执握槊之器置于庶下，……次有博齿，齿异于古之齿，其制用骨，觚棱四均，镂以朱墨，耦而合数……"看来，这博齿、博具正是骰子，与今天所见者同。杜甫（721—770 年）的《今夕行》之诗，也道出了民间博塞之盛：

今夕何夕岁云徂，更长烛明不可孤。
咸阳客舍一事无，相与博塞为欢娱。
凭陵大叫呼五白，袒跣不肯成枭卢。
英雄有时当如此，邂逅岂即非良图。
君莫笑，刘毅从来布衣愿，家无儋石输百万。

同为唐人的李翱（772—891 年）撰《五木经》，解释"博枭"的"行话"，"雉为二，枭为六，卢为四"。宋人张端义（1179—？年）的《贵耳集》（1246 年成书）中也说："市井呼卢。卢，四也。"

那时，在汉地骰子的博戏娱乐已很普遍，其中便有一段很感人的掷骰子的故事。据《新五代史·梁家人传》载：

广王全昱，太祖即位封。……太祖宴居宫中，与王饮博。全昱酒酣，取骰子击盆而迸之，呼太祖曰："朱三，尔砀山一百姓，遭逢天子用汝为四镇节度使，于汝何负？而灭他唐家三百年社稷，吾将见汝赤其族矣，安用博为！"太祖不悦，罢会。

更有因骰子而引出的荒唐事。《新五代史·吴越世家》载，"越州董昌反。昌素愚，不能决事，临民讼，以骰子掷之，而胜者为直。"竟然视法律为儿戏。而《辽史·耶律俨传》的记载更令人瞠目："帝晚年倦勤，用人不能自择，令各掷骰子，以采胜者官之。俨尝得胜采，上曰：上相之征也。迁知枢密院事。"没想到，掷骰子能掷出个宰相来！掷骰子之盛行，由此可见一斑。

关于骰子中用红（绯）的来历，见载于《西墅记谭》："明皇与杨妃彩戏，将北，唯重四可解，连叱之，果重。上悦，顾高力士令赐绯之，遂不易。”

骰子和 21 似乎很有“缘”。宋人陶谷（903—970 年）的《清异录》说：“博徒隐语，以骰子为惺惺二十一。”这是有道理的，因为6 面点子，从1 到6，加起来：1 +2 +3 +4 +5 +6 =21，其总和正是此数。而且，两张骰子配成的牌，加在一起也正是 21 种。难怪，对于 21 这个由 3 跟 7 两个质数相乘的数目有神秘感。

四、博、枭二词藏汉语对比

博（sbag）在汉语中：

（古）帮铎 pak，（广韵）补各切 pak。

枭（sho）在汉语中：

（古）见宵 kiau，（广韵）古尧切 kieu。①

博（sbag）在藏语中的 21 种名称，都可与汉语对应：

rgya 类	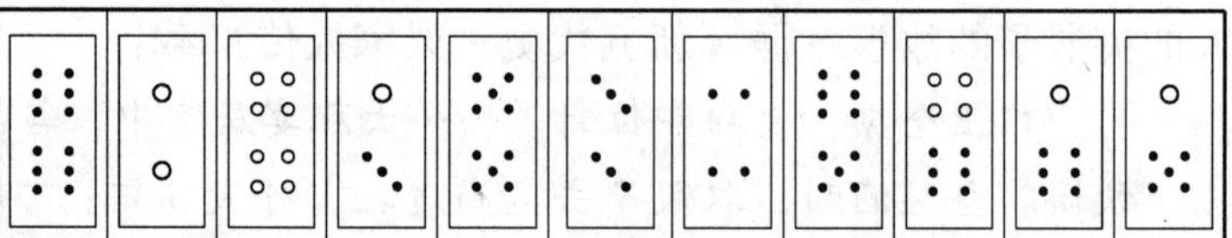										
藏音	thin	di	ren	wa	dawu	phran san	grog rtse	hu thog	si lug	phag pa	khyi
汉意	天	地	人	和	大五	长三	桌子	虎头	四六	猪*	狗*

*猪，巴塘方言又作“幺六”，与汉语全同；狗，巴塘方言又作 rna long，“大耳坠”，取其形似。②

① 郭锡良：《汉字古音手册》，北京大学出版社，1986 年，第 24、165 页。我颇怀疑 sho 与汉字“爻”有某种联系，按“爻”（古）匣宵 ɣeau，（广）胡茅切，匣肴，开二平效 ɣau，似可与 sho 藏语巴塘方言相应。请治语言学者指教。

② 引自格桑居冕教授提供的手写资料。

sog 类	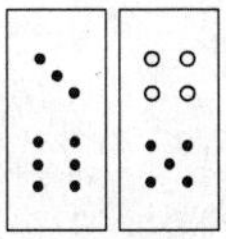	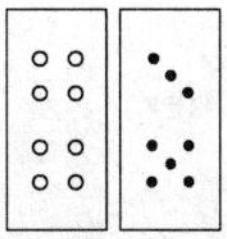	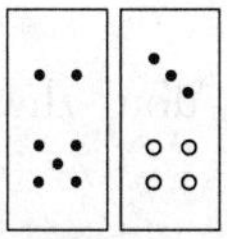	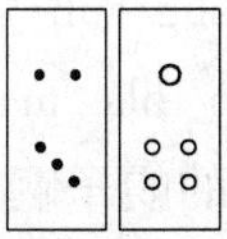	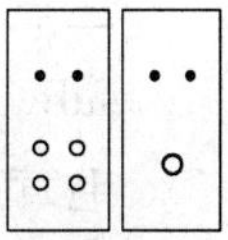
藏音	rjiu	pav	tshivi	wuvu	ma
汉意	九	八	七	五	马

五、枭词举隅

两点： par ra

par ra dpal vbar bkra shis red/

“两点” 吉祥骰子，

gyag mkhan mam rgyal vphrin las red/

由“南阶赤列”掷下的啊！

pa sangs bu khrid glu gtong/

巴桑布赤①请唱歌，

glu med na bro vkhrab/

不会唱歌跳个舞！

pa sangs shing la vdzegs rgyu byung na/

为了爬上如意宝树，

gos chen lpags tshags ral yang ral/

缎袍皮袄啊，撕就撕吧！

par ravi bu mo mig dmar ma/

“两点” 红眼为姑娘，

bu nga la skal ma gcod a/

可别让我小伙子倒运啊！

① 女孩的通名。

三点：sug/sub

sub sub bla mavi dbu zhwa de/

毛茸茸的帽子啊！

rje mi la ras pavi dbu zhwa red/

那兰圣者“米拉日巴”的帽子。

rtsa rab dge bshes rtas dbyugs/

格西从马上摔下来了，

rta bab mi dgos khe bzang red/

不用下马讨个巧了。

sdig can dom gyi lpags pa de/

罪过罪过熊皮子，

vgro yar vdren bla mavi dbu la yod do/

却戴到救世的喇嘛头上了。

tsog tsog tsog par bsdod pa las/

与其闷着头干坐着，

nor med na byang stong vgrim pa dgav/

不如到北方羌塘走一圈。

sug sug sug/

苏（三）！苏（三）！苏（三）！

四点：zi/zig/zing

pho zi ril tshva la song ba de/

男人出去驮盐巴，

de yang de ring vkhor byung/

今天已经回来了；

mo zi ril tshong la song ba de/

女人出门做生意，

de yang de ring vkhor byung/

今天已经回来了；

shar ma smin drug rgya la song/

六女昴宿星到汉地去，
de yang de ring vkhor byung/
今天已经回来了；
grong pavi a pha phyogs la song/
邻家老汉出远门，
de yang de ring vkhor byung/
今天已经回来了。
zig zig zig/
瞧（四）！瞧（四）！瞧（四）！
zing pa mang po zing myong/
各种威风都摆过，
dpav rgya tsha vdra li zing ma myong/
没有像英雄贾察[1]那样威风过。
seng phrug rgya nag skad red/
汉地狮子狗的叫声，
rgya khyi mig dmar kyi skad red/
是汉地红眼狗的叫声。
ser sha spang la skyes pa/
蘑菇长在草坝上，
spangs kyi tshil lu ma red/
那不是草坪的肥肉啊！

五点：kha
kha sur pa travi mngar cang cang/
市场上的枣子甜蜜蜜，
mi khavi am cog skyur cus cus/
众人口碑是酸溜溜的啊！
khams pa gcig dang grogs po byas/

---

① 《格萨尔王传》中的英雄人物。

跟一个康巴汉子交了朋友，
ming la a rogs khyi rogs btags/
就被人叫做“阿哥”、“狗哥哥”。
kha sha btsos nas slo ma gang/
羊肉煮熟了一大筐，
da dung btsos rgyu slo ma gang/
还有一筐未下锅。
khams bzang po bla mavi bkav drin yin/
身体健康是喇嘛的恩典，
na tsha rnying pa nga ravi rgyud dag yin/
“老毛病”是自己带来的。
kha bde po ja pavi tshong pa vdra byung/
伶牙俐齿像个茶馆娘子，
lus ma dal lha vdrevi gyog po vdra yung/
来回走个不停像个神鬼的差人。

六点：drug/lug
vbrug pa kun legs phebs kyis/
珠巴衮雷[①]来了，
shig la mdev rkyang vthen gyis/
对准虱子拉开了箭。
vbrug lung lung pa chus vkyer song/
不丹地方被水冲了，
ldem zam pa ldem sar ldem song/
摇晃藤桥摇到头了。
lug thug ma gsod rang gsod red/
公山羊非杀不可了，
dpon spra chen gsol tshigs rdzogs li red/

① 不丹的游吟诗人。

老爷扎钦[1]把菜肴吃光了。

vbrug ris gos chem ljang nag ma/

龙团花缎绿梗梗，

shya lo lnga lo sus bstan/

谁还来看白的、五花的！

drug drug rgod kyi zer lugs yin/

秃鹫鹰“啄啄”地叫唤，

vgod mi sha za dus drug drug zer/

那是它在吃人肉呢。

grub pa vgro don ma shes pavi/

修行人自己不懂超度生灵事，

brda ruvi gsum bkyug zhog rogs/

你把那三角小鼓放下吧！

七点：ri/ting/rig

ri mthon povi rtse nas bltas tsa nu/

从高高山顶往下看，

spang me long gser gri gzhong pa vdra/

一片草坪如意赛金盆。

ri mtho sgang la smug pa vkhrigs/

山顶升起浓雾了，

a nevi dgon par jag gtor byed/

尼姑庵里遭强盗。

rig vdzin tshangs dbyangs rgya mtsho/

仁增仓央嘉措[2]，

vchal po rgyugs pa ma gsung/

别说他去幽会了。

---

① 藏戏《囊萨姑娘》中的人物。

② 六世达赖喇嘛。

rang la dgos pavi yod tshad/
自己所需要的一切，
mi la dgos gi yod vgro/
人家也同样需要的。
tig gcig vkhur byas skyogs gcig brdungs/
背负锅子敲铜勺，
bu nga la tig vkhur skyogs brdung zer/
我小伙名叫背锅敲勺人。
ting ting zangs kyi skad red/
“叮叮”是铜勺的声音，
dbyangs can lha movi gsung red/
是妙音天女的声音。

八点：sha
sha khu zhim po khyi la ster/
鲜美肉汤喂了狗，
khyi rgan rgyags pa de nas byung/
从而才有大肥狗。
sha ra ra sha ra ra/
夏若若，夏若若。
a brgyad sha brgyad sha pho brgyad/
八是八个男子汉，
sha pho brgyad la ri chu brgyad/
八条江河八座山，
chu kha ma na nya mo brgyad/
八条河是八条鱼，
nya mo brgyad la gser shog brgyad/
八条金鱼金色闪。
sha sha/
嗄（八）！嗄（八）！

sha ba byang thang gzhung la yad/
北方羌塘才有鹿，
ri bon po tavi gseb la yod/
兔子在布达拉山上也找着。
sha spag la za res red/
肉配上糌粑吃的，
ja chang la vthung res red/
茶配上酒喝的。
stag shar brgyad la skra skor brgyad/
八条大汉八盘发辫，
dman bu mo brgyad la gyas dung brgyad/
八位姑娘八只右旋海螺。

九点： sgug/dgu
sgug dang sgug dang nga sgug dang/
说吧说吧，对我说！
sde med thang la mnyam vgro byas/
跟我一起去荒原。
sgur tsam sgur tsam vgro stangs de/
弯腰曲背的姿势，
a pha gcod kyi vgro stangs yin/
是老汉行路困难啊！
dgon pa ya gi mtho ba la/
那座寺庙好高啊！
ka ba med pavi ya mtshan la/
没有柱子多奇妙！
dgu gsum la skar ma blta mi dgos/
三九天气别数星星，
de ring skar ma kun bzang red/
今日是福星高照哩！

sgur ru ru sgur ru ru/

咕噜噜，咕噜噜。

rgas po la la vgro dus sgur ru ru/

老汉爬山弯着腰，

rgas mo klung la vgro dus sgur ru ru/

老婆子走道弯着腰，

phru gu me tog btog dus sgur ru ru/

小伙子摘花弯着腰，

dgu dgu dgu/

古（九）！古（九）！古（九）！

dgon pa skyid pa se brag g·yav lung na/

寺庙清静数“雅砻”，

bla ma bang po shakya rgyal mtshan bzhugs/

喇嘛有德数释迦坚参[①]。

十点： chu

chu pa dkar po shon mkhan a ma red/

白大氅外套是老妈妈让穿的，

ming la dge vdun btags mkham a ma red/

名叫“格顿”是老妈妈给取的。

chu mo chen po yul gyi rgyan/

大河大水，是地方的美景点缀，

me tog ce mo spang gi rgyun/

大花大朵，是草坪的装饰。

phyug po chen po yul gyi gshed ma red/

大财主是地方的杀手，

mu ge byung na ltogs shad sngon la rgyag/

灾荒临头先叫饥饿！

① 《囊萨姑娘》中的人物。

chu gsum mdovi grwa pa byas pa las/
与其做三河口的小“扎巴”①，
dgav sgang gi mag par phyin pa dgav/
不如做“甘岗”家的上门女婿！
chu ris shig shig ngang pavi sgro/
花花草草蓝天鹅的羽毛，
de las mdzes pa rma byavi sgro/
孔雀的翎毛更漂亮。
dbyar chu dbyar gyi chu red/
夏水是夏天的水，
dgun chu dgun gyi chu red/
冬水是冬天的水，
tsha ba rong gi chu red/
这是“察瓦绒”地方的水啊！
phyug po ping ping gi wa zhwa de/
富人顶着狐皮帽，
pha rgas dus bu la vjog le red/
年老了，留给儿子戴的！
chu chu chu/
曲（十）！曲（十）！曲（十）！

十一点：thog/rdog

thog rgyab na thevu rang go la rgyab/
霹雷请往“梯乌朗”② 上打，
klad pa rdza gu gnam la mchod/
颅器陶盆往天上供养，
[mi nga la thog mdevu gi zhag pa ma red/]

① 沙弥。
② 地仙桃朗，一种土地小神。

可别往我头上落一粒！
mthon po gangs stod vgrim pa la/
往雪山高处去云游，
srog chags gzhan la skrag mi dgos/
任何牲畜都不怕！
thog chen po thad kar ma brgyab na/
大霹雷如不直接往下打，
dngul rin chen mi la shor vgro da/
银子、宝贝可要落到别人手！
pha thog dgav ba rgyal ba byams pa/
男子汉喜欢男神强巴，
ma thog dgav ba g·yul rgyal sgron ma/
女子喜欢“玉杰卓玛”，
devi phru gu vbum pa khra ril/
他们的孩子喜欢花花的宝塔，
thog thog thog/
脱（十一）！脱（十一）！脱（十一）！
mtho mtho gsum gyis bya ra khug/
高高三下，替我守着，
dmav dmav gsum gyis bya ra khug/
低低三下，替我看着。
tho gevi ri nag mthon po khug/
一直带往黑山上，
rkang thang rku mas rgyab nas khug/
赤脚小贼偷了去。
thog thog thog/
脱（十一）！脱（十一）！脱（十一）！

十二点： vjang
cang mo bcu gnyis lug vtsho yag/
姑娘十二就放羊，
lug vtsho rogs dgos na a phas byed/
放羊的伴儿是老汉。
ca mo ca mo ca mo/
甲木！甲木！甲木！
cang mo lcam red/
姑娘：太太！
gzhu mo gzhu red/
弯弓，是弓！
khra chung mig red/
小花，是眼！
gangs dkar sems red/
白雪，是心！
vjang las chu shur skyid pa/
“曲水”比“姜”地舒服，
spag las mo mos zhim pa/
“包子”比“糌粑”好吃。
vjam dpal long shog/
吉祥文殊来吧！
tshogs phor vkhyog shog/
大点子来吧！
vjang pha givi mi de skug pa red/
“姜”地人们傻乎乎，
wa movi gzhu gur gla rtsivi dri ma kha gis/
狐皮箭套带着麝香味儿。
vjang sa tham rgyal mthong tsa na/

"姜"地萨当土王[1]一见到,
bdud a chun byis pa lo brgyad vdra/
我这小伙成了"八岁的小儿"了。

(原载《中国藏学》1996 年第 2 期。)

① 南诏王。

马球（Polo）新证

马球，一直被西方人士誉为“游戏之王” “王者之戏”（game’s king and king’s game），其来源甚古。一度风靡欧亚两洲，无远弗届。至今在中亚一带，特别在巴基斯坦的巴尔提斯坦（Baltistan）地区及印度拉达克（Ladakh）地区仍是人们喜爱的体育项目。①

一、马球的起源及传播

关于马球的起源问题，学者有不同的意见：一种意见认为马球发源于吐蕃，是吐蕃人的创造。不妨叫做“吐蕃说”。最早提出这一说法的是美籍德国学者劳费尔（B. Laufer，1874—1934）。他在1916年发表于《通报》上的长篇论文《藏语中的借词研究》中，说得颇为中肯。他说：

我们（英语中）的最有意思的藏语借词是polo，

① 乌尔舒拉·萨迦斯托尔夫人（Mrs. Ursula Sagaster）：Die Baltis，法兰克福，1989年，第142—154页。

马球戏。《本世纪辞典》(The Century Dictionary) 和《大英百科辞典》(Encyclopaedia Britannica) 卷 22 都认为它出自藏语。《本世纪辞典》还援引到巴尔提(居住在巴基斯坦境内的巴尔提藏语区,即所谓西部藏语区——引者)语词 polo。叶斯开将此词写为 bolo,而我们确知的拉达克藏语的形式却是 polo。

他在这一条末尾表示:“我希望有一天能发表一篇有关这种球戏的详细的历史的研究文章。”可惜,生活的波折过早地结束了他才华横溢的生命。否则,我们在研究这一问题时将会是另外一种局面了。晚近阴法鲁教授和应琳教授基本上都是同意这一意见的。① 韩国磐教授在他的一篇专论《唐朝时汉族和少数民族的经济文化交流》中,说了带有倾向性的话,他说:“吐蕃人喜欢打球,……当时汉人球艺系从吐蕃学来,至少也是汉人学打球的对象之一。……所以,不仅仅汉人文化大量输入吐蕃,吐蕃的文化艺术对汉人也很有帮助。”②

笔者也认为马球最早是起源于吐蕃,逐步西传到达中亚乃至欧陆。这从藏语最早的一本词汇集,即公元 8—9 世纪之间成书的《翻译名义大集》(Mahāvyutpatti, bye brag tu rtog pa chen po)中所载的 po lon(囊线团)一词,可以确认。同时,还可以从《新唐书·吐蕃传》所载的一件有趣而有力的材料中得到证明:

> 显庆三年,[吐蕃赞普]献金盎、金颇罗等,复请婚。

这里所谓金颇罗,就是金球,颇罗只能是藏语 polo 的译音,不是其他。

另一种意见认为马球发源于波斯,可以叫做“波斯说”。以向达(觉明)教授为代表。他在一篇名为《长安打球小考》的

---

① 阴法鲁:《唐代西藏马球戏传入长安》,《历史研究》1959 年第 6 期。应琳:《英语中的藏语借词》,《民族语文》1981 年第 2 期。

② 韩国磐:《隋唐五代史论集》,三联书店,1979 年,第 412 页。

著名论文中说：

> 波罗球（polo）为一种马上打球之戏。发源于波斯，其后西行传至君士坦丁堡，东来传至土耳其斯坦。由土耳其斯坦传入中国西藏、印度诸地。日本、高丽皆有此戏，则又得自中国也。①

罗香林基本沿袭这一论述。② 晚近，研究中西交通史和世界史的学者岑仲勉、刘子健二教授也持同一观点。③ 但没有多少说服力。主要因为这几位教授沿袭了传统的观点，没有提出任何有力的证据。

以上两说，有共同之处，即马球是顺着丝绸之路东西传布的，所不同者是源之点，可以概括为：路线相同，方向相反。吐蕃人球艺的高超在当时确是闻名的，这一点也有记载。马球作为一种体育活动在唐和西蕃（吐蕃）受到普遍重视，朝野上下竞相趋之。封演在他的《封氏闻见记》卷 6 打球条中记载：

> 太宗尝御安福门，谓侍臣曰："闻西蕃人好为打球，比亦令习，曾一度观之。昨升仙楼有群蕃街里打球，欲令朕见。此蕃疑朕爱此，骋为之。以此思量，帝王举动岂宜容易，朕已焚此球以自诫。"

看来，焚球并未戒球，禁止一种体育活动并非那么容易，尤其当它带有群众性的时候。我们不妨再看看封演在同一书中的另一段记载：

> 景云中，吐蕃遣使迎金城公主，中宗于梨园亭子赐观打球。吐蕃赞咄奏言："臣部曲有善球者，请与汉敌。"上令仗内试之，决数都，吐蕃皆胜。时玄宗为临

---

① 向达：《长安打球小考》，载《唐代长安与西域文明》，原载《燕京学报》专号之二，1933 年。

② 罗香林：《唐代波罗球戏考》，载《唐代文化史研究》，商务印书馆，1946 年。

③ 岑仲勉：《隋唐史》下册，中华书局，1980 年，第 675 页。岑氏且谓"颇罗球"乃古伊朗文 Vareta 的音译。因中古汉语无轻唇音，故变如 Pareá，云云。存此一说。刘子健：《南宋中叶马球衰落和文化的变迁》，《历史研究》1980 年第 2 期。

淄王，中宗又令与嗣虢王邕、驸马杨慎交、武延秀等四人敌吐蕃十人。玄宗东西驱突，风回电激，所向无前，吐蕃功不获施。

这里真正把宫廷主队与吐蕃客队，由不同民族组成的两个球队对抗赛的情景再现了出来。至于唐玄宗球艺的水平，确实是第一流的国手，从做王子直到位居九五，始终耽乐于马球之戏。宋人晁无咎在若干年后，还就此事写了一首诗：

宫殿千门白昼开，三郎沉醉打球回。

九龄已老韩休死，明日应无谏疏来。

二、唐玄宗击球画卷简介

中国历史博物馆藏李龙眠白描画卷《唐玄宗击球图》，是关于唐代马球之戏的最重要的记录。原为海虞项氏家中收藏，后入内府，今归中国国家博物馆。画前有中书金湜题款“龙瞑（眠）真迹”。画面有唐玄宗、杨贵妃、高力士等十六骑击球阵势。洪武十五年（1382 年）二月望日，吴郡傅著观画题跋有助于了解，今录如下：

古者图画之有益于人也，尚矣！绘豳风而知稼穑之艰难，貌王会而见蛮夷之率服。又若图刘向列女传，使善者有所法，恶者有所惩。载瞻载顾，是则是师。匪徒为玩好之具，遣适之资而已。海虞时彦德氏出示唐玄宗与杨贵妃击球图白描一卷，藏者以为龙眠居士所画，求余识焉。观其自玄宗贵妃下及女嫔从，以至宦者高力士之徒，凡十六骑，或驱驰抢球，或控驭监闻，布置不凡，笔法精致。而玄宗涵龙凤之姿，显天日之表，在马上俨然存南面态度。以此鉴之，此画果出于李龙眠之手，洵非庸工所能及，列之神品中可也。若夫唐有天下，休养百年，至玄宗承熙洽之运，享太平之福，政宜修己安居，求贤图治，以保守鸿业。乃纵其乐逸，耽惑女宠，昵比倿倖，而击球驰马，即斯图所绘，般乐如此，卒至于播迁迫逐，几亡社稷，要皆纵乐之所致欤?!噫！纵乐之事，非特有国者所当戒，有家者亦然。是则观斯图者，可以知警矣！信哉！图画之有益于人也，藏者宝之。时洪武十五年二月望日，吴郡傅著①题。

复有海虞（吴郡常熟县）吴乾以一长歌作跋，歌以“龙眠居士画入神，殿图快者警绝伦”起句，中间述及“明皇击鞠，龙髯凤目，……渔阳击鼓”，汪洋恣肆，一气呵成，最后点出了“龙眠亦复绘此本，正与击鞠相并陈，戒尔荒勖尔勤”。诗过长，不录。

次又有董其昌②跋款云：

李伯时画，如九歌、渊明归去来，皆宋人赝作，流传甚多。唯韩宗伯家郭汾阳单骑见虏图，予家白莲社图、理帛图及项氏此图笔法精妙，应称神品。此卷有吴乾古时诗，诗与书法皆不俗，尤可藏也。董其昌者于南湖因题。

末尾有年羹尧③跋语，云：

击球图无款识，而董文敏直以为龙眠的笔。文敏考究精当，赏鉴高贵，自是不爽。余独爱其画马，非俗手所能到。即非龙眠，亦宋元名家也。

这一幅佳作，出自名家手笔，④上距唐代不远，故能传其神态，历宋、元、明、清，至今已1000余年。而题跋诸公傅、吴、

① 傅著事迹见《明史·文苑传》。傅著，字则明，长洲人。洪武二年招入史馆，与纂修《元史》。史成归为常熟教谕，历官知府。

② 董其昌（1555—1636年），明代书画家，官居南京礼部尚书，谥文敏。其画风画论对晚明以后，曾起极大影响。

③ 年羹尧（？—1726年），清代将领，曾任抚远大将军，雍正三年论事下狱赐死。

④ 李龙眠（1046—1106年），名公麟。精画鞍马，白描线画，形神兼备，宋代第一画家。

董、年皆赏鉴大师。所见精到，品题堪供玩味。

透过这一幅画卷，也可看出汉藏文化水乳交融，真是“帝王哪知民间事，遍地野花逐征程!”在公子王孙歌舞饮宴之余，人民之间已悄悄地走在一起了。这一画卷所表现的人物、故事大都与史家著录相合，人们不难看出在马球（polo）之戏中，蕴孕着民族之间美妙的生机。

三、马球的赛场赛法略探

打马球是一种带有集体性的比赛活动，需要适当的场地。这种唐人球场要求平坦、宽广，适合于跃马奔驰，往来回旋。当时就有歌咏球场的诗作，如阎宽在《温汤御球赋》中描写道：

> 广场惟新，扫除克净，平望若砥，下看犹镜。微露滴而必闻，纤尘飞而不映。欲观乎天下之人，先受乎将军之令。

诗人杨巨源的《观打球有作》，有更细腻的描写：

> 新（又作亲）扫球场如砥平，龙骧骤马晓光晴。
> 入门百拜瞻雄势，动地三军唱好声。
> 玉勒回时沾赤汗，花鬃分处拂红缨。
> 欲令四海氛烟静，杖底纤尘不敢生。①

在宫廷、贵族倡导之下，打球之戏相习成风，甚至用油泼洒球场，以防烟尘。《资治通鉴》卷209中宗纪就载明：“上好击球，由是风俗相尚，驸马武崇训、杨慎交洒油以筑球场。”可以想象到这一支宫廷王孙公子组成的球队的豪华、奢靡程度。由吐蕃传来的这种娱乐（体育）活动，由皇帝带头提倡，贵族子弟推波助澜，弄得满城上下，乃至臣工百姓无不喜爱。

我们现在无法把吐蕃打马球的实况说清楚，不如引一段汉文

① 《全唐诗》卷333，中华书局，1979年，第3726页。

记载，《金史·礼志》：

已而击球，如乘所常习马，持鞠杖，杖长数尺，其端如偃月。分其众为两队，共争击一球。先于球场南立双桓，置板，下开一孔为门，而加网为囊，能夺得鞠，击入网囊者为胜。或曰：两端对立二门，互相排击，各以出门为胜。球状小如拳，以轻韧木枵其中而朱之。皆所以习趫捷也。

看来，这是打半场与打全场两种打法的描写。与上述一幅打球图以及唐章怀太子墓的壁画马球图相比，大致相等。

前引唐代诗人阎宽的诗中说：“珠球忽掷，月杖争击。”这珠球，这月杖，都是很合体制的。诗人蔡孚在《打球篇》中说：

德阳宫北苑东头，云作高台月作楼，
金锤玉蓥千金地，宝杖雕文七宝球。
……
奔星乱下花场里，初月飞来画杖头。①
……

这里把球、球场、球杖写得很华丽、动人。大致可以确定，吐蕃传来的马球戏，球是朱红色的，有拳头大小，用木头雕成，外面用皮革裹好，上色。球杖一头弯曲，像一钩新月。打球双方都是骑在马上，往来击球，以击入对方球门为赢。

如今，从拉达克和巴尔提地区藏人中，还可以找到打马球的活动实况，可资印证。韩国磐教授的话是可取的：“不仅仅是汉文化影响了吐蕃，而且吐蕃文化也影响和丰富了汉文明。”

附记：

关于马球之戏，究心已久，曾提出一篇小文“An Inquiry into Polo”，1989 年 8 月 28 日在日本东京举行的第五届国际藏学讨论会上宣读。来香港后读《明报月刊》第 294 号，即 1990 年

---

① 《全唐诗》卷 75，中华书局，1979 年，第 817 页。

6月号上《马球服装研究》及《马球简史》两文，空谷足音，跫然而喜，知道在香港文化界也有君子对此道产生兴趣。乃不揣谫陋，拾缀旧文，草书此篇，此应《法言》“西藏专辑”之雅意，兼向《明报月刊》读者请教！

（原载《法言》“西藏专辑”1990年第8期。）

《金瓶梅》与明代藏传佛教

一、《金瓶梅》的社会历史意义

《金瓶梅》作为中国第一部描写世态人情、市井生活的长篇小说，由于其中颇多淫词媟语，露骨的春情挑逗性的猥亵描绘，成为最不名誉的文学的代表。自明万历年间（1573—1620 年）问世以来，屡遭焚禁。但是，鲁迅（1881—1936 年）、郑振铎（1898—1958 年）等几位思想、文学巨匠，另具慧眼，给予相当高的评价。鲁迅说：

> 作者之于世情盖诚极洞达，凡所形容，或条畅，或曲折，或刻露而尽相，或出伏而含讥，或一时并写两面，使之形相变幻之情，随在显现，同时说部无以上之。
>
> 至谓此书之作，专以写市井中间淫夫荡妇，则与本文殊不符。缘西门庆故称世家，为搢绅，不惟交通权贵，即士类亦与周旋，著此一家，即骂尽诸色，盖非独描摹下流言行，加以笔伐而已。①

① 鲁迅：《中国小说史略》，《鲁迅全集》第 9 卷，第 180 页。

郑振铎如此评价《金瓶梅》：

> 一朵太可怪的奇葩，叙述社会家庭的日常生活，描状市井无赖的口吻、行动都极逼真的，大有近代的写实小说的作风。①

对于书中的淫秽文字，仅用“佛头着粪”四字一笔带过，而专门赞扬其揭露封建社会的黑暗、丑恶和风气污浊的一面。他又说：

> 那是一部不朽的、描状封建社会黑暗面的入骨三分的杰作。像一位医生用解剖刀来解剖病人似的。这部小说的作者把封建社会的痈状解剖得清清楚楚，只是不曾把疮口缝好，不曾开出治病的医方来而已。②

看来，他们二位都确认了此书写实主义的笔法，肯定了它揭露封建社会黑暗面的功绩。而另一位历史学家吴晗（1909—1969年），作为明史专家，目光如炬，他注意到《金瓶梅》对明代社会历史的认识作用。远在1933年（吴氏年方24岁），他就写出名重一时的论文《〈金瓶梅〉的著作时代及其社会背景》，③博引广搜，探幽抉微，以文索史，用史证文，结论性地判定《金瓶梅》是万历中期的作品，亦非王世贞所作。文中把《金瓶梅》所反映的社会背景条分缕析、剔透明了。如从《金瓶梅词话》本第7回孟玉楼有这样一句话：“紧看起来，朝廷爷一时没有钱使，还向太仆寺支马价银子来使。”吴先生利用《明史》卷92《兵志·马政》中所记录的太仆寺常盈库中贮备用马价一事及其演变的故实，取《明史》中的《食货志》、《张居正传》、《王用汲传》、《方逢时传》、《孟一脉传》、《何选传》、《张贞观传》、《雒于仁传》、《郑一鹏传》、《刘体乾传》以及朱国桢《涌幢小品》等书详加考订，最后确认：这是“万历十年（1582年）以后的史实，则其著作的最早时期必在万历十年以后”。对

① 《郑振铎古典文学论文集》，上海古籍出版社，1984年，第9页。

② 《郑振铎古典文学论文集》，上海古籍出版社，1984年，第453页。

③ 原载《文学季刊》创刊号，收入《读史札记》，三联书店，1956年。

于《金瓶梅》中表现的明代宦祸之烈，吴先生则用“太监、皇庄、皇木及其他”一节作如下勾勒：派镇守、采皇木、领皇庄、榷商税、采矿藏、刮民财，种种横行不法，鱼肉百姓，以及地方官吏曲意逢迎，内外勾结，“造成人民逃窜，户口消耗，道路嗟怨，闾里萧条，强梁者起而为‘盗贼’，柔善者转死于沟壑的崩溃局面”。结论是：“这样一个时代，这样一个社会，农民的忍耐终有不能抑止的一天。不到三十年，火山口便爆发了！张献忠、李自成的大起义，正是这个时代、这个社会的必然发展。这样的一个时代，这样的一个社会，才会产生《金瓶梅》这样的一部作品！”

吴晗先生也注意到，书中描写的宗教活动反映着当时的社会风气，但是他未能就这一问题展开。例如，《金瓶梅》对明代的道教在社会上的作用、道士的社会地位、道士所做斋醮的仪轨描写颇多，很值得进一步深入探讨，吴先生囿于篇幅，未见论述，非常可惜。

中华文化向来是多元的，在历史长河中，许多异民族文化流入这一主流中，汇成浩浩荡荡的绚丽多彩的场面。尤其是边疆少数民族具有特异性质的文化——如藏族的密教文化，在一定条件下对中华民族文化起了意想不到的催化影响，而且当它汇入中华文化主流时仍然保持了其特点。像《金瓶梅》的作者，生活在那个特定的时代，他笔下反映了藏族密教文化在中原内地的铺陈和发展，这既非偶然，也非信口雌黄，而应该是历史事实。我们由此，大可以探索中华文化汇合的过程。

二、从《金瓶梅》看明代喇嘛教的流布

《金瓶梅》的主人公西门庆怎样发迹的？他那泼天财富又是怎样得来的？他的诀窍是商而官，官而商，亦官亦商，官商一体。由一名普普通通的生药铺老板（在今天，该称为总经理、

董事长之类的名目了），发了几笔肮脏的横财。特别是勾引上朋友的妻子，花太监的内侄媳妇（似乎还是花太监的内宠），这个长期处于性苦闷的富婆，从西门庆这样风月高手的怀抱中得到极度的满足，于是由她奉献了大量的私房体己。西门庆运用这些钱财进一步去运动官府，通过当朝蔡太师的管家引荐，巴结上蔡京，送上厚重的生辰礼，居然谋得山东提刑所理刑副千户的缺，在他老家清河县管理一县的刑事案件（几乎相当于刑事警察局局长），后又转为正千户实缺。声势煊赫，气焰熏天，富甲一方，挥洒阔绰，俨然缙绅。本地缨簪和过境官员，那御史、学士、太监内相、太尉都由他送往迎来，负责接待。内翰学士蔡攸就在西门庆私人花园里安下行馆，游宴供饔飧，娼妓奉枕席，竭尽逢迎。而在地方上蔚然成一方之地主了，称王称霸，包揽讼词，私和人命，雄视全城，虎踞清河。像蒋竹山、韩二鬼等类的情敌，或则唆使几个流氓上门抓打，或则弄到千户衙门里"夹上一夹"，小菜一碟，不在话下，谁敢说个不字！正如烈火烹油，光焰耀眼。

就在此时，西门庆在官场上得意、商场上顺手、情场上娱心的时刻，那位千娇百媚、体态风流，给他带来好运的李瓶儿，却尸横灯影，血染空房，一命呜呼，年仅27岁。这应该是对西门庆的当头棒喝，促其猛省。谁知这厮迷恋酒色，一意狂淫，对李瓶儿暴死未有任何悔悟之心，甚至在丧礼中又勾搭上瓶儿房中的奶子，肆意宣淫。对于瓶儿丧事一味摆阔气、装体面，连做四场法事，和尚、道士、尼姑和喇嘛，各有专场，香烟缭绕、铙钹齐鸣不过是遮人耳目而已。这就反映出当时社会风气之堕落，道德伦理之腐败，已臻于极点。

今单就瓶儿丧礼中的喇嘛法事，作一番探讨，山东清河县何以能有喇嘛法事的风俗？明代喇嘛教流布的历史背景如何？请看下文，《金瓶梅》第65回"愿同穴一时丧礼盛，守孤灵半夜口脂香"中有这样一段描写：

话休饶舌，到李瓶儿三七，有门外永福寺道坚长老领十六众上堂僧来念经。穿云锦袈裟，戴毗庐帽，大钹大鼓，甚是整齐。十月初八日，是四七，请西门外宝庆寺赵喇嘛等十六众来念番经，结坛跳沙，洒米花行香，口诵真言，斋供都用牛乳茶酪之类，悬挂都是九丑天魔变相，身披璎珞琉璃，项挂髑髅，口咬婴儿，坐跨妖魅，腰缠蛇螭，或四头八臂，或手执戈戟，朱发蓝面，丑恶无比。午斋已后，就动荤酒，西门庆那日不在家，同阴阳徐先生往坟上破土开圹去了。后晌方回，晚夕打发喇嘛散了。

上面这一段描写的喇嘛佛事，有寺有僧，其偶像崇拜、宗教活动仪式，确实是元明以来汉族知识分子眼中喇嘛形象的典型，绝非杜撰。要了解《金瓶梅》里何以有喇嘛的记录，先得弄清楚宝庆寺和赵喇嘛究竟是实有还是虚构？

先说说宝庆寺。《明实录》正统元年（1436 年）五月丁丑载：

减在京诸寺番僧。先是番僧数等，曰大慈法王、曰西天佛子、曰大国师、曰国师、曰禅师、曰都纲、曰剌麻，俱系光禄寺支待。有日支酒馔一次、三次，又支廪饩者，有但支廪饩者。

上（英宗）即位之初，敕凡事皆从减省。礼部尚书胡潆等议：已减去六百九十一人，相继回还本处，其余未去者，命待正统元年再奏。至是，潆等备疏慈恩、隆善、能仁、宝庆四寺番僧当减去者四百五十人以闻。上命大慈法王、西天佛子二等不动，其余愿回者听，不愿回者，其酒馔廪饩令光禄寺定数与之。

宣宗在宣德十年正月乙亥驾崩，英宗即位，二月戊辰（1435 年 3 月 25 日），礼部尚书胡潆等议：“在京各寺法王、国师、剌麻（喇嘛）六百九十余名减数存留，余者令回原寺住坐……上悉从所议。”现在见到的记载正是原议的具体落实。那么，可以肯定在京番僧分住慈恩、隆善、能仁和宝庆四座寺庙。

前三寺住坐番僧均有记录，号称京城三大寺。《明实录》正统六年（1441年）五月甲寅载：

北京会同馆大使姬坚等奏：大慈恩等寺分住国师、禅师、剌麻、阿木葛等三百四十四人，占用馆夫二百一十三人。

这是会同馆抱怨番僧占用馆内公役太多，影响了正常的接待工作而向皇帝上书，要求明确供应夫役的标准。这里提到的大慈恩寺赫赫有名，地在北京西城，今西长安街路北。金世宗大定二十六年（1186年）建，元至元十二年（1275年）重修，数易寺名，初名庆寿寺、大庆寿寺，又称双塔寺。明正统年间重修，改称大兴隆寺，以后径称大慈恩寺。《日下旧闻考》卷43有极明白的考证："双塔寺即元庆寿寺，在西长安街，塔二：一九级，一七级。""庆寿寺亦名大慈恩寺，在禁墙西，俗呼曰演象所。""正统十三年（1448年）二月，修大兴隆寺，寺初名庆寿，在禁城西，金章宗时所创。""嘉靖初，废大慈恩寺，从锦衣卫之请，即其地改为射所。今京城内西长安街射所亦名演象所，故大慈恩寺也。"程钜夫（1249—1318年）《雪楼集》中有《大庆寿寺大藏经碑》，赵孟頫（1254—1322年）《松雪斋集》中有《庆寿僧舍即事诗》。要言之，大慈恩寺（庆寿、双塔、兴隆）明代即作为大应法王扎实巴（bkra shis pa）的焚修之所，是番僧集中的居住点之一

《明实录》天顺六年（1462年）十一月戊寅记：

召净觉慈济大国师锁南领占（bsod nams rin chen）至京师，馆之大隆善寺。

按大隆善寺今称护国寺，在北京西城新街口北，护国寺街即以寺得名。元至元二十一年（1284年）建，初名崇国寺，明宣德年间赐名大隆善寺，成化间又赐名大隆善护国寺。《日下旧闻考》卷53有详尽的考证："大隆善护国寺，都人呼崇国寺。寺始至元，皇庆修之，延祐修之，至正又修之。元故有南北二崇国寺，此其北也。宣德己酉，赐名隆善。成化壬辰，加护国名。正

德壬申，敕西番大庆法王凌戬巴勒丹（rin chen dpal ldan）、大觉法王札什藏布（bkra shis bzang po）等居此。”看来，作为西番僧人香火之地由来已久，又是京城中番僧集中的居住点之一。

又按能仁寺，亦称大能仁寺，在北京西城兵马司胡同迤北，该地因寺而名能仁寺胡同，寺已颓圮荒废。《日下旧闻考》卷50有考证：“大能仁寺，洪熙元年因旧重修。”又引明礼部尚书胡濙《大能仁寺记略》碑文，云：“京都城内有寺曰能仁，实元延祐六年（1319年）开府仪同三司崇祥院使普觉圆明广照三藏法师建造，逮洪熙元年（1425年），仁宗昭皇帝增广故宇而一新之，特加赐大能仁寺之额，命圆融妙悲净觉宏济辅国光范衍教灌顶广善大国师智光居之。……正统九年（1444年）甲子七月立。”据《明实录》，天顺四年（1460年）二月庚申追封圆融妙慧净觉弘济辅国光范衍教灌顶广善大国师智光为大通法王，遣官赐祭。成化间，朝廷封授的大悟法王札巴坚参（grags pa rgyal mtshan）居能仁寺，寺内居住番僧法王、国师、禅师多至数十人。弘治十二年（1499年）十月，“清宁宫新成，有旨命大能仁等寺灌顶国师那卜坚参（nor bu rgyal mtshan）等设坛作庆赞事三日。”

以上三寺是番僧在京集中居住的中心，而宝庆寺呢？《日下旧闻考》卷48引《寰宇通志》的资料说：“宝庆寺无考，今以宝庆寺碑文观之，或即宝磬寺之讹也。”下面又说：“宝磬寺，在城内东，元建，永乐十年（1412年）重修。”关于此寺的来历，有雍正六年（1728年）内阁中书吴麟撰《宝庆寺碑》略云：“宝庆寺建自唐代，明嘉靖甲辰岁，锦衣卫官石璞重修。其后侵毁，半为民居，有天然禅师鸠工修葺。又于邻家屋垣下得嘉靖时旧碑，移置庑侧。因勒石以志其事。”从《明实录》所载胡濙等人的奏章来看，宝庆寺应该与慈恩、隆善、能仁三寺一样，是番僧在京集中居住的地方，不过资料较少。而《金瓶梅》中所提到的宝庆寺，不在北京而被安放在清河了。

人们会问：喇嘛系番僧，何以姓赵？究竟是汉僧还是番僧？《明实录》景泰四年（1453 年）八月甲辰载：

> 巡抚湖广右都御史李实奏：四川董卜韩胡宣慰司番僧、国师、禅师、剌麻进贡毕日，许带食茶回还，因此货买私茶至万数千斤及铜、锡、磁、铁等器用。……边民见其进贡得利，故将子孙学其言语，投作番僧、通事混同进贡。请敕都察院禁约，今后私通番僧贸易茶货、铜、铁、磁、锡器物，及将子孙投作番僧、通事者，俱发口外充军。四邻不首，坐以违制之罪。

边民子孙学习西番言语、投作番僧已大有人在，所以御史有此奏。

《明实录》成化四年（1468 年）九月己丑载：

> 十三道监察御史康永韶等亦奏：今朝廷宠遇番僧，有佛子、国师、法王名号，仪卫过于王侯，服玩拟于供御。锦衣玉食，徒类数百，竭百姓之脂膏，中外莫不切齿，特朝廷未之知耳。又况其间有中国之人习为番教，以图宠贵。设真是番僧尚无益于治道，况此欺诈之徒哉！宜令所司查审，果系番僧，资遣还国；若系中国者，追其成命，使供税役，庶不蚕食吾民而异端斥矣！

这一道奏章痛陈利害得失，把“中国之人习为番教，以图宠贵”的事实揭示出来，言词异常恳切，但是，皇帝怎样答复的呢？诏曰：“番僧在祖宗朝已有之，若一旦遣去，恐失远人之心。”所以，赵喇嘛可能是番僧，但也不排除是汉人子弟习番教而为番僧的。

居留在内地的藏人选用汉姓也是古已有之，敦煌藏文写卷 P. T. 127 号（约为 9 世纪作品）中有《五姓说》一卷，以宫、商、角、徵、羽五音分金、木、水、火、土五行，而汉字姓氏分属五行，以占相生相克之意，藏人所选用的汉姓达七十余字，因而在敦煌及河西陇右的藏人中“汉姓藏名”者所在多有。日本京都大学高田时雄氏曾写了一篇著名的论文《五姓说在敦煌藏族》,[①] 文中还列举了张 stag skyes、王 klu legs、李 legs bzang 等人名。高田时雄有个结论:“敦煌的一部分藏族人早在吐蕃时期就有采用汉姓的了。”那么,喇嘛姓赵也是顺理成章的事。事实上,居住在北京的老一辈子人,大概还记得雍和宫(那是清代官办的番僧寺)里有几位著名法师:包喇嘛、白喇嘛、辛喇嘛吧!喇嘛有汉姓是不足为怪的。

三、明代治藏政策

公元1368年秋七月,朱元璋领导的,由徐达、常遇春指挥的南方义军,攻入元朝首都——大都城,蒙元王朝皇帝妥懽帖睦尔率领部分官员和宫廷内眷仓惶北撤,遁入蒙古大漠。这样,大明王朝正式揭开新的历史一页,是为洪武元年。朱元璋起自草莽,当过沙弥,虽已坐“龙廷”,常以自己平民出身而自豪:“孤,淮西布衣”,也经常挂在嘴上。的确,下层的平民生活和战斗的风霜,锻炼了他坚强的意志和务实的工作作风。久战沙场,削平群雄,但蒙古精锐军旅仍虎踞北方,是为劲敌。既确定了新王朝战略上的对立面是北方,乃以重师扼守幽燕,并派自己最具才雄的儿子朱棣,以燕王身分统领军政大权。对于西北和西南地区的藏族(西番、乌斯藏),则采取了招抚和安辑的方针,这就是明朝开国之初的治边、治藏的政策。

洪武二年(1369年),“太祖定陕西,即遣官赍诏招谕[西番],其酋长皆观望。”于是,采取了军事上的配合行动,然后,“遣员外郎许允德招之”,“乃多听命”。由于以邓愈将军为首的西征大军,击溃了蒙古守军,克临洮西进,越陇山、下河州的强

---

① 中国敦煌吐鲁番学会编:《敦煌吐鲁番学研究论文集》,汉语大词典出版社,1990年,第756—767页。

有力的声势影响所及，而许允德又是富有经验的民族工作官员，两度深入藏区，远访边陲，宣谕新朝旨意，收抚藏族头领，打消了这些藏族头领的顾虑和犹豫，使之决心归顺新朝，成绩显著。元陕西行省吐蕃宣慰使何锁南普等人，以元封金银牌印宣敕诣明军前请降。《明实录》载：

镇西武靖王卜纳剌率吐蕃诸部来降。

到了洪武六年（1373 年），“诏置乌斯藏、朵甘卫指挥使司，宣慰司二、元帅府一、招讨司四、万户府十三、千户所四”，基本上确定了藏区的行政构架。“以故元国公南哥思丹八亦监藏等为指挥同知、佥事、宣慰使同知、副使、元帅、招讨、万户等官凡六十人。以摄帝师喃加巴藏卜为炽盛佛宝国师。……至是，喃加巴藏卜以所举故元国公南哥思丹八亦监藏等来朝贡，乞授职名。”乌斯藏（西番）的事务，有了很好的进展，可以说招抚和安辑藏区的工作是顺利的，成绩是显著的，“不劳师旅之征，其效职方之贡”（洪武诏书语）。另一方面，朱元璋深知元朝崇信喇嘛、尊为帝师的故事，也知道佛教信仰在民间、在地方都很有影响，先后派遣了宗泐、克新、智光三位汉僧以他的私人代表身份进行疏通，寻求藏族宗教界的支持。《明实录》洪武三年（1370 年）六月癸亥“命僧克新等三人往西域招谕吐蕃，仍命图其山川地形以归”，就是讲的这件事。再看看洪武十年（1377 年）六月二十四日发出的一道白话诏书——《谕西番罕都必喇等诏》：

奉天承运的皇帝教说与西番地面里应有的土官每知道者：俺将一切强歹的人都拿了。俺大位里坐地有。为这般上头诸处里人都来，我行见了。俺与了赏赐名分，教他依旧本地面里快活去了。似这般呵，已自十年了也。止有西番罕都必喇拜桑他每这伙人，为什么不将差发来？又不与俺马匹牛羊。今使差人将俺的言语去，开与西番每知道：若将合纳的差发认了，送将来时，便不征他；若不差人将差发来呵，俺着人马往那里行也者。

教西番每知道。俺听得说你每释迦佛根前、和尚每根前好生多与布施，么道那的是十分好的勾当，你每做了者，那的便是修那再生的福有。俺如今掌管着眼前的祸福哩，你西番每怕也那不怕？你若怕时节呵，俺每礼拜着将差发敬将来者，俺便教你每快活者，不着军马到你地面里来。你众西番每知道者。①

这一篇白话诏书，十分朴实有趣，完全是那位“淮西布衣”的口吻。诏书中的口气、神情、气度，活脱衬出朱元璋爽朗、率真的性格。诏文中值得注意的是对待宗教信仰问题：朱元璋一方面说：“你每释迦佛根前、和尚每根前好生多与布施，么道那的是十分好的勾当，你每做了者，那的便是修那再生的福有。”尊重并鼓励西番们从事佛事、布施，认为那是“十分好的勾当”；另一方面却站在执掌政权的高位上说：“俺如今掌管着眼前的祸福哩，你西番每怕也那不怕?”形同威胁。因为朱元璋当过皇觉寺小和尚，寺院生活的经历使他对于宗教的作用与群众的关系了解得清清楚楚，他把“修再世”和“度今生”结合起来考虑，鉴于前朝对喇嘛一味崇信的失误，便放弃元朝对喇嘛和喇嘛教的那一套政策，自己制定另外一套办法。《明史·乌斯藏大宝法王传》说：“洪武初，太祖惩唐世吐蕃之乱，思制御之。惟因其俗，尚用僧徒，化导为善。”这是不错的。《明实录》载，后来在正德年间，阁臣梁储露了政策的底线：

西番之教，邪妄不经，我祖宗虽尝遣使，盖因天下初定，藉以化导愚顽，镇抚荒服，非信其教而崇奉之也。

事实上，朱元璋的政策界限很严，他绝对不允许重蹈元宫廷的覆辙，对于番僧、喇嘛只是作为招抚、安辑政策的桥梁，没有过分的谄敬和迷恋。明人刘辰《国初事迹》记逸事中说：

太祖尝使人察听在京将官家，有女僧诱引华高、胡

① 《明太祖文集》卷1。

大海妻，敬奉西僧，行金天教法。太祖怒，将二家妇及僧投于河。①

可以说洪武之世，对喇嘛和喇嘛教的态度是一贯严肃的。变化是从永乐帝开始的。《明史·乌斯藏大宝法王传》：

有僧哈立麻者，国人以其有道术，称之为尚师。成祖为燕王时，知其名。永乐元年，命司礼少监侯显、僧智光赍书、币往征。

永乐皇帝是用非常手段夺取政权的，他驾下聚集了一批各色俊杰、鸡鸣狗盗之徒，包括僧侣和方术之士，设谋献策，广有信息。西番喇嘛哈立麻的大名早已知道，即位之初，立即派人去邀请，《明史》解释说："帝以番俗惟僧言是听，乃宠以国师诸美号，赐诰印，令岁朝。"《明实录》永乐元年（1403年）二月乙丑载：

遣司礼少监侯显赍书、币往乌思藏，征尚师哈立麻。盖上在藩邸时，素闻其道行卓异，至是遣人征之。

与上引《明史》材料相符，侯显作为宦官，在永乐帝身旁伺候。而永乐帝起用身边内侍宦官代表皇帝出使，也是全新的措施。侯显，《明史》卷304有传，附在《郑和传》后。近人马旭根据《安多政教史》、《洮州厅志》、《临潭县志稿》及侯显墓残碑资料，考得侯显是藏族，出生于今甘肃省临潭县流顺乡寺底下村，至今临潭县尚有侯家大寺，系明宣宗时始建。② 永乐帝知人任事，由藏族人、当过喇嘛的侯显出使，往征哈立麻（噶玛karma，西藏佛教噶举派下重要支派）。到了永乐四年（1406年）十二月，顺利完成任务，将哈立麻等一批藏族宗教领袖请到南京觐见。那是一件大事，永乐皇帝用极不寻常的举动安排接待的仪注。《明实录》永乐四年十二月乙酉载："尚师哈立麻至京，入见，上御奉天殿。"永乐四年十二月庚戌载：

---

① 另见《万历野获编》卷27"女僧投水"，与此略同。

② 马旭：《从僧人到外交家——论藏族领袖人物侯显》，《西藏研究》1993年4期。

宴尚师哈立麻于华盖殿，赐金百两、银千两、钞二万贯、彩币四十五表里，及法器、茵褥、鞍马、香果、米、茶等物，并赐其徒众白金、彩币等物有差。

永乐五年（1407 年）正月甲戌载：

赐尚师哈立麻仪仗：牙仗二、瓜二、骨朵二、幡幢二十四对、香合儿二、拂子二、手炉三对、红纱灯笼二、鲍灯二、伞一、银交椅一、银脚踏一、银水罐一、银盆一、诞马四、鞍马二、银杌一、青圆扇一、红圆扇一、帐房一、红纻丝拜褥一。

这种富贵荣宠都是空前的，好一派钟鸣鼎食的气势。永乐五年二月庚寅载：

尚师哈立麻奉命率僧于灵谷寺建普度大斋，资福太祖高皇帝、孝慈高皇后。竣事，赐哈立麻金百两、银千两、钞二千锭、彩币表里百二十、马九匹。灌顶圆通善慧大国师哈师巴啰葛罗思等各银二百两、钞二百锭、彩币十、马三匹。余徒众赐赉有差。

永乐五年三月丁巳载：

封尚师哈立麻为万行具足十方最胜圆觉妙智慧善普应佑国演教如来大宝法王西天大善自在佛，领天下释教；赐印、诰及金、银、钞、彩币、织金珠袈裟、金银器皿、鞍马。命其徒孛隆逋瓦桑儿加领真为灌顶圆修净慧大国师；高日瓦领禅伯为灌顶通悟弘济大国师，果栾罗葛罗监藏巴里藏卜为灌顶弘智净戒大国师，皆赐印、诰、银、钞、彩币等物。宴于华盖殿。

西番僧人受到荣宠，至此已臻极点，封号长达 33 个字，所赏赐的金、银、钞、彩币和各种用物仪仗真正是富埒王侯。永乐六年四月庚子载："如来大宝法王哈立麻辞归。赐白金、彩币、佛像等物，仍遣中官护送。"这不过开了个头，永乐帝接着派出中官杨三保、关宝等，召请西番喇嘛中其他教派领袖，如萨迦派的昆泽思巴。永乐十一年（1413 年）五月辛巳载：

命尚师昆泽思巴为万行圆融妙法最胜真如慧智弘慈广济护国宣教正觉大乘法王西天上善金刚普应大光明佛，领天下释教。赐诰、印并袈裟、幡幢、鞍马、伞盖、法器等物。

此前，永乐五年三月丁卯载：

封馆觉灌顶国师宗巴斡即南哥巴藏卜为护教王，灵藏灌顶国师著思巴儿监藏为赞善王，国师号悉如故，俱赐金印、诰命。

再前，永乐四年三月壬辰载：

遣使赍诏封乌思藏帕木竹巴吉剌思巴监藏巴里藏卜为灌顶国师阐化王，赐螭纽王印、诰命，仍赐白金五百两、绮衣三袭、绵绮五十匹、彩绢百匹、茶二百斤，其所隶头目并必力工瓦国师大板的达律师锁南藏卜颁赐彩币、衣服有差。

永乐十一年五月丙戌载：

命哲尊巴为灌顶圆通慈济大国师，必力工瓦端竹坚藏为灌顶慧慈净戒大国师，日托巴罗葛啰监藏为西天佛子灌顶净慈弘智广慧大国师，赐以诰、印。封领真巴儿吉监藏为必力工瓦阐教王，南渴烈思巴为思达藏辅教王，俱赐印、诰、彩币。

永乐十三年（1415 年）年四月庚午载：

命尚师释迦也失为妙觉圆通慧慈普应辅国显教灌顶弘善西天佛子大国师，赐之诰命。

至此，永乐帝已完成了他制定的新的治藏政策——“多封众建，尊崇僧徒”的实施计划，所谓明封八王，即三位法王（大宝、大乘和大慈[①]）、五位世俗王（阐化、阐教、护教、辅教

① 事实上，由于对新兴的宗喀巴所倡导的佛教改革派的力量还估计不足，只给了黄教领袖如上永乐十三年的“西天佛子大国师”的封号。到了下一位皇帝，宣德九年（1434 年）六月庚申，“遣成国公朱勇、礼部尚书胡滢持节封释迦也失为万行妙明真如上胜清净般若弘照普应辅国显教至善大慈法王西天正觉如来自在大圆通佛”。

和赞善）大多在永乐帝手中完成。对藏族佛教中各宗派、各地区的领袖都一一作了妥善安排。可是，必须注意到这些活动都是皇帝一人统驭处理，不许其他任何人插手。《明实录》永乐六年十二月丙戌载：

敕晋王济熺曰：近者西番乌思藏阐化王奏尔以青锦、纻丝遗之。春秋人臣无外交，所以远嫌别疑、防微杜渐也。尔为国宗藩，不能恪守宪度，前与西番互市矣，今复不改，亦何恃而然欤！作福作威，人君大柄，尔以物赐外蕃，则是以国王行天子之事矣，戒之，慎之，不宜复尔！

永乐七年闰四月丁巳载：

赐肃王楧书曰：得奏必力工瓦国师等馈方物，令长史司受以俟命，已见忠实不欺之美。昔春秋致谨外交，所以防微杜渐。今既以相馈，宜姑受之，后来亦宜拒绝。庶免小人谗间，而贤弟永保令名于无穷矣！

永乐皇帝将西番、乌思藏地方的民族、宗教关系提到国家机密的高度，以觇其重视。继永乐皇帝之后，他的继位者洪熙、宣德、正统、景泰、天顺、成化、弘治诸朝，基本上萧规曹随，按着永乐皇帝的“祖宗成法”去做。可惜，他们都没有永乐皇帝那样的雄才大略，只是有权而无才，因而对藏事安排逐渐懈怠下去，只有用更多的封号、赏赐去笼络喇嘛，让更多的喇嘛在内地参与社会活动。这样，藏传佛教作为一种异质文化来到内地传布，就与中原文化不断地发生撞击、冲突和融合、变化，形成一种特异的景象。《明实录》成化四年（1468 年）四月庚戌载：

西僧以秘密教得幸，服食器用潜拟王者，出入乘棕舆，卫卒执金吾杖前导，达官贵人莫敢不避路。每召入大内诵经咒，撒花米、赞吉祥，赐予骈蕃，日给大官、酒馔、牲饩者再，锦衣玉食者几千人。中贵人见辄跪拜，坐而受之。法王封号有至累数十字者。

这是言官们的意思，大致符合实际的情况。

及至1506年，武宗正德皇帝继位，这位皇帝与众不同，对异族文化有十分强烈的兴趣。谈迁《国榷》卷49记录："时上好异，习胡语，自名忽必烈（Qubilai，英武之王），习回回食，自名沙吉敖烂（shah-igrlan，少年王），习西番教，自名领占班丹。"他在15岁上继位入统，史学家还夸他："武皇帝睿智性生，临朝或有纠奏，或罪或释，酬应敏甚，作诗挥笔而就。"何乔远在《名山藏》卷21中也说："帝在东宫勤于学问，践祚之后，犹未尝辍。"可是，他对于异族文化的兴趣，却被错误地导向性放荡的泥潭中去。《明实录》正德二年（1507年）十二月辛卯载：

锦衣卫都指挥同知于永致仕，特许其子承袭指挥同知。永，色目人，善阴道秘戏，得幸于豹房，左右皆畏避之。又言回回女皙润瑳粲，大胜中国，上悦之。时都督吕佐亦色目人，永矫旨索佐家回女善西域舞者十二人以进。又讽请召侯伯故色目籍家妇人入内教之。内外切齿，后，上欲召永女入，永以邻人白回子女充名以入，惧事觉，乃求致仕。

年轻的皇帝玩上了瘾，在宫禁西华门内搞了一个豹房，由番僧大喇嘛传授密法。《明实录》正德十年（1515年）二月戊戌载：

是时，西番僧得幸豹房。绰吉我些儿辈，出入豹房，与诸权贵杂处。是时，上诵番经，崇尚其教，尝被服如番僧，演法内厂。

这样玩得还不够，干脆以皇帝之尊去做一名"法王"。这是古今中外历史上最荒唐滑稽的事，《明实录》正德五年（1510年）六月庚子载：

命铸大庆法王西天觉道圆明自在大定慧佛金印，兼给诰命。大庆法王，盖上所自命也。及铸印成，定为天字一号云。

皇上当法王，一时高兴，但究竟不能住到寺庙里，就找一个替身领占班丹充当。于是，这位替身的大庆法王获得“行童度牒三千，所自收度”的优待。这时，社会上充斥着的番僧、法王、佛子、大国师、国师、禅师、喇嘛，招摇过市，远远超过了元代。朝廷封授的名号浮滥之极，仅就王、法王一级，可开列如下：

大宝法王　得银协巴（哈立麻）　永乐五年封
大乘法王　昆泽思巴　永乐十一年封
大慈法王　释迦也失　宣德九年封
护教王　宗巴斡即南哥巴藏卜　永乐五年封
赞善王　著思巴儿监藏　永乐五年封
阐化王　吉剌思巴监藏巴里藏卜　永乐四年封
阐教王　领真巴儿吉监藏　永乐十一年封
辅教王　南渴烈思巴　永乐十一年封
大智法王　班丹札释　景泰三年封
大善法王　沙加　景泰七年封
大济法王　领占竹　成化十七年
大应法王　札实巴　成化四年封
大悟法王　札巴坚参　成化四年封
大善法王　星吉班丹　正德十年封
大德法王　绰吉我些儿　正德十年封
大觉法王　著肖藏卜　正德四年封
大通法王　智光（汉人）　天顺四年追封
法王　镇南监参　成化二十年封
法王　乳奴班丹　成化二十年封
法王　结斡领占　成化二十年封
法王　札实坚剉　成化二十年封
法王　著肌领占　成化二十二年封
法王　朵儿只巴　成化二十二年封
法王　卜剌加　成化二十二年封
法王　端竹领占　成化二十二年封

法王　札巴藏播　正德五年封

法王　那卜坚参　正德五年封

法王　乳奴领占　正德五年封

法王　舍刺扎　正德五年封

法王有特殊称号者12名，无特殊称号者12名，连同地方5王，共封了29名王、法王的王爵。封授的高潮为永乐、成化和正德三个时期。嘉靖皇帝登极以后，颇有一番改革之意，对于武宗正德年间滥用番僧、秽乱豹房的事，一一追究责任。《明实录》嘉靖二年（1523年）闰四月乙巳载乔宇等奏：

> 陛下登极诏书首正法王、佛子、国师、禅师之罪，搜访内府宫观出入诱引之人，裁革善世、真人爵号及新建寺宇尽行拆毁，邪正之辨，了然甚明。

正德皇帝临终遗旨："豹房番僧俱放遣。"《明实录》正德十六年（1521年）四月壬寅载，嘉靖继位后下诏：

> 正德元年以来传升、乞升法王、佛子、国师、禅师等项，礼部尽行查革，各牢固枷钉、押发两广烟瘴地面卫分充军，遇赦不宥。近日奏讨葬祭，一切停革，其中有出入内府、住坐新寺、诱引蛊惑、罪恶显著、现在京者，礼部通查明白，锦衣卫还拿送法司，问拟罪名，奏请定夺。

不过嘉靖皇帝又是一位迷信方术、酷崇道教的人，对于佛教，尤其是对喇嘛教的打击，也只是站在道教徒立场去分什么邪正而已。喇嘛教经过这一次冲击以后，逐渐转入正常的文化传播领域中，去看守属于喇嘛教的寺庙，参与一般的佛事活动。

说到这里，我们是否可以拉回原来的话题：《金瓶梅》中何以有喇嘛法事的描写？以上就是其社会和历史的背景。

还有一段余话：三宝太监郑和，声名显赫，识者均以为郑和为云南人，回回。今见到《佛说摩利支天经》永乐元年（1403年）姚广孝题记："今菩萨戒弟子郑和，法名福善，施财命工刊印流通，其所得胜报，非言可尽矣。一日怀香过余请题，故告以此。永乐元年，岁在癸未秋八月廿又三日，僧录司左善世沙门道衍。”邓之诚《古董琐记》的“郑和印造大藏经”条中云：“丁亥春，冀县李杏南得明初刻本《优婆塞戒经》卷七，后刻题记云：大明国奉佛信官内官监太监郑和，法名速南吒释，印福吉祥……”① 可见在明初内监，居然也取个番名速南吒释，对音应是 bsod nams bkra shis，译为福善、福吉祥均可，意味着喇嘛教的影响已经在逐步扩大，进入了宫廷。也许取个番名时髦吧！傅维麟《明书》记录一则笑话：一日散朝后，翰林侍读李继鼎问同僚：“君等知‘唵嘛呢叭咪吽’六字真言之意何解?”皆曰：“不知”。李曰：“我知，实乃‘俺把你们来哄’也。”众大笑。从中亦可了解，当时儒家缙绅对密教的讥刺。

附记：

（1）本文所引《明实录》资料，系根据《明实录藏族史料》一书。该书是结合梁鸿志抄本和北图本辑录、汇编而成。

（2）日本藏学家佐藤长先生《中世纪西藏史研究》一书惠我良多，谨表谢意。

（原载《水晶宝鬘——藏学文史论集》，台北：佛光文化事业有限公司，2000 年。）

① 《古董琐记》，合订本，第 593 页。

《红楼梦》第63回的“土番”正解

《红楼梦》第63回“寿怡红群芳开夜宴”是一个大目，铺陈瑰丽，热闹非凡。俞平伯先生写过极有趣味的专门文章，来考证夜宴中的群芳座次。力如雄狮搏兔，细似庖丁解牛，擘肌入理，引人入胜，至今传为美谈。读者自然都有所了解，且不赘述。如今，笔者却要提到这一回中的另外一段趣事，即“芳官乔妆”的关目。为了让读者方便，把这一小段文字引在下面，好在引文不长，不会嫌啰嗦：

> ［宝玉］因又见芳官梳了头，挽起纂来，带了些花翠，忙命他改妆。又命将周围的短发剃了去，露出碧青头皮来，当中分大顶。又说：“冬天作大貂鼠卧兔儿带，脚上穿虎头盘云五彩小战靴，或散着裤褪，只用净袜厚底镶鞋。”又说：“芳官之名不好，竟改了男名才别致。”因又改作“雄奴”。芳官十分称心，又说：“既如此，你出门也带我出去。有人问，只说我和茗烟一样的小厮就是了。”宝玉笑道：“到底人看的出来。”芳官笑道：“我说你是无才的。咱家现有几家土番，你就说我是个小土番儿。况且人人说我打联垂好看，你想这话可妙？”

这一段文字描写了宝玉所禀平等的民主精神，芳官所赋豪迈的潇洒性格，如闻其声，如见其人。那怡红院中算是大观园里一块净土，主仆之间形同契友，男女之别浑然不觉，一片和穆雍熙、融融乐乐的气氛，亲切感人。这些暂且不表。单说从芳官口中道出的“土番”和“小土番儿”，究竟应作如何解释？实际上，在读者脑子里会盘旋两个问题：（1）土番究竟指的什么人？（2）何以能说“咱家现有几家土番”？

那曹公雪芹是何等大手笔。《红楼梦》一书所涉及的社会世事、文物典章，关系一代文化。正如周汝昌先生所云：“岂尽向壁虚构所能为？”周策纵先生说：“曹雪芹是个非常渊博精深的作家，他的思想、艺术和人格，浸润着整个中国的深厚文化成就。我们如要充分了解他的作品和为人，也就非从多方面深入追索不可。换句话说，我们如果不从历史、哲学、政治、经济、社会、文化、文学、艺术以至制度和风俗习惯等各方面的传统来研究，那我们对曹雪芹和《红楼梦》恐怕是不能充分了解的。”① 这也是深有体会的个中人语。对于上述的这两个词语，不能泛泛地看作曹公是信手拈来的东西，其中必有一番解释。

1980年出版的中国艺术研究院红楼梦研究所校注本，在这里下了一个脚注，云：“土番——古时称边境少数民族为番，俗称为土番。”就一般意义上讲，这一条脚注没有大毛病。稍嫌不足者是，似乎还应指出这个“番”字多少带有对少数民族轻蔑的意味。但是，芳官在这里所指的土番却是一个具体的、有当时现实意义的、活生生的专门语词，是实有所指。是一种专称，而不是泛称。这条脚注却把它跟当时的现实社会远远隔开了去，变成了一般的、淡化了的通语。显然，读者会感到不满足，也不能体味出曹公当初下笔的本意。那么，有人会问：既然如此，依你说，这土番应该作如何解释？依我说，这“土番”二字不是其他，实实在在就是指唐宋以来，汉文书籍中对藏族（地区、政

① 周策纵：《周汝昌〈曹雪芹小传〉序》，百花文艺出版社，1980年。

权、人民）的称谓，或写作吐蕃、土蕃。谓予不信，请看《旧唐书》卷196《吐蕃传》上云：

> 吐蕃，在长安之西八千里。本汉西羌之地也。……或云南凉秃发利鹿孤之后也。……以秃发为国号，语讹谓之吐蕃。

此说又见于《册府元龟》卷956外臣部种族；卷958外臣部国邑二；卷961外臣部土风三。以后者所记最为详细。说明了吐蕃的位置和种族来源。

《资治通鉴》卷194也注意到这一材料，唐太宗贞观八年（634年，甲午）十一月甲申条下记着："吐蕃赞普弃宗弄赞遣使入贡，仍请婚。吐蕃在吐谷浑西南。"这是司马温公在他的书中第一次提到吐蕃，表明他所在的位置。胡三省为《通鉴》作注时，在这条下面写道："刘昫曰：吐蕃，秃发氏之后，语讹曰吐蕃。"（刘昫是担任监修《旧唐书》时的宰相，书成，由他领衔奏上，所以有些浮名，实际上是张昭远、贾纬等人的成果。）《新唐书》卷216《吐蕃传》上云：

> 吐蕃，本西羌属，盖百有五十种，散处河、湟、江、岷间，有发羌、唐旄等。然未始与中国通。……蕃、发声近，故其子孙曰吐蕃。

这里提出"蕃"是"发"的译音，声近而得。总之，唐代认定吐蕃所在之地域与今天的藏族所在地区基本一致。《旧五代史》、《新五代史》、《宋史》大都沿用唐人所说。到了元代，由于时代不同了，民族之间的交往大大增加，特别是吐蕃（藏族）与当时中央政权的关系更加密切，人们所记就更加清晰了。

《元史》卷202《释老传》云："帝师八思巴者，吐蕃萨斯迦人，族款氏也。"这里明明白白把西藏萨迦（sa skya）出生的八思巴帝师的种姓标为吐蕃。同书卷87《百官志》云：宣政院，秩从一品。掌释教僧徒及吐蕃之境而隶治之。遇吐蕃有事，则为分院往镇。……至元初，立总制院，而领以国师。（至元）二十五年（1288年），因唐制吐蕃来朝，见于宣政殿之故，更名宣政院。

说到这里，几种主要官书记载均可证明吐蕃（土番、土蕃）就是指而今的藏族地区。今再以敦煌石室所出的藏文写卷来做一旁证（敦煌文献大致可确认为公元8—9世纪的遗书），其中藏文写卷P. T. 1263号所列的语词：第7列：rgya 汉，bod 特蕃，sog po 胡，va zha 退浑，dru gu 回鹘，rgya rje 汉天子，dru gu rgyal po 回鹘王，第8列：bod gyi btsan po 土蕃天子，va zha rje 退浑王。这份文书藏汉对照，是公元787年吐蕃占有河湟瓜沙以后，在敦煌一带定居的藏人留下的手迹。由此可知，当时藏人本身也已知道汉族和其他民族称呼他们为“吐蕃”。特蕃不过是土蕃的不同汉字译写而已。以上所引，可以说明“土蕃”不是泛指一般少数民族，而是专门指吐蕃，也就是今天的藏族而言。

读者又会问：那《红楼梦》里何以能引进土番呢？而且芳官何以又能说出“咱家现有几家土番”呢？

这一点，就需把《红楼梦》成书的年代和地点做一点交代。笔者服膺周汝昌先生考证的几点结论：曹雪芹生于雍正二年（1724年），卒于乾隆二十八年的除夕（1764年2月1日），而《红楼梦》在乾隆十九年（1754年）业已脱稿，即有抄本，以名为《石头记》者传世。大致是1744—1754年的10年之间写成；据曹雪芹生前好友敦诚的诗句“残杯冷炙有德色，不如著书黄叶村”推断，《红楼梦》是曹雪芹在西山脚下完成的。

就在曹公呕心沥血伏居西山创作《红楼梦》之时，当时中国发生了一件大事：乾隆十二年（1747年）二月开始，直到十四年（1749年）二月，两年之间，乾隆万岁爷亲自发动了一场名为“平定金川”的战争。这次战争的对象不是别人，正是属于土番的一个地方土司——大小金川，藏语习惯称之为“嘉戎”（rgyal rong，意思是女王统治的山谷）。对于这场战争，在朝廷的本意以为蕞尔之地，传檄可定。谁知事非如此，打得非常艰苦。土番方面固然受到很大摧折，朝廷方面也屡屡损兵折将，全军士气低落。朝议中，兵部尚书班第上了一个奏折，建议起用久已遭贬、在乡服罪的岳钟琪，请他出来挽回败局。折子说得非常中肯，见于《清实录》高宗乾隆十三年二月甲申：

> 大金川地纵不过二三百里，横不过数十里，蛮口不满万人，现在军营已集汉、土官兵及新调陕、甘、云、贵四省兵丁，已至五万。乃闻将弁怯懦，兵心涣散，土番因此观望。……现在军营提镇各员，均非其选。再四思维，唯有岳钟琪夙娴军旅，父子世为四川提督，久办土番之事，向为番众信服。

班第描述了战云低暗，军务蜩螗。这一场战争打了一年多，“士马疲惫，馈饷繁难”。但还不能罢兵，还要苦苦地打下去，真正是骑虎难下。皇帝老儿在一年多的时间里三易统帅（张广泗、讷亲、傅恒），两诛重臣（张广泗、讷亲。说句真话，这两位死得冤枉），不得不哀叹：“以全蜀之物力，帑藏之脂膏，填于蛮荒边徼一隅之地，实为可惜。”（均见《清实录》）他眼看这场战争是个无底洞，看不到胜利的希望，总算明白了过来，密旨声称“今朕已洞悉形势，决意收局。”于是改派椒房勋贵傅恒大学士去收拾残局。

换上个新手，使他便于从政策上来个180度的大转弯。以招抚代替征剿，化干戈为玉帛。傅恒做好做歹，让岳钟琪去款洽、去游说、去争取，总算争取到金川土酋莎罗奔和郎卡二人的默契合作，签订了一个“六条协议”。这六条也是极为宽松的条款：（1）不许再犯邻封，（2）退还各土司侵地，（3）献马帮凶犯，（4）缴出枪炮，（5）送还内地民人，（6）与众土司一体当差（均见《清实录》）。这六条，事实上一条也未遵行，这是一纸空文和虚文，并未承担任何义务！双方休兵。二酋用“前来辕门请降”的形式，保全大皇帝的面子，一场漫天大火暂时地熄灭下去。

摆在乾隆帝面前一个难题，是化了如许帑银如何向臣工百姓做个交待。这时，一班颂圣能手、歌德雄才纷纷扬尘舞蹈，山呼万岁，《平定金川方略》、《平定金川艺文》皇皇大文就应运而生。洋洋洒洒，堂堂正正，连皇帝老儿也醉眼眊眴起来。君不见，皇帝御制诗：

二月十四日，经略大学士忠勇公傅恒奏报，莎罗奔、狼卡于月之五日诣辕纳款，稽颡归诚，露布风驰，欢声载路，喜而有作：

止戈为武信其然，我泽如春经略宣。

共喜提兵来王阙，远胜俘虏自金川。

番酋路左心倾服，军心行间气旁鲜。

单骑汾阳休比拟，都因忠赤格穹天。

这一段诗文之妙，全在于含含糊糊。用似是而非的历史比喻来点题，似乎收拾残局的傅恒转眼间就成了系天下安危于一身的郭子仪了。这还不算完，还以“平定金川而告成太学”的典礼，勒石镌碑，以垂永久。这样，瞒天过海，把一场错误的对象、错误的地点、错误的行动、进行的错误的战争掩盖过去。

可怜的是在这场战争中被俘掠的土番男女，被弄到了京师。一大部分被安置在香山静宜园附近新建立的健锐云梯营营房左右居住。目的是当作假想之敌！正在这当儿，曹公雪芹以狷傲之身离开右翼宗学，归旗西山，著书黄叶之村。这批土番近在咫尺，目有所见，耳有所闻，因而《红楼梦》中就出现了“土番”，也是情理之中。

在同一回中，还有这么一段宝玉的话：

雄奴二音，又与匈奴相通，都是犬戎名姓。况且这两种人自尧舜时便为中华之患，晋唐诸朝，深受其害。幸得咱们有福，生在当今之世，大舜之正裔，圣虞之功德仁孝，赫赫格天，同天地日月亿兆不朽。所以凡历朝中跳梁猖獗之小丑，到了如今竟不用一干一戈，皆天使其拱手俛头，缘远来降。

“犬戎”正是古代汉族对吐蕃的又一称呼，见于韩愈、白居易的诗《缚戎人》，又见于《新唐书》卷215《突厥传》“吐蕃，犬出也，唐与为婚”等记载。文中所说的“不用一干一戈，皆天使其拱手俛头，缘远来降”，都是反映了当时社会上弥漫的歌功颂德的风气的影响。假如，就清初顺、康、雍之世，在民族事务方面，争取北方蒙古族和西方藏族合作共事的成功，是可以如宝玉所说：“如今四海宾服，八方宁静，千载百载不用武备。”但，乾隆一朝，穷兵黩武，刻意追求“十全武功”，造成了人民的痛苦、社会的动乱，则又作别论了。

当曹雪芹蛰居西山时，他能见到的“土番”，又是怎样生活的呢？其一，建立健锐云梯营与实行攻碉的操练，事见乾隆十五年（1750年）御制《赐健锐云梯营军士食，即席得句，有序》：

> 朕于实胜寺旁造塞庐以居云梯军士，命之曰：健锐云梯营，室成居定。兹临香山之便，因赐以食，是营皆去岁金川成功之旅，适金川降虏及临阵俘番习工筑者数人，令附居营侧，是日并列众末，俾预惠焉。

朱彝尊《日下旧闻考》中把健锐云梯营的建制，营房的分布、序列、碉楼数目一一都做了极为详尽的描写。由此可知，正是曹雪芹所居住的村邻所在，比屋而居。

上述御制诗里提到的实胜寺，见于乾隆十四年《御制实胜寺记》碑文（《日下旧闻考》），说得明白：

> 去岁夏，视师金川者久，而弗告其功，且苦酋之恃其碉也。……因忆敬观列朝实录，开国之初，我旗人蹑云梯肉薄而登城者，不可屈指数，以此攻碉，何碉不克？今之人犹昔之人也。则命于西山之麓为石碉也者，而简佽飞之士以习之，未逾月，得精其技者二千人。更命大学士忠勇公傅恒为经略，统之以行。……是以敌忾以往者，率中这而归，窃恨未施其长技，有余怒焉。记不云乎，反本修古，不忘其初，云梯之习犹是志也。而即以成功。……因命择向庀材，建寺于碉之侧，名之曰实胜。夫已奏之绩不可忘，已习之艺不可废。于是，合成功之旅，立为健锐云梯营，并于寺之左右建屋居之。

间亦依山为碉，以肖刮耳、勒歪之境。

可以明确知道，健锐云梯营的建立、碉楼的修造、实胜寺的兴建，都是与大小金川之战——土番之战息息相关，而且这些事都有极明确的针对性。健锐云梯营军士为了攻打碉房，而碉房确实是金川土番自恃险阻的据守工事，乾隆为此十分头痛，专门训练这一支攻坚技术兵种，但未能用上，战事已经结束。然而，军事训练并未停止，而且有了加强。在第二次金川之战中显露出来！

碉房的修造完全模仿金川当地的格局，并且让俘虏来的土番参加修筑工程，力求惟妙惟肖。目的只有一个：加强实战的训练。还可以从乾隆十五年御制诗另一首《番筑碉》（《日下旧闻考》）中得到证明：

番筑碉，筑碉不在桃关之外，乃在实胜寺侧西山椒。狼卡稽颡归王化，网开三面仁恩昭，叔孙名子不忘武，佽飞早已旋星轺。俘来丑虏习故业，邛笼令筑拔地高。昔也御我护其命，今也归我效其劳。

番筑碉，不惟效劳，尔乃忘其劳，魋结环耳面颓𪢝，嗜酒喜肉甘膻臊。但得酒肉一醉饱，浑忘巴朗卡撒其故巢。其妇工作胜丈夫，粉不能白胚且幺。不籍绳墨与规矩，能为百尺森岩峣。

番筑碉，侏离番语为番谣，扬声强半不可晓。大都慕义怀恩膏。亦不为汝慕义怀恩膏，我自两阶文德舞戚旄，偶有汝制役汝曹，赉汝金线为锦袍。

这首诗描写土番人修筑碉房的技艺、生活习性以及与当地军士、人民共同劳动的关系。这些事实不能不给曹雪芹以影响。而且，上述诗文中提到金川有关的地名，如巴朗、卡撒、刮耳、勒歪；人名如莎罗奔、郎卡或狼卡，都可帮助读者了解金川土番之役在乾隆的心目中占有多大的比重！

另外一部分被俘虏的土番，则被分赏功臣，蓄为奴婢。奴隶社会在中国进入成熟的封建制度以后就已经灭亡了，但蓄养奴婢的制度却像膏药一样长期以来贴在封建社会的肌体上，成为封建制国家中长期残留的奴隶遗迹。我们还是举唐代材料为例：

以击吐谷浑功，赐李大亮奴婢一百五十口。以击高丽功，赐李道宗奴婢四十口。以击高丽功，赐薛仁贵奴婢十口。以平高昌功，赐姜行本奴婢七十口。①

满洲人在开国之初，进关之前也有将俘虏分赏勋戚充作奴婢的习惯。如《满文老档·太祖》卷6所载："天命三年（1618年）四月十五日，攻取明抚顺诸城堡，次日，即分Olji——俘获三十万。"②

说到这里，我们大致可以确信《红楼梦》第63回中所云"究竟贾府二宅皆有先人当年所获之囚，赐为奴隶，只不过令其饲养马匹，皆不堪大用"，不是凭空而来，而有其事实根据的。那么，回到芳官所说"咱家现有几家土番"一语，恐怕就是指当时分配到功臣勋旧府中的被俘的金川——土番降虏吧！这些，既是曹雪芹目击身经的事，也就成为他创作的材料了。于是《红楼梦》里也就出现了"土番"和"几家土番"！

（原载中国曹雪芹研究会编：《曹学论丛》，群众出版社，1986年。）

---

① 载《唐史研究论文集》，1983年。

② 周远廉：《清朝开国史研究》，辽宁人民出版社，1981年，第86页。

藏译本《大唐西域记》的翻译、译者和大乘上座部等几个问题述记

欣逢季羡林（希逋）先生九十华诞，衷心祝贺先生健康长寿，以此短文略表五十年来受先生教诲的谢意！

一

1989年秋冬两季，余应日本京都佛教大学之聘，在该校佛教文学系客座讲学期间，又应大谷大学之邀作一次学术演讲，介绍“中国藏学研究发展之概况”。承大谷大学佛学研究所负责人川崎先生厚意，赠我《大唐西域记》藏文译本之复印本。此册共151页，十分精美，清晰整洁，完整可读。

关于《大唐西域记》一书的重要意义，其在历史学、地理学、宗教学、社会学、语言学和中西交通史诸学科上的重要价值早有定论，毋庸多言。具有英、日、法、德诸多译本，也早为学术界所熟知。而且以季羡林先生为主编的一批国内顶尖学者组成专门班子，对该书进行大规模的整理、注释，完成了迄今为止的

一大工程，更传为美谈。但该书的藏文译本，本应受到更多的关注，希遁师曾就书中“大乘上座部”一词垂询于区区：在藏文本中是如何解释的？当时手中无书，只能就一条复印短件奉复，心中甚为悬念藏文译本全文的情况。西藏社会科学院的马久和阿才二位同志，曾发表他们的研究《〈大唐西域记〉藏译本校勘》，① 使我增加了不少知识，非常高兴。但马、阿二同志文中对译者问题没有解决，其写本又为166页，似与我手中的151页写本不同，借阅又很不方便，心中踌躇良久，难以如愿。今借此机会，将手头流传在日本的写本情况略加介绍，以供同好。

应该说明，蒙古藏学家比拉博士曾在1973年发表过 Tibetan Translation of Hsuan-Tsang's Ta-tang-si-yu-ki Made by Gung Gom-bo-jab with the Foreward of Dr. Sh. Bira 一文，不知他使用的哪一种写本。日本大谷大学名誉教授佐佐木教悟，曾在1953年发表过《〈西域记〉的藏语语译及其译者》一文，② 是第一位利用这一写本的学者。而且在写本前附有一册比勘表，使用方便。这里仅仅就写本的内容分别和译者情况作一简单介绍，深一层的研究尚待来日。

二

《大唐西域记》的藏文译本共151页，勒为10卷，与汉文本12卷相比，稍有不同，各卷分列如下：

第1卷：自第3页b.2起，至第18页b.2止（藏文本每页两面，正面为a，背面为b，每面7行）。内有34国：阿耆尼国、屈支国、跋禄迦国、笯赤建国、赭时国、怖捍国、窣堵利瑟那国、飒秣建国、弭秣贺国、劫布呾那国、屈霜你伽国、喝捍国、

① 载《世界宗教研究》1984年第3期。

② 载《印度学佛教学研究》第2卷第1号，1953年。

捕喝国、伐地国、货利习弥伽国、羯霜那国、呾蜜国、赤鄂衍那国、忽露摩国、愉漫国、鞠和衍那国、镬沙国、珂咄罗国、拘迷陀国、缚伽浪国、纥露悉泯健国、忽懔国、缚喝国、锐秣陀国、胡实健国、呾剌健国、揭职国、梵衍那国、迦毕试国。

第2卷：自第18页b.2起，至第28页b.3止。内有3国：滥波国、那揭罗曷国、健陀逻国。

第3卷：自第28页b.3起，至第54页b.1止。内有23国：乌仗那国、钵露罗国、呾叉始罗国、僧诃补罗国、乌剌尸国、迦湿弥罗国、半笯嗟国、曷逻阇补罗国、磔迦国、至那仆底国、阇烂达罗国、屈露多国、设多图卢国、波里夜呾罗国、秣菟罗国、萨他泥湿伐罗国、窣禄勤那国、秣底补罗国、婆罗吸摩补罗国、东女国、瞿毗霜那国、垩醯掣呾罗国、毗罗删那国。

第4卷：自第54页b.1起，至第64页b.1止。内有7国：劫比他国、羯若鞠阇国、阿逾陀国、阿耶穆佉国、钵罗耶伽国、憍赏弥国、鞞索迦国。

第5卷：自第64页b.1起，至第81页b.4止。内有6国：室罗伐悉底国、劫比罗伐窣堵国、蓝摩国、拘尸那揭罗国、婆罗痆斯国、战主国。

第6卷：自第81页b.4起，至第101页b.4止。内有4国：吠舍厘国、弗栗恃国、尼婆罗国、摩揭陀国（上半）。

第7卷：自第101页b.4起，至第115页b.7止。内为摩揭陀国之下半部续编。

第8卷：自第115页b.7起，至第128页b.5止。内有16国：伊烂拏钵伐多国、瞻波国、羯朱嗢祇罗国、奔那伐弹那国、迦摩缕波国、三摩呾吒国、耽摩栗底国、羯罗拏苏伐剌那国、乌荼国、恭御陀国、棱羯伽国、憍萨罗国、案达罗国、驮那羯磔迦国、珠利耶国、达罗毗荼国。

第9卷：自第128页b.5起，至第141页a.6止。内有23国：僧伽罗国、恭建那补罗国、摩诃剌陀国、跋禄羯呫婆国、摩腊婆国、阿吒厘国、契吒国、伐腊毗国、阿难陀补罗国、苏剌侘国、瞿折罗国、邬阇衍那国、掷枳陀国、摩醯湿伐罗补罗国、信度国、茂罗三部卢国、钵伐多国、阿点婆翅罗国、狼揭罗国、波剌斯国、臂多势罗国、阿荼釐国、伐剌拿国。

第10卷：自第141页a.6起，至第151页b.3止。内有22国：漕矩吒国、弗栗恃萨傥那国、安呾罗缚国、阔悉多国、活国、瞢健国、阿利尼国、曷逻胡国、讫栗瑟摩国、钵利曷国、呬摩呾罗国、钵铎创那国、淫薄健国、屈浪拿国、达摩悉铁帝国、尸弃尼国、商弥国、朅盘陀国、乌铩国、佉沙国、斫句迦国、瞿萨旦那国。

再比较一下汉藏本之异同，有以下几点：（1）汉文本卷首本有秘书著作郎敬播的序文，其后又有尚书左仆射燕国公张说的序文；二序均未译成藏文。（2）卷2文前有关于印度（天竺）的总论及议论文字颇长，在藏文译文中也全部予以省略。汉文原意说："印度之境疆界具举，风壤之差大略斯在。同条共贯，粗陈梗概。异政殊俗，据国而叙。"藏文翻译者认为，既然是"据国而叙"，何必多此一举，显得重复、累赘，干脆省去不译。（3）藏文译文前加一总说，提示翻译此书的缘起及重要性，言简意赅；在紧要处附上简短而明晰的脚注，使译文更加顺畅明了，都是译文可取之处。至于藏文译文中省略若干民俗、神话，大概也是译者认为删繁就简，旨在达意也。

三

《大唐西域记》的藏文译者为谁，过去有几种揣测，没有定论。据手头的写本（日本京都大谷大学藏本）而言，可以确信为乾隆年间蒙古族学者工布查布无疑。

该写本尾页（第150页b）有如下题跋：

vdivi mjug tu/ thang gur gyi/ sde snod gsum pa/ lo chen theg chen lhavi/ rnam thar/ phyogs gcig tu/ bkod pa ni/ bdag gi rgya nag chos byung du/ lo chen devi rnam thar/ mdor bsdus bsgyur yod par don gyis thob pas/ yang bsgyur ma dgos so// sivi yus kyis zhes bya ba vdi/ rgya nag gi bstan vgyur du yod pa/ kung mgon po skyabs kyis/ bod skad du bsgyur ba/ bod skad kyi nyams ma thon pa dang/ yul gyi rgyal povi ming dang/ chu klung gyi ming dang/ ri bo sogs kyi ming/ phal che ba/ sam skri ta dang phal skad dang/ yul so sovi skad dang/ kla klovi skad sgos/ rgya nag gi yi ger/ zur chag tu yod par bod yig duvang de ltar bris vdug pa/ ji bzhin mi shes pas/ vchos ma nus shing/ rnam dbye nor ba dang/ tshig phrad nor ba/ bod nyams ma thon pa sogs/ rgya yig gi si yus kyis dang stugs te bsgyur bcos byed pa ni/ mchod rten dkar povi dgon gyi/ dza sag bla ma/ cha kan zhabs drung/ bskal bzang dge legs rgyal mtshan no//

汉译如下：

> 译文之末附有“［作者］《大唐三藏大译师大乘天本传》，在拙著《汉地佛教源流》一书中，已有大译师之传略专章，可以参阅了解，故于此阙译。”
>
> 《西域记》在汉文大藏经论著部中收录。公工布查布译为藏文，其中某些地方不合藏文习惯，且［西域］王国君主之尊号、山川地名、梵文、印度俗语方言、夷蛮土语等等，在汉文中均已约定俗成，藏文循例译出，未敢妄改。而藏文文法之误，遣词措语有不合藏文习惯者，乃取汉文本对照，略加改动而已。白塔寺札萨克喇嘛、察罕夏仲、噶桑格来坚参谨白。

按“大乘天”是印度人对玄奘法师的尊称。这位校订者是西藏人（或蒙古人而通藏、汉文者），对《大唐西域记》译者工布查布是十分尊重的，对文字“不敢妄改”和“略加改动而已”，态度诚恳而谦虚。他官拜白塔寺札萨克喇嘛，品级不低，依《藏汉大辞典》第2332页的解释："札萨、札萨克：清代官名，义为总管。有备兵札萨克与旗札萨克。外有喇嘛为札萨克者管辖僧众。此官在原西藏地方政府为正三品。"而且充当察罕活佛的夏仲（近侍），在京城白塔寺即西四牌楼以西的妙应寺担任总管。白塔寺是元代以来归属藏传佛教的著名寺庙，在《蒙藏佛教史》第7篇68—69页有专章描写：元代依辽代旧址兴建白塔，尼泊尔工匠阿尼哥设计监造者。"制度之巧，古今无匹"，名为大圣寿万安寺，供奉帝后御容及旃檀佛像，屡经重修扩建。明天顺元年（1457年）改称妙应寺。"成化朝，复于塔上环造铁灯108座，入夜燃之，金彩四射。"清代康熙、乾隆年间又经修缮，成为都城一大胜迹。这位噶桑格来坚参喇嘛有一定的水平，能在都城大寺掌印管僧。公务之余，居然校阅《大唐西域记》的藏文译文，使之贴近原文，流传人间，功不可没。

而译者工布查布更值得大书一笔：工布查布（mgon po skyabs）有"公"一级的爵位，蒙古乌朱穆沁部人。幼时承康熙帝鞠育之恩而为仪宾，因而与西藏喇嘛、信徒接触，精通西藏语言。雍正帝将他留在帝都，担任西番学总理。这是专门应对藏事的研究、教学和服务于帝王的机构。他直接与宫廷接触，经常担任翻译的任务，颇有名气。到乾隆年间，陆续译出并刊布其所译经典，其一为《造像度量经》。其在引言中云：

> 余先在恩师敕封弘教三藏广智法王宝榻前亲受《密集》曼［达］那罗尺寸时，并得佛像及塔之尺寸，附安藏法要集偈番本。虽未能熟习，亦自知珍惜之，盖慎藏而弗失者有年矣！……近陕西洮州敕赐禅定寺崇梵静觉国师喇嘛来朝，晤于公署，……国师赠经之模本并图像五篇，俱择日而程其功，……仰赖佛力，已获垂成。凡我同好，永远供为资粮矣！因仿番王佛陀阿布提所作无明传略引，而书于经首。时乾隆七年佛从忉利天还日，依番［历］九月二十二［日］，番学总管漠北工布札布谨识。

在乾隆八年（1743 年）又译出《弥勒菩萨发愿王偈》。另有《药师七佛供养仪轨如意王经》，不知何年译出，其卷首云：

大清册封西天大善自在佛领天下释教普智持金刚达赖喇嘛造；

内阁掌译西番蒙古诸文、番学总管仪宾工布查布旧译，崇梵静觉国师琢样珞瓒校对；

传贤首宗讲经论沙门、京都静默寺主持僧海宽润色；

内廷经咒馆行走、梵香寺大喇嘛巴尔藏嘉磋补译；

显亲王府润色校勘。

此外，传世的《汉地佛教史》一书，是工布查布的专门著述，更受人们重视。如今，通过《大唐西域记》这一重要译作，使我们对这位促进汉藏文化交流的资深学者深为崇敬。作为蒙古族人，受满族领袖人物的嘱托，沟通汉藏文化，增进人民情谊，其功厥伟。在今天，我们不由得记起 1400 年前的玄奘法师的事迹在藏族人民间得以传颂，他的精神得以弘扬，而工布查布的孜孜不倦的敬业美德更是我们后生小子学习的榜样。

四

季羡林先生在《关于大乘上座部的问题》一文中写道：

玄奘在《大唐西域记》中有五个地方提到“大乘上座部”。大乘本无所谓“上座部”和“大众部”之分。因此就给各国研究《大唐西域记》的学者带来了问题和困难。一百多年来，欧洲和日本的学者议论纷纭，然而始终没有准确地解决这个问题。①

季先生把《大唐西域记》中提到的 5 处“大乘上座部”一

① 收在《季羡林学术论著自选集》，北京师范学院出版社，1991 年。

一划出，让大家注意这个矛盾。现在依照季先生所提示的5处，把藏译本中相应的地方找了出来，对应着藏汉两种文字，来看看藏文本中是如何对待这个矛盾，解决该矛盾的。

1. 摩揭陀国

“僧徒减千人，习学大乘上座部法。”

藏文101页b：

der gnas pavi dge vdun chig stong lhag tsam thams cad gnas brten sde pa theg chen spyod pa kho navo/

译文：彼处住生僧侣千余人，均为上座部专一奉行大乘教法者也。

2. 棱羯伽国

译文：“少信正法，多遵外道。伽蓝十余所，僧徒五百余人，习学大乘上座部法。”

藏文123页a：

nang pa la mos pa nyin skar tsam dang phal cher phyi rol pa kho na la brten no/ gtsug lag khang bcu lhag tsam la dge vdun lnga brgya lhag gnas brten sde pa theg chen pa sha stag go/

译文：信仰内教的寥若晨星，大都信奉外道。伽蓝十余所，僧徒五百余，均为上座部大乘教徒也。

3. 僧伽罗国

“伽蓝数百所，僧徒二万余人，遵行大乘上座部法。”

藏文130页b：

yul na yin cing rgyal pa a sho kavi nu bo dbang ches lhag par mdzad do/ gtsug la khang chig brgya tsam la dge vdun gnyis khri lhag tshogs shing theg chen pa sde pa gnas brten pavo/

译文：此处人众当时惟宗淫祀，崇奉天祠，无忧王弟摩醯因陀罗尤殊崇奉。伽蓝百余所，聚僧徒二万余众，大乘教徒上座部众也。

4. 跋禄羯呫婆国

“伽蓝十余所，僧徒三万余人，习学大乘上座部法。”

藏文 134 页 b：

gtsug lag khang bcu la dge vdun sum brgya lhag theg chen spyod pa gnas brtan sde pavo/

译文：伽蓝十所，僧徒三万余人，为行大乘教法之上座部众也。

5. 苏剌侘国

“伽蓝五十余所，僧徒三千余人，多学大乘上座部法。”

藏文 137 页 a：

gtsug lag khang lnga bcu lhag par dge vdun sum stong lhag pa theg chen spyod cing sde pa gnas brten pavo/

译文：伽蓝五十余所，僧徒三千余人，为行大乘教法上座部众也。

从以上五处的藏文译文来看，分为（1）上座部奉行大乘教法者，（2）上座部大乘教徒，（3）大乘教徒上座部众三类。究文字实义来讲，都是上座部教徒，而又奉大乘教法者，意思是一样的。看来，藏文译者对于这一点是毫不怀疑的，就像季先生在文中引用的威利·布散（Vallée Poussin，1869—1937）的话：“这指的是遵守小乘上座部的律而又采用大乘某些教义的寺庙。”也就是说，就大乘上座部的僧团而言，他们执行的律仍然是上座部的律，他们的法统仍然是上座部的法统，但同时他们又接受了大乘的学说，可能这就是玄奘法师在《大唐西域记》中称之为“大乘上座部”的原因。藏族学者多罗那它（Tāranātha，1575—1634 年）在其所著《印度佛教史》第 42 章中，总结性地说：“先前只有声闻（小乘）教法弘传时，他们肯定有不同的宗派。大乘兴起以后，大乘的所有僧众虽然也属于这些部派之中，但是由于他们奉持大乘教法，所以不受原先各自所属宗派的影响。……无论奉持大小乘各种宗派的，在戒律行持与实践方面都互不混淆，因此，应当懂得四部的区分也是因戒行的差别而产生的。”① 王邦维先生在《南海寄归内法传校注》中引用了这一段话的藏文原文，并表明“这就是我所想要说的观点”!② 季羡林先生在文中也肯定地指出：“在佛教史上，大乘和小乘的形成与部派的形成完完全全是两回事。部派最初形成时，主要分歧是在律的方面。在以后的发展中，逐渐产生了教义方面的分歧。”③

谈到此处，我们是否可以这样来看：本来按佛教发展的历史，声闻乘（小乘）在佛入灭后百年，由于对戒律的认识不同，分裂为大众、上座二部。后又继续分出18部或20部。影响最大而且为僧众多数认可的有4部，就是：上座部、大众部、说一切有部和正量部。迨大乘兴起，那是信仰和教法理念上的问题，最初并不涉及部派。后来，佛教的宗教教义和哲学得到了大发展，异说纷纭，出现了大量的“阿毗达摩”之类的著作，部派也就参合了信仰和理念。王邦维在《南海寄归内法传校注》中，有一个比较平实的概括：“毗舍离结集以后，佛教分裂为上座、大众两大部派，在这以后的几百年里。上座、大众二部又继续发生所谓分十八部、二十部或更多部。……我们这里关心的是导致部派分裂的最初根本的原因。应该说，这个原因就在于律的分歧。”④我们再回到义净以最简单的划分来区别大小乘的观点，他说：“若礼菩萨，读大乘经，名之为大。不行其律，名之为小。”⑤

（原载乐黛云编：《季羡林与二十世纪中国学术——纪念季羡林教授九十寿辰》，北京大学出版社，2001 年。）

---

① 《印度佛教史》（rgya gar chos vbyung，1608 年成书），张建木译，四川民族出版社，1988 年，第 264 页。

② ［唐］义净：《南海寄归内法传》，王邦维校注，中华书局，1995 年，第 88 页。

③ 收在《季羡林学术论著自选集》，北京师范学院出版社，1991 年。

④ ［唐］义净：《南海寄归内法传》，王邦维校注，中华书局，1995 年，第 88 页。

⑤ ［唐］义净：《南海寄归内法传》卷 1，金陵刻经处藏版，支那内学院印本。

千江映月　同是一月

——《解深密经疏》遗事掇琐

一代宗师陈寅恪先生（1890—1969年）平生“未尝侮食自矜，曲学阿世”[①]，高风亮节，为世人共仰。其所撰文章每多以小见大，通过精审绵密之考证，作思想哲学上之剖析，深究社会之背景，政治之变迁，经济之动态，文化之差别，一字之微常发千年之覆。

盖因先生生逢乱世，日睹列强环伺，谋我边疆，国事日非，边患日急，乃亟思有以启迪国人，敌忾同仇。遂锐意精研边疆民族及中亚史地。曾云：“默察当今大势，吾国将来必循汉唐之轨辙，倾其全力，经营西北，则可以无疑。”[②] 远识过人，慧眼如炬。并坚定相信“考自古世局之转移，往往起于前人一时学术趋向之细微，迨至后来，遂若惊雷破柱、怒涛振海之不可御遏”[③]。这种坚毅卓绝的精神实在是吾国知识分子最为崇高的忧

---

① 《赠蒋秉南序》，载《寒柳堂集》第162页。据《编年事辑》系壬辰（1964年）作。

② 《朱延丰突厥通考序》，载《寒柳堂集》第144页。据《编年事辑》系甲午（1942年）在桂林时作。

③ 《朱延丰突厥通考序》，载《寒柳堂集》第144页。据《编年事辑》系甲午（1942年）在桂林时作。

患意识，“先天下之忧而忧”，“天下兴亡，匹夫有责”，悲悯、壮烈情怀，溢于言表，曾有诗咏史：

唐碑墨本手摩挲，回忆当年感慨多。
逻逤娑不烦飞驿鸟，和林还别贡峰驼。
赐秦鹑首天仍醉，受虏狼头世敢诃。
自古长安如弈戏，收枰一著奈君何。

题作：“昔居北平清华园，尝取唐代突厥、回纥、吐蕃石刻补正史事，今时议感赋。”[①] 时在乙酉（1945 年）。吴雨僧（宓）先生为寅恪先生知友，对“感时”一事有注，云：“时宋子文与苏俄订约，从罗斯福总统雅尔达秘议，以中国东北实际割让与苏俄，日去俄来，往复循环，东北终非我有，此诗及前后相关数诗，皆咏其事而深伤之也。”[②] 对故国河山深情眷恋。先生多次运用史料证吐蕃史事。庚寅（1950 年）作《元白诗笺证稿》中《缚戎人》、《城盐州》即其著名篇作。远在庚午至辛未（1930—1931 年）发表的传世大作“蒙古源流研究”之系列论文，厥为吾国治蒙藏史地之典范。

此事绝非偶然，远在 1923 年，先生游学德国时，即有志于董理藏学（Tibetology 或 Tibetan studies）曾云：

我今学藏文甚有兴趣，因藏文与中文系同一系文字，如梵文之与希腊、拉丁及美俄德法等之同属一系。以此之故，音韵训诂上，大有发明。因藏文数千年用梵音字母拼写，其变迁源流，较中文为明显。如以西洋语言科学之法，为中藏文比较之学，则成效当较乾嘉诸老，更上一层。然此非我所注意也。我所注意者有二：一，历史（唐史、西夏）。西藏即吐蕃藏文之关系自不待言。一，佛教。大乘经典印度极少，新疆出土者亦零碎。及小乘律之类，与佛教史有关者，多中国所译，又

① 《寅恪先生诗存》，《寒柳堂集》。
② 《编年事辑》第 126 页。注在“玄菟”诗下，但所及者实乙酉年作相关数诗。

> 颇难解。我偶取《金刚经》对勘一过，其注解自晋唐起至俞曲园止，其间数十百家，误解不知其数。我以为除印度、西域外国人外，中国人则晋朝、唐朝和尚能通梵文，当能得正确之解，其余望文生义，不足道也。①

这一封信十分重要，可以说是寅恪先生关注藏学——以语言学功力求宗教、历史研究的鹄的之早期论述。汪荣祖把这封信看做“寅恪一生治学的纲要”。② 这话是十分准确的。事实上，寅恪先生在欧美游学期间，长达十年，只求学问，不求学位。以绝大部分精力精研多种语文，而藏文则是他最为注意的文字，汪荣祖慨叹“寅恪彻究语言文字，旨在打好做学问的基础”。③ 学术界公认寅恪先生“深受德国历史语文学派影响，毕生重视语文史料，并且进而从史实中求史识”。④

下面，我们来看看寅恪先生利用藏文佛经所做的一项重大贡献。时在1927年，寅恪先生发表了《大乘稻芊经随听疏跋》一文，以藏文史料考证出一系列问题：首先论证法成“其人为吐蕃沙门，生当唐文宗太和之世，译经于沙州、甘州”。⑤ 其次，又列举出法成译著之经论，诸如敦煌本《大乘稻芊经随听疏》、

---

① 《与妹书》，原载《学衡》第20期，1923年。收入《陈寅恪先生论文集》（台湾）下册。今据汪荣祖《史家陈寅恪传》第52页转录。

② 汪荣祖：《史家陈寅恪传》，台湾联经出版事业公司，1984年，第53页。

③ 汪荣祖：《史家陈寅恪传》，台湾联经出版事业公司，1984年，第54页。

④ 《冯友兰中国哲学史上册审查报告》，载《金明馆丛稿二编》第48页。汪荣祖注意及此，亦有论及，见汪荣祖：《史家陈寅恪传》，台湾联经出版事业公司，1984年，第56页。

⑤ 文载《金明馆丛稿二编》第254页。而法成之身世、事迹颇引起注意和争论；日本龙谷大学教授上山大峻以《大蕃国大德三藏法师法成及其事迹》一文论述法成为汉僧，即敦煌蕃占时期著名的僧统吴和尚。论文原刊于日本京都大学《东方学报》第38、39期，1967—1968年。收入该氏专著《敦煌佛教研究》1990年，法藏馆出版。旅法华裔学者吴其昱教授撰述《大蕃国大德三藏法师法成传考》，载《讲座敦煌7：敦煌与中国佛教》（由福井文雅、樋口胜译为日文），东京：大东出版社，1984年。吴氏论证法成为西藏僧人，在沙州、甘州一线译经、宏法大德，与吴和尚并非一人。笔者曾于1980年7月，在《文物》杂志发表了《藏族翻译家管·法成对民族文化交流的贡献》一文，介绍法成的事迹和家族历史。吴其昱与笔者均服膺陈寅恪先生的论断——即法成法师乃吐蕃之大德也。请读者检阅上述资料、研究。

《般若波罗蜜多心经》、《诸星母陀罗尼经》、《瑜伽论附分门记》、《萨婆多宗五事论》、《释迦如来像法灭尽之记》、《观如来无染著功德赞》等。此外，见于藏文大藏经中，则有《善恶因果经》、《义净译金光明最胜王经》之重译本，有关《观音菩萨神咒》三种（柏林图书馆所藏西藏文正藏目录第123页第5号，第124页第1号及第5号等）。① 再次，与本文有直接关系者，乃是寅恪先生说："予又检阅北京本西藏文续藏满蒙汉藏四体目录，见第四十一函契经解中，有经部《深微宗旨确释广大疏》一种，震旦律师温𠸄个撰，答哩麻悉谛译。"紧接着，做出正确的判断说："答哩麻悉谛之名本自蒙古文音译而来，盖蒙文目录，此疏译文之名，依据梵文作 Dharma-sidhi 即藏文 Chos-grub，中文'法成'之意译。温𠸄个者，圆测二字之讹译，是书实系玄奘弟子圆测《解深密经疏》之藏文译本。"下面，寅恪先生颇带感情而充满希望地说："西明疏为法相宗宝笈，中文原本今已残阙。若自藏文译补。俾千年古籍，复成完书，亦快事也。"②

寅恪先生此文章发表后50年，我国佛学界终于完满地了却他的心愿，中国佛教协会印行《解深密经疏》，系今人观空法师据藏文本还译，卒使圆测之疏得以补成足本，真正是"千年古籍，复成完书"。既是一大快事，也是一大盛事。中国佛教协会会长赵朴初居士乃为佛教界这一千古胜缘，足本《解深密经·圆测疏》作一极为周详宏瞻的长序，序曰：

> 《解深密经》（Samdhinirmocana Sutra），自刘宋求那跋陀罗刱翻，中经元魏菩提留支、陈真谛两家，至唐玄奘法师，凡有四译。其中宋、陈两译，仅节取全经少分。魏、唐二本，为全译而品目开合略别。此经境、行、果三，赅摄无余。陀那深细，明身心之一如；如来成事，显佛地之业用；判三时之浅深，畅一乘之宗极，

① 《金明馆丛稿二编》，第254页。

② 《金明馆丛稿二编》，第245、254页。

阐止观于瑜伽，辨了义于三性。理事悉备，要言不烦。诚大乘之纲领，法相之钤键也。昔玄奘法师于中印度那烂陀寺，听戒贤法师为讲《瑜伽论》三遍。而此经除序品外，全文收入《瑜伽论》（第75—78卷）。故奘师于此经，可云尽得戒贤之心传。及其周游西宇，学满还唐，所出经论，随翻随讲，弟子录记，多数口义。奘门多贤，测、基称首。圆测法师（613—696年）者，以新罗之王孙，为释迦之法嗣。三龄入道，餐胜义于孩提；十五受业，扬德辉于邦域。乃以志切弘通，振锡而来，游方参学，声闻日远。贞观之末，慈恩东返，长安一遇，宛若旧知。由是瑜伽唯识，泻瓶无隐，终始译业，倚畀良殷。测师奉侍无违，咨承无厌，竺贤深义，所得独多。所作《解深密经疏》十卷（金陵刻经处本合有40卷），广征教典，备存师说，持论精审，为世宝重。时令因、玄范、憬兴、元晓各家，并有疏记，遭会昌法难，散佚无存。独测师此《疏》以东邦学僧赍持还国，累业传习，赖以不坠。清末石埭杨仁山居士，曾自扶桑取回刊印，流布海内。慧炬掩千祀而复明，绝学涉万涛而还续。法相重兴，功德不朽。惜原本以代祀绵远，致有残缺，其中九卷（金陵刻经处刻本，当第27卷）失品题之释，十卷（金陵刻经处刻本，当第35—40卷）成无字之章。德海汪洋，怅失舟楫，欲渡无航，学者憾焉。然西藏《丹珠藏》中，译存此疏全文。译者法成法师，晚唐西蕃大德也。法师出生廓（vgos）氏望族，为西藏佛教前弘期著名译师，精娴梵、藏、汉土文字。约于唐大和七年（833年）来游沙州，尔后往返甘、沙两地，译经说法，垂三十年（约833—859年）。由敦煌遗书中尚可考见，其由汉译藏者有十余部，由藏译汉者数部，经论讲疏若干部，皆为三藏要籍。所有译文，今以传本对勘，见其译义精当，属词雅训，诚译事之上乘也。至其讲疏《瑜伽》大论，更能校汉、藏两译之异同，探弥勒、无著之深意。显微阐幽，开比较研究之径蹊；正言断词，导科学治经之先路。稽之往史，洵属难能。测《疏》得其译存，全文得以不泯，谓非千古之幸事耶？自四害消除，华夏重光，党之宗教政策复暖人心，佛教学人竟欲竭智尽力，增辉四化。有观空法师，幼禀道心，长怀卓志。仰奘师之景行，慕成公之高风。蜀道崎岖，不懈探骊之愿；雪岭巍峨，终获象罔之珠。住藏三十载，闻修并勤。言返首都，译述不倦。测《疏》残佚，每怀痛惜。誓译藏本，用补阙文。黾勉二载，功业毕具。杀青甫就，征序于余。余惟深密法门，传于弥勒，授予戒贤，译于玄奘，述于圆测，宝藏于东瀛，译存于西藏。上下千百年，广员数万里。合印、汉、藏、朝、日无数大德之力，辗转授受，始得幸存天壤。今者金瓯复完，观师之功居首。远绍古德之殷勤，近慰时贤之渴望。合浦珠还，喜法宝之重归；连城璧返，庆研几之有据。岂仅佛教不思议之胜缘，抑亦竺、汉、藏、朝、日文化交流史之一胜事也。余故乐而为之序。虽然，犹有进者。汉本测《疏》传世既久，辗转移录，难免鱼鲁之讹。成公译本，距测师不过百余年，去古未远，所据原文，必更近真。若能对勘汉藏全《疏》异同，录为校记，以饷学人，则功德更为圆满矣。此一事也。又闻《丹珠藏》中，尚有无著菩萨所作《解深密经释》，文约义丰，为斯宗要典。译而出之，与此疏相辅而行，则更如画龙点睛矣。此又一事也。质之高贤，以为何如？是为序。

佛历二五二四年初冬　赵朴初①

---

① 中国佛教协会刊行《解深密经疏》。

掇 琐

一

《解深密经》，5 卷，唐玄奘于贞观二十一年（647 年）在长安弘福寺译出，共分八品。藏文本题名 vphags pa dgongs pa nges par vgrel pa shes bya ba theg pa chen povi mdo，可译为“解深圣密意大乘经”，收在《甘珠尔》众经部。据德格版目录编号为 106。何人所译，失载。本经解释大乘境、行、果的深义，全经八品提要如下：

一、序品：叙述佛陀的殊胜功德和所展净土之庄严，以及所有能解深义、密义的无量菩萨声闻大众。

二、胜义谛相品：说胜义谛相离言离分别，超越一切寻思与一切法，非一非异，而遍在一切法中，平等一味，即离言法性，亦即诸法实相。

三、心意相识品：就世俗谛叙述八识（心意识）的体相，说明阿赖耶识生灭相续，是生死根源，以及它的各种名称及其差别，乃至眼、耳、鼻、舌、身、意六识生起等相。

四、一切法相品：总括一切诸法的体相为遍计所执、依他起、圆成实三种性相，以说明一切染净的法相。

五、无自性相品：明一切诸法皆无自性，即依三种自性立三无性。其中遍计所执性相是假名安立，即相无性。依他起相是依众缘所生，即生无性。圆成实相是一切法的胜义谛，为一切法无我性所显，即是胜义无性。由此和会一乘、五性之说，谓声闻，独觉，菩萨三乘有情，都由此无自性性一妙清净道，证得无上涅槃，由此密意说：惟有一乘，但其中也有钝根、中根、利根等种性的差别。因此，世尊说法，有三时不同，初时只为发趣声闻乘人，用四谛相转正法轮，是未了义；在第二时中为发趣修大乘人，依一切法皆无自性，用隐密相转正法轮，仍是未了义；在今第三时中普遍为发趣一切乘人，依一切法皆无自性；用显了相转正法轮，是真了义。

六、分别瑜伽品：说明修瑜伽行中奢摩他（止）毗舍那（观）的义相，显示唯识止观的妙行证明诸法唯识所变，而分别其定慧行相。

七、地波罗蜜多品：叙说菩萨十地乃至第十一佛地的名义，及菩萨所应学事有布施、持戒、忍辱、精进、静虑、智慧（般若）六波罗蜜，而以智慧波罗蜜为能取诸法无自性性等义。

八、如来所作事品：叙说如来法身及化身的圆满功德，以明此如来成所作事了义之教。①

由以上内容提要可知，《解深密经》是慈恩宗唯识法相学说所依据的重要经典，受到重视。《瑜伽师地论》中，将本经的正宗七品整篇引用。为《成唯识论》一再引用此经，并依无自性相品分判释迦如来一代教法为有、空、中道三时教，并指认本经诸品是唯识说的根本教义。因而注疏者蜂起：有道伦《解深密经注》五卷，令因《疏》十卷，玄范《疏》十卷、元晓《疏》三卷，憬兴《疏》若干卷，均已佚失。惟有圆测此疏幸存天地之间，可谓殊胜因缘也。

二

圆测，名文雅，是玄奘法师的著名弟子之一。出身于新罗王室，为该国王孙，三岁出家。唐初来中国，十五岁受学于法常（567—645 年）和僧辩（568—642 年）。受戒后，住长安玄法寺，钻研《毗昙》、《成实》、《俱舍》、《婆沙》等论及其注疏。当时以其所学，已负盛名。公元 645 年玄奘回到长安，测礼敬奘师，从之受学。显庆三年（658 年），玄奘移居新建的西明寺，

① 以上八品提挈，悉依黄忏华：《解深密经》，载《中国佛教》（三），第 72—73 页。

同时敕选名僧五十人同住，圆测亦预其中。在玄奘门下，与慈恩寺的窥基并驾齐驱，不相上下。公元664年，玄奘去世，圆测在西明寺继承奘师弘传唯识教义，后人乃称之为西明法师（见宋复撰：《大周西明寺故大德圆测法师舍利塔铭序》）。《解深密经疏》，大约就是此时写成。地婆诃罗于仪凤初至垂拱末（675—687年）于西京东西太原寺及西京弘福寺译《大乘显识论》等十八部经论，敕召名僧十人襄助，圆测是十人之一，充当证义。证圣元年（695年）实叉难陀在洛阳大内大遍空寺重译《华严经》，圆测应召前往协助讲译。未完，即于万岁通天元年（696年）七月二十二日在洛阳佛授记寺去世。在龙门香山寺北谷荼毗、起塔，遗骨分葬于终南山丰德寺、同州龙兴寺和长安兴教寺。

圆测所著《解深密经疏》四十卷，为其传世仅存的主要著作。书中引及《大般若经》，可能是在玄奘去世后写成的。又引及玄奘所译的许多论典，如《瑜伽》、《唯识》、《杂集》、《俱舍》、《婆沙》，并引及真谛所译《决定藏论》、《三无性论》、《摄大乘论释》、《般若疏》、《金光明记》、《解节经记》。在圆测论著中，将玄奘与真谛并称三藏，等量齐观，并无门户之见。以新罗学僧，远游中国，能在法常、僧辩、玄奘诸大师门下，苦心精研佛理，卓然自成一家，令人钦仰。至于其所著《解深密经疏》，在汉地、藏区传播，又远传东瀛，成一代佳话，亦非偶然也。①

三

寅恪先生既考出《解深密经疏》之作者为圆测，藏文译者为法成法师，且寄予无限期望："西明疏为法相宗宝笈，中文原本今已残阙，若自藏文译补，俾千年古籍，复成完书，亦快事也。"在同一文中，慨叹："昔玄奘为西土诸像译中文《大乘起

① 隆莲法师：《圆测》，载《中国佛教》（三），第141—144页。

信论》为梵文。道宣记述其事，赞之曰：‘法化之缘，东西互举’。夫成公之于吐蕃，亦犹慈恩之于震旦；今天下莫不知有玄奘，法成则名字湮没者且千载。迄至今日，钩索故籍，仅乃得之。同为沟通东西学术，一代文化所论命之人，而其后世声闻之显晦，殊异若此，殆有幸有不幸欤？”接着，又直抒胸臆：“读法成《随听疏》意，为考其著述概略，并举南山律师之语，持较慈恩，以见其不幸焉。”①

笔者追蹑前贤之芳踪，从藏义一侧，搜寻访录，草成《吐蕃译师管·法成身世事迹考》一文，② 大致可以相信以下的史实：

法成（chos grub）出身于吐蕃贵姓管（vgos，又作 mgos 两字同音）氏家族。这一家族在吐蕃地方政权里，有过一些声势煊赫的人物。在《敦煌本吐蕃历史文书》中，亦列为吐蕃赞普勋臣。这一家族食邑领地，在后藏茹拉下部（ru lag smad）改札木东岱，历史文书称作“改札木乃管氏东岱也”（gad bkram vgos kyi stong sde yin）。管氏家族在叶茹（g·yas ru）还统领着另一东岱，历史文书曾称作“叶若卜卓木顶乃管氏东岱也”（yel rab brom steng vgos kyi stong sde yin）。③ 总之，吐蕃王国六十一东岱里，管氏家族就占了两个。以后这一家族，又出了几位鼎鼎有名的学者，管·库巴拉则和管洛·薰奴贝二人，是最著名的译师和弘法大师。据笔者在后藏扎什伦布寺调查，据信管·法成原籍后藏达那地方金谢村人，现属于日喀则地区谢通门县仁钦孜区。看来，就是叶茹范围之内叶若卜卓木顶东岱所在地。

法成出家以后，辗转到了沙州（敦煌）。整个河西走廊和安西四镇被吐蕃人完全控制以后，沙州已成为当时唐、蕃、回鹘和西域乃至中亚的交通要冲，经济文化十分繁荣。不少吐蕃军旅及其家属，在瓜、沙、河、湟一线定居，跟当地原有的唐人、吐谷

---

① 《金明馆丛稿二编》，第 245、254 页。

② 拙著：《西藏文史考信集》，中国藏学出版社，1994 年。

③ 《大臣遗教》ca 第 8 页。

浑人、回鹘人、党项人等等，在同一块土地上生息，共同生活。一批佛教学者，也就自然地到当时佛教文化中心之一的沙州来开展宗教活动。法成可能就在那时那样的背景下来到沙州，开始了他辉煌的宗教生涯。可以想象，他在敦煌学习汉语文、熟悉汉文佛典的过程中，付出了不少的辛勤劳动。松巴堪布益西班觉所著《如意宝树史》的大译师名单中，在无分别之后，噶、交、尚三大译师之前，即是管·法成，序列第三十四位。根据敦煌文书题记所知，法成先在沙州永康寺译经，后来又到了甘州修多寺译经，最后又回到沙州，住在开元寺，开讲经论。直到860年，方没有见到他的活动的踪影（P. 4587号敦煌写卷《诸星母陀罗尼经》题记：壬戌年四月十六日于甘州修多寺翻译此经，大中十一年阳英德书记）。

《解深密经疏》藏文译本在《丹珠尔》北京版方册本第106页起刊载，题名为vphags pa dgongs pa zab mo nges par vgrel pavi mdo rgya cher vgrel pa rgyavi slob dpon wen chig gis mdzad pa（圣解深密经大疏，汉大论师圆测造），尾题dpal lha btsan povi bkav lung gis zhu chen gyi lo tsav ba dge slong vgos chos grub kyis rgyavi dpe las bsgyur cing zhus te gtan la phab pa（奉吉祥天赞普之诏命，大校审翻译师、比丘管·法成据汉本译出并校审勘定）。另在德格版《丹珠尔》经疏部内第4016号收入此《疏》，标明圆测造、管·法成译自汉文。

四

观空法师（1902—1989年），原籍湖南耒阳，俗家廖姓。1902年农历十月初五日出生。1919年于湖南衡阳西禅寺智立长老座下披剃出家，法名观空。同年，在南岳上封受戒近圆。1922年入太虚大师创办之武昌佛学院学习。此前，与严定法师等同入长沙讲习所，随侍空也法师听讲、学习。迨空也法师受武昌佛学院之聘，乃携长沙讲习所学僧，同入武院。在武昌佛学院期间，品学兼优，为太虚大师得法弟子，曾撰有《百论之一切善法戒为根本义》、《定命论之批评》等论文。

1924年武昌佛学院毕业，留校作为研究员，继续深造。1925年奉太虚大师之命，参加大勇法师领导的入藏求法团。先至康区学经十余载，显密兼通，精进不懈。1936年由西康东返，来北京，在法源寺佛学院主持教务工作，并讲授《菩提道次第修法》及《菩提道次第论》。不久，重返西康，在康定准备再度进藏学法。1939年，安钦呼图克图在北京菩提学舍传授藏密，观空法师应邀来京襄助译述。计有《阿弥陀佛简修仪轨》、《佛顶尊胜佛母念诵略轨》、《药师王修法满愿宗藏》、《麻底宗白文殊修习仪轨》、《金刚萨埵简修仪轨》、《六臂麻哈噶拉念诵略轨》、《金刚怖畏简修仪轨》、《十一面大悲观自在修习略轨》、《佛海大悲观自在修习仪轨悉地宝藏宣演疏》、《大乘长净仪轨》、《往生略轨》、《往生略轨释》等十多部密典。其译品字斟句酌，通俗流畅，利益信众，功德无量。当年，因缘具足，法师乃经天津、香港、印度进入西藏，多年心愿，乃得顺遂，入扎什伦布寺，追随颇章喀大师潜心修习显密教法，后至拉萨一住十八载，前后在藏区共三十余载。

直至1957年遄返北京，在中国佛学院任教，并将《中观文句释》、《四百论释》、《六十正理论释》三书译为汉文，撰写《西藏格鲁派概观》、《中观宗二谛略义》、《中观略义》等专题论文，嘉惠士林。最令人钦佩者，仍为从藏文《丹珠尔》藏中抉出《解深密经疏》后六卷，还译为汉文，乃使千年古籍，得以复原全貌，传为佛学界令人欣喜的嘉话。1989年7月5日，在福建莆田广化寺圆寂，世寿八十有七，僧腊六十有九（此据吕铁钢文摘录）。一代译师，飘然远去。其译、著事业遗爱人间，永垂不朽。

（原载韩金科主编:《'98法门寺唐文化国际学术讨论会论文集》,陕西人民出版社,2000年。）

汉经融藏典　教理叩禅关

——颂太虚大师创办汉藏教理院的伟大贡献

前　记

回忆1954年，参与藏文翻译工作时，随侍先师贡噶上师左右，得以亲近法尊法师。他的作品我早已拜读了，真是心仪已久，无缘识荆。这一次因缘和合，能跟他在一起参与五大文件的藏文本翻译工作，是学习的极好机会，心中十分兴奋。由于这一次的机缘，后来得以到菩提学会去邀请尊公来中央民族学院藏文研究班讲学。他讲授《西藏佛教史》一课，我是随学员听讲，做一点辅导工作，如沐春风，得益匪浅。① 从这里开始知道了汉藏教理院的成就。其后，在中国佛教协会又见到了观空法师②，也请他到民院任教讲课。他讲的宗喀巴大师的缘起性空理论，真是十分圆熟，深受欢迎。这又是一位与汉藏教理院关系颇深的和

---

① 法尊法师的讲稿，后来发表在《中国佛教》第1集，中国佛教协会编，知识出版社，1981年。

② 观空法师（？—1989年），在西藏哲蚌寺果莽扎仓修学多年，后在汉藏教理院任教，担任“藏文”及“西藏佛教格鲁派教理”课程。晚年完成《解深密经疏》（圆测造，法成藏译）自藏文还译为汉、补足汉本的盛事，深受赵朴初居士的赞扬。

尚。再后又结识了正果法师,[1] 再加上在中央民族学院同事的善化先生,[2] 这几位都是与汉藏教理院有过殊胜因缘的人。

尊公、空公在汉藏教理院授课传业，尊公还长期担任代理院长。正果、善化都是汉藏教理院的高材。我就从他们那里陆续聆听到汉藏教理院的不少掌故轶闻、教学趣事和师生中的往事，深深感到这所学院实在是中国藏学史上重要的一页，不可磨灭。虽然是往事如烟，但水流石在，历史是不容湮没的。惟苦于所知不多，每多阙略，常想再就有关问题向以上各位请教。不意尊公、正果、空公先后往生，欲问无门，心中每感怅惘若失。正巧，在中国佛教图文馆中任职的吕铁钢先生跟我学点藏文，他为我借到馆藏的非卖品、惟贤法师著述的《汉藏教理院与太虚大师》一文,[3] 正是“踏破铁鞋无觅处”。读了他的著述,返回去追忆尊公、空公和正果法师的口述,甚感亲切,心中频频升起无限的怀念。

今天（1989 年），各位法师、居士、道友和学者们，响应霍韬晦居士和法住文化学院的倡导，在这里纪念太虚大师诞辰 100 周年，为了彰显太虚大师的宏广胸怀，继承他的悲愿慈情，同时，也为了怀念太虚大师在汉藏教理院中培养的师生如法尊、观空、正果等几位大德，草就这篇小文心香一瓣，聊表敬忱。

纵观太虚大师一生奉行的人生标的：“阐扬人间佛教，实现

---

① 正果法师（？—1987 年），汉藏教理院毕业，留院任教并担任教务主任。后到北京广济寺，担任中国佛教协会副会长，北京市佛教协会会长，中国佛学院教务长、副院长，著有《禅门大意》、《净土诀述要》等。

② 善化法师，汉藏教理院毕业后，选送西藏色拉寺修学，后到北京中央民族学院图书馆主管藏文典籍文献。俗家姓钟，今称为钟善化，常住北京。

③ 释惟贤：《汉藏教理院与太虚大师》，赵朴初居士题签，重庆市佛教协会印行，1988 年 10 月（非卖品）。惟贤法师 1936—1941 年在汉藏教理院普通科和专修科毕业。后在开县大觉佛学院任教，并任副院长。1949 年后，担任重庆佛协秘书长、副会长。求学时，曾受到太虚大师赞语：“你聪明，要努力深造。”并由太虚大师嘉许，亲笔致函：“惟贤慧鉴：阅来函，欣悉能与云松法师在下川东兴建法幢，精进不已。所询余意能觅一山地，或一县官绅护法之处，集全县寺产整理之，循序渐进，以办余讲之菩萨学处。今各处暂作零星敷衍，故无大成效耳，勿忘自深造于学，并修养于德，以待机缘。”信写于 1943 年之中，可见太虚大师对其期望甚殷。

人间净土。”这一宏伟而崇高的理想，融化在他的《真现实论》当中。从其个人对佛法的因缘上讲是：“志在整理僧伽制度，行在瑜伽菩萨戒本。”什么叫真现实？他将它归结为四句偈：“仰止唯佛陀，完成在人格，人成佛即成，是名真现实。”[①] 还谆谆告诫弟子：“如果发愿学佛，先须立志做人，三皈四维淑世，八德十善严身。”他说得再透彻不过了：“把人做好了，就能成佛，把国土净化了，就是净土。”他在中国大地上遍洒慈悲甘雨，奔走呼吁，创立佛学基地，培训弘化僧徒，始终为了实现“人间佛教”这一崇高的理想。直至往生之前，还遗命赵朴初居士继续宣扬“人间佛教”的思想。时至今日，无论在中国大陆、香港、澳门、台湾，乃至南洋新马华人社会，无不受到太虚大师的慈光煦照，无处不在弘传人间佛教的精神。

汉藏教理院的设立，正是太虚大师为了实现人间佛教理想的一个具体步骤，是他创办世界佛学苑的组成部分。[②] 在当时的中国，面临着严重的民族生存的危机：东北三省失控，西南边疆危急，举国上下弥漫着一片忧心如焚的烟云。1930 年 5 月，太虚大师入川，在重庆佛学社宏法，与川省主席刘湘（甫澄）晤面，当即建议：“不如在四川办一所藏文学院培训汉僧学习藏文，作入藏留学之准备。同时西藏的活佛、喇嘛来川，也有讲习接待之处，沟通汉藏文化，联络汉藏感情，岂不两全其美？”[③] 这一建议被刘湘接受。接着，同年 11 月，刘湘在一次军、政、学界欢迎太虚大师的宴会上，决定由何北衡为汉藏教理院筹备主任，选定重庆缙云寺为院址。1931 年秋，正式开学。从汉藏教理院给刘湘的公函中看出：“为沟通汉藏文化，团结汉藏精神，巩固西陲边防，保全中国领土”，是创院的宗旨。[④] 在汉藏教理院报送

① 《太虚大师全集》第 32 册，诗存，第 288 页。

② 世界佛学苑包括南京佛国寺（后改在毗卢寺）为总园，武昌佛学院图书馆、庐山大林寺净土苑、奉化雪窦寺禅林院和重庆缙云山汉藏教理院。

③ 转引自释惟贤：《汉藏教理院与太虚大师》。

④ 转引自释惟贤：《汉藏教理院与太虚大师》。

四川省政府呈文中则更为明确："鉴于康藏地大物博，矿产尤富，英人垂涎，已非一日，侵略计划，无微不至。如因循坐视，势必被其攫取，则西陲藩篱撤而危及内地矣，后患何堪设想?!亟应汉藏团结一致，使英人无隙可乘。第自清末，革除达赖封号以来，迄无宁日，今欲化除隔阂，恢复旧好，联成一气，不为外人所利用，则非从沟通文化入手绝难收效。"①

太虚大师本人撰《汉藏教理院记》，更是建院树人的根本文件。今转述于后，供世人一读：

> 汉藏教理院之设缙云山，创始于民十九之秋。先是，予弘化欧美，曾有世界佛学苑之发起，于教理研究拟分汉藏、华日、华梵、华欧四院。是秋，入川礼普贤，刘公甫澄治渝州军次，高瞩康藏政俗，胥依佛教，方有选汉僧赴藏参学之议。予语以不如就川设学，招汉藏青年授以汉藏佛教为便。公韪之。蓉垣刘自乾公亦分任倡导，复得渝蓉诸大心居士协力期成。适缙云以僧垂绝，由二十一军拨为院址，属予遥为之制。遂系于世苑，名汉藏教理院焉。旋命职从事修缮，迨民二一秋，成立开学。比年以有西藏学者法尊等主其事，渐能贯彻初旨，虽历经支绌，而增进有加者，盖皆院董院护诸公护持之力。世传此山狮子峰顶，曾留迦叶佛趺坐之迹，故题迦叶道场。释应持初建寺于刘宋景平元年，距今千五百载有奇，中更盛衰非一。兹院宇遗制，则清初被毁于张献忠后，破空禅师之所重建者也。追念前德，缅怀来哲，冀教于斯学于斯者，近融汉藏，远绍释迦，不唐捐此因缘时节，乃撮记其颠末如是。
>
> 中华民国二十七年一月二十日，四洲弘教沙门释太虚撰。②

---

① 转引自释惟贤：《汉藏教理院与太虚大师》。

② 《太虚大师全集》（原平装本，第61册，第1640页）精装本第31册。

汉藏教理院既是太虚大师在国难当头时的救国谋划，又是培养沟通汉藏佛学人材的摇篮，受到官绅商学各界的支持，从组织结构的阵容来看也是堂堂正正，十分威严。院长为太虚大师。名誉院长为刘湘，甫澄先生时正任四川省主席兼二十一军军长，综揽军政号令蜀中。护院为何北衡，何当时任川江航务管理处处长兼重庆市公安局长。名誉董事长为刘文辉，自乾先生当时任西康建省委员会委员长兼二十四军军长，驻防川省藏区，威镇康藏。另有潘文华、王缵绪、王旭东、夏斗寅等军政巨擘担任院董。

教授阵容及开设课程也是十分整齐。一时佛学界优秀师资均在汉藏教理院设帐。法尊法师由太虚大师函召自西藏归来，即在1932年8月起担任代理院长，主管教学，总揽院务。法舫：小乘俱舍论；印顺：般若空宗；雪松：因明、唯识；尘空：律学；本光：禅学；雨昆：史学；法尊：藏文及西藏佛学；观空：藏文及格鲁派中观学；虞愚：文学；陈健民：文学。上列著名教授，各擅所长，杏坛弦歌，传为佳话。此外还延请学界名流马寅初、老舍、梁漱溟、喜饶嘉错、悦西格西、桑吉格西、安东活佛及郭沫若等先后到院演讲，学术风气极为活跃。

因而，汉藏教理院从1932年开办到1950年夏结束，前后18年间，培养出来的人才，实在值得赞扬。据惟贤法师回忆，前后招生约450多人，毕业生（包括普通科和专修科）130多人。其中，不少优秀者留院任教，或选送西藏、印度深造。其中有释永晖、释昌仙、释慧明、释心月、喻耀成、释海印、释海安、邓明渊、释印法、释昌厚、释正果、释开一、释满月、释碧松、释续先、释寂静、释慧海、释同杰、释白慧、胡炜愍、释圣芳、释演观、释融海、释原声、释演密、释永灯、释善化、释寂禅、释素道、释映月、释竺霞、释圆光、释维贤、释演培、释光宗、吴英杰、释澄静、释洪禅、樊吉文、释圆真。这是很不完全的名单，其中正果法师、演培法师已经是名闻海内外的知名高僧。永灯等留在西藏工作，都已成为相当负责的文教干部，为沟通汉藏文化作出极为可观的贡献。

法尊法师长期任教，并兼有繁重的院务领导工作。但是，手披藏典，迻译汉文，著译等身，嘉惠士林，成为一代宗师。宗喀巴大师的《菩提道次第广论》和《密宗道次第广论》以及《入中论》、《辨了不了义论》、《现观庄严论》等均为尊公译笔，至今传世，成为习学藏传佛教之要典。汉藏教理院首次初版这批藏典汉译本。与此同时，还出版了法尊法师编写的《西藏民族政教史》、《现代西藏》、《藏文文法》、《藏文读本》等。最值得一提的是，尊公在汉藏教理院时，即着手翻译《大毗婆沙论》为藏文，积稿盈尺。因藏文大藏经中正缺此论，尊公为之补全。1954 年全会期间，持稿供养达赖喇嘛，传为佳话。[1] 贡噶上师对尊公十分敬重，尊称为 lo tsva ba chen po（大译师），想此稿仍在达赖喇嘛处也。

综上所述，太虚大师手创汉藏教理院厥功至伟，其本人对教理院亦甚为喜爱，曾有诗“壬申秋·缙云山汉藏教理院开学”，诗曰：

温泉辟幽径，斜上缙云山，
岩石喧飞瀑，松杉展笑颜。
汉经融藏典，教理叩禅关，
佛地无余障，人天任往还。
九峰开佛刹，双柏闷灵宫，
蟒塔传殊古，狮峰势独雄。
海螺飞翠霭，莲髻耸晴空，
无尽江山胜，都归一览中。[2]

诗中将缙云山的九峰耸翠、林木清幽、狮峰雄劲、塔影孤悬的景色，与创立于此的汉藏教理院交织辉映，增添无限生机，点明了汉藏文化同出一源。文字虽异，教理一家，正是千江映月，同是一月，十分和谐。大师的坦荡怀抱，诗情画意，一览无余。

民国二十八年（1939 年），汉藏教理院师生为庆贺大师五十

① 此事在 1954 年全国人民代表大会开会期间举行，相信译稿仍在某处收藏。
② 《太虚大师全集》第 32 册，诗存，第 163—164 页。

寿诞，在缙云山狮峰建一石台，名为“太虚台”，法尊法师写了一则《太虚台记》，文曰：

民国二十八年二月六日，即夏历戊寅年腊月十八日，为尊等亲教太虚大师五秩诞辰。念二十年来，备受甄陶，深思就本院有以纪念之。商之同门法舫、圣观、又信等，爰议建石台于狮峰，即以大师之德号名之。于是策杖登峰，勘地绘图，斫榛焚茅，鸠工凿石，不期月而台成。登台四顾，游目骋怀，嘉陵之胜，缙云之景，一览无余矣。深觉我大师文章道德，与兹峰兹台同永。绝壑愔愔，幽林蔚蔚，深远茂密，大师之清净相也。松竹清风，郁郁菁菁，冷然成韵，大师之微妙音也。一花一草，一泉一石，动容悲愿，大师之普贤行也。贞固干教，隐括矫时，剑无其利，镜无其朗，高踞毗卢之顶，握法王之正印，惟大师屹然当之。有时振威一吼，魔外慴伏，圆音才演，四众向化，诚不可得而思议也。夫后之来者，登斯峰必登斯台，高瞻远瞩，旷观千古，当有以知大师之志行而向往之者。告竣之日，勉书数语，用彰胜德云尔。

民国二十八年春，法尊谨识于汉藏教理院。①

自从太虚大师往生，已 50 多年过去，白云苍狗，幻化日多，就国家、民族及汉藏关系而言均有极大变迁。但大师的高瞻远瞩、谆谆教诲，至今仍是学人的圭臬，汉藏教理院的光辉业绩，将受到人们永远的忆念。

1989 年 12 月

（原载《藏学零墨》，高雄：佛光出版社，1992 年。）

① 原载《缙云山志》，又见释惟贤《汉藏教理院与太虚大师》。

藏传佛教研究

喇嘛教对藏族文化的影响

佛教传入我国西藏地区,是在公元7世纪中叶。① 当时,仅在吐蕃王室内部和一些贵族家庭中间酝酿,在人民群众中并没有多大影响。社会上占统治地位的宗教是一种原始宗教,称为苯教(བོན་པོ)。

苯教起源于西藏高原上古老的民间的自然崇拜。初民对于天地山水、日月星辰等大自然多种变化有不可思议的神秘感,对天灾、瘟疫、风雨雷电等现象不可理解。于是,对自然物产生了朴素的敬畏和崇拜心理,逐渐演化成宗教。② 既然是一种宗教,相应地也就有一套道理,一套迷惑人心的说教和一套仪式。比方说,苯教徒把宇宙分为三个境界:高处是天神的地方,天上住着天神六弟兄(ཡབ་ལྷ་བདག་དྲུག)和他们的眷属,最高的天神是“什巴”(སྲིད་པ)。中间是人类居住的地方,人间的统治者——赞普(བཙན་པོ)是天神的儿子(ལྷ་སྲས),他受天神的委托,统驭人间,他当然要受到人们的尊

① 后起的佛教徒史学家,总是把佛教的传入上推到遥远的古代,但都缺乏可信的证据。若认为文成公主和尼泊尔公主两位佛教信徒进入藏区,带去最早的佛教,似乎没有多大争议。

② 西方的研究者把苯教当作流行在中亚—蒙古的萨满教的一种变体,还有待进一步证明。参见霍夫曼:《西藏的宗教》(The Religious of Tibet),1951年。

崇。一旦他的任务圆满,就要通过一种天梯返回天界,继续享受天神的清福。地下和地表一带住着各种“精灵”、“龙”和“魔怪”(གཉན། བཙན། ཐེའུ་རང་། ……),守护着地下的资源和财富,它们跟人类关系异常密切,能给人以祸福、灾祥、吉凶。总之,人们千万不能得罪它们,否则,那你就等着倒霉吧! 疾病、灾害、瘟疫都是它们在捉弄人或者是在惩罚人的应验。而苯教的先知们,其中最高的代表是辛饶米保(གཤེན་རབ་མི་བོ)。他们既能通神,经常作为神的代言人,同时又有役使精灵魔怪的神通,因而自然地成为人们的生活指导者和保护者。他们实际上干预人民生活的各个方面。婚姻、丧葬、疾病、出行、渔猎、放牧,直至交兵、会盟,事无大小都得由苯教巫师来主持个仪式。甚至吐蕃王朝的大事,像赞普的安葬建陵、新赞普的继位主政,都由苯教巫师来解决。他们的权力大得惊人。[1] 藏文史书诸如《布顿佛教史》、《吐蕃王统世系明鉴》等都一致说:“自聂墀赞普起至拉脱脱日年赞之间,凡二十六代,都是以苯教护持国政。”看来,这大致是符合事实的。

苯教巫师的权力逐渐膨胀,逐渐成为赞普王室的威胁。因为最大的、左右国政的巫师——孤本(སྐུ་བོན),照例都是几家大贵族的子弟世袭担任。这几家大贵族又与王室通婚,赋有“尚论”(ཞང་བློན)的地位,形成专权的外戚集团。例如:蔡邦氏、琛氏、交若氏(唐代译为属卢氏)、那囊氏、卓氏(唐代译为没卢氏)五大家族,轮流执掌吐蕃军政大权和教权,赞普的权力逐步削弱,甚至新王的继立都由他们决定。而苯教巫师总是在节骨眼上,以“神”的意志出面支持这些老贵族,[2]打击王室。实在不如意时,他们就以进毒的手段,杀害赞普。像松赞干布的父亲囊日松赞,墀松德赞的父亲墀

① 以上关于苯教徒的宇宙观,见于《唐蕃会盟碑》东侧的藏文记述,同时还见于《第穆萨摩崖刻石》文字记述。载《吐蕃金石录》,不具引。又参见《苯教史历》(The Treasury of Good Sayings:A Tibaten History of Bon),牛津大学东方文化丛书,1973年。

② 藏文史书不止一次记载,为了达到某种政治目的,权贵们用贿赂神巫的手段,散布某种预制好了的“预言”来压制对方。

德祖赞都没有逃脱他们的毒手。[1] 这样一来,吐蕃王室从自己的实际利益出发,从心理上就跟苯教(也就是跟几家权贵)产生矛盾,在实际生活中形成冲突。我们在吐蕃史上,见到一次又一次的夺权斗争,“谋逆”、“叛乱”、“镇压”、“罪谴”、“抄没”、“流放”都是这种矛盾的反映。吐蕃王室一个劲儿想把教权(神权)夺回来,让它为自己服务。所以,当佛教作为一种外来的宗教,一种比较陌生的思想体系,一经传到西藏以后,吐蕃王室和拥护王室的势力,受到新的刺激和鼓舞,憧憬一种新的希望,因而立即在宫廷里受到热烈欢迎,就是这个原因。

事情不是那么一帆风顺的。开头,也就是在7世纪中叶以后到8世纪初,有为数不多的佛教僧人进入西藏,带进几座佛像和少量的经典(梵本或者汉文、于阗文译本),开始在王室支持下羞怯地开展活动,盖了几座神殿。但还不是寺庙,仅仅是供奉佛像的,没有僧侣的、也没有诵经活动的殿堂。苯教徒对此非常敏感,他们对这种外来的“异端”抱着警惕的敌意,不安地注视着这一切。当某种天灾或魔难降临时,他们立即指责说:这就是由于外来的异教徒招来的祸害。其实,天灾是年年都有的事,这种指责不过是一种借口罢了。由于佛教还不懂得怎样在西藏扎根,还没有群众,王室也没法抵挡这种压倒的威胁力量,无可奈何,只好偃旗息鼓,甚至劝僧人撤退,停止活动。这样有过几次反复,从失败中吸取了教训,总结了经验,佛教的力量重新在王室支持下采取了新的斗争方式,开展了佛教西藏化的运动——

佛教开始大量吸收苯教的神作为自己的神,吸收苯教的仪式作为自己的仪式。一下子起了变化,对人民群众来说,这种宗教似乎又是非常熟悉的,可以亲近的朋友了。比方:在佛教西藏化的过程中做过重大贡献的莲花生大师,就是很典型的例子。这位魔术师般的人物,随机应变,降妖捉怪,本领通天,苯教巫师跟他来比真是“小巫见大巫”。他可以一下子把苯教的地方神祇“十二丹玛”

---

① 参见《恩兰·达札路恭纪功碑》北侧藏文,《敦煌本吐蕃历史文书》赞普传记。

(བརྟན་མ་བཅུ་གཉིས)统统宣布为佛教的护法神,又把苯教的最基本仪式——“火祭”作为佛教的烧施、护摩等同的东西,完全接受下来,在佛教里安一个座位。这样一改变,神是熟悉的神,仪式是熟悉的仪式,西藏人民再也不感到佛教是那么陌生了。再加上佛教那一套天堂地狱、轮回果报的说教,十善、十八界、十二因缘等等基本理论实在比苯教高明,很容易在思想上征服在奴隶社会里受苦受难的人民。这样,佛教慢慢地在西藏高原扎下了根,形成一种西藏化了的佛教,人们称之为“喇嘛教”。我们今天讲喇嘛教时,就是指这种宗教(它后来又流传到蒙古族和满族中间)。

8 世纪中叶以后,喇嘛教有了飞跃的发展:

第一座真正的寺院建立起来了。桑耶寺,坐落在赞普牙帐的附近(属于山南贡噶)。关于兴建这座寺庙历史的名著《巴协》(སྦ་བཞེད)叙述得非常详细。它落成于 779 年,大殿高三层,是采用了梵式、汉式和藏式的三种形式混合体。四周还有四座佛塔,围墙象征着四大部洲和铁围山。规模之大是空前的,落成的庆祝会据说几乎开了一年。此后又相继建了“噶迴寺”和“温江岛寺”,都是规模很大的寺庙。第一批的僧团建立了,藏人出家,组织僧伽团体是经过充分准备的。先请了印度的第一流的佛教学者静命大师(ཞི་བ་འཚོ)来藏,又请了根本说一切有部的 12 位阿阇黎,按照佛教的规定剃度第一批贵族青年出家。这第一批出家人共 7 名,称为“七觉士”(སད་མི་མི་བདུན),他们的名字在几种史书里记载并不完全一致,还有人说只有 6 个人。① 有了僧团组织,就有了继续发展、扩大的条件,不久以后又有 30 几个人出家的记载,再后来,连赞普王妃都剃度出家,说明喇嘛教的影响在逐渐扩大。

第一批佛教经典开始译成藏文,传说中早已到了西藏的经典如《宝箧经》、《宝云经》、《金光明最胜王经》,大概都是在这时译出的。这时,派遣了一大批青年到印度和尼泊尔、迦湿弥罗去学

① 根据《布顿佛教史》所载,这 7 个人的名字是:善逝铠护、宝护、智王护、遍照护、龙王护、天王护和宝王护,名字中都常有一个“护”(སྲུང)字,是秘密称号。

习,带回来大量的梵文贝叶经文。制度严密的译场,译出了大批佛教经论,培养了大批翻译人员(当时,所谓三老年、三青年、三中年合称九大译师)。举一个例,可以说明当时译经事业的兴旺:为了避免译经重复,把译出的经论编定了三个目录,即《庞塘目录》、《秦浦目录》和《登迦目录》。前两种已经佚失不见,最后一种就包括六七百种译出的经典,其中说明译自汉文的有21种。还编辑了《翻译名义大集》这样一部梵藏对照字汇的工作手册,也是为适应翻译人员工作的需要。

总之,这时候喇嘛教的活动似乎顺利得多了,但斗争并没有停止,喇嘛教里夹杂了一些离奇古怪的东西。比方说,密宗的修法轨仪,就成为反对者攻击的目标。密宗在汉地虽然也曾被介绍进来,但它跟儒家的伦理观念抵触太大,始终未能流传开来。墀松德赞是佛教的积极倡导者,上述的佛教传布活动都是通过他的诏令进行的。没有想到,密宗的神秘而恐怖、残酷而野蛮的一套做法却引起了人们的愤慨。墀松德赞的妃子蔡邦氏,作为苯教的坚定的拥护者,她对喇嘛教提出挑战,曾公开发表抗议,说:

> 所谓噶巴拉(ཀ་པཱ་ལ)就是人的颅骨;所谓巴苏大(བ་སྲུ་ཏ)就是掏出来的人肠;所谓冈林(ཀང་གླིང)就是人胫骨做成号角;所谓福田德基(ཞིང་ཆེན་གཡང་གཞི)就是铺开的一张人皮;所谓罗克多(རཀྟ)就是在供物上洒鲜血;所谓曼陀罗(དཀྱིལ་འཁོར)就是一团像虹一样的彩色;所谓金刚舞(རྡོ་རྗེ་གར་པ)就是戴着人骨花鬘的人。……这不是什么教法,这是从印度进入西藏的罪恶。①

这可以看做一个信号,苯教徒从理论上、思想上论争,不是佛教的对手,就选择佛教密宗这一薄弱环节进攻。斗争反复、激烈而且持久。苯教徒总结了经验,他们也采取了佛教徒的办法来保护自己,他们大量地把佛经改头换面作为苯教经典来武装自己。于

---

① 《莲花生大师遗教》第79品。参见霍夫曼《西藏的宗教》第2章、王森《西藏佛教发展史略》第1篇

是形成你中有我,我中有你。真正是"寇能往,吾亦能往!"墀松德赞不得不颁发诏令,禁止苯教徒"篡改佛经"。他左袒佛教,倾向性是很清楚的。

公元836年爆发的灭佛运动,可以说是苯教徒最后一次挣扎。尽管朗达玛(གླང་དར་མ)在苯教支持下夺得了政权,下令灭佛,以行政手段,继之以暴力,屠杀僧人,逼令还俗、改宗,封闭和摧毁寺庙,在整个西藏地区造成一时恐怖的局面,但是并没有维持多久。朗达玛垮了台,似乎是苯教也没有很大发展,因为它只能把人们带回到原始的灵气主义的蛮荒阶段,西藏地方陷入长时间的分裂。恐怖的、流血的手段不能带来理论上的胜利,人民群众在"战祸连年,兵革不已,生产遭受破坏,生活陷于绝望"的痛苦深渊里,佛教的关于"人生苦海"的说教,关于"解脱"的追求,自然就重新博得信任。佛教教义麻醉着人们,使他们忘却眼前的痛苦,把希望寄托于"来世",向人们出售廉价的进入"极乐世界"的门票。用虚幻的"平等佛性"的学说,安慰着苦难深重的劳动者。所有这些,苯教是办不到的。从此以后,苯教再也组织不了大规模的抗争。事实上,苯教成为佛教的一个支派,再也不去作反对佛教的任何尝试。① 佛教,也就是喇嘛教,就成为西藏地方统治阶级的唯一的正统思想。它如水银泻地,无孔不入,1000多年以来渗入到文化的各个领域。

如上所述,一种外来思想本身不可能对当时的社会发生重大作用,只有当它与当时社会的具体情况相结合,就会引起深刻而广泛的影响。那么,就看看当时在文化上影响的几个具体的方面吧!

(一)建筑、美术、雕塑

前面已经说过,9世纪中叶以后,西藏地方陷于长时期的分裂,各地豪强势力占山为王,形成一个个地方集团。喇嘛教也与这一政治形势相适应,出现一个个独立的教派。更值得注意的是,教

① 苯教被称为黑教,与喇嘛教的其他派别,白教、红教、花教、黄教并列。虽然这是汉族人对喇嘛教派别的俗称,也可以看作一般的观点。

派常常与地主豪强势力结成互为表里的统治核心。具体地说,先后出现了噶当派(བཀའ་གདམས་པ)、萨迦派(ས་སྐྱ་པ)、噶举派(བཀའ་བརྒྱུད་པ)、夏鲁派(ཞ་ལུ་པ)、宁玛派(རྙིང་མ་པ)、格鲁派(དགེ་ལུགས་པ)等教派。除了这几个主要的派别以外,还有若干较小的支派。而且噶举派的内部若干支派的势力膨胀,逐步上升,俨然成为新的流派,如止贡巴(འབྲི་གུང་པ)、蔡巴(ཚལ་པ)、帕木竹巴(ཕག་མོ་གྲུ་པ)、达陇巴(སྟག་ལུང་པ)、珠巴(འབྲུག་པ)等。① 这些大大小小的派别的领袖,与当地世俗的统治者的关系经常是"合二为一",统治着广大劳动者,是政教两途,异曲同工。

新的形势给喇嘛教带来新的发展。首先,寺庙逐渐形成独立的经济体系。这跟吐蕃王朝时期有显著的差别,吐蕃时期采取"七户养僧"的制度,就是说僧侣把生活来源分到劳动者户下去承担,寺庙本身没有像样的库藏,也不足以影响社会经济中的财富积蓄。到了11—12世纪以后,这些教派的中心都成为一个个农奴制度的经济中心了。寺庙有自己的庄园、农奴、山林、牧场,有自己的经济积累,财富增多,僧徒日众,形成独立的寺庙经济体系。接着,第二个特点跟着就出现,为了保存寺庙的经济财富不致散失,在出家人的特殊圈子里,产生了"活佛转世制度"。② 上层僧侣借转世的办法,把财富继承权一代一代传下去。

在上述两个特点为背景的历史条件下,西藏地方寺庙建筑大大地增多了。下面是较大而著名的各个教派重要寺庙的一览表:

按:表中所列寺庙所属派别,是指解放时的状况。历史上的派别在发展过程中有了改宗。

① 关于喇嘛教的宗派叙述,藏族学者土观·却吉尼玛(1737—1802年)在他的《宗派源流晶镜史》(1801年成书)中有详尽的叙述。法尊《西藏民族政教史》也可参考。

② 最早实行"活佛转世制度"的,是噶举派的噶玛巴。他的黑帽系和红帽系,都较早地采用了活佛转世制度。黑帽系第一个转世活佛是噶玛拔希(ཀརྨ་པཀྴི,1204—1283年)。红帽派第一个转世活佛是扎巴僧格(གྲགས་པ་སེང་གེ,1283—1349年)。黄教的达赖、班禅两大活佛转世系统,比起噶举派来晚得多,但有了极为完整的形态,把转世制度推向最高峰。

寺庙名称	所属教派	兴建年代	所在地点	备　注
大昭寺	格鲁	唐,历代增修	拉萨	修复完好
小昭寺	格鲁(上密院)	唐,历代增修	拉萨	残破
布达拉宫	格鲁	唐,1652扩建	拉萨	完好
桑耶寺	宁玛、萨迦	唐,历代增修	山南贡噶	颓圮
昌珠寺	(格鲁)宁玛	唐	山南乃东	毁
迦材寺	(格鲁)宁玛	唐	墨竹工卡	有遗址
叶尔巴寺	噶当、宁玛	唐	达孜	有遗址
托林寺	(格鲁)宁玛	五代、宋之间	阿里扎达	?
热振寺	噶当	1056年	林周	颓圮
蔡公堂寺	蔡巴	1175年	拉萨东郊	有寺
桑朴寺	噶当	1073年	拉萨西郊	存
萨迦寺	萨迦	1073年	日喀则西萨迦	毁了一半
那塘寺	噶当	1153年	日喀则西	印经院已毁
丹萨替寺	帕木竹巴	1158年	山南乃东	毁
止贡寺	止贡巴	1179年	墨竹工卡	毁
达陇寺	达陇巴	1180年	林周	毁
粗朴寺	噶玛巴	1187年	堆龙德庆	毁
类乌齐寺	噶玛巴	1277年	类乌齐	?
昌都寺	格鲁	1347年	昌都	?
泽当寺	(格鲁)噶举	1351年	山南乃东	有寺
瞿昙寺	格鲁	1392年	青海乐都	完好
甘丹寺	格鲁	1409年	达孜	毁
哲蚌寺	格鲁	1416年	拉萨西郊	修复
色拉寺	格鲁	1418年	拉萨北郊	拉萨三大寺,修复
白居寺	噶举	1439年	江孜	毁寺有塔
扎什伦布寺	格鲁	1447年	日喀则	第四大寺,修复
羊八井寺	噶玛巴	1490年	羊八井	毁
塔尔寺	格鲁	1577年	青海湟中	第五大寺,修复
理塘寺	格鲁	1578年	四川理塘	毁
果垄寺(祐宁)	格鲁	1612年	青海互助	毁
拉卜楞寺	格鲁	1710年	甘肃甘南夏河	第六大寺

喇嘛寺庙的兴建，不知凝聚了劳动者多少血泪！据乾隆二年（1737 年）七世达赖申报理藩院的数字（魏源《圣武记》卷5）：达赖所属寺庙 3150 所，僧侣 302560 人，农奴 121438 户；班禅所属寺庙 327 所，僧侣 13670 人，农奴 6752 户。黄教以外各教派所属寺庙总数还超过此数，可以看出劳动人民沉重的负担。

我们还应当看到，这些寺庙都是藏族劳动人民智慧的结晶，其中已有多处被列入全国重点文物保护单位。巍峨的殿堂，灿烂的楼阁，五光十色，金碧辉煌，美化了藏区的城市，点缀着幽静的山林。这些高大雄伟的建筑，毕竟与贵族府邸、政府衙署不一样，人们可以进庙焚香、致敬，随意观光。同时，在寺庙附近往往形成集市，成为交换、贸易场所，因此与人民的关系异常密切。

藏区喇嘛寺庙建在平川的多是院落重叠，主殿拔地凌空，巍然高耸，回廊曲槛，幽邃多姿。坐落在山野的则依山而建，背山临塬，鳞次栉比，气象万千。再装饰以各种藏式佛塔，辉映着金光晃灼的金顶，更有形制突出的几处，令人过目难忘，不能不叹服藏族能工巧匠的艺术才能！

布达拉宫高达 13 层，高耸入云，宫墙红白相间，覆盖了整个山头，金顶灿烂，幢幡琳琅，拾级登临，凌虚畅酣，使人进入一种飘飘欲仙的境界。夏鲁寺蕴含着汉藏混合结构，底层是藏式的殿堂，顶层是汉式的明厅，上盖琉璃瓦顶，兽吻飞檐，十分别致，使人充分享受建筑艺术的美感。聂塘卓玛拉康是阿底峡手建小庙，十分精巧玲珑，背山面水，充分利用地形，花木掩映，流水铮淙，给人以十分清幽的印象。这些都是藏族建筑艺术的精华，值得保护和发扬！

喇嘛寺庙之内，都有极为丰富的壁画和轴画，进入任何一座寺庙都会感到有如山阴道上，目不暇接。藏族的艺术工匠无论在气魄规模上，还是在色彩、线条、形象刻画方面，表现力均极为高超。在创作过程中，有时完全摆脱佛经的造像量度统一、呆板的要求，把自己的阶级感情、艺术个性渗进作品中去，形成一幅幅极为动人的画面。以至今天我们看到那些艺术珍品，还惊叹其高度的艺术魅力！

藏文大藏经（北京版）工巧明部有：(1)《佛像如尼拘嗱陀树纵广相称十拃度量》(即《造像量度经》)，(2)《佛说造像量度经疏》(即前书的简明注释)，(3)《绘画量度》(又名《阿思陀仙像传》)，(4)《造像量度》。按：《造像量度经》在清乾隆年间又由蒙古学者工布查布从藏文译为汉文，在内地流传。以上四种，称为三经一疏。这是传统的佛像绘画、塑造的依据。这些工艺经典，提供了佛像创作时所必需的人体基本比例。但艺术工匠们在构思时，并不完全受它的限制。用笔着色、风格、精神、题材往往都根据自己的匠心独创。我们在藏区寺庙见到的绘画和雕塑，都有浓厚的民族特点和人间情趣，原因就在这里。

壁画和轴画若按内容分，大致分为四类：

(1) 佛、菩萨、声闻像：释迦牟尼、观音、文殊、普贤、地藏以及其他佛像。大都是按照《造像量度经》的比例规格绘制，有时也赋有人性，面容柔嫩，眼角低斜下垂，显得秀丽、慈和、文雅可亲。而密宗的金刚、护法则狰狞可怕，青面獠牙、三头六臂、怒目张口，令人感到畏惧。

(2) 佛本生故事变相：把佛陀一生逐一绘出，用以“劝导群迷”，诸如“舍身饲虎”，“割肉贸鸽”。这些作品中心思想在宣传佛教教义，形象地绘出因果报应、轮回流转等抽象的教义。这类作品中也有反映社会上苦难的场面，也有感人之处。

(3) 达赖、班禅及历辈高僧的传记画和肖像画：这一类作品既体现出作者的精神面貌，也往往集中表现高僧的生理特征，如莲花生大师、阿底峡尊者、宗喀巴、五世达赖、四世班禅，米拉日巴大师。这些人的个性、特点都很不一样，画家们表现的技法也就有所不同。上述几个历史人物的特点各不相同，使人一眼便可分辨出来。艺术家们表现他们的才能，是把这些人物世间化，而不是加以神化！[①]

有这样的传说：大昭寺内的度母女神，就是以某贵族夫人为模特儿进行塑造的，人们一眼就可以看出其特点来——“浓丽丰肌、绰约馨润”。这是人们熟悉的故事。可见，佛教的题材往往会体现出世俗的情趣。这是对喇嘛教要求的“超尘绝俗”的极大讽刺！

（4）历史风俗画：这一类作品最值得重视，布达拉宫内有：松赞干布像——英武豪迈；文成公主像——美丽端庄。五世达赖1652年去北京觐见顺治皇帝，受封为“西天大善自在佛所领天下释教普通瓦赤喇怛喇达赖喇嘛”的场面。日喀则德庆颇章宫内有“八思巴与忽必烈会于六盘山”的场景。大昭寺内有文成公主入藏，行至拉萨受到全城热烈欢迎的实况。卓玛拉康内有阿底峡在世时的塑像，曾得到阿底峡本人的称许，认为惟妙惟肖！夏鲁寺内有布顿大师塑像，据认为是接近其本人相貌的作品。

总之，喇嘛教的教义驾驭了艺术，但艺术家的良心却冲破了宗教的束缚。这种矛盾的、复杂的现象，有待人们去进一步清理、辨析。而藏族古代的艺术传统必须继承，发扬光大。使它能表现新的时代、新的生活。

（二）翻译、文字、印刷术

按照传统的说法，藏文是松赞干布的文臣通米桑布札仿照梵文的某种字体（有的说是迦湿弥罗文，有的说是兰查字和瓦尔都字）创造的。对于这一说法，近若干年来人们产生怀疑，认为可信的证据不足。但是，藏文的创造是为了翻译的需要，而藏文最早的作用是“翻译”，几乎是公认的事实。由于吐蕃王室的鼓励和提倡，曾派出大批青年到印度迦湿弥罗、尼婆罗和唐朝去学习语言文字，其中不少人颇有成就，回藏后开始了翻译佛经的

① 瑞典斯德哥尔摩1952年出版的《布衣米拉圣者画传》（英文版），即利用28幅关于米拉日巴事迹的唐卡（ཐང་ཀ）编辑而成。英国威尔康医学史研究所1972年出版的《西藏医学集》（英文版），附有两幅关于藏医圣手宇妥·允丹贡布画传的唐卡，极为可贵。

事业。①

大批佛经译成藏文以后，引进了新的思想、新的理论，给藏语文带来了很多新的语汇，增添了许多新的表现形式。佛经本来就是非常善于浮夸的说教，涉及概念范围非常广泛，什么“四大部洲”、“天堂地狱”、“轮回六道”、“三千大天世界”、“空、有、生、灭”等等一整套术语，大大地丰富了语言，使人们开阔了眼界。“翻译”，在当时成为一种时髦，是受到社会尊敬的工作。反映出当时正处在奴隶社会鼎盛时期的吐蕃王朝，朝野上下都弥漫着一股向上的、学习求知的精神（当然与奴隶制的经济发展到最高峰有关）。佛教理论翻译成藏文的越来越多，藏语语汇越来越丰富，原来不那么科学、不那么规范的藏文，渐渐难以适应新的形势的需要。“文字改革”、“规范化”的任务就提到日程上来了。于是开始了藏语史上，也是藏族文化史上有名的“厘定译语”的运动。

《贤者喜宴》把这一件大事描述得非常详细：

> 依止诸大经师、大译师，特别是恩德至大的三大译师，即兹那米多罗、达那锡罗及益西岱三人，将前所译经文，改正厘定，章节判明，古昔难懂之词尽行舍弃，以合于地区、时代兼及通俗易懂者为准。为减少字母缀音音节，乃将 ma－mya、da－drag 及单体垫音小 va 三者尽行取消。②

这是吐蕃墀祖德赞（可黎可足，815—836 年在位）在826—827 年之间进行文字改革的基本内容。可以毫不夸张地说，佛经的翻译促进了藏文的发展和规范化。不难理解人们为什么就

---

① 早期的翻译家的队伍，有记载的就有 162 人之多，当中管·法成（འགོས་ཆོས་གྲུབ།）等人精通汉文，长期在沙州、甘州一带从事译经，其译品收入藏文大藏经者有 20 余种。参见拙文《藏族翻译家管·法成对民族文化交流的贡献》，《文物》1980 年第 7 期。

② 《贤者喜宴》，洛扎寺木刻本，第 132 页下。

以这一次的文字改革，来划分藏语史上的一段历史分期。①

尽管佛教在朗达玛统治下受到一次严重的打击，并在那以后的七八十年中间陷于一时的停顿状态，但它并未被消灭，而是处于休眠状态。一旦苏醒过来以后，新的复兴运动适应了新兴的农奴主阶级的需要。翻译事业加足了马力，以最快的速度进行。11世纪以后翻译的佛经称为“新译”，在这之前的译品称为“旧译”。藏族翻译家们的勤奋、努力，曾使印度一些佛学大师自愧不如。1042 年，阿底峡大师（孟加拉萨贺尔小邦王子，现在属于孟加拉国达十地区）以渊博著称的佛教学者身份（曾担任过超岩寺和那烂陀寺的首席主持），应阿里古格小邦王子智光、菩提光叔侄的邀请，来藏弘佛，进行传教、讲学时，他到达阿里普兰宗的托林寺，会见了仁钦桑保大译师。接谈之后，深为叹服，对于这位大译师的博学多闻、修养精湛，引起深深的敬意，他喟然慨叹地说：“西藏有这样渊博的大师，我来藏之行看来是没有什么必要的了！”②

藏族学者们在大量翻译佛经之后，自然地兴起著书立说的风气，藏人自己的撰述慢慢多起来了。这一点我们将在下面专门讨论。这里要谈的是在大量翻译的基础上，编辑藏文大藏经的任务提到日程上来了。

12—13 世纪之间，那塘寺的住持菊登日比热赤（世尊智剑，བཅོམ་ལྡན་རིག་པའི་རལ་གྲི）和他的弟子卫巴洛赛（དབུས་པ་བློ་གསལ），以八思巴的萨迦寺藏书为基础，搜集不同的版本，编纂出第一部藏文大藏经。内分《甘珠尔》部（བཀའ་འགྱུར）、丹珠尔部（བསྟན་འགྱུར），藏于那塘寺，这就是藏区最早的佛教经论的总集。在后人著述中常提到的那塘古版，实际上就是指这部藏经。根据现有的材料看，似乎并没有刻版，“古版”云云是出于想象。藏文大藏经最早的刻本，是在明永乐八年（1410 年）在南京雕版的

① 关于藏语的历史分期问题，日本学者西田龙雄、美国学者米勒都提出过一些新鲜的见解。笔者有专文讨论，这里不再赘述。

② 《阿底峡大师本传》、《大译师仁钦桑保传》，西藏印经院藏书，手抄本。

《甘珠尔》，万历二十二年（1594年）在北京又补刻了《丹珠尔》，这才是最早的刻本。至于印刷术究竟在什么时候传入藏区，是一个颇有趣味的问题。我们从元代的记载中知道，当时藏族人士在北京和江南一代做官的很多，他们很有机会接触到内地的雕版印刷技术。在《八思巴传》中就有过关于其弟子嘉木样给他运送纸、墨进藏的记载。在萨迦寺内也藏有金代刻本的《赵城藏》500多卷。[①] 因而推断，在13世纪中叶西藏传进印刷术似乎是可信的。

自从南京、北京的藏文大藏经刻本进入藏区以后，1623年，在康区（今甘孜藏族自治州）理塘大寺开雕藏文《甘珠尔》。主持人是噶玛巴红帽系活佛曲吉旺秋（1584—1635年），他的事业受到丽江纳西族土司木增的支持。木增是个喇嘛信徒，企图依靠喇嘛教的力量扩大他的影响，所以“捐资雕版，广结善缘”。这个版本成为藏区印刷术的第一次试验，培养了一批技术工匠。从那以后在那塘、德格、卓尼、拉萨又先后开雕，形成一时的繁荣。统治者企图大量印经、宣传佛法，提高自己的威望，又用以麻醉劳动人民，使其安于现状，听受其统治和剥削，巩固自己的统治地位。这样就不能不把文化之门打开大一点，让一般劳苦大众、下层僧侣都去读经、识字，也就不得不让人们提高文化知识的修养。这样一来，在客观上发展了藏族人民的文化事业。比如，萨迦派的大译师象巴·多吉坚参（ཞང་རྡོ་རྗེ་རྒྱལ་མཚན），他是八思巴的高足，就在译经的同时，把《诗学》、《如意树故事海》、《龙善记梵剧》、《百赞诗》等世俗文学译成藏文，受到人们普遍的欢迎，后来发生很大的影响。

藏文大藏经的木刻版本情况如下：

① 可惜的是，这部宝贵文物已在“文化大革命”中被毁。笔者藏有1960年在萨迦寺工作期间过录的全目录。

刻本名称	刊刻年代	刊刻地点	主持人	内　容
永乐版	1410 年	南京	永乐皇帝/五世噶玛巴黑帽活佛	《甘珠尔》
万历版	1605 年	北京	万历皇帝	《甘珠尔》
丽江—理塘版	1623 年	丽江	木增土司/六世噶玛巴红帽活佛	《甘珠尔》
卓尼版	1731 年 1753 年	卓尼寺	玛索贡布、登松才仁土司	《甘珠尔》 《丹珠尔》
那塘版	1732 年 1741 年	那塘寺	颇罗鼐郡王	《甘珠尔》 《丹珠尔》
德格版	1733 年 1737 年	德格	登巴才仁土司	《甘珠尔》 《丹珠尔》
北京版	1692 年 1737 年	北京	康熙、雍正、乾隆皇帝	《甘珠尔》 《丹珠尔》
拉嘉版	1820 年	拉嘉寺	二世香萨活佛	《甘珠尔》
库伦版	1910 年	库伦	八世哲布尊丹巴	《甘珠尔》
拉萨版	1934 年	拉萨	十三世达赖	《甘珠尔》

后来，在藏区实际上形成了拉萨、那塘、德格、塔尔寺、拉卜楞寺等几个印刷中心。除了藏文大藏经以外，还有藏人撰述的刻本传世。关于德格这一印刷中心，值得介绍。那里除了有《甘珠尔》、《丹珠尔》全藏经版以外，还有大量的藏外著述，形成自己的特点。还有一批佛画木刻，则又是艺术上的珍品。①

（三）文学、历史、戏剧

喇嘛教既然形成藏区社会上唯一的正统思想，寺庙就成为最集中的文化据点，僧侣也就成了藏族人民心目中的知识分子。假若说佛教徒在前期是翻译，是学习外来的思想，这时候他们就着重于创作了。他们创作的作品就形成僧侣文学，由于他们受的是佛教经学教育，读的是佛教经论，作品中充满了佛教教义的阐

① 汤池安曾亲往调查，写了一份调查报告，很有参考价值。参见汤池安《德格印经院》，《世界宗教研究》1980 年第 2 期。

述，其中有些也是颇有文学意味的东西。这些作品大致可分为这几类：一、佛经的注疏。二、某种教法的解释、传授。三、预言、授记和劝世格言。四、对佛、菩萨或伟人的赞颂。五、传记和历史著作。

最大量的、卷帙浩繁的佛经注疏，有不少是饶有趣味的关于哲理性的探讨。藏族学者们思想是敏捷的，逻辑也很严密，并且在遣词用语上非常幽默。当然，就整体来看，这些宗教哲学的作品远不如其他著作能吸引读者。

预言授记是作者发挥想象力的园地，可以看出作者一本正经在编造故事，他们绝不吝惜自己的创造荣誉。往往伪托某一位佛、菩萨的预言，例如《于阗国授记》是很出名的一种，引起国内外不少学者的注意。[1] 劝善格言诗，以严整的句式表示一种哲理，还包含一个教训。在写作中，作家又利用民歌谚语、成语，着意捕捉形象，配以典故，这种文体成为作家们经常爱用的形式。

萨班·贡噶坚赞（1182—1251 年）的格言诗，成为这一体裁的典范。名为《萨迦格言》，共 9 大章 457 首。由于通俗易懂，语言清新，一直成为妇孺皆知的生活教科书。我们举两首来看看：

天下的国王是很多的，
奉法爱民的却很少；
天上的神仙是很多的，
像日月一样无私的却很少。

不肯辛勤劳动的人，
今生来世都不会有成就；
没有辛勤耕作的土地，

---

① 《于阗国授记》收在藏文大藏经中，日本人寺本婉雅译为日文，托玛斯和爱美力格先后译成两种英文译本，说明人们何等重视。

再肥沃也长不出庄稼来。[1]

可谓明白浅显。影响较大的还有贡塘丹贝卓美（1762—1822年）以水和树的特性为例，写了《水树格言》，也很有特色。比如：

坐在朽树下的人们，
日夜担心倒下来；
暴君身旁的侍臣，
时刻提心吊胆受熬煎。

没有扑鼻的香气，
说是“檀香”也是谎；
没有高的道德，
说是“圣人”也白搭。

道理都很浅显，风格与《萨迦格言》是一致的。跟《水树格言》齐名的还有《甘丹格言》，也是有影响的作品，以木刻本传世。

史传类的著作，是宗教作家用力最勤的领域，除了撰述释迦牟尼各种文件的传记之作以外，为了颂圣、述德，把西藏的历史和西藏高僧大德、贵族世家、地方、寺庙都一一编写成专书。《朗氏家族史·灵犀宝卷》说得最为透彻：“一个人假若不了解自己的祖先，就像猕猴一样。”这样的作品之多着实惊人。在《安多政教史》之前一章中，作者列了一个“史传目录”，就有650多种。我们在下面选录一些最有影响的作品：

（1）《布顿佛教史》，1322年成书。全书分三大部分，第一部分是教法概说，第二部分即印度和藏区佛教传统，第三部分是藏文大藏经目录。有英译本。（2）《吐蕃王统世系明鉴》，1388年成书，萨迦僧人索南坚赞著。着重以佛教徒观点叙述吐蕃时期西藏地方王统的历史，也附带介绍印度和汉地的佛教史。有英

① 笔者曾把《萨迦格言》译为汉文，编成《西藏萨迦格言选》，青海人民出版社，1958年。另有《论萨班·贡噶坚参和他的哲理诗》，载《光明日报·文学遗产》1958年2月。

文、汉文译文。汉文译本题名《西藏王统记》，王沂暖译。（3）《红史》，1346 年成书，蔡巴·贡噶多吉著。有日译本。（4）《青史》，管译师熏奴贝著，成书于 1476—1473 年间，有英译本。(5)《贤者喜宴》，巴俄祖拉陈瓦著，成书于 1564 年。有英文节译本。(6)《白莲教法史》。(7)《西藏王臣记》，1643 年成书，五世达赖著。(8)《宗派源流晶镜史》，1801 年成书。(9)《印度佛教史》，多罗那它著。有英文、日文译本、张建木汉文译本。(10)《汉地佛教史》，工布查布著。(11)《安多政教史》。(12)《雅若教法史》。(13)《江孜教法史》。(14)《德格王统史》。(15)《朗氏家族史·灵犀宝卷》。(16)《萨迦世系史》。(17)《大昭寺志》。(18)《布达拉志》。(19)《桑耶寺志》。(20)《拉卜楞寺志》。(21)《卫藏道场胜迹志》，有英文译注本。

还有大量的教派史、某一种教法传承史都未列举。还应该提出，玄奘《大唐西域记》的藏文译本，出自工布查布的译笔，十分难得。藏本以手抄本传世。

传记类的要籍有:(1)《莲花生大师遗教》。(2)《五部遗教》。(3)《大译师仁饮桑保传》。(4)《米拉日巴传》。(5)《玛尔巴传》。(6)《罗译师传》。(7)《汤东杰布传》。(8)《管译师传》。(9)《宗喀巴大师传》。(10)《多仁班智达传》。(11)《颇罗鼐传》。(12)《噶伦(朵噶夏仲才仁旺杰)传》。(13)历世达赖传(以五世、七世、十三世达赖的传记最为重要)。(14)历世班禅传。

传记文学是最值得重视的部分，其中记载的史料至今并未被充分运用。还应该提到，《珠巴衮雷传》这样一部反宗教的尖锐、泼辣、讽刺意味很浓的作品，向喇嘛教的宗教教条直接挑战。

与史传文学不同的，有一批敷衍佛经故事，以呗赞杂咏其中的讲唱文学，如《郑宛达哇传》（意译为“青颈鸟的故事”）、《云乘王子传》、《赤美滚登传》等等，都是宣传佛教的基本观点，宣传牺牲、逆来顺受、灵魂转世、果报循环和其他一些佛教精神影响下的道德观念的作品。文字都很优美、流畅，有浓厚的文学意味。《格萨尔王传》是讲唱文学中最突出的作品，人们称之为伟大的史诗。在民间艺人口头流传过程中不断丰富、扩大，共有30多卷，宗教的影响也是明显的。

藏戏是以民间歌舞（包括宗教的寺院舞蹈在内）为基础，配上音乐以表演文学内容的综合艺术。根据壁画的材料和历史记载，藏戏在17世纪中叶已经流行。从剧本、表演格局、道具、面具、服装和礼赞祝福的仪式来看，它受到宗教的极大影响。像藏戏中的《赤美滚登》，本身就是《佛说太子须大拿经》的衍化。《顿月顿珠》又伪托为班禅、达赖的前生故事。《朗萨姑娘》中主人公死后还阳,皈依空门,从一个纯洁、天真的农家姑娘变成一个道貌岸然、满口经教的比丘尼,不难看出喇嘛教思想的踪迹。

下面是藏戏常见的剧目：(1)《文成公主与尼泊尔公主》,(2)《诺桑王子》,(3)《朗萨姑娘》,(4)《顿月顿珠》,(5)《苏吉尼玛》,(6)《赤美滚登》,(7)《卓瓦桑姆》,(8)《白马文巴》,(9)《日琼巴》,(10)《云乘王子》,(11)《絮贝旺秋》。

据萨迦剧团老艺人口述，藏戏起源于寺院的哑剧——跳神，《巴空木》是最早的剧目。我们在藏戏中见到酬神、颂神的仪式是不足为怪的。《萨迦世系史》里有一段记载，颇能说明寺院的宗教舞蹈——跳神与藏戏的关系。①

（四）医药、天文、历算

在西藏早期历史上，医跟巫是一身二任的，苯教的巫师也都兼作医生。教学在医学家庭里是师徒、父子相传的形式，西藏还多了一种转世化身继承的形式。据说在西藏第27代藏王拉脱脱日年赞统治时期，印度来了两位医生，汉地又由文成公主、金城公主带来了医、药，他们把医学知识传给平民。医生一度称作曼巴（སྨན་པ），意思是“用药（治病）的人”。后来，大概在16世纪开始沿用蒙古语借词，称为“额木齐”（ཨེམ་ཆི），是由于蒙古

① 见拙稿《藏戏故事集》附录《论藏戏与藏戏故事》，中国戏剧出版社，1963年。

和硕特部固始汗统治西藏以后流行开来的。

佛教把疾病称为人生四大基本痛苦之一，对“病苦”作过各种各样的描写，甚至绘成图画，还声称解救人生的“苦难”作为自己“度人”的任务。于是，在佛菩萨里头有了药师佛（སྨན་བླ）的形象。喇嘛当中相当一部分兼作医生。除了禳解、求神念咒、送鬼等等一套迷信成分以外，也还有不少合于科学的办法，其来源大都是民间的验方和译自汉地、印度的医书。在藏文大藏经《丹珠尔》里就有“医方明”。在西藏拉萨以菊保日山（药王山）为中心，建立了藏医院，培育了藏区医生。无论从医药典籍、临床经验、治病方法、医疗效果哪一方面看，“藏医”都是具有民族特色的医疗经验总结，是祖国医药宝库的组成部分，也是藏族人民长期以来与疾病做斗争的成就。

天葬制度的确立，[①]给解剖学、生理机构的理解提供了方便的条件。藏医由于能具体观察死亡病人的致死因素，有直观的经验，因而描写人体的构造比较准确。例如：藏医就比较准确地描述神经系统，解释为“白色的脉”；循环系统的脉管是流通气和血的通道，并且和五脏六腑相连，分成跳动的脉和不跳动的脉（就是动脉和静脉）；人体在胚胎阶段的发育过程是32周成熟，中间分鱼期、龟期和猪期三个阶段，形象地表达了人体在胚胎阶段重演了人类的鱼、爬行、哺乳三个历史阶段，这些都是很有兴味的叙述。

在诊断方法上的望、闻、问、切，基本与汉族传统医学一致。藏医特别利用“尿诊”来诊病，根据患者的尿液，检验其颜色、泡沫、沉渣、浮漂物、气味，以及有无血液、油脂等等判断病情和病因。治疗法中常用穿刺、放血疗法，酥油止血法，青稞酒疗外伤等等，都具有民族、地方特点，是西藏医生医疗实践的总结。

藏医的根本医典叫做《居希》（རྒྱུད་བཞི），成书于8世纪。有

① 关于西藏早期实行墓葬的讨论，见图齐《藏王墓考》（英文本），1952年。天葬制度，可能是起源于佛教的“舍身饲虎、割肉贸鸽”的故事，再加上藏区木材缺乏等客观因素形成的。

人认为是译本，也有人认为是藏医名家宇妥·允丹贡布的著作。① 这位高明的医生，起死回生、救人无算，关于他的传说很多，近于华佗、扁鹊一类的人物。宇妥·允丹贡布的第一个传记，是五世达赖的御医དར་མོ་སྨན་པ་བློ་བཟང་ཆོས་གྲགས写的。他是从宇妥的后代ལྷུན་གྲུབ་བཀྲ་ཤིས的手中得到宇妥自传的手稿，以它为根据写出。成书于 17 世纪六七十年代，并刻成木版，藏版于拉萨印经院，共 149 页。后来，在德格印经院又有了文字相同的复刻本。这是这位神医史料的主要根据。后人做了多种注疏，其中以第巴·桑结嘉错所著《四部医典评述·蓝琉璃》最为著名。

17 世纪名医里增诺布绘出的人体模拟图，把人的心脏画成心尖向下，位于胸腔正中偏左处，是对宗教神学极大的蔑视，完全合于人体心脏的真实位置。

1840 年，帝马·旦增彭措写成《晶珠本草》（ཤེལ་ཕྲེང）一书，是藏药的大成，收载藏区药名 2294 种，其中原药物就有 1400 多种，加工炮制者 800 多种。对于高原植物药草的形态、特征都有详细描述。

藏药分为 6 味：咸、酸、甘、辛、苦、涩。8 性：轻、重、寒、热、钝、锐、润、糙。17 种效能：轻、重、寒、热、稳、动、润、燥、温、凉、钝、锐、稀、干、柔、软、糙。像高山雪莲、乌奴龙胆、红景天、独一味、异首草、凤毛菊、滑毛、鼪新菊、高山大黄等等，都是生长在海拔 4500 米以上的高山植物，有独特的疗效。鹰胃、麝香、鹿茸、熊胆以及冬虫夏草，更是藏医藏药贡献给祖国医药宝库的珍品。

还应该指出，由于喇嘛教传布到蒙古族地区、满族地区后，藏医也随着喇嘛教的高僧带进了满、蒙古民族。医药典籍译成蒙古文，至今人们还以尊敬的眼光看待蒙古医药学。②

---

① 《居希》据说可能有梵文本，在 8 世纪时译成藏文，译者是ཟླ་བ་མངོན་དགའ和འ་ཏར་སེན。后来梵本遗失，目前只有藏文本以及由藏文译成的蒙古文本。西方文字中最早的有俄译本，乌里扬诺夫译，1901 年出版。1908 年出现第二个俄译本，1965 年出现了德文译本，1972 年出现了热穹仁波且、甲白衮桑的英译本。

② 以上根据赵亚珊、蔡景峰：《藏医的成就》。

恩格斯曾经说过："首先是天文学——游牧民族和农业民族为了定季节，就已经绝对需要它。"西藏高原上的天文历算之学，正是劳动人民同自然作斗争的结果，对于西藏的农牧生产起了不可估量的作用。在历史发展过程中，天文历法掌握在统治者手中，具体地说就是掌握在宗教僧侣手中。这样一来，迷信的占星术、谶纬学说便不可思议地跟科学的天文历学糅合在一起，成为光怪陆离、神秘莫测的东西。天文历学的权威机关是西藏拉萨的门孜康（医算局），他们编制出版的《时宪书》是通用的日历，这是一种阴阳合历，通行全藏区。

关于藏历几个基本特点，我们简要地概括如下：

一、甲子纪年法：十天干，藏历称为五行（འབྱུང་བ་ལྔ）或者叫（ཁམས་ལྔ），再各分阴阳（ཕོ་མོ）合为十，与十天干相应；十二地支，藏历称为十二属相（ལོ་རྟགས་བཅུ་གཉིས），与十二地支相应。可列简表如下：

<table>
<tr><td rowspan="2">十二地支</td><td>汉</td><td>子</td><td>丑</td><td>寅</td><td>卯</td><td>辰</td><td>巳</td><td>午</td><td>未</td><td>申</td><td>酉</td><td>戌</td><td>亥</td></tr>
<tr><td>藏</td><td>བྱི་བ
鼠</td><td>གླང་
牛</td><td>སྟག
虎</td><td>ཡོས
兔</td><td>འབྲུག
龙</td><td>སྦྲུལ
蛇</td><td>རྟ
马</td><td>ལུག
羊</td><td>སྤྲེལ
猴</td><td>བྱ
鸡</td><td>ཁྱི
犬</td><td>ཕག
猪</td></tr>
</table>

<table>
<tr><td rowspan="3">十天干</td><td>汉</td><td>甲乙</td><td>丙丁</td><td>戊己</td><td>庚辛</td><td>壬癸</td><td>备　注</td></tr>
<tr><td rowspan="2">藏</td><td>ཤིང་
木</td><td>མེ
火</td><td>ས
土</td><td>ལྕགས
铁</td><td>ཆུ
水</td><td rowspan="2">1. 五行中以铁代金。
2. ཕོ：阳；མོ：阴。</td></tr>
<tr><td>ཕོ　མོ</td><td>ཕོ　མོ</td><td>ཕོ　མོ</td><td>ཕོ　མོ</td><td>ཕོ　མོ</td></tr>
</table>

十天干与十二地支配合，其最小公倍即为60，这就是60年一个循环，藏历称为"饶迥"（རབ་བྱུང）。自公元1027年作为第一个饶迥，现在（1979年）是第十六个"饶迥"。例如今年己未年，藏历称之为阴土羊年。像这种干支纪年法，最早文献见于公元823年立于拉萨的《唐蕃会盟碑》东侧，三处提到："大蕃彝泰七年、大唐长庆元年，即阴铁牛年（辛丑）……。大蕃彝

泰八年，大唐长庆二年，即阳水虎年（壬寅）……。大蕃彝泰九年，大唐长庆三年，即阴水兔年（癸卯）……。”

此外，在《敦煌本吐蕃历史文书》中用地支纪年，不用天干，新疆出土的吐蕃简牍上也用地支纪年。看来，干支配合纪年法用于官方正式文献，地支纪年法用于民间和一般文献之中。

二、廿八宿（藏历统称廿七宿，其中一宿又分为上下，仍合廿八宿）把天空中可见的星分为28组，东西南北各7宿。他们的名称，一般都可以和汉文的名称对应，就其来源来说，是汉族天文学的影响。

三、以地球、月球的运行轨道周期，确定日月蚀和置闰。藏历的圆满测定法（གྲུབ་རྩིས）和人工测定法（བྱེད་རྩིས），是以月球时推算和以地球时推算的两种基本方法，其差数的积累则以置闰的办法调整“补足”。大致在两年半左右即有一个闰月，与汉族传统历史使用的“十九年七闰”法相近。我们把藏历推算的几个基本数据列举如下：

——ཉིན་ཞག = 60ཆུ་ཚོད།（=24 小时）

——ཆུ་ཚོད། = 60ཆུ་སྲང་།（=24 分）

——ཆུ་སྲང་། = 6དབུགས།（=24 秒）

——དབུགས། =（4 秒）即正常壮年男子的一次呼吸，即所谓“一息”。

——ཚེས་ཞག = 59ཆུ་ཚོད།，3ཆུ་སྲང་།，4$\frac{216}{707}$དབུགས།

——ཁྱིམ་ཞག = 60ཆུ་ཚོད།，52ཆུ་སྲང་།，4$\frac{168}{707}$དབུགས།

——ཚེས་ཞག = 1502250ཆ་ཤས།

——ཁྱིམ་ཞག = 15494780ཆ་ཤས།

——ཉིན་ཞག = 21600དབུགས། = 1527120ཆ་ཤས།

（ཆ་ཤས། 即表示$\frac{1}{707}$དབུགས།）

藏历的最基本著作是：噶玛巴·壤迥多吉（1284—1339 年）：《星算法综论》（1318 年）。布顿·仁钦珠（1290—1364 年）：《佛历》(1328 年)、《星算之学智者喜乐》(1327 年)[①]。楚铺瓦:《楚铺瓦历学》(1425 年)。普巴·伦珠嘉错:《白莲教诫》、《央恰集释》、《明灯》等(1447 年)。班觉赤列饶杰:《黑白星算问答》(1624 年)。五世达赖·阿旺罗桑嘉错:《星算问答太阳之光》(1656 年)。第巴·桑结嘉错:《白琉璃》(1683 年)、《白琉璃答疑——除锈垢》。敏珠林译师法祥:《星算之学日光》(1714 年)、《释难——黄金精英》(1715 年)。米庞·格来朗杰:《星算之学宝钵》(1734 年)。在《拉卜楞寺藏书目录》的天文星算之部,即收了 500 多种专著,其中包括清朝康熙年间成书《律象考成》的藏译本。

看来，天文历算之学在西藏是一门既古老又年青的学问，把它从宗教神学的束缚之下解放出来，恢复其科学的本来面目是一项细致而复杂的任务。国外的藏学家已经开始关于藏族天文历法的研究，取得一些成果如：伯希和、毕达克、石泰安、爱哈默和山口瑞凤等人的论文，先后都有新的进展。

简短的结论：

（1）所谓喇嘛教，是西藏化了的佛教。在西藏化的过程中，吸收了藏区原有的古老文化“合二而一”。所以说，喇嘛教文化决不是什么外来的、原来的样子，它已经扎根在西藏高原，成为民族传统文化的一个影响重大的部分。

（2）喇嘛教在千百年以来，使广大劳动者在阶级压迫和残酷剥削的痛苦深渊中，得到某种虚幻的安慰，把希望寄托于来世，安于现状，忍受痛苦。而在文化的各个领域内都围绕这一主题，造成氛围，笼罩着西藏社会，其影响之大，不可忽视。

（3）为了把西藏文化从宗教神学的束缚之中解放出来，必须仔细地进行清理，去其糟粕，取其精华。这个任务已经历史地落到宗教研究者的肩上。

（原载《青海民族学院学报》1979 年第 3—4 期。）

---

① 在布顿大师的主寺夏鲁寺壁上,仍有很好的天文图。

藏传佛教经典丛谈

一、前 言

在《毗尼母经》卷8，释迦佛有一段极为重要的话："我允许你们，比丘呀！用［你们］自己的语言来学习佛所说的话。"①我们相信，如今全世界由于有几种文字的佛教典籍的翻译，大大推广了佛教普及工作，也真正地使佛教成为国际性的宗教。在中国就有汉文本大藏经、藏文本的《甘珠尔》、《丹珠尔》和西夏文、蒙古文、满文的大藏经，部分佛教的典籍还译成回鹘文、傣文、于阗文等等。总之，佛教是极为重视宣传工作的宗教，翻译事业成为佛教流布过程中最为主要的桥梁，产生过许许多多可歌可泣的伟大译师和他们艰苦卓绝的动人的事迹，也大大地打开了国人的眼界，思想文化为之一新。

---

① 季羡林教授在其名著《原始佛教的语言问题》一书第15页曾加以引用，并就此发挥出很令人信服的结论。

二、藏文创造者——通米·桑布札

藏文佛教经论的翻译起步晚于汉文，据传统的藏文记载，公元7世纪中叶，由通米·桑布札等16人应藏王之命前往天竺学习。中间备经苦难，同行者均病逝于酷热的印度，只有通米·桑布札单身学成归来，根据梵天文字的体系，结合藏语的实际，创造了藏文，并写了几部文法。这里算是一个起点，终于有了文字可以用来从事写作、记录和翻译了。当时的藏王松赞干布（？—650年）是一位十分睿智的英主，具有远大的眼光和宽广的胸怀，他对藏文这一新生事物抱有极高的热情，亲自集中精力，排除公务干扰，学习并掌握了它！由于他的推动，藏文迅速在西藏得到传播和发展，一批批学者成长起来，文字成为最有效的传播工具，受到人们普遍的喜爱。于是，通米·桑布札也就成为造字的圣人。1991年4月，西藏社科院院内塑起他的全身坐像，在揭幕仪式上，西藏社科院院长拉巴平措深情地说："通米·桑布札在广大藏族人民心目中一直是一位杰出的历史人物，他是藏文的创造者，是西藏第一位翻译家、教育家和语言学家。"说他是翻译家这一点，由藏族当代大学者恰白·次旦平措作了补充，他说："通米·桑布札不但创造了藏文，而且用藏文翻译了二十一种显、密佛经，如《宝星陀罗尼经》、《宝箧经》、《十善经》、《十万颂般若经》等等。"① 这些功绩一直成为后人歌颂、景仰的主要目标。传说中是他翻译的最早的一批佛经，都已散失难见，而如今流传的同名的这些经典是别人后来翻译的。尽管如此，人们还是将朴素的尊敬、心底下的忆念献给这位最早的翻译大师。

① 均见《西藏研究》1991年第2期。

三、藏译佛经略述

佛教事业的发展是与王室的热情分不开的。翻译工作跟着水涨船高，一批一批青年被派到印度、尼泊尔、唐朝和于阗去学习佛教、学习语言，回藏以后，成为令人羡慕的有学问的佛教译经大师。在敦煌出土的一份名为《顿悟大乘正理决》的文书里，有一段写实性的记录，充分说明当时佛教盛行的景象："粤我圣赞普，夙植善本，顿悟真筌，愍万姓以长迷，演三乘之奥旨。固知真违言语，则乘实非乘性离有无，信法而非法。盖随世谛，广被根机，不舍声闻，曲存文字，颁传境内，备遣精修。交聘邻邦，大延龙象，于五天竺国，请婆罗门僧等卅人；于大唐国，请汉僧大禅师摩诃衍等三人。会同净域，互说真宗。我大师密授禅门，明标法印。皇后没卢氏，一自虔诚，划然开悟，剃除绀发，披挂缁衣，朗戒珠于情田，洞禅宗于定水，虽莲花不染，犹未足为喻也。善能为方便，化诱生灵，常为赞普姨母悉囊南氏及诸大臣夫人卅余人说大乘法，皆一时出家矣！"[①] 这样的风气已开，出家学法、从事翻译的人与日俱增，连王后和国王姨母都出家为尼了！

吐蕃王宫内苑乃组织了三大译场，分别由三大译师各自率领自己的团体。这三大译场就以自己所在的宫殿为名：庞塘、秦浦和登迦。而三位大译师的大名是：噶瓦·拜则（ka ba dpal brtsegs）、属卢·路易坚参（cog ro klu yi rgyal mtshan）及尚·益希德（zhang ye shes sde），他们的工作是严肃认真而卓有成效的。当时译场的工作作风非常严格，讲究准确、达义和通俗，译文往往都是很优美的文章，每一卷经论译出以后，都经过校

---

① P. 4646 号与 S. 2672 号两号为同一内容的写卷，分别藏于巴黎和伦敦，早经刊布，广为人知。今取饶宗颐教授《王锡〈顿悟大乘正理决〉序说并校记》一文考订，载《汉藏佛教关系研究》。

订、证义、润文和核实等几道手续。所以，当时翻译出来的经论，无疑大大提高了藏文的表现能力。在每一译场之内把已译的经论仔细登录，编入目录，防止与其他译场重复。可能是经常有互相交流经验的机会，于是产生了三大目录：《庞塘目录》（vphang thang ma）、《秦浦目录》（vchims phu ma）和《登迦目录》（ldan dkar ma）。也就是公元8世纪末到9世纪初，翻译出来的经论的总和。可惜的是三大目录中，前两个目录已经佚失。布顿大师（bu ston，1290—1364年）在他所著的《善逝佛教史》（即《布顿佛教史》）中提到，他还曾亲自见到过三大目录，我们今天只能见到最后一部，即《登迦目录》了。现在，我们来查看查看，在《登迦目录》里，究竟包括了多少已译出的佛典。

四、《登迦目录》

《登迦目录》全称是《登迦宫中所译一切经目录》（pho brang stod thang ldan dkar gyi chos vgyur ro cog gi dkar chag）。收在藏文大藏经德格版的《丹珠尔》部杂经之内，编号4364，尾部署：拜则、南喀宁保等编。

其内共收录了经论670多种，一共27个大类：

1. 大乘经类般若部。
2. 大乘经类方等部。
3. 大乘经类宝积部。
4. 大乘经类杂部（内又分4部）。
5. 大经类。
6. 大乘经译自汉土者。
7. 小乘经。
8. 论。
9. 密咒续。

10. 五大陀罗尼经。
11. 广略陀罗尼杂经。
12. 名号一百单八种。
13. 各种礼赞。
14. 各种誓愿。
15. 吉祥法门。
16. 毗奈耶类（律）。
17. 大乘经疏释。
18. 大乘疏译自汉土者。
19. 中论。
20. 禅定语录。
21. 唯识论。
22. 大乘论部杂录。
23. 小乘经论部。
24. 思虑之宗。
25. 墀松德赞赞普所选论者。
26. 校对未完之文本。
27. 翻译未完之文本。

这个日录里标明了第 6、18 两类均是译自汉土，一批精通汉语的法师有噶瓦·拜则、属卢·路易坚参、勃兰伽·来恭、拉垄·路恭、俄贡·卫恭和琼保·则则等人，其中管·法成大译师是非常重要而做出极大贡献的翻译家。

五、大翻译家——管·法成

管·法成（vgo 或 mgo、mgos chos grub）出生于后藏达那地方管氏家族，属于当地贵姓，在吐蕃王朝中任职，领有采邑。这一家族中甚至有过担任大相职务，统领全藏一切大权的人物，显赫已极。管·法成出身于这样的世家，受过良好的教育，何时依止何人出家已不清楚。辗转到了沙州敦煌，当在吐蕃占有河西走廊以后（782—787 年之间），在沙州开始译经，取汉文本译成《入楞伽经》、《楞伽阿跋多罗宝经》、《善恶因果大乘经》、《金光明最胜王经》、《解深密经疏》、《贤愚因缘经》、《千手千眼观自在菩萨广大圆满无碍大悲心陀罗尼咒》、《如意轮陀罗尼经》、《十一面神咒心经》等经咒和疏释。其中最有意义的是《解深密经疏》，这是新罗（今朝鲜）王子圆测在长安西明寺听了玄奘大师讲解此经之后所做的疏释。当时即在佛学界流传，传到沙州，被法成译成藏文，保存至今。汉文本却流散佚失，不可复见。清末杨仁山居士从日本访回此经之残本（缺数品，不全），人们每每感到残阙而遗憾，幸由观空法师费了两三年的精力，从藏文本（即法成的译本）中还译为汉，把这个残本补全，使它成为天地间完整的全本。由北京中国佛教协会出版，赵朴初先生在序言中引为佛典因缘中一件佳话。法成之功不可没也！他译出的《贤愚因缘经》，在藏区也产生了极大的影响。宗喀巴大师（1357—1419 年）在 1409 年开始发端建立的传召大法会，就是根据《贤愚因缘经》第一品释迦佛降伏外道六师的故事而起的。500 余年以来，一直流传至今，成为藏区佛教徒一年一度最大的聚会之所。藏戏传统剧目中的《敬巴钦保》、《岱巴登巴》、《絮巴旺秋》三个剧目，也是根据《贤愚因缘经》的《大施抒海缘品》、《善事太子入海缘品》和《羼提波罗因缘品》改编而成的。可以说，《贤愚经》的汉文本是唯一的祖本。此经原来没有梵文，是一批汉僧在于阗国无遮大法会上各抒所记汇集而成的经录，译成藏文后却发生了那么大的作用，法成之功不可没也！法成精通汉、藏两文，除了上述由汉译藏的经论以外，他还将《多星母陀罗尼经》由藏译汉，《心经》和《八啭声》由梵译汉。可以说，这位翻译大师是全能的人才。我国著名的历史学家陈寅恪先生曾有一段评语来论述法成，他说："成公之于吐蕃犹慈恩之于震旦。"可见对他的高度尊崇了。在这一批翻译家从事大量翻译工作的同时，留下了宝贵的工作记录，编写了双语对照的佛学词典，就是《翻译名义大集》和《语合二章》及其他。

六、藏译经典的成就

翻译佛经成为吐蕃朝野上下一致努力的事业，出现了那么多的译师，译出了那么多的经论，也就积累了极其丰富的翻译经验。其中最令人惊奇的是，当时根据翻译的需要创造了一批佛教哲学术语、一批常用的仪轨和咒词，人们把它收集起来编成了一部梵、藏对照的双语词汇集，名叫 bye brag tu rtog pa chen po，直译为《翻译名义大集》，梵文名字叫 Mahāvyutpattiḥ。这部书一共收词语 9565 条，共分 283 个门类，实在是了不起的工程，收藏在藏文大藏经的《丹珠尔》杂部（德格版），编号为 4346。19 世纪，由日本佛教学者榊亮三郎把它分析加注，编成一部梵、藏、汉、和四体佛教辞典出版，后又附了索引，使用方便，成为藏文历史上第一部双语大辞典的延续。

就在《翻译名义大集》编成之后，又出现了第二部梵、藏对照的术语词典，名叫 sgra sbyor bam po gnyis pa，译为《语合二章》，也叫做《翻译名义中集》（bye brag tu rtog pa vbring ba）。这两种工具书，都是为了解决梵、藏文翻译规范词语所作的努力，起了很好的作用。与此同时，译师们又注意到汉、藏文翻译中应该有一个比较规范的词语汇集，于是就有了《瑜伽师地论·菩萨地》词语汉、藏对照写卷的出现。此卷在敦煌文书中 P. 2046 号和 P. 3301 号两个写卷中，也是十分可贵的作品。看来是当时从事汉、藏翻译工作时，译师们随手摘编而成，为其他译者或青年学者提供了宝贵的经验。李方桂教授曾有过专门研究的文章，发表在《通报》杂志上。

七、藏文改革运动

由于翻译事业的发展，新的语词、新的概念、新的表达方式不断地涌现，在藏语世界中呈现了十分繁荣兴旺的新气象。在各个翻译工作者之间，在各个译场之间，在用词造句上，在创造新词的构思上，难免就有了歧异。因此，人们一方面感到语言文字工作的活跃、繁荣，语词大量地增加，新的概念不断地充实；但同时也出现了令人烦恼的纷乱和歧异，甚至出现了语言上的混乱。这些翻译大师们有鉴于此，于是，在王室和翻译大师合作之下共同拟定了改革的方案,名称为“厘定译语”(skad gsar bcad)，由王室颁布命令，自上而下地推行规范化的运动。当时拟定的规范化的原则，在《贤者喜宴》一书中还有明细的记录，其要点是：

(1)废除一些在口语中已经消失了的拼写法,如再后加字 -d。

(2)改进元音 a(即垫音 va)的拼写原则。

(3)新词创造要求通俗、易懂,接近口语。

这是826—827年之间推行的大事。远在公元9世纪，已能有如此新颖而合于语言学原理的念头和措施，实在了不起。从那时以来，1000余年过去了，藏文的结构、拼写规则、创造新词语、表达新概念的原则至今未变。可以说，这次文字改革的运动是成功的，吐蕃王室和翻译大师们制定的原则是符合语言发展的内部规律的。

在如此繁荣的翻译工作、如此正确的文字改革的基础上，公元13世纪藏文大藏经的结集也就水到渠成了。

八、藏文大藏经的结集

公元13世纪中叶，萨迦派为代表的西藏僧侣，在元朝中央政府取得了崇高的政治地位，使宗教事业得以迅速而有效地发展。特别是八思巴以大元国师之尊（去世后又升号帝师，其后人一直沿袭这一封号，终元之世受到尊敬和荣宠），长时间在内地服官，与汉族及其他民族的僧人有极繁复的交往接触。当然，他们了解到汉文大藏经的结集、抄写乃至雕版印刷的各种情况，因此，考虑在藏土结集藏文大藏经乃是自然而然的事。于是，在八思巴关怀、提倡和支持之下，由当时最富盛名的噶当派学者菊木登日惹（世尊智剑，bcom ldan rig ral）和卫巴洛色（dbus pa blo gsal）负责，搜寻各地译本，在那塘寺（在日喀则以西约50华里处）集中萨迦寺、桑耶寺等著名寺院中收藏的译本或原本，或录副。他们把这些译本分成两大类，即“经”和“论”，用藏文标明《甘珠尔》（bkav vgyur）和《丹珠尔》（bstan vgyur）。所谓《甘珠尔》指的是佛金口所说的经典，《丹珠尔》则是佛弟子和后来的大菩萨、学者对佛语所作的疏释。这种两分法与汉文大藏经的三分法（经、律、论）有所不同，比较如下：

大藏经	
汉　文	藏　文
经、律、论	《甘珠尔》
	《丹珠尔》

也就是说，律（毗奈耶）这一藏，汉文作为三藏之一，藏文却把它一分为二，属于释迦牟尼佛所说的律条，归入《甘珠尔》（佛语部），后人解释的律例归人《丹珠尔》（论疏部）。

这一原则定下来以后，把全部经论分类归档，共列出24个类目。今以德格版为例，列举如下：

《甘珠尔》部（bkav vgyur）共收书1108种：

第一　律部　vdul ba
第二　般若部　shes phyin
第三　华严部　phal chen
第四　宝积部　dkon brtsegs
第五　经部　mdo sde
第六密典　甲、十万怛特罗部　rgyud vbum
乙、古怛特罗部　rnying rgyud

丙、时轮经疏　dus vkhor vgrel bshad

丁、陀罗尼集　gzungs vdus

《丹珠尔》部(bstan vgyur)共收书 3461 种：

第七　礼赞部　bstod tshogs

第八　怛特罗部　rgyud

第九　般若部　shes phyin

第十　中观部　dbu ma

第十一　经疏部　mdo vgrel

第十二　唯识部　sems tsam

第十三　阿毗达磨部　mngon pa

第十四　律部　vdul ba

第十五　本生部　skyes rabs

第十六　书翰部　spring yin

第十七　因明部　tshad ma

第十八　声明部　sgra mdo

第十九　医方明部　gso ba rig pa

第二十　工巧明部　bzo rig pa

第二十一　修身部　thun mong ba lugs kyi bstan bcos

第二十二　杂部　sna tshogs

第二十三　阿底峡小部集　jo bo chos chung

第二十四　目录部　dkar chag

以上，藏文大藏经（德格版）类收书共 4569 种之多，显教经论与汉文大藏经大致相同，差别虽有，相距不大。密教的怛特罗、陀罗尼等经、疏几乎形成藏传佛教的一大特点，汉文中绝大部分未曾翻译。仅就《甘珠尔》来比较，密教经典 753 种，其中却有 555 种，汉文中没有翻译。《丹珠尔》中的因明部所收法称的《因明七论》（即“量释论”、“量决定论”、“正理滴论”、“因滴论”、“相属观察论”、“净正理论”和“他相续成就论”），汉文中均没有译载，可称为藏文大藏经之特点。藏文大藏经编定最后的校刊及编目，是布顿大师完成的，可以说是最完备的《甘珠尔》、《丹珠尔》全抄本。布顿·仁钦珠在所著的《布顿佛教史》中，列出一个完整的目录。此后，蔡巴万户长贡噶多吉也精写了一部《甘珠尔》，并邀请布顿大师作为校订人，成为十分有名的“缮写本《甘珠尔》”。以后许多佛教施主，为了做功德善举，也都以蔡巴的《甘珠尔》写本作为底本传抄。

九、藏文大藏经版本概述

在众多的传抄本之后，刊刻藏文大藏经的历史时期到了。过去人们常常把那塘写本（13 世纪编定的那一套）说成是木刻本，但始终没有人见过刊刻印张，很可能是一种误传。真正的第一部刻本是明永乐八年（1410 年）的刊本，相信是以铜版腐蚀的朱印。在拉萨北郊色拉寺内专门有一座“甘珠尔殿”，那就是为供奉永乐皇帝御旨颁赐的《甘珠尔》经而建造的。这一印本十分精美，在每一帙扉页上都印有永乐皇帝为追荐去世的徐妃而刊刻此经、祈求冥福的字样。这一刊本主持人是第五世噶玛巴黑帽系活佛，汉文史籍《明史》记为“得银协巴”。当时，他被永乐皇帝邀请晋京，并受封为“大宝法王”，极一时的荣宠。刊刻第一部刻本的藏文大藏经，也是历史上的开创。明神宗万历三十三年（1605 年），在北京又以木版刻刊了第二套藏文大藏经，史称万历本。明熹宗天启三年（1623 年），由云南丽江府土知府木增出资，邀请了红帽系噶玛巴六世活佛噶旺·曲吉旺秋（1584—1630 年）来主持，在丽江刻成藏族地区第一部刻本《甘珠尔》。木土司信仰藏传佛教，滇西北也是藏人聚居地且有很深的文化影响，所以这一刻本被称为章·三睒版（vjam sa dam par ma）。后来，此版被蒙古固始汗及其孙辈抢运到理塘，藏于理塘大寺（格鲁派），所以又被称为丽江—理塘版。

入清，康熙皇帝下诏在北京刊刻《甘珠尔》、《丹珠尔》全藏。1684年开雕，1692年完成了《甘珠尔》部，乾隆皇帝接着进行，1737年完成《丹珠尔》部。这就是北京版藏文大藏经。日本大谷大学据以翻印，装订成151册方册本出版，所据也就是这一刻本。每一部边款上都有汉文经名，查对方便。在藏区也差不多在此前后，刊刻了那塘版和德格版。在安多地区刊刻了卓尼版。可以说清代是藏文大藏经刊刻的繁荣时期。那塘版新刻是当时藏王颇罗鼐替他母亲祝寿而发心出资刊布的，德格版也是因为德格土司登巴才仁出资邀集学者校刊而刻印的。这些刻本对于普及佛教知识，繁荣佛教文化起了很大作用，同时也提高了藏族人民的知识水准。宣统二年（1910年），库伦又刊刻完成一种库伦版的《甘珠尔》，被称为URGA，即库伦版，匈牙利学者为这一版做了一个很好的目录，查阅方便。十三世达赖主持刊刻了《甘珠尔》、《丹珠尔》，人们称之为拉萨版，至今藏版完好。可以把版本情况列一表如下：

刻本名称	刊刻年代	刊刻地点	主持人	内容
永乐版	1410年	南京	永乐皇帝/五世噶玛巴黑帽活佛	《甘珠尔》
万历版	1605年	北京	万历皇帝	《甘珠尔》
丽江—理塘版	1623年	丽江	木增土司/六世噶玛巴红帽活佛	《甘珠尔》
卓尼版	1731年 1753年	卓尼寺	玛索贡布、登松才仁土司	《甘珠尔》 《丹珠尔》
那塘版	1732年 1741年	那塘寺	颇罗鼐郡王	《甘珠尔》 《丹珠尔》
德格版	1733年 1737年	德格	登巴才仁土司	《甘珠尔》 《丹珠尔》
北京版	1692年 1737年	北京	康熙、雍正、乾隆皇帝	《甘珠尔》 《丹珠尔》
拉嘉版	1820年	拉嘉寺	二世香萨活佛	《甘珠尔》
库伦版	1910年	库伦	八世哲布尊丹巴	《甘珠尔》
拉萨版	1934年	拉萨	十三世达赖	《甘珠尔》

还需要说明：

1. 青海拉嘉（ra rgya）寺在20世纪30年代刻过一种《甘珠尔》，以一包茶叶（约50公斤）即可迎请一部，又名为“茶包《甘珠尔》”。笔者未见此刊本，书此备考。

2. 北京中国藏学研究中心自1986年成立后，即建立了“藏文大藏经对勘局”，由土登尼玛活佛主其事。筹备刊印新的藏文大藏经，这一浩大工程一直在进行中，西藏、四川、青海、甘肃等地藏族学者都曾参加校刊工作，而且对勘局设在成都，甘孜藏族自治州投入众多人力，可望其有成。

又在海外，首先是日本大谷大学以方册本翻印了北京版藏文大藏经，引起国际上普遍的注意，接着日本东北大学又开始刊布复印德格版藏文大藏经，分册出版，目前已出版30余册，仍在继续进行中。印度、美国都曾以方册形式分别出版藏文大藏经的部分经论。不丹国出版的藏文大藏经《甘珠尔》，传闻亦系木刻本，惜未见。

总的形势看来，藏文人藏经受到国际学术界的重视自有其内在的重要性，但是一部分西方人士以此来哄抬藏传佛教的地位，又是学术以外的政治目的，不在话下。

十、汉译藏之经论

自唐代以来，藏土颇多有识之士，高僧大德即开始研究汉文，深究佛典，并开始自汉文翻译佛教经论为藏文。当时藏人学者汉文水准很高，唐代已经有人把《战国策》、《尚书》等儒家经籍译成藏文。现根据德格版藏文大藏经调查自汉文译为藏文的经论，登记如下：

1.《入楞伽经》 No. 107（《大正》：No. 671、672、670）

藏名：vphags pa lang kar gshegs pavi theg pa chen povi mdo/

译者：管·法成（vgos chos grub）。

2.《楞伽阿跋多罗宝经》 No. 108（《大正》：No. 670、671、672）

藏名：vphags pa lang kar gshegs pa rin po chevi mdo las sangs rgyas thams cad kyi gsung gi snying po/

译者：管·法成（vgos chos grub）。

3.《大般涅槃经》 No. 119（《大正》：No. 374、377）

藏名：vphags pa yongs su mya ngan las vdas pa chen povi mdo/

译者：王法顺（?）、善慧（dge bavi blo gros）、海军（rgya mtshovi sde）。

4.《圣临终智大乘经》 No. 122（此经汉文原名待考）

藏名：vphags pa vdas ka ye shes zhes bya ba theg pa chen povi mdo/

译者：（阙名）。

5.《佛藏法字》 No. 123（此经汉文原名待考，或指为《佛藏经》，《大正》：No. 653）

藏名：sangs rgyas kyi mdzod kyi chos kyi yi ge/

译者：（阙名）。

6.《佛说观弥勒菩萨上生兜率天经》 No. 199（《大正》：No. 452）

藏名：vphags pa byang chub sems dpav byams pa dgav ldan du skye ba blang bavi mdo/

译者：巴顿·智慧狮子（pab ston shes rab seng ge）。

7.《大佛顶如来密因修证了义诸菩萨万行首楞严经》 No. 236（《大正》：No. 945）

藏名：bcom ldan vdas kyi gtsug gtor chen po de bzhin gshegs pavi gsang ba sgrub pavi don mngon par thob pavi rgyu byang chub sems dpav thams cad kyi spyod pa dpav bar vrgo bavi mdo/

译者：（阙名）。

8.《大乘大集地藏十轮经》 No. 239(《大正》:No. 411、410)

藏名:vdus pa chen po las savi snying povi vkhor lo bcu pa zhes bya ba theg pa chen povi mdo/

译者:甚深和尚(hwa shang zab mo)、无分别见(rnam par mi rtog pa)。

9.《圣三摩地轮大乘经》 No. 241(汉文原名待查)

藏名:vphags pa ting nge vdzin gyi vkhor lo zhes bya ba theg pa chen povi mdo/

译者:戒法(Shiladharma)、无分别见(rnam par mi rtog pa)。

10.《佛说回向轮经》 No. 242(《大正》:No. 998)

藏名:vphags pa yongs su bsngo bavi vkhor lo zhes bya ba theg pa chen povi mdo/

译者:戒法(Shiladharma)、无分别见(rnam par mi rtog pa)。

11.《正法王大乘经》 No. 243(汉文原名待查)

藏名: dam pavi chos kyi rgyal po theg pa chen povi mdo/

译者:(阙名)。

12.《大乘经法海》 No. 225(汉文原名待查)

藏名: theg pa chen povi mdo chos rgya mtsho zhes bya ba/

译者:(阙名)。

13.《梵网经卢舍那佛说菩萨心地戒品第十卷下并二序》 No. 256(《大正》:No. 1484)

藏名: chos kyi rgyal mo sangs rgyas rnam par snang mdzad kyis byang chub sems dpavi sems kyi gnas bshad pa levu bcu pa/

译者:(阙名)。

14.《圣以正行理趣虚空色降伏忍大乘经》

藏名: vphags pa yang dag par spyod pavi tshul nam mkhai mdog gis vdul bavi bzod pa zhes bya ba theg pa chen povi mdo/

译者:(阙名)。

15.《圣大解脱十方广大忏悔除罪成佛大乘经》 No. 264(汉文原名待查)

藏名:vphags pa thar pa chen po phyogs su rgyas pa vgyod tshangs kyis sdig sbyangs te sangs rgyas su grub par nam par bkod pa zhes bya ba theg pa chen povi mdo/

译者:(阙名)。

16.《贤愚经》 No. 341(《大正》:No. 202)

藏名:mdzangs blun zhes bya bavi mdo/

译者:管·法成(vgos chos grub)。

原注:梵、汉两种文字译藏。

17.《大方便佛报恩经》 No. 353(《大正》:No. 156)

藏名:thabs mkhas pa chen po sangs rgyas drin lan bsad pavi mdo/

译者:(阙名)。

18.《圣说善恶因果大乘经》 No. 354(汉文原名待查)

藏名:vphags pa legs nyes kyi rgyu dang vbras bu bstan pa zhes bya ba theg pa chen povi mdo/

译者:管·法成(vgos chos grub)。

19.《佛说无二平等最上瑜伽大教王经》 No. 452(《大正》:No. 887)

藏名:vphags pa gnyis su med pa mnyam pa nyid mam par rgyal ba zhes bya bavi rtog pavi rgyal po chen po/

译者:布顿·仁钦珠(bu ston rin chen rgub)、贤者·贡布扎布(mi bzang mgon povi skyabs)。

20.《菩提场庄严陀罗尼经》 No. 508(《大正》:No. 1008)

藏名:byang chub snying povi rgyan vbum zhes bya bavi gzungs/

译者:贡布扎布(mgon povi skyabs)。

原注:汉文译名《菩提道场十万庄严陀罗尼咒》。

21.《金光明最胜王经》 No. 555(《大正》:No. 665、663、664)

藏名:vphags pa gser vod dam pa mchog tu rnam par rgyal bavi mdo sdevi rgyal po theg pa chen povi mdo/

译者:管·法成(vgos chos grub)。

22.《千手千眼观世音菩萨广大圆满无碍大悲心陀罗尼经》 No. 691(《大正》:No. 1060、1058、1057)

藏名:vphags pa byang chub sems dpav spyan ras gzigs dbang phyug physg stong spyan stong dang ldan pa thogs pa mi mngav bavi thugs rje chen povi sems rgya cher yongs su rdzogs pa zhes bya bovi gzungs/

译者:管·法成(vgos chos grub)。

23.《如意轮陀罗尼经》 No. 692(《大正》:No. 1080、1081、1082、1083)

藏名:vphags pa spyan ras gzigs dbang phyug gi gsang bavi mdzod thogs pa med pavi yid bzhin gyi vkhor lovi snying po zhes bya bavi gzungs/

译者:管·法成(vgos chos grub)。

24.《十一面神咒心经》 No. 694(《大正》:No. 1071、1070、901)

藏名:vphags pa zhul bcu gcig pavi rig sngags kyi snying po zhes bya bavi gzungs/

译者:管·法成(vgos chos grub)。

25.《千手千眼观自在菩萨广大圆满无碍大悲心陀罗尼》 No. 897

尧按:此经与691号(即本文编号22)全同,系复本误入。

26.《如意轮陀罗尼经》 No. 898

尧按:此经与692号(即本文编号23)全同,系复本误入。

27.《大乘大集地藏十轮经·无依行品第三》 No. 3932(《大正》:No. 411、410)

藏名:ting neg vdzin gyi mi mthun pavi phyogs rnam par gzhag pa/

译者:甚深和尚(hwa shang zab mo)、无分别见(rnam par mi rtog pa)。

28.《解深密经疏》 No. 4016(《续藏经》第1辑,34号,卷1、4)

藏名:vphags pa dgongs pa zab mo nges par vgrel pavi mdo rgya cher vgrel pa/

译者:管·法成(vgos chos grub)。

尧按:此经作者圆测,为西明巨匠,奘门上首。

29.《妙法莲华经玄赞》 No. 4017(《大正》:No. 1723)

藏名:dam pavi chos pundrarikai vgrel pa/

译者:(阙名)。

30.《大乘百法明门论》 No. 4063(《大正》:No. 1614)

藏名:theg pa chen povi chos brgya gsal bavi sgovi bstan bcos/

译者:法宝(chos kyi rin chen,即合尊大师、宋少帝)。

31.《因明入正理论》 No. 4208(《大正》:No. 1630)

藏名:tshad mavi bstan bcos rigs pa la vjug pa zhes bya ba/

译者:僧讲主(sin gyang ju)少帝(ston gzhon,即法宝)。

32.《圣广大分别经中罪过忏悔成就仪轨》 No. 4524(《大正》未收)

藏名:vphags ap rtog pa chen po yongs su rgyas pavi mdo sdevi sdig pa bshags pa dang sgrubs pavi cho ga/

译者:(阙名)。

(原载《水晶宝鬘——藏学文史论集》,台北:佛光文化事业有限公司,2000年。)

吐蕃佛教述略

一、佛教的传入

佛教究竟是在什么时候传入西藏的？这一问题一直是人们普遍关心的、有趣的问题。古代作家们根据传说提出是在公元5世纪中叶，拉脱脱日年赞（ལྷ་ཐོ་ཐོ་རི་གཉན་བཙན）在位时传入的。布顿·仁钦珠（བུ་སྟོན་རིན་ཆེན་གྲུབ，1290—1364）在他的传世名著《善逝佛教史》（1322年成书）中说道：“拉脱脱日年赞在位之时，年达六十，居于雍布拉岗宫顶，自天空降下一宝箧，启视之，有《宝箧经》、《百拜忏悔经》及金塔一座在焉。乃名之为‘宁保桑瓦’（གཉན་པོ་གསང་བ）——即‘玄秘神物’，供奉之。此王获世寿一百二十岁。此为正法之起始也。”① 紧接着布顿之后，萨迦喇嘛索南坚参在他所著《吐蕃王统世系明鉴》（1388年成

① 《布顿佛教史》拉萨木刻本第2章，第123—124页。此书英译本由E. Obermiller译出，题名History of Buddhis by Bu ston，1932年在Heidelberg出版。汉译本原有汤芗铭氏手稿，藏中国佛教协会，十年动乱期间佚失。

书）中说："尺带脱赞之子名拉脱脱日宁协（年赞），为普贤菩萨之化身，在位八十年，王坐于不建自成之雍布拉岗大宫顶时，正如往昔薄伽梵在竹林精舍所授记，佛教将于西藏弘传，以此因缘，自空中下降《宝箧经》、《六字大明咒》、《百拜忏悔经》，长约一肘之金塔、赞达宝刻嘛呢泥塔、木叉手印等。随同日光落于宫顶，空中并有声授记云：'汝后五代，将有了达此义之王出世。'（原注：此谓松赞干布王）王等于是惊为希有，然，未能了达究竟何义，乃名之为'宁保桑瓦'，置诸宝座而供奉之……正法之始，实自此王。"① 其他几部重要史籍：《红史》（1346年成书）、《贤者喜宴》（1564年成书）、五世达赖《西藏王臣史》（1642年成书）以及《土观宗派源流》（1801年成书）基本上都采取大致相同的说法。

《青史》（1476—1478年间成书）的作者管译师薰奴贝（འགོས་ལོ་གཞོན་ནུ་དཔལ, 1392—1481）感觉到"自天空下降经典"的说法有点玄乎，他于是作了颇为合乎人情的解释，他说：那几部经典是梵文写的，当时没有人认得，所以只好秘密保存起来，供奉它。因而名之为"宁保桑瓦"，意思是"秘密而重要"的东西。以后，奈巴班智达进一步说那时把经文从印度带到西藏的是一位印度班智达，名叫洛桑错。所有这些传说都承认当时并没有人懂得佛教和佛教经典。那时候占据思想意识方面统治地位的是一种原始的、自然崇拜的宗教——苯教（བོན་པོ），《吐蕃王统世系明鉴》的作者总结性地指出："西藏王统自聂墀赞普至拉脱脱日年赞以上，凡二十七代、五百余年之间，诸王皆与佛法无关。"② 布顿更明确地说道："此二十七王之世，皆以苯教护持国政。"

① 《吐蕃王统世系明鉴》以下简称《明鉴》，德格木刻本第26页。此书木刻本104页、全18品，书末署为戊辰年。定为1388年。日本山口瑞凤氏持异议，认为记年有误，不会是1388年。汉译本系王沂暖译，题名《西藏王统记》，1949年商务印书馆出版，1955年重印。

② 《明鉴》页278。

苯教是西藏地方西部象雄地区发展起来的原始宗教，教主名叫贤若米保（གཤེན་རབ་མི་བོ་ཆེ），是倭毛垄仁（འོལ་མོ་ལུང་རིང）地方人。他对苯教教义系统化做过很多工作，苯教徒也把他加以神化，① 事实上，由于原始的藏人处于社会发展的低级阶段，对大自然完全依赖，对高原上种种粗犷、剽悍的自然现象无法理解：风雨雷电的发生、日月星辰的运转，地震、山洪、崖崩、林火、野兽袭击、病疫侵害等等都使人们惊愕、恐惧、畏怖，为了乞求平安，避凶趋吉，对自然现象加以崇拜，十分虔诚，小心翼翼，不敢有丝毫触犯，这些自然物被赋予了人格（神格）。我们从奥地利学者奈贝斯基的专书《西藏的鬼怪与神灵》（Oracles and Demons of Tibet）中列出的名单，可以看出由原始的自然崇拜，逐步转化成苯教及其系统化的过程。那时，可以肯定地说是谈不上什么佛教的。

史学家们又喜欢把松赞干布赞普（？—650 年）奉为传入佛教的藏王。在上面引述的六种藏文史部名著中都有这样的传说记载，共同的根据有以下几点：

（1）松赞干布是观世音菩萨化身，专门为了解救藏人苦难

---

① 《明鉴》第 25—26 页，有一段关于苯教的叙述，兹略译如下：“布带巩杰赞普之时，已有卍字苯教，大师名贤若米保，生于大食之倭毛垄仁，将天界八部等苯教一切法译自象雄而弘传之。苯教之法分九派；因乘四派、果乘五派。果乘五派者以入卍字为无上乘，即能得乐趣天界之身。因乘四派者不外纳祥求福，祷神乞药，增益吉祥，兴旺人财，息灾送病，护国奠基，指善决疑，为生者除障，为死者安葬，为幼者驱鬼。上观天象，下降地魔等祓禳之事也。”

《土观宗派源流》有一苯教专章（即第 9 章，拉萨版 Kha 第 1—7 页）。书中引桑结嘉措（སངས་རྒྱས་རྒྱ་མཚོ）《白琉璃》一书说贤若米保为佛祖化现，“于象雄之地欲驯化苯教徒乃变化为贤若米保，示十二本行，说九乘教法，为生者开天门，为死者断丧门，度众生入雍仲之道。”这都是佛教徒的观点。苯教徒有自己的著作，见《嘉言库》（གཡུང་བསྟན་ལེགས་བཤད་རིན་པོ་ཆེའི་མཛོད），这是一部重要苯教史书，夏杂·扎西坚参著。全书共 274 页，木刻，分七大部分。旅居英国的华裔学者噶尔美将此书译为英文，1972 年列为牛津大学东方丛书在伦敦出版，题名 The Treasury of Good saying: A Tibetan History of Bon, Samten. G. Karmay ed and tr, London Oriental Series vol. 26，365PP。藏文木版最近已在青海省黄南自治州发现。陈观胜同志与笔者合作已将此书译为汉文，待刊。

而化现人间的，当然是传播佛教的积极支持者。

（2）他的两位妃子：唐朝的文成公主和泥婆罗公主都是虔敬的佛教徒，都曾把佛陀释迦牟尼的像迎到西藏，并说至今供奉在大昭寺、小昭寺内的佛像就是她们的遗物。

（3）松赞干布根据佛教精神制定了十善正法，作为人民行为规范的准则。

（4）他和他的妃子建造了大昭、小昭和其他佛寺。

（5）他派遣了吞米桑布札到印度学习梵文，回藏后创造了藏文，就运用新创造出来的藏文翻译了几部佛教经典。[①]

这几条理由缺乏旁证。（观音化现之类的神话是永远得不到证明的）[②]，他的两位妃子崇奉佛教可能是事实，带去一部分佛像和法物也是自然的事。松赞干布本人承先人的余绪，锐意经营，兼并四邻小邦，建立了奴隶制的军事部落联盟，在军事、政治、经济、法律、生产等各方面有所建树，同时想在文化、思想意识形态方面搞一点新政不是不可能的。《新唐书·吐蕃传》赞扬他“为人慷慨才雄。”《旧唐书·吐蕃传》说他“弱冠嗣位、性骁武、多英略、其邻国羊同及诸羌宾服之。”惟独没有提到他在佛教方面的贡献。《敦煌本吐蕃历史文书》赞普传记第8节，墀松德赞传中说：“复得无上正觉佛陀之教法，奉行之，自首邑直至边鄙四境并建寺宇伽兰，树立教法，一切人众入于慈悲、念

① 翻译经典的名称又各各说法不同。《明鉴》说是“通米大臣于班智达神种师子处学习一切声明尽通五大明处，翻译《宝集顶经》、《宝箧经》、《观自在经续》二十一部。又谓曾译《十万颂般若波罗蜜多经》。”《布顿佛教史》说是翻译了《宝箧经》、《忏悔经》和《宝云经》等说法又很不一致。

② 大昭、小昭两寺当初仅仅是供养佛像的神殿，没有僧人，没有经典，更没有常规的宗教活动。至今找不出一部当时翻译的经典，也令人怀疑当初是否真有过译经的活动。公元721年，唐朝的新罗籍僧人慧超自印度返回安西，他沿途对民情风俗有所了解。在所著《往五天竺国传》一书中说：“至于吐蕃，无寺无僧，总无佛法。”可以证明在松赞身后一段时期还谈不上佛寺和僧侣，也就谈不上佛教了。

处、生死之间得以解脱，基业永固，寿元无疆。”① 看来，这是人们能够接受的说法。我们大致可以说，在拉脱脱日年赞时，由于偶然的因素，有人把梵文佛经带到西藏，无人认得，被秘密收藏起来，未发生过任何影响。松赞干布时期佛教通过两位妃子分别从唐朝和泥婆罗带到西藏，但是苯教是当时思想、文化上的统治力量，佛教并未发生多大作用，其基本情况是没有佛寺，没有僧人，也没有按照佛教规矩建立起来的宗教活动。但作为一种外来的思想开始被介绍到西藏，经过好几代人的时间，② 外来佛教徒在西藏没有打开局面。真正开始佛教活动并且产生了影响，那是墀松德赞赞普的时期。因为，只有到了这一时期才在西藏高原上修建了真正的佛教寺院，才有了藏族青年出家剃度为僧，建立了僧团，才大规模而系统地翻译了佛教经典。

二、佛教的建立

墀松德赞崇信佛法，推行佛教，史家们往往说成是神的意志，是一种超人的力量的安排。五世达赖《西藏王臣史》中说，墀松德赞是文殊菩萨的化现，宏扬佛法是宿世的因缘。其实，当时，他在755年即位之时，年仅13岁，国政概由苯教信仰者、

① 《敦煌本吐蕃历史文书》出自敦煌石室的藏文手卷，原卷为公元9世纪间写本，1907年被伯希和劫运海外，现藏法国巴黎图书馆。巴高、杜散、托玛斯等人译为法、英文，1940年在法国出版。题名：Documentsoe Touen houang Relatifs aL'histoire Du Tibet，巴黎，引文见该书汉译本。1979年3月，青海民院印刷。

② 唐朝中宗皇帝（705—710年在位）于公元710年遣金城公主嫁吐蕃赞普墀德祖赞（704—755年），该赞普又曾为西域佛教僧人安排过生活出路，相传这时曾在这些外来的僧人帮助下由勃阑伽氏、聂氏的学者翻译出《百业经》，《金光明最胜王经》，但是古翻本并未流传。还传这位赞普曾派巴·桑希（སྦ་སང་ཤི）等人到长安取佛经。中间，又被苯教徒指控，佛教活动便天灾频仍，人祸连绵，终于未搞出什么像样的名堂。见《拔协》（14世纪出世，托名九世纪的伪书，可能有所本。）值得注意的是这些尝试性的佛教活动都有汉族僧人参加，其中以大天寿和尚、梅果等人名字见于记载。

老贵族掌权，其中最著名的是玛尚春巴杰。由他们制定了禁止佛教的禁律，大力推行由象雄传来的系统化的苯教，形成社会舆论，把社会上的不安、自然界的灾异都一股脑儿推在佛教身上。佛教的情况是很不妙的，巴桑希（སྦ་སང་ཤི）等四人从唐朝返回拉萨时，带回一些汉文佛经和他们在长安动手翻译的译稿，同时还请了几位汉僧同来，此时，回来一看，老王已死，幼主无权，苯教盛行，贵族当政，佛教处于被禁的状态，只好把带来的佛经埋藏在秦浦（མཆིམས་ཕུ）地方的岩洞里，把汉僧送回汉地。他们曾经秘密进见墀松德赞，汇报了情况，墀松德赞迫于权臣压力，不敢公开阅读佛经，更不敢公开讨论兴佛的举动。只能跟几位奉佛的臣下，秘密计议相机行事。他年达 20 岁，公元 761 年决心奉佛，这在《贤者喜宴》所载当时颁布的奉佛语敕中得到证明[①]，用阴谋的手段剪除了奉行苯教的权贵玛尚春巴杰和达若路恭。[②]这是由于墀松德赞的父王被权臣毒毙，墀松德赞本人也几乎遭到不测，历史的教训，使他警惕，采取果断的行动，公开站在佛教一边。[③] 几项具体措施是：

（1）派巴·赛囊（སྦ་གསལ་སྣང，以后出家改名益西旺布ཡེ་ཤེས་དབང་པོ）到长安取佛经、请汉僧。

（2）颁布奉佛的诏令。

（3）将先前被苯教徒破坏的佛像迎回大昭寺。

（4）组织青年人赴印度或汉地学习，准备开展佛经翻译工作。

（5）派人（据说还是巴·赛囊）到印度迎请当时最著名的

---

① 《贤者喜宴》ja 卷，109 页。图齐：《吐蕃诸赞普之墓》（The Tombs of Tibe Tan Kings，Roma，1950）亦录有此诏。

② 《明鉴》85 页，载墀松德赞与信佛大臣计议，生埋玛尚春巴杰，流放达若路恭于北方荒原，扫除了障碍，始能奉佛。

③ 见墀松德赞在位时颁布的《恩兰·达札路恭纪功碑》南侧，今撷译如下："弃隶蹜赞赞普时，恩兰路恭忠诚业绩卓著时，末·东则布与朗·迈色正任大相，忽生叛逆之心。由是，父王弃隶蹜赞被害宾天，王子墀松德赞政躬亦濒危境，蕃境黔首庶政大乱。"载《吐蕃金石录》，第 84 页。

佛教学者寂护（藏译名ཞི་བ་འཚོ又汉译为静命）来藏传佛。

（6）准备兴建桑耶寺，作为根本道场。

在这些条件具备以后，准备选拔藏族青年出家和开辟译场。

我们从藏文文献看到一些矛盾的、混乱的记载：比方说，一方面派专人去迎请寂护来藏弘佛，另一方面又担心他会给西藏带来什么不幸；寂护被秘密地引见于秦浦，在龙粗宫宣讲佛教的基本道德和基础理论，诸如：十善、十八界和十二因缘等。对于当时思想界来说，佛教的基本理论似新鲜的空气吹到人们中间，引起人们的注意，逐步渗透、吸收，像“菩提”、“涅槃”的观念就破除了人们对自然神的依赖，佛教的辩证逻辑动摇了长期在人们思想上起作用的灵气主义。特别是眼前的宇宙和现实世界统一，理性秩序和宏观世界的统一，人的感情、命运跟信仰的统一给西藏上层人士带来强有力的刺激。这一股新风固然有一人欢迎，更有人反对。苯教作为反对者的思想武库，拿不出什么有力的武器，就采取传统的阴谋手段，我们从这时期留下的碑文中，可以闻到当时斗争的血腥气。①

所以，我们可以说：佛教的建立是在墀松德赞时期，但不是他一开始就拥护佛教，更不是什么文殊菩萨化现能解释得了的。而是当他亲政以后，即公元761年，才采取了行动，主要因素还是因为苯教徒代表了大贵族的利益，影响着吐蕃政权，左右王室，在节骨眼儿上，常常支持贵族来压制王室。墀松德赞为了摆脱这种局面，寻求支持，寻求新的精神力量，才转向佛教，支持佛教，推行佛教和提倡佛教，才开始建立佛教。

---

① 《桑耶寺兴佛证盟碑》译如下：“逻些及札玛之诸神殿建立三宝之所依处，奉行缘觉之正法。此事，无论何时，均不离不弃。所供资具，均不得减少，不得匮乏。今迩后，每一代子孙，均需按照赞普父子所作之盟誓，发愿。其咒誓书辞不得弃置，不得变更。祈请一切诸天、神祇、非人来作盟证。赞普父子与小邦王子、诸论臣工，与盟申誓。此诏敕盟书之详细文字正本，存之于别室。”这一碑刻中不惮其烦，一再诏告不得这个、不得那个，都从侧面反映佛教徒战战兢兢的心理。

三、兴建桑耶寺

传说中的松赞干布时修建十二神殿、大昭、小昭，墀德祖赞时修建五座神殿，都不能算作佛教的伽兰。因为这些传说中的神殿并不是真正的宗教活动场所，其中若干神殿是否真正建立过，令人怀疑。

墀松德赞既然要支持并推行佛教，要拿它作为思想武器跟苯教作斗争，不得不按照正规的要求兴建佛寺。这就是桑耶寺（བསམ་ཡས་གཙུག་ལག་ཁང）。可以毫不犹豫地称之为第一座佛寺。以这座佛寺作据点，进行正规的、合乎戒律要求的佛教仪式活动，同时也是一种示范性的样板。这座寺庙修得非常阔气，《吐蕃王统世系明鉴》的记载可能是过于理想化。从 P. 86 至 P. 90 里，完全是描写这座寺院的规模如何宏大、豪华，极尽夸张之能事。我们曾经亲临其地（今属山南地区扎囊县桑耶区），该寺中经火焚，几度重修，但看不出书中所描绘的规模。也许是历史的遗迹难以唤醒人们的想象。

据《贤者喜宴》、《吐蕃王统世系明鉴》、《布顿佛教史》等书都一致认为是卯年破土动工，下一个卯年落成，为时十二载。这个卯年究竟应是哪一年？我们根据墀松德赞登位后的活动推算：午年（742）生，丑年（761）亲政，行佛教，卯年（763）动工兴建桑耶寺，下一个卯年（775）桑耶寺落成。也有的书说落成在未年（779）。

桑耶（བསམ་ཡས）之名，有的书，如《喇协》（西藏档案局藏手抄本）说是汉语“三羊”的译音，取“三羊开泰”之意。有趣的是这本书还解释ལུགས་གསུམ，三样，与众不同，它说原来是ལུག་གསུམ 即三羊，后人不解其意妄改为ལུགས་གསུམ 变为三样，于是衍生出桑耶大寺的大殿“下层为藏样、中层为汉样，顶层为印度式样”的三样寺之说。这本书的作者还怕人看不懂，后面又把汉语“三羊”二字译音，再译意。记在这里，供读者一粲。

把寺庙修在这里有特殊的需要，据《敦煌本吐蕃历史文书》所记，赞普牙帐就在札玛（བྲག་དམར），王室每年举行的会盟经常在札玛进行。如《敦煌本吐蕃历史文书》大事纪年之58：“及至羊年（中宗景龙元年，丁未，707）……冬，赞普驻于札玛，牙帐迁徙，祖母及孙，二人均驻于来岗园，冬季会盟由大论乞力徐于温江岛召集之。”

大事纪年第103条：“及至猪年（玄宗天宝六年，丁亥，747）……冬，赞普驻于札玛。冬季大会，由大论穷桑、末·东则布、论莽布支、尚·没陵赞等人于碴之寨卓召集之。”

这个札玛，就是桑耶所在地，札玛真桑。由此看来，王室考虑到宗教活动必须牢牢掌握在自己手中，便于了解情况，参加活动。我们从桑耶寺的兴佛证盟碑和铜钟的铭文中看到这方面的记载，[①] 这座寺院的规模还可以从承德普宁寺的建筑中得到启发。[②]

四、“七觉士”僧团的出现

桑耶寺建成，开光庆典整整搞了一年，盛况空前，扩大了宣传的影响。度人出家，建立僧团，势在必行。《贤者喜宴》说：“桑耶寺落成后，七人出家。以超岩寺说一切有部比丘十二人为轨范师，于羊年（779）二月初八日，在札玛宫以菩提萨埵（即

---

① 碑文已如上注，兹将钟铭又译如下：“王妃甲茂赞母子二人，为供奉十方三宝之故，铸造此钟。以此福德之力，祈愿天神赞普墀松德赞父子、眷属，具六十种妙音，证无上之菩提！”参见《吐蕃金石录》，第167页。

② 北京东北隅250公里的热河、承德市避暑山庄是清朝康熙帝—乾隆帝经营的建筑群，山庄东北隅有普宁寺乃仿自桑耶寺。实际上是用佛教徒想象中的所谓世界的结构做建筑的基本概念的。中心主殿是一座三层大殿，代表所谓须弥山；四方有四个殿，代表所谓四大洲；四方四殿的附近又各有两个小殿，共八座，代表所谓八小洲。主殿两旁又建两个小殿，代表日、月。围墙代表铁围山。佛教密宗的坛城也往往采取这种形式，所以也有说这座寺庙的建筑是仿照密宗的曼陀罗而建造的。参见《文物》1975年第12期。

寂护）为堪布，举行仪式。其时，师承各尊均见于桑耶寺壁画之上。”[①] 该书还指出了第一批学习梵文的青年学生。先选择了巴·赤色（སྦ་ཁྲི་གཟིགས）出家为比丘，赐名拜扬，王对之十分喜爱，顶礼其足，称为藏中大宝，梵文名“若特那”（Ratna）。实际上为藏人中出家的第一人。接着又选择了六名聪俊少年，剃度出家。称为“七觉士”（སད་མི་མི་བདུན）也有人解释为“七个试出家的人”。这七个人的名单几本书不完全一样，我们介绍《西藏王统世系明鉴》的记载：

①巴·桑布之子若特那（即巴·拜扬）

②秦·阿努之子释迦札巴

③巴郭·若那之子贝茹杂那（བཻ་རོ་ཙ་ན 即《王后遗教》中的“遍照”）

④恩兰·杰瓦乔扬（རྒྱལ་བ་མཆོག་དབྱངས）

⑤玛·仁钦乔（རྨ་རིན་ཆེན་མཆོག）

⑥昆·路易旺布（འཁོན་ཀླུའི་དབང་པོ 原注：另有史书云此人不在七觉士之中）

⑦藏·来朱（གཙང་ལེགས་གྲུབ）[②]

这七人僧团的出现像撒下的种子一样，迅速滋蔓。就在同一年，羊年（779）在桑耶寺内以长妃甲茂赞（此人的名字见于桑耶寺钟铭）与赞普姨母甲玛为首有一百名贵族妇女出家为尼。这时，因为寂护被马踢伤而病故，遗言由巴·拜扬担任堪布，主持这批人出家。后，又有发展，一时，达三百余人。[③]

还有不少汉地僧人来到吐蕃，如《太平寰宇记》卷185，载“德宗建中四年（783）夏四月，没蕃将士僧尼等至自沙州，凡

---

① 《贤者喜宴》（མཁས་པའི་དགའ་སྟོན）ཇ卷，第103页。

② 《布顿佛教史》把七觉士分为三长、三幼、一中年，他们的名字是：巴·文殊室利，藏·德文扎，勃阑伽·牟迪噶，昆·那噶因陀罗，巴郭·贝茹杂那，玛·阿杂若耶仁钦乔和朗·噶旦。还有的记载把这七个人名字上都加了一个“护”（སྲུང）字。

③ 藏人第一批僧团从根本说一切有部僧人出家是当时印度佛教界流行的规矩。说一切有部是当时在印度势力较大的一个小乘佛教流派，当时，印度大乘佛教徒，无论显密，受比丘戒，多半是从说一切有部僧人受戒。

八百人”。又：《册府元龟》外臣部980载：“初，吐蕃遣使求沙门之善讲者，至是（指建中二年，781年）遣僧良琇、文素二人行，岁一更之。”内地汉僧在吐蕃把内地佛教，特别是禅宗传播到藏土佛教中去，产生了不少的影响，以至引起一场辩论。因为在藏传法的寂护来自印度，是释迦牟尼故乡来的，奉行瑜伽行中观宗，内地汉僧所传顿悟成佛的禅宗，一场辩论，下面将有所介绍。这里只表明“七觉士”出家是藏人僧团的最初尝试，是继桑耶寺修建后另一个重要步骤。

五、佛经的翻译、三大目录的形成

松赞干布时期翻译《宝箧经》、《百拜忏悔经》，赤德祖赞时期翻译《百业经》、《金光明最胜王经》可能是一种传说，也可能是对翻译事业早期的回顾。真正的翻译事业的开始应该是在桑耶寺建成之后，那时，派往印度学习梵文和派往内地学习汉文的学生已经回藏，造就了一批通晓两种、三种语言的青年学者。据几种史书记载，墀松德赞从印度迎请了闻名全印的学者班智达无垢友入藏，贝茹杂那和罽宾（今克什米尔）人阿难陀、旦玛·则芒、聂·古马若、玛·仁钦乔、昆·路易旺布、噶瓦·拜则、属庐·路易坚参、尚那囊·益西岱等人为译师。[①] 互相配合，在桑耶寺的印度翻译殿开辟译场，广译经论，所译出的经籍分别存放在秦浦、庞塘和登迦三个宫殿之中，而且就这三个宫殿所藏翻译的经籍，分别编出三个目录，都以宫殿命名：《秦浦目录》、《庞塘目录》和《登迦目录》，布顿大师在编纂大藏经甘珠、丹珠目录时，还亲眼见到过这三种目录。说明并非虚构，[②] 可惜，前两种已经逸失。至今，只能见到《登迦目录》一种，收入丹

① 习惯上称之为三老年，三青年，三中年九大译师。
② 《布顿佛教史》。

珠尔目录部中，所收经论约六七百种，其分类为27门，译如下：

①大乘经类（般若部）

②大乘经类（方广部）

③大乘经类（宝积部）

④大乘经类（杂部）又分为四种

⑤大经类

⑥大乘经译自汉土者

⑦小乘经类

⑧论

⑨密咒续

⑩五大陀罗尼经

⑪广略陀罗尼杂经

⑫名号一百单八种

⑬各种礼赞

⑭各种誓愿

⑮吉祥法门

⑯毗奈耶类

⑰大乘经疏释

⑱大乘经疏译自汉土者

⑲中论

⑳禅定语录

㉑唯识论

㉒大乘论部杂录

㉓小乘经论

㉔思索之宗

㉕墀松德赞赞普所造论著

㉖校对未完之文本

㉗翻译未完之文本

其中第6、18两类标明系译自汉土的经论，共计31种（经部23种、论部8种）。除了属庐·路易坚参、噶瓦·拜则是著名的汉籍译师之外，据《贤者喜宴》所载，尚有勃阑伽·来恭、拉垄路恭、俄贡·卫恭和晾保·则则等。其实，在稍后一段时期还有管·法成长期定居在敦煌一带，翻译了不少经论，贡献不小。至今人们常用的《贤愚因缘经》就是管·法成译自汉文者。①

《登迦目录》标明成书于“龙之年”，据芳村修基氏考订，应为公元824年。②

就在大量翻译经论的同时，由于工作需要，为了避免重复，避免译名上的混乱，着手进行编制了一种梵藏佛教术语辞典，称之为《翻译名义大集》（བྱེ་བྲག་ཏུ་རྟོགས་པ་ཆེན་པོ），是由印度人、泥婆罗人的译师与藏族译师合作的成果，全书共分二百八十三个门类，收词语共9565条，实在是非常了不起的著作。日本京都帝大榊亮三郎教授，把此书补充成梵藏汉和四体对译的铅印本，1850年在东京出版，成为一部很好的工具书。

另外，当时还产生过《两卷本词语集》（སྒྲ་སྦྱོར་བམ་གཉིས，或称བྱེ་བྲག་ཏུ་རྟོགས་འབྱེད）也是因翻译工作积累的词汇集。

敦煌文献P.2046号、P.3301号两个卷子是汉藏对照的辞汇集，③ 是《瑜伽师地论·声闻地品》汉藏对译。与《翻译名义大集》属于同一类型的文献，说明当时吐蕃译经大师们的工作做得何等细腻入微！翻译事业的进展与佛教宣传上的优势成正比的，它使得苯教徒们十分恐惧，引起苯教徒来一个改编佛经，改造佛经，变为苯教经典的运动。从墀松德赞到热巴巾短短七八十年中间，藏族的文化有了很大提高，思想界比较活跃，眼界打开了，头脑灵活了，佛经故事的幻想与浮夸，把人世间的苦难比譬言传，大大激发了诗人和画家的灵感。这一时期诗歌和壁画的创

① 请参看拙文：《藏族翻译家管·法成对民族文化交流的贡献》，载《文物》1980年第7期。日本上山大峻氏有《大蕃国大德三藏法师沙门法成的研究》一文载《东方学报》38卷（1967），39卷（1968）。

② 芳村修墓：The Denkarma, An oldest Cata; pgie pf Tje Tobetan Buddist Canon 1950、油印。

③ Li Fang kuei：A Sino Tibetan Glossary from Tun Huang，载《通报》49卷，1961年，P233—356。

作都是空前繁荣的。

由于翻译事业的发展，新的语词大量出观。新的概念不断涌到藏语中来。难免出现各翻译工作者之间用词的歧异，甚至引进语法上的新的表现手法，诸如此类，语言上一方面是活跃了，繁荣了，另一方面也出现了混乱。于是，就由王室和翻译大师们商讨决定，发起一个叫做“厘定译语”（སྐད་གསར་བཅད）的运动，废除一些已经失去意义的东西（包活语言上和词汇上的），规定新的正字法规范原则。这是公元 826—827 年之间进行的一件大事，从那以后，藏文的结构和文字组合法得到基本稳定，一直至今，变动不大。因之，可以说当时吐蕃统治者确定的原则是符合语言文字内部规律的，规范化的工作是成功的。①

六、佛教与苯教的斗争

苯教是在原始的、自然崇拜的基础上发展起来的宗教，是一种自然宗教，正如马克思、恩格斯说过从社会意识的发展史来讲，自然宗教是一种动物式的意识，是人类对自然界的异己力量完全处于屈服状态下产生的一种意识形态。在《德意志意识形态》一文中说：

> 自然界起初作为一种完全异己的、有无限威力的和不可制服的力量与人们对立的。人们同它的关系完全像动物同它的关系一样，人们就像牲畜一样服从它的权力，因而这是对自然界的一种纯粹动物式的意识（自然宗教）。②

① 请参看《贤者喜宴》ཇ卷 132 页下，载与此有关内容，今译如次：“……将往昔所译经文，改正厘定，章节判明，古昔难懂之词语，尽行舍弃，以合于地区、时代及通俗易懂者为准。为减少字母级音，乃将ས—ཐ、ད་དག及后加单体小འ三者尽行取消……”。

② 《马克思恩格斯选集》第 1 卷，第 35 页。

进入阶级社会以后，它就成为奴隶主阶级手中非常有效的工具，也有很高威信，苯教的先知几乎都成了神，苯教的巫师成了神的代言人，而且照例由几家老贵族担任，他们就控制了神权，赞普王室也得听从神的代言人的摆布，这样，矛盾就日益尖锐。为了夺回这一神权——这一思想武器，赞普王室向佛教开了门，尽管它是外来的宗教，是一种“异端”，但是它的新的一套理论跟苯教那种自然崇拜的灵气主义不同，具有一定的吸引力。王室于是在宫廷内部允许佛教徒讲经、说法，做一些宗教宣传活动。苯教徒当然抱着警惕的眼光注视着这一切，每当自然灾害发生时，就对“佛教”发起猛烈的进攻，进行严厉的指责。比方说：由于雷殛、洪水和瘟疫引起了人们的恐慌时，苯教徒立即说：“雷劈红山、水涌庞塘，瘟疫流行都是佛教教义在吐蕃触怒了山神、水神和瘟神所带来的灾难”。赞普也挡不住这种批评，只好让佛教徒撤退、偃旗息鼓。像这样的往复几次后，佛教徒吸取了教训，由乌苌国请来的莲花生大师发起佛教西藏化的运动，大量吸收苯教的崇拜，作为佛教的护法神，吸收苯教的仪式作为佛教通俗化、地方化的手段，很快就产生了良好的效果，因之，我们见到西藏佛教中既有印度正统佛教的道理，也有印度教时某些成份，又有西藏原始崇拜的因素。就是这个原因，人们习惯地称之为喇嘛教，实际上是西藏化了的佛教。

苯教徒目睹这种新的变化，他们在惊愕、犹豫一阵之后，也吸取了教训，改变了策略。于是苯教的法师们动手篡改佛教经典，大改特改，只要换几个名字就贴上苯教经典的标签，甚至宣布苯教也有自己的大藏经——甘珠尔和丹珠尔。这种钻进肚皮里的战术使佛教徒感到十分为难，不得不由赞普出面宣布“禁止苯教徒妄改佛教经典，违者处死!”命令十分严厉，效果并不十分明显，苯教徒在新的系统化的教义统领之下，聚集力量，等待时机，并且利用老贵族的传统力量与佛教进行殊死的斗争。人们熟知的朗达玛灭佛运动（842—846 年）是有其深刻的历史背景和社会背景的。可以说吐蕃佛教与苯教的斗争使它们逐渐靠拢，彼此吸收，尽管9世纪中叶最后一次流血的、残酷的冲突使佛教处于劣势，转入了地下，但是苯教也没能形成独占的局面，政治上的胜利不一定带来思想上的成功。最后，苯教几乎成为佛教的一个流派而保存下来。

七、佛教内部的斗争——顿渐之争

在吐蕃时期，在墀松德赞赞普支持下佛教对苯教的斗争取得初步胜利，刚刚站稳了脚跟以后，佛教内部派别的斗争又成为主要矛盾。这就是著名的“顿渐之争”。

藏文几部重要史籍都提到这一事件，争论的一方是汉族僧人摩诃衍及其追随者，另一方是印度僧人莲花戒和他的门徒。按照藏文的说法是双方齐集在墀松德赞座前，分坐左右，赞普居中，展开辩论。各抒自己论点，进行交锋，结果是代表顿门派的汉僧摩诃衍宣布失败，这一派的观点、教法被禁止，汉僧被遣回内地，其追随者有的愤而自杀，有的宣布改宗。代表渐门派的莲花戒获胜，他的教派被宣布为正宗，得以传播。但莲花戒本人却被敌对者刺杀。

敦煌石室写卷的P.4646号，是一个非常有趣的汉文写本。题名《顿悟大乘正理决》，这个汉文卷子共32页、64面，汉文直书，首尾俱全，是一个流落在吐蕃的汉人官员奉摩诃衍大师的委托写成的。文字流畅，字迹娟秀，前面有一段序文，题“顿悟大乘正理决叙，前河西观察判官朝散大夫殿中侍御史王锡撰”。王锡，就是这位不知名的作家。法国汉学研究大师戴密微教授（1894—1979）1952年在巴黎出版了关于这个卷子的详细考证，书名《拉萨的会议》（也有译作《吐蕃僧诤记》）[1]，他在写作过程中曾得到我国故王重民教授的帮助。戴书问世以来，快

① Paul Demiéville, Le Concile de Lhasa, paris, 1952.

三十年了，至今仍是研究吐蕃思想史、汉藏关系史、禅宗入藏史等方面取之不尽、用之不竭的源泉。近几年来这方面的研究又有了发展。[①] 日本上山大峻教授1964年的文章《大乘二十二问本》指出了同一内容的另一写本。[②] 尤其重要的是，这个写本还有相应的藏文写卷，《拉露目录》的藏文823号就是其中之一。日本的今枝由郎先生把P. 4646号汉文写本与藏文823号写本对照比较，发现其内容同出一源。下面是初步比较表：[③]

编号	拉露目录823号卷（页，行）	P. 4646号汉文写卷（页，行）	戴氏译文（拉萨的会议）
1	第一页　第一行	第一三三页下第5行至一三四页上第1行（旧问第三）	75—76
2	第一页　第2—3行	第一三四页下第3行至第5行（旧问）	77
3	第一页第4行至第二页第2行	第一三五页上第2—4行（旧问）	78—80
4	第二页第2—4行	第一三五页下第3—5行（旧问）	82
5	第二页第4行至第三页第3行	第一三六页下，第2—5行（旧问）	85
6	第三页第3行至第四页第3行	第一三七页下第1—4行（旧问）	87—88
7	第四页第3行至第五页第1行	第一三八页上，第5行至第一三八页下第1行（旧问）	89
8	第五页第1行至第八页第2行	第一三八页下第1行至第一三九页上第6行（旧问）	89—93
9	第八页第2行至第九页第1行	第一四〇页上第2行至第5行（旧问）	94—96

① 其中最主要的几种是：戴密微：《有关中国禅宗的两卷敦煌文书》载《冢本善隆教授佛教史论文集》1961年，京都。上山大峻：《敦煌和敦煌的佛教学研究》，载《东方学报》1964年，35卷。今枝由郎："有关吐蕃僧诤会的新敦煌文书"载于《法国亚洲学报》1975年。

② 见上注上山大峻条内。

③ 见上注今枝由郎的文章，汉译文由耿昇译出，特刊。

续表

编号	拉露目录823号卷（页，行）	P. 4646号汉文写卷（页，行）	戴氏译文（拉萨的会议）
10	第九页第1—4行	第一四○页下第5—6行（旧问）	97—99
11	第九页第4行至第十页第2行	第一四一页上第1—2行（又问）	100
12	第十页第2行至第十一页第1行	第一四二页上第1—3行（旧问）	107
13	第十一页第1行……	残缺	缺

可以说823号藏文卷十三组问答，除最后一组以外，全部与汉文P. 4646号卷子一致，引起人们巨大的兴趣。现在我们介绍《大乘二十二问本》的主要内容：

《二十二问》序：

夫至教幽深，下凡不测，微言该远，上智犹迷。况昙旷识量荒唐、学习肤浅，博闻既懵于经论，精解又迷于理事。卧病既久，所苦弥深；气力转微，莫能登陟。伏枕边外，驰恋圣颜，深（辰）问忽临，心神惊骇，将欲辞避，恐负力（功）课。疾苦之中，恭答甚深之义，敢中狂简，窃效微诚。然其问端，至极幽隐；或有往年曾学，或有昔峨不闻。所解者，以知而释之；未晓者，以通理而畅之。所惧不契圣情，乖于本旨，特乞哀恕，远察衷勤。

此序为P. 2287号，卷末缮写人注明丙申，即816年，又一件为S. 2674号、卷末写明丁卯年（847年?）三月九日写毕，比丘法灯。二十二问本文：

第一问云：菩萨离世俗之地，不向声闻缘觉之行，欲令一切众生除烦恼苦，作何法者？

第二问云：又不退入行菩萨，内所思意，外身显现法中，内修第一行法，何是外行？第一行法是何？

第三问云：修身口意，从初至终行。行如何？

第四问云：今又处五浊恶世，自既无缚，彼亦无解，义如何者？

第五问云：佛有余无余涅槃，此二涅槃为复实有，为复假说？

第六问云：佛有三身，其法身者周遍法界，化身各各在一切佛，而应身有一有异？

第七问云：佛有一切智，因行是修修行六波罗蜜，但本性清净，湛然不动，是一切智，比二种如何？

第八问云：众生若行诸菩萨行，发菩提心，如何发行？

第九问云：十地菩萨，几地有相？几地无想有相无想，何者是行？

第十问云：菩萨具修诸解脱门，行法如何？

第十一问云：菩萨法身与佛法身，同不同者？

第十二问云：菩萨涅槃及与轮回，并不分别。义如何者？

第十三问云：菩萨所知，不善涅槃，不染世间，依何法者？

第十四问云：又大乘法，智慧方使，二种双行，众生欲行，如何起行？菩萨自在则可能行。众生不然，何能行者？

第十五问云：声闻、缘觉、菩萨三乘，于六尘境各如何见？

第十六问云：缘觉、声闻、菩萨三乘，初发心相行法如何？

第十七问云：又此三种，皆入涅槃，声闻、缘觉、菩萨涅槃，各如何者？

第十八问云：大乘经中，有说三乘是方便说；或说究竟，或说三乘皆得成佛，或说二乘不得成佛，义如何者？

第十九问云：经说声闻所得涅槃与佛无异，俊智三身一切并灭，扰如灯焰，灭即无余，此是定说，是不定说？

第二十问云：大乘经说，一切诸法皆无自性，无生无灭，本来涅槃，既示，如何更须修道？一切自然得涅槃故。

第二十一问云：其含藏识与大智慧虽有清浊，是一是异，义如何者？

第二十二问云：佛在世时，众僧共行一法，乃佛灭后，分为四部不同，于四部中何是一法？

以上《二十二问》集中起来，其中心问题是有关菩萨的修行，即菩萨如何把动和静结合起来，折衷调和起来的问题。动与静本来是汉地思想领域中最古老的二难推理，到了禅宗里又分别称之为“顿”和“渐”，藏人译为གཅིག་ཅར་བ和རིམ་གྱིས་པ（也有人音译汉语顿、渐二字，那是禅宗初入吐蕃时期，人们还不太懂，还没有找出合适的词来对应翻译它）。顿与渐之争，开始是对待如何理解通达真理的途径的不同派别，逐渐产生变化，成为两个对立的思想集团。用我们的话说，是否可以说是急进主义与渐进主义的矛盾，由思想方法的偏爱，对仪式、修善目标的理解不同，形成最终的尖锐的对立。急进主义的认为从直觉出发，包罗一切，信仰就是一切，无需通过各种仪式、手段、修习，可以急遽地达到目标。渐进主义的认为必须多方面、长时期地进行实践、修身养性、反省和实践的积累才能逐步接近以致最后达到目标。

摩诃衍是敦煌地方汉族和尚，年轻时在长安修业，其师是禅宗大师，而且似乎是北禅宗的大师，根据禅宗史家宗密（780—841 年）的记载，一个叫做摩诃衍的和尚是神会（670—762 年）的弟子。摩可衍在吐蕃王廷传布禅门取得一定的成功。据戴密微氏考证可能是 787 年后不久抵达拉萨，从申年到戌年之间举行辩论会，他的弟子当中已有：赞普妃没庐氏，赞普姨母那囊氏，30

多位贵妇人，部落王子，宗教领袖，青年子弟共5000多人了。从辩论结果上看禅宗顿门派是失败了，退出了吐蕃舞台，但是禅门的思想影响继续在影响着吐蕃以至后来的佛教。

（原载《青海民族学院学报》1980年第4期。）

《萨迦班智达致蕃人书》译注

一、小引

萨迦班智达是西藏佛教萨迦派的大德，通称之为萨班，名贡噶坚赞（kun dgav rgyal mtshan），生于1182年（壬寅）。1244年（甲辰）以63岁高龄，应蒙古王室之邀东来内地，1246年（丙午）抵凉州，1247年（丁未）与贵由汗（定宗）及阔端太子晤面，代表西藏地方势力跟蒙元王室建立了联系，对于完成祖国统一作出很大贡献，1251年（辛亥）逝世于凉州。1253年（癸丑）他带去的侄子八思巴就正式担任了帝师，其后又“领宣政院，统领天下释教及吐蕃之地”。

《萨迦班智达致蕃人书》（sa shya paṇḍitavi spring yig）收录在《萨迦世系史》（sa skyavi gdung rabs）第78—81页里，未标年代，看来应该是在萨班抵达凉州以后，未去世之前写的，也就是在1246—1251年之间，这封信有几处值得注意：（1）它是蒙古王室与西藏地方上层之间建立联系的第一份第一手资料，弥足珍贵。（2）信中记载了当时曾有计划进行的在西藏地方推行清查户口的事实，并反映了西藏乌拉制度、兵役制度的来源。（3）可以看出当时西藏地方的政治分裂的局面与相互之间的关系。

二、藏文转写

om swa sti chos skyong vjam dpal dbyangs la phyag vtshal lo/ dpal ldan sa skya paṇḍitas dbus gtsang mngav ris dang bcas pavi dge bavi bshes gnyen yon mchod rnams la spring pa/ sangs rgyas gi bstan pa dang/ sems can spyi dang/ sgos bod skad smra ba thams cad la phan par bsams nas hor nang du vong/ nged vbod mkhan la yon bdag chen po shin tu dges/ vphags pa spun vdi vdra bavi chung ba nas khrid nas vkhor dang bcas pa vong ba de nged la bsam pa yin/ khyod mgos ngo bltas pa yin/ gzhan tsho rkang pas ngo bltas pa yin/ khyod ngas bos pa yin/ gzhan tsho skrag nas vong ba yin/ de ngas mi shes pa e yin/ vphags pa spun gyis sngar yang bod kyi chos ni shes par vdug da dung yang vphags pas bod chos slob/ phyag na rdo rjes hor yig dang hor skad slob/ ngas mi chos kyis bskyangs/ khyed kyis lha chos kyis bskyangs na shavkya mu nevi bstan pa yang phyivi rgya mtshovi mthav tshun chad khyab par mi vgro ba e yin gsungs so// rgyal po byang chub sems dpav vdi spyir sangs rgyas kyi bstan pa dang/ sgos dkon mchog gsum la shin tu gus/ khrims lugs bzang pos vkhor thams cad legs par skyong zhing/ khyad par du yang nged la gzhan las lhag pavi thugs la vdogs par byung/ khong gi zhal nas khyod rang blo bde bar chos shod/ khyed la gang dgos ngas ster ba yin/ khyod bzang po gtong ba ngas shes/ ngas bzang por e gtong gnam shes gsungs/ khyad par vphags pa spun la thugs vdogs che bar vdug/ rang shes khrims lugs vkhur shes na/ rgyal khams thams cad la phan par bya snyam pavi thugs dgongs bzang po cig vdug/ sgos khyed rang gi mi sde bod rnams la khrims lugs legs par slobs/ skyid du vjug pa ngas shes gsungs pa dang/ rgyal po dang rgyal brgyud rnams tshe ring bavi smon lam rim gro pa thams cad kyis vbad par zhu/ skabs don hor vdivi dmag sde grangs las vdas/ vdzam buvi gling thams cad khong gi mngav ris su vdug snyam pavi bsam pa cig vdug/ kho rang dang mthun pa tsho skyid sdug khong rang dang mnyam par byed/ khong la zhe thag pas gang zer la ma nyan na ngo bltas pa yin zer bavi ming gis mi chog la/ rting brlag par byed pa cig vdug/ yu gur gyi rgyal khams vdi yang ma brlag par gong du phan/ mi nor rnams khong gis blangs nas/ yig mkhan/ nor gnyer ba/ bu dgav thams cad khong gis byed/ rgya/ mi nyag/ sog po la sogs pa ma brlag gong du hor vdra btang yang ci zer ma nyan pas/ brlag pavi rting la vgro sa ma rnyed nas ngo blta dgos byung/ von kyang de rting ci zer nyan pas da lta tha thad so so na bu dgav nor gnyer/ dmag dpon/ yig mkhan la sogs pa khong rang gi mi chen re bskos pa mang/ vo skol mi sde ngan la gyong pas thabs sna tshogs kyi sgo nas bros pa thar du re/ thag ring bas mi yong du re/ vthab thub tu re nas/ g·yo sgyu zol gsum byas pas brlag kyang brlag/ tha thad so so nas ngo bltas pavi tsho mang/ bod ngan la gyong pavi stobs kyis bran dang g·yog gi bye brag ma gtogs pa/ dpon por bskos pa brgya la re vgav tsam las ma mthogo/ bod ngo bltas pa mang yang vdab nor nyung bavi stobs kyis mi chen tsho rting nas ma mgu bavi gnad cig gdav/ na ning ni lo vgav la stod du dmag song ba med/ ngas biri khrid nas ngo bltas/ vdir shin tu ngo blta legs pas/ stod mngav ris/ dbus gtsang ba rnams ngo bltas/ biri tha thad tsho yang ngo blta bar yod byas pas/ da bar la dmag ma song ba des phan pa yin re/ stod kyi mi rnams de tsho mi shes te mchis/ de skabs su vdi na mar ngo bltas pa yin kyang vdab nor legs po ma byas pa dang/ blo ma grad pa kun la dmag rgyab nas mi nor thams cad gtor pa de khyed rnams kyis thos te mchis/ dmag rgyab pa de tsho yul btsan/ mi dpav/ dmag mang/ go cha sra zhing mdav mkhas pa rnams kyis thub tu re byas pas brlag vdug/ mi rnams kyi bsam pa la/ hor kho rang vu lag dang dmag khral chung/ gzhan tsho vu lag dang dmag khral che bsam ste/ gzhan tsho bas hor rang vu lag dang dmag khral che/ de dang sbyar na gzhan tsho chung bar gdav/ da dung yang ci zer gyi ngag la nyan na khyed rnams kyi yul/ sa phyog kyi mi sde/ so sovi dpon ga ne yod pa de dpon du bskos/ sa skya pavi gscr yig pa dang dngul yig pa bos la/ nged kyi da ra kha che vdi bskos na vthab pa yin zer bavi ngo sprod gyis la phar vgro tshur vgrovi bang chen po go chod pa tshud/ de nas dpon gyi ming/ mi sdevi grangs/ vdab nor gyi tshad yi ge legs po gsum gyis la/ gcig nged la bskur/ gcig sa skyar zhog/ gcig rang tang gi dpon gyis bzung/ yang ngo bltas pa vdi yin/ ma bltas pa vdi yin zer bavi sa ris legs po gyis/ shan ma phyed na ngo ma bltas pavi zhor la bltas pa tsho yang brlag dogs yod/ sa skya pavi gser yig pas yul gang yin pavl dpon dang gros gyis la/ sems can la yang phan par gyis la rang tshod dbang che ma byed/ yul dpon gyis kyang sa skya pavi gser yig pa dang gros ma byas par rang tshod ma byed/ gros ma byas par rang tshod byed pa khrims la med/ nyes pa la thug na vdi na zhu ba dkav/ der thams cad blo mthun par gyis/ hor gyi khrims lugs byas na legs po vong/ gser yig pa bsu bskyel dang zhabs tog legs por gyis/ vdi yang gser yig pa yong ba kun la gzhan vdri bavi sngon la ma bros sam vthab bam/ gser yig pa tsho nya ra legs por byas sam/ vu lag byung ngam/ ngo bltas pa rnams brtan nam byas pa de tsho sngon la vdri bar vdug/ gser yig pa de ma mgu na gnod thub pavi gtam gtong bar nges/ mgu na phan thogs nus pa cig gdav/ gser yig pavi ngag la ma nyan na byas kyang dkav bar mthong/ vdir mi gang drag pa dang vthab nor khyor nas vong ba tsho bzang por gtong bar gdav/ rang re tsho yang bzang po bya snyam pavi bsam pa yod na/ nged rang gi dpon po kun vdab nor bzang po bzung la sa skya pavi mi dang vgrogs la byon/ vdab nor vdi tsam cig vdab zer bavi gros gyis/ vdir ngas kyang gros byed/ de nas rang yul vongs nas rang gzhan thams cad la phan par vong/ spyir ngas kyang na ning nas mi btang nas vdi ltar byas na legs byas nas gros bstan pa/ khyed rang rnams kyis kyang de bzhin byed pavi rigs su med pa vdug/ brlag pav rjes la khyed tha dad tsho ci zer nyan pa cig vdod pa yin nam/ ci zer ba yin yang ma go/ phyis sa skya pa hor gseb tu song ba yin te nged la ma phan zer ba de mi gsung bar zhu/ ngas bdag pas gzhan gces pavi bsam pa byas nas/ bod skad smra ba thams cad la phan pavi phyir du hor gseb tu vong ba yin te/ nga ci zer la nyan na phan par vdug/ khyed rnams kyis vdivi snang tshul ma mthong/ thos pa rnams la yid ches pa shin tu dkav/ devi stobs kyis da dung btub par vong snyam ste/ bde bavi vphro la glo bur du vdres mnan pa lta buvi vthib gnon cig byung nas dbus gtsang gi bu tsha dang mi la sogs pa hor gseb tu song gis dogs/ nged ni legs nyes ci byung yang nga la vgyod pa med/ bla ma dkon mchog gi byin rlabs dang bkav drin gyis da dung legs po vong bavang srid/ khyed rang rnams kyang dkon mchog la gsol ba thob/ rgyal pos nged la su dang yang mi vdra bavi thugs la btags/ devi stobs kyis rgya bod/ yu gur/ mi nyag la sogs pavi dge bshes mi chen/ yul mi gcig pa thams cad kyis ngo mtshar che snyam nas chos nyan pa dang gus pa che ba vdug/ nged vdir vong ba rnams la hor gyis ci vdra byed snyam pavi dogs pa mi dgos/ thams cad kyi thugs la btags nas bzang por yod pas/ nged kyi phyogs nas thams cad blo bde bar bzhugs pavi chog/ vdab nor la gser/ dngul/ glang po chevi mche ba/ mu tig rdog po che ba/ mtshal/ btsod/ ru rta/ gi wang/ stag/ gzig/ gung gsum/ sram/ bod snam/ dbus phrug bzang po/ vdi na de tsho dgav bar vdug/ spyir nor la vdir gtsigs chung yang rang rang gi yul na gang bzang gi nor rdzas vong bas chog pa yin/ gser yod na gang vdod vong bar vdug pas dongs mdzod/ sangs rgyas kyi bstan pa phyogs mthav dag tu rgyas dar gyur cig//[①]

三、译　文

唵！吉祥！敬礼护法文殊菩萨！[①]

具祥萨迦[②]班智达致书与卫、藏、阿里善知识施主大德：

余为弘扬佛教，体念众生，更顾念操蕃语之众，来霍尔[③]地方。召余前来之大施主[④]极为欣悦，曰：“八思巴兄弟[⑤]如此年幼，能偕从人一道携来[⑥]，朕已深思矣。尔系以首归附，他人咸系以足降顺者；尔为朕所召来，他人则系惊惧而来。此情朕岂不知乎！八思巴兄弟前此已谙蕃土之教[⑦]，仍着八思巴习之；恰纳多吉可令习霍尔语文[⑧]，朕以世法护之。尔若护以圣教，则释迦

---

① 《萨迦世系史》，德格版，第78—81页。

牟尼之教，岂有不遍弘海内者。”

此菩萨［化身］汗，于佛法三宝深为崇敬，教化修明，善遇臣下，于余恩泽更异于他人，曾谓：“尔静心传法，所需朕悉与焉。尔善事朕，朕知之；朕所为良善与否，上天知也。”于八思巴兄弟尤为关切。以“自觉奉法，邦土叨光”之纯良用心，谓：“尔可令尔所部土蕃民户善习法规，朕当使其乐业安居者。”祝祷此汗王及王室，长寿之佛事其各勤奋从事焉。

要言之，此霍尔之军旅无算，窃以为瞻部洲已悉入其辖土矣。顺彼者，与彼共苦乐；心怀厌恶、不遵功令而空言归顺则不许，且终有因而覆灭者。畏吾儿[9]之境，未遭涂炭而昌盛逾前，人畜由彼等自理，必阇赤[10]、库吏[11]、别乞[12]，均由彼等自任之。余如金国[13]、西夏[14]、阻卜[15]等国，未亡之前虽已派有霍尔使者[16]，然［彼等］不遵功令，终遭覆亡，逃遁无门，仍需俯首归降。其后，彼等能奉行唯谨。至今，其各自之别乞、库吏、军官、必阇赤等官员，已多有委其贤者任之者。吾等部众慓悍，或有希冀百计千方脱逃者，有冀道长路远而［霍尔］或不至者，有冀以战斗获胜者。狡诈蒙骗之辈定遭覆亡，仍需各自输诚归顺者甚多。因吾等蕃部凶悍，除驱为奴隶者外，委为官吏者百不得一二。蕃部归顺者虽众，然贡物甚微，［此间］王公内心颇有不悦之慨。

前此数年，霍尔军旅未曾压堆[17]，余偕白利[18]来归顺时，此间善通款曲，并言堆阿里、卫、藏等部已降，白利各部将各各归顺。故至今未遣军旅，亦已收益矣。然堆境人众，亦有不知此情者。其时，向此邦输诚者，因贡物不丰，未能释疑而遭重兵践踏，人畜尽失。此事，尔等当亦有所闻。与［霍尔］交兵者，自以地险、人雄、兵众、甲坚且娴于箭法，希冀获胜，终至覆亡。

或以为，霍尔本部乌拉[19]及兵差[20]轻微，他部乌拉及军差负担甚重。殊不知与［霍尔］相比，他部或稍轻焉。

又谓：“若能遵行功令，则尔等之地，各处部众原有之官员，仍然加委供职。召萨迦之金字、银字使者来，朕任之为达鲁花赤[21]极为妥当。此事可广事宣谕，应派干练之使者从事之。另将各地官员姓名、部众数字、贡物之量善缮三分，一送朕处，一放萨迦，一由各地长官执掌[22]。并书志某已降，某未降。若未分别，则恐于未降者之祸殃及已降者。萨迦金字使与各地官员善为商榷，利乐众生有情，勿擅作威福；各地长官，亦勿不与萨迦金字使议而擅权自主，法规中无不议擅权之条款。若触及刑律，来此申诉亦难矣。尔等其协力同心焉。"

遵奉霍尔法令定有裨益，金字使接送伺候，应力求周到。盖金字使至时，均先询以"未有遁逃者乎?""遇战者乎?""于金字使善为承侍否?""得乌拉供应否?""降顺者其意坚诚否?"若逢金字使不悦，则定进以危言，欣喜时亦定能福之也。若不听金字使之言，虽有所为亦受刁难者，屡见不鲜。

地方缙绅，携贡物来此，而受礼遇者有之。吾等若亦思获善遇者，[吾等之]长官其携以厚贡，偕萨迦人前来，贡物多少亦与之议，余亦于此间划策，然后来此，则尔我均获安乐也。去岁，余曾遣人告以如此如此方为上策之议。尔等未见如此做者，岂思于覆灭之后，各自俯首帖耳听命者乎？届时将下何命令，亦难预知也。尔届时千祈未谓"萨迦人虽至霍尔邦土，然与吾等并无利益"也。余为利他之心，顾念操蕃语之人众而来霍尔地方者，听余之言必将受益。尔等未亲睹此情此景，仅凭耳闻，自难全信，故亦有思战以获胜者。如此，则正似"安乐静闲鬼揿头"之谚。兵燹之余，恐卫、藏之子弟生民，将有驱来霍尔邦土之虞也。余祸福均无悔意，依上师三宝之加持恩德，或可获佳境，尔等其亦向三宝祈祷焉。

汗于余关切逾常，故金国、蕃、畏吾儿、西夏等地之善知识大德，各地人士，均目为奇异，前来听经，极为虔敬。吾等来此之人，勿劳操心霍尔将如何对待，均甚为关切，待之甚厚。余之安全。其放心勿劳关注可也。

贡物以金、银、象牙、大粒珍珠、银硃、蕃红、木香、牛黄、虎［皮］、豹［皮］、山猫［皮］、水獭［皮］、蕃呢、上卫氆氇等物，此间甚为喜爱。此间于牲畜颇不屑顾，然各地可以最佳之畜品贡来即可。“有金能如所愿”，其深思焉。

佛教遍弘各方欤！

四、注　释

①藏族人目内地皇帝为文殊菩萨化身，此处似有此意。

②具祥萨迦（dpal ldan sa skya），为萨迦又名。萨迦，在西藏日喀则西南约250华里的地方，为萨迦派的根本道场。《元史·释老传》称萨斯迦，系同名异译也。其主寺系昆·宝王初建于1073年（癸丑）。

③霍尔（hor），此处指成吉思汗所部之蒙古人，在现代藏语里则指青海地区和藏北黑河一带的蒙古人或土族人。在《格萨尔王传·霍林之战》中，反映的也应该是指漠南北的蒙古族部落，跟sog po（阻卜）是有区别的。

④藏族认为内地皇帝跟西藏大喇嘛有施主的关系。

⑤指八思巴（vphags pa，全名为圣慧幢vphags pa blo gros rgyal mtshan）。与其同母弟恰那多吉（phyag na rdo rje，意为金刚手），均系萨班弟桑察之子。据本传“八思巴十岁，其弟恰那六岁随伯萨班同赴京师”，《萨迦世系史》第86页下。

⑥《青史》（deb sngon）谓萨班携八思巴、恰那及从人，经卫、西夏等地而至凉州。此书nga卷第4页。

⑦指佛教，盖其时蒙古人仍奉萨满教。参见《内蒙古历史概要》第49页。

⑧霍尔语文，系当时“蒙古新字”未创之前，用畏吾儿书写蒙语者，参见《元史》卷124《塔塔统阿传》。

⑨畏吾儿，即回纥，今之维吾尔也。

⑩必阇赤，藏文作yig mkhan，意为笔人。

⑪库吏，掌财官。

⑫别乞，藏文作 bu dgav，疑为别乞（beki）之对音。“别乞管理宗教事务，位在众人之上”。参见《内蒙古历史概要》第31页。

⑬金国，藏文作 rgya，本意为汉人。然当时北方广大汉族地区已为金人所侵，蒙古人所灭者应为金国。蒙古人对南宋地区又别称“蛮子”（sman tse)，故均不能译为“汉地”。参见《多桑蒙古史》第66页注②，中华书局，1962年。

⑭西夏（唐兀特)，藏文作木雅（mi nyag)，盖西夏境“密纳克”山之对音，藏人以山名西夏。西夏亡后，其一部西徙至藏土，居康定打箭炉西境，仍自称木雅，即今之木雅贡噶山所在。参见《木雅西吴王考》。

⑮阻卜，藏文作 sog po，盖指鞑靼之一部落。参见王静如《论阻卜与鞑靼》，载《历史语言研究所集刊》第2本第3分，1931年。但现代藏语中已指“蒙古族”，不能相混。

⑯霍尔使者，似一种官员或代表，《西藏王臣史》第187页中此词似作“税吏”解。暂拟作今译。

⑰堆（stod)，指西藏日喀则以西地区，有时专指阿里。本意为上部，与下部（smad）相对而言，藏族常称“堆阿里三围”（stod mngav ris skor gsum)。

⑱白利，康区一部落，后来史料中的白利土司即其苗裔。《西藏王臣史》第258页，指明在康（khams）区。

⑲乌拉（vu lag)，一种差役。

⑳兵差（dmag khral)，兵役负担。

㉑达鲁花赤（dar kha che)，系蒙古语（darugaci）之对音，意为镇守官，系总督一切军政事宜的长官。参见《内蒙古历史概要》第37页。

㉒指各地方统治者，藏文 rang rang gi dpon。这里所记是一次大规模的户口清查，藏文称作 che gsal chen mo。参见《西藏王臣史》第138页，民族出版社，1957年。

五、译名对照

萨迦	sa skya	班智达	paṇḍita
蕃	bod	文殊菩萨	vjam pavi dbyang
卫	dbus	藏	gtsang
阿里	mngav ris	霍尔	hor
大施主	yon bdag chen po	八思巴	vphags pa
恰纳多吉	phyag na rdo rje	圣教	lha chos
汗	rgyal	民户	mi sde
瞻部洲	vdzam buvi gling	畏吾儿	yul gur
人畜	mi nor	必阇赤	yig mkhan
库吏	nor gnyer	别乞	bu dgav
金国（汉）	rgya	西夏	mi nyag
阻卜	sog po	霍尔使者	hor vdra
军官	dmag dpon	贤者	mi chen
奴隶	bran dang g·yog	堆	stod
白利	bi ri（be ri?）	乌拉	vu lag
兵差	dmag khral	金字使	gser yig pa
银字使	dngul yig pa	达鲁花赤	dar kha che
法规	khrims	缙绅	mi gang drag pa
金	gser	银	dngul
象牙	glang po chevi mche ba	大粒珍珠	mu tig rdog po che ba
银砾	mtshal	蕃红	btsod
木香	ru rta	牛黄	gi wa
虎［皮］	stag	豹［皮］	gzig
山猫［皮］	gung	水獭［皮］	sram
蕃呢	bod snam	卫氆氇	dbus phrug
畜品	nor rdzas		

元廷所传西藏秘法考叙

一

元代诗人张昱（1292—1377 年）在他供职大都年头，写出一组名噪一时的诗作《辇下曲》，其中一首曰：

似将慧日破愚昏，白昼如常下钓轩，
男女倾城求受戒，法中秘密不能言。①

作者对于藏传佛教的秘密金刚乘教法在都城传播，颇有微

① 《张光弼集》，《四部丛刊续编》集部。张昱，字光弼，庐陵人，仕元为江浙行省左右司员外郎，行枢密院判官。入明，洪武帝征至京师，悯其年老，诏："可闲矣"，后乃自称可闲老人。优游林下，年 83（或云 73）岁卒。其诗集有洪武九年（1376 年）钱塘陈彦博序，又有正统元年（1436 年）杨士奇序。集中《辇下曲》有序。清四库馆臣云："不独咏古之工，且足备史乘所未载。"

《辇下曲》诗 102 首，涉藏僧密法者有 14 首之多，除本文所引一首外，再如：

"西方舞女即天人，玉手昙花满把青，舞唱天魔供奉曲，君王长在月宫厅。"

"北方九眼大黑煞，幻形梵名麻纥剌，头带髑髅踏魔女，用人以祭惑中华。"

"西天咒师首蜷发，不澡不颒身亦殷，倒垂璎珞披红罽，膜拜螭坳识圣颜。"

"八思巴师释之雄，学出天人惭妙工，龙沙仿佛鬼夜哭，蒙古尽归文法中。"

词。男女倾城，企求受戒，而其中之秘密何在？又不能言（或者是不屑言、不敢言），乃托讽于诗，意在不言之中。另一位诗人萨都剌（1300—？年，又说1272—？年[①]）也有类似的诗句：

院院翻经有咒僧，垂帘白昼点酥灯。[②]

说的也是同一内容。两位诗人所反映的，都是同一事实。同在元代生活的陶宗仪记录：“诸帝于即位之初，故事，须受佛戒九次，方登大宝。”[③] 仕元的宋宗室赵孟頫在《龙兴寺无上帝师之碑》（《胆巴碑》）中也说：“武宗皇帝、皇伯晋王及今皇帝（仁宗）、皇太后皆从（胆巴）受戒法。”[④] 看来，这些都是写实。《元史》中还载有泰定帝的故事：泰定元年（1324年）六月，泰定帝在上都“受佛戒于帝师”。二年十月，皇后亦怜真八剌在大都“受佛戒于帝师”。十二月“帝复受戒于帝师”。三年七月，“皇后受牙蛮答哥戒于水晶殿”。[⑤] 到顺帝时，记载就更为突出了。

《元史·哈麻传》：

初，哈麻尝阴进西天僧以运气术媚帝，帝习为之，号演揲儿法。演揲儿，华言大喜乐也。哈麻之妹婿集贤学士秃鲁帖木儿，故有宠于帝，……性奸狡，帝爱之，言听计从，亦荐西蕃僧伽璘真于帝。其僧善秘密法，谓帝曰：“陛下虽尊居万乘，富有四海，不过保有见世而已。人生能几何？当受此秘密大喜乐禅定。”帝又习之，其法亦名双修法。曰演揲儿、曰秘密，皆房中术也。

帝乃诏以西天僧为司徒，西蕃僧为大元国师。其徒

---

① 邱树森主编：《中国回族大词典》，江苏古籍出版社，1992年，第674页。

② 萨都剌：《雁门集》，《四部丛刊续编》集部。

③ 陶宗仪（1316—？年），元代黄岩人，字九成。其《南村辍耕录》30卷580余条，记元代典章制度、掌故逸闻，颇有学术价值。

④ 《元赵孟頫书胆巴碑》，赵孟頫（1254—1322年）书，延祐三年（1316年）立石。原件藏故宫博物院，今据文物出版社1982年影印本引录。

⑤ 《元史·泰定帝纪》。

> 皆取良家女，或四人、或三人奉之，谓之供养。于是，帝日从事于其法，广取女妇，惟淫戏是乐。又选采女为十六天魔舞。八郎者，帝诸弟，与其所谓倚纳者，皆在帝前相与亵狎，甚至男女裸处，号所处室曰皆即兀该，华言事事无碍也。君臣宣淫，而群僧出入禁中，无所禁止，丑声秽行，著闻于外，虽市井之人，亦恶闻之。①

这就是人们对元代宫廷里佛教秘密宗教活动最为诟病的描写。顺帝，元朝的末代皇帝、亡国之君，历史又是胜利者来编写；前朝的最后对手，自然要承受最多的谴责，许多脏水，都会劈头盖脸地倾倒在他身上。其实，有些言词并不全合事实。例如上引史文中的“十六天魔舞”一节，完全与淫戏无关。《元史·顺帝纪》至正十四年（1354年）：

> 时，帝怠于政事，荒于游宴，以宫女三圣奴、妙乐奴、文殊奴等一十六人按舞，名为十六天魔。首垂发数辫，戴象牙佛冠，身被璎珞、大红绡金长短裙、金杂袄、云肩、合袖天衣、绶带鞋袜，各执加巴剌般之器。内一人执铃杵奏乐。又宫女一十一人，练槌髻、勒帕、常服；或用唐帽、窄衫。所奏乐用龙笛、头管、小鼓、筝、纂、琵琶、笙、胡琴、响板、拍板。以宦者长安迭不花管领，遇宫中赞佛，则按舞奏乐。宫官受秘密戒者得入，余不得预。②

从这些描写看来，不过是顺帝以宫女组成的女子乐舞队，表演特定的宗教内容的舞蹈。服装奇异，不同流俗，手中又多了个加巴剌（颅器）之类的法器，汉地很不理解。再加上限制了观众范围，“受秘密戒者得入，余不得预”。就更增加了神秘性，

---

① 所谓“哈麻”，即藏僧噶举派（bkav rgyud）领袖噶玛巴一系。其事参见《噶玛巴让迥多吉传》，民族文化宫图书馆编：《藏文典籍目录》第1册文集类子目，四川民族出版社，1984年。

② 除《元史·顺帝纪》记载了这一段文字外，并可与《元史·哈麻传》相互参照。其实，史文仅用“怠于政事，荒于游宴”来批评，未见淫亵字眼。

成为世人攻击的对象。

这个问题的产生与发展，我们不妨看一下国外学者的有关论述。德国汉学家福赫伯，又译傅海波（Herbet Franke），在《元朝统治下的西藏人》① 一文中说："密宗仪式常有强烈的性特征。因为性结合与完全奉献个人，被认为是觉悟的必由之路。这种对两性结合的超人的描述，在西藏佛教艺术中是著名的，许多神被表现为与女性相抱，……元顺帝曾在宫中组织的宗教舞蹈和戏剧活动，也不被汉族观察者理解为合法的仪式，而被看作是奇怪的、不伦的。而所有这些在皇帝宫廷中的活动，都是西番喇嘛组织的。……因此，毫不奇怪，汉族官员一再抗议和反对这种奢靡的仪式，不仅因为它们在经济上是公共财富的沉重负担，而且由西僧举办的过于频繁的种种佛事，肯定不符合汉族传统的礼仪观念，并因此而引起了不满。"

综合以上记述，元廷传播藏传佛教已是不争的事实，但究竟传了哪些密法？人们并不很清楚。再加上语言文字的隔阂，密法传法时的种种限制，人们很难说得明白。《元史·释老传》中记了若干密教的法名和仪轨名称，都语焉而不详。日本野上俊静氏1978年出版的专书《元史·释老传之研究》中，对汉字音译的若干藏语做了对应和还原，颇见功力，解决了不少问题。但是，对元朝宫廷中所传密法的实际情况，仍然全不了解。

二

关于这个谜，其实远在20世纪二三十年代就透出了一些亮光。在北平曾发现了一部十分珍秘的《大乘要道密集》，由于它仅在藏传佛教信徒之间极小范围内流通，知道的人甚少。美国印第安纳大学教授白桂滋撰有一篇论文，称之为《迄今无解而归

① 兰德新编：《蒙古统治下的中国》，普林斯顿大学出版社，1981年。

于八思巴名下的元代文献集》。[①] 文中简明地介绍了此书，但他所过录的目录与本人下面所介绍的不同，不知是版本的差别或是其他原因？下面，笔者对《大乘要道密集》出世、流传的经过先做点背景叙述：

《大乘要道密集》是元代宫廷流入民间的一部藏传佛教秘密金刚乘教法法本汉译文的总集。一向是十分缜密、隐蔽，很少有人能接触。1960 年，新安王森先生（森田、雨农，1911—1991 年）出示他秘藏的黄缎装裱手写体复印四卷本，十分华贵、精美，惊为稀有。乃得假归，以旬日之工，翻阅一过，录出篇目。于其跋尾，见到有叶奎、赵延襄、王九龄、张松龄、陶朴、李显知、悟祥、邓继佺、陈智龙、钱世禄、刘法云、陶显克、叶超学等 13 人列名。[②] 另有一段文字，述其由来：

> 佛历二千五百九十七年庚午，宝珍金刚上师于燕京极乐庵传授大威德金刚灌顶法已。讲起分、次第、接传正分，忽见某居士[③]所藏此《大乘要道密集》抄本，四卷，所集皆无上瑜伽要义。乃元初帝师发（八）思巴等传述译集，共十册。清乾隆二十五年，由热河行宫发出，改订四卷。自元迄今五百余年，历藏内府，最为珍贵秘本。兹于讲法期间，同时发现，其密乘大兴之先兆邪？同人等踊跃之余，爰禀承师命，捐资付印，以流通未来。计用资贰百参拾余元，共印五拾部，均由师付与能阅是经者。印成，特志其因缘如此，受密乘戒弟子叶奎等十三人。[④]

---

① C. I. Beckwith, A Hitherto Unnoticed Yuan Period Collection Attributed to Phagspa，李盖提编：《西藏与佛教研究文集》，布达佩斯：匈牙利科学院，1984 年。

② 据胡继欧女居士面告，叶奎字相实，陶朴字初白，显克为其女公子。刘法云女居士为刘励千之女，均为当时北京的藏传佛教密教信徒。

③ 某居士：据信为周叔迦先生。抄本原件现藏法源寺佛教图书馆。

④ 引文见于《大乘要道密集》跋尾。其中提到宝珍金刚上师，蒙古人，藏名 dkon mchog rdo rje，冠有国师名号。原在五台山弘法，曾经有法本汉译，后转入北平密藏院修持，传法有年，详见下文。

此文中庚午当为民国十九年（1930年）。由于佛纪元的说法有异，按目前通行的佛纪元当作2474年（1956年，丙申，作为佛纪元2500年），不作2597年。森田先生长期在北平菩提学会、中国佛学院任教，传授梵、藏文字，获有此册，自是意料中事。但元代宫廷秘籍，以何种途径经明廷而清廷，至乾隆间始出现于热河行宫？实在是令人惊叹的文化奇迹。“极乐庵”在东城东直门内，南小街。据《日下旧闻》：“崇教坊十四铺，有天圣寺、净居寺、极乐寺、崇兴庵。”又见《五城坊巷胡同集》：“极乐寺在崇教北坊，在安定门街东，明嘉靖辛酉重修，行人司尹校撰碑。”此极乐寺似乎与文中提到的极乐庵并非一处，待考。

1990年，本人讲学香江，与东莞刘锐之先生相识。刘氏组织金刚乘学会于港岛有年，出版会刊及丛书，积极弘扬藏传密法。《大乘要道密集》为其丛书甲编之一。据后记云系李逸尘、陈大渝两位居士提供原本影印出版，其内容与本人所见的王森先生所藏者完全相同，可以断言：此底本一定也应该是上面提到的那50部之一。

此册所提到的“宝珍金刚上师”，又名古洗里衮却多吉，又作共觉多吉。系藏语 gu shivi dkon mchog rdo rie 的音译。大概他的前辈有“国师”头衔，所谓“古洗里”，就是国师的音译。师，蒙古人，由五台山来北平，先在极乐庵传法，后入北平密藏院，世人称之为辛喇嘛，所译、所传秘法颇多。据笔者手头一本目录，可见的有13种，兹抄录如下：

1.《大威德畏怖金刚加行仪轨》，民国辛上师法，本法总述七种加行法，民国二十四年（1935年）北京密藏院校刊。

2.《听金刚威德起分行之规律》。

3.《大威德金刚畏怖本尊独勇成就仪轨胜魔幢经》。

4.《大威德畏怖十三尊成就仪轨宝箧汇易知观诵文殊真严经》。

5.《威德金刚畏怖愿文疏释大密速道》，共觉多吉译。

6.《威德证分》，即结金刚威德深道第二级证分修之法，三身梯笔录。

7.《大威德金刚畏怖佛深道证分法》。

8.《集要思问录》，本录为辛上师讲大威德起分之记录，冉麟瑞录。

9.《吉祥喜金刚集轮甘露果》，持咒沙门莎南屹啰集译，辛上师、安钦上师、明居上师传。

10.《胜乐口传修意明光母大乐之口授》。

11.《金翅鸟略轨》。

12.《召请黑天金刚》。

13.《大悲十一面观音成就仪轨德乐新观经》，宝珍上师传。

关于宝珍上师的事迹，另有专文说他担任过西藏扎什伦布寺密乘扎仓法台。[①] 下面介绍《大乘要道密集》目录，笔者依其修法类别分为8帙73种，如下：

1.《道果延晖集》，持咒沙门莎南屹啰集译。

2.《依吉祥上乐轮方便智慧双运玄义》，佑国宝塔弘觉国师沙门慧结录。拙火定、九周拙火剂门、治风剂门、对治禅定剂门、除定障碍剂门、十六种要仪、光明定玄义、梦幻定、幻身定玄义等九品。

3.《密哩斡巴上师道果卷》：

《引上中下三机仪》，大瑜伽士名称幢师述。

《授修习敕轨》，大瑜伽士普喜幢师述。

《摄受承不绝授灌记文》，大瑜伽士名称幢师述。

《五缘生道》，大萨思嘉班帝怛普喜幢师述。

《大金刚乘修师观门》（《观师要门》），大萨思嘉班帝怛著哩哲斡上师述，持咒沙门莎南屹啰译。

《含藏因续纪文》，大瑜伽士名称幢师述，持咒沙门莎南屹啰译。

《座等略文》，大瑜伽士名称幢师述。

---

① 义成：《藏传佛教就是密宗吗?》，《法音》1993年第4期。

《身中围事相观》。

《辨死相》（《外续命》）。

《转相临终要门》。

《四量记文》，大瑜伽士名称幢师述。

《六要记文》。

《截截除影法》。

4.《解释道果语录金刚句记》，北山大清凉寺沙门惠忠译，中国大乘玄密帝师传，西番中国法师禅巴集。

5.《解释道果逐难记》，甘泉大觉圆寂寺沙门宝昌传译。注记：依两部书本宝昌译成汉本，勘会一处，此记有二部，刘掌厮啰所说者略中难吟，迦法师不传，此记者大禅巴师所集也，文广易解，是此记也。

6.《大乘密藏现证本续摩尼树卷》，大萨思嘉知宗巴上师造。

7.《真言仪轨杂经》（总名系笔者拟定），持咒沙门莎南屹啰译：

《五方佛真言》。

《拥护坛场真言》。

《敬礼正觉如来修习要门》。

《阿弥陀佛临终要》，持咒沙门莎南屹啰译，

《修习自在密哩瓦巴赞叹》。注记：修习自在密哩瓦巴祷祝洛拶瓦贡噶儿二合监藏班藏布于萨思嘉集愿利众生者。弥勒菩萨求修，发思巴辣麻集。上师二十五位满吒辣（此满吒辣皆共通供养都用的）。

《修习自在拥护要门》。

《修习自在摄受记》。

《成就八十五师祷祝》，金刚座师造。

《无生上师出现感应功德颂》，马蹄山修行僧拶巴座主依咒本略集。

《苦乐为道要门》。

《北俱卢洲延寿仪》。

《护菩提要门》。

《菩提心戒仪》，公葛朋上师录，持咒沙门莎南屹啰译。

《服石要门》。

《大菩提塔样尺寸法》。

《圣像内置总持略轨》，天竺胜诸冤敌节怛哩西上师述，持咒沙门莎南屹啰译。

《略胜住法仪》，大元帝师发思巴述，持咒沙门莎南屹啰译。

《总释教门祷祝》，皈命敬礼法尊最妙上师化身莲花足具大慈悲愿垂摄受。注记：法尊最妙上师之仆摄啰监灿班藏布书。

8.《大手印要门》（总名系笔者拟定）：

《新译大手印不共义配教要门》，大巴弥怛铭得哩斡师集，果海密严寺玄照国师沙门惠贤传，果海密严寺沙门惠幢译。

《新译大手印顿入要门》，果海密严寺玄照国师沙门惠贤传，果海密严寺沙门惠幢译。

《大手印引定》（《大手印赤引定要门》）。

《大手印伽陀支要门》。

《大手印静虑八法》。

《大手印九喻九法要门》。

《大手印除遣增益损减要门》。

《大手印十二种失道要门》。

《大手印湛定监慧觉受要门》。

《大手印八镜要门》。

《大手印九种光明要门》。

《大手印十三种法喻》。

《大手印修习人九法》。

《大手印三种法喻》。

《大手印修习行人九种留难》。

《大手印顿入真智一决要门》。

《大手印顿入要门》。

《大手印四种收心》。

《心印要门》。

《新译大手印金璎珞等四种要门》。

《师承等处奉集轮仪》。

《大手印纂集心之义类要门》。

《那弥真心四句要门》。

三

从《大乘要道密集》所收8种73部法本来看，可以确信以下几点：

1. 传译这些译本的经师、咒师（笔者藏文拟音）：

持咒沙门莎南屹啰，bsod nams grags；

祐国宝塔弘觉国师沙门慧信，（?）；

大瑜伽士名称幢[①]，rnal vbyor pa grags pa rgyal mtshan；

大瑜伽士普喜幢，rnal vbyor pa kun dgav rgyal mtshan；

大萨思嘉班帝怛普喜幢，sa skya pa chen po paṇḍita kun dgav rgyal mtshan；

大萨思嘉班帝怛著哩哲斡，paṇḍita chos kyi rgyal bo；

北山大清凉寺沙门惠忠，（?）；

中国大乘玄密帝师，bstan pa ti shi；

西番中国法师禅巴，btsan pa（?）；

甘泉大觉圆寂寺沙门宝昌，dkon mchog dar rgyas（?）；

大萨思嘉知宗巴，sa skya pa chen po rje btsun pa；

发思巴辣麻，vphags pa bla ma；

金刚座师，rdo rje gdan pa；

① 幢：古代旗子一类的东西。音 chuáng，刻者佛号（佛的名字）或经咒的石柱子，如经幢、石幢等。参见《现代汉语词典》，第164页。白桂滋先生误读为Tung。

马蹄山修行僧拶巴座主，btsan pa khri pa；

公葛朋上师，kun dgav vbum；

天竺胜诸冤敌节怛哩西上师，dgra vdul；

大巴弥怛铭得哩斡师，paṇḍita；

果海密严寺玄照国师沙门惠贤，shes rab bzang pa；

果海密严寺沙门惠幢，shes rab rgyal mtshan；

果海密严寺沙门惠幢（恐与前者为同一人），shes rab rgyal mtshan。

以上共20人，其中属于萨迦派祖师级的名称幢（grags pa rgyal mtshan，1147—1216年），史称三祖。普喜幢（kun dgav rgyal mtshan，1182—1251年），史称四祖，又称大萨思嘉班帝怛（今译班智达，学者之意），又称庆喜幢，或者音译“贡噶坚赞”，是萨迦派最有名望的人；1244年受蒙古宗王皇子阔端（史称库腾汗）之召赴凉州，共商归顺蒙古事，并发出致西藏各地僧俗领袖的公开信后，1251年病逝凉州。发思巴辣麻（vphags pa bla ma，今译八思巴喇嘛，1235—1280年）史称五祖；受知于忽必烈（元世祖），封为国师，又晋封帝师，是代表萨迦派力量在元朝宫廷里取得最高官职的一位，忽必烈赐号“皇天之下一人之上开教宣文辅治大圣至德普觉真智佑国如意大宝法王西天佛子大元帝师”，尊崇已极。据信忽必烈夫妇及其子女均先后皈依八思巴，受密教灌顶。藏传佛教密法在元廷传播，应是从他开始。他之前二位祖师所述经教均是后人转述而已，他们不可能也没有到过朝廷传法。萨迦派密法中最为殊胜的是“道果教授”（lam vbras），恰好在这个集子里有最明确反映：《道果延晖集》、《密哩斡巴上师道果卷》、《解释道果语录金刚句记》、《解释道果逐难记》等4种法本，无疑都是萨迦正宗，嫡派传承。

持咒沙门莎南屹啰的名字屡见此册之中，一人所译者达8种之多，其名全称似为 sngags vchang bande bsod mams grags（意译应为福称）的对音。为宫廷中主持翻译事业的重要成员，其事迹、生平有待于进一步探索。从上列的这一名单中还可以发现其他传法的人物也是非常重要。牵涉到北山大清凉寺（五台山普宁寺）、甘泉大觉圆寂寺（蓟州甘泉山）、马蹄山、果海密严寺等道场；以及佑国宝塔弘觉国师（五台山大万圣佑国寺）、中国大乘玄密帝师、西番中国法师、金刚座师、公葛朋上师、天竺胜诸冤敌节怛哩西上师、玄照国师等等声势煊赫的高僧。也是读这些法本时深切感受到的。尤其是在《北俱卢洲延寿仪》和《大菩提塔样尺寸法》两法本中，都出现了卜思端（藏族13、14世纪中最为重要的学者，有传、有著作全集，今译布顿，bu ston，1290—1364年）大师的名字，十分重要，由此可以看出布顿和萨迦派的关系。

2. 集中有大手印法要，《大手印不共义配教要门》等属于大手印范围的法本23种，易成体系。“大手印法”是噶举派僧人从修炼中总结出来的一套密法。先从“拙火定”（drod）入手，然后修“那饶六法”（nāro chos drug）等修法，最后证得“万有一味”、“怨亲平等”、“染净无别”、“明空无别”和“乐空无别”的一种境界，这种境界称之为“手印”（phyag rgya）或称“大手印”（phyag rgya chen po）。而以“方便道”证得“乐空无别俱生智”为其特色，名气很大。尽管萨迦派有“道果教授”为本派特点，但许多祖师也曾研修“手印”。据《元史》记载，忽必烈曾遣使召请噶举派的噶玛拔希（karma pakshi，1204—1283年），在四川嘉绒境内叫做赛尔堆地方（rong yul gser stod），可能是大金川上游某地会面。大致是在1253年，忽必烈兵征大理之役中，途经吐蕃东境，闻噶举派噶玛拔希的盛名。①有此缘会后，噶玛派僧人与蒙古王廷不断联系。在噶玛拔希之后，让迥多吉（rang byung rdo rje，1284—1339年）应元文宗之召请赴京，为宁宗帝、后灌顶，为皇弟燕帖吉思授戒。1336年，又应元顺帝之召再度进京，封为灌顶国师并赐玉印。1339

① 王森：《西藏佛教发展史略》，中国社会科学出版社，1987年，第103—104页。王森先生1960年代所著《关于西藏佛教的十篇资料》，即为此书。

年逝于北京。[①] 乳必多吉（rol pavi rdo rje，1340—1383 年），在 1360 年至大都，应元顺帝之召，为顺帝和太子传授金刚亥母灌顶。尤其是他传授“那饶六法”（以大手印法要为主要内容），现在我们见到的 23 种大手印法要的法本，正说明了《元史·哈麻传》所记的“演揲儿”（又作“延彻尔法”）确是这一类修法。[②] 大致可以断定，元廷所传密法除了萨迦派的“道果教授”以外，还包括了噶举派（噶玛噶举）的“大手印法”。

3. 法本中对于密教轨仪、行事、咒语、法要乃至法伴（yum，或译明妃）的选择（即所谓兽形母、螺具母、象形母、纹道母与众相母的形体特征）。“四喜”的递进步骤（第一喜乐、第二胜喜乐、第三极喜乐、第四俱生大乐），以及许多“双修法”、“乐空双运”的高度技术性的方法，心理调摄、气脉和明点的调控理论与实践，洋洋大观，极为缜密。比方，对于通过大手印入欲乐定的原理有云：“观彼俱生大乐，应入空乐不二定也。若依大手印入欲乐定者，然欲乐定中所生觉受，要须归于空乐不二之理，故今依大手印，止息一切妄念，无有纤毫忧喜，不思不虑，凝然堪寂，本有空乐不二之理，而得相应，即是大手印入欲乐定，归空乐不二之理也。”[③]

对于“大手印”、“双修法”、“空乐不二”等等秘密法要的

① 《噶玛巴让迥多吉传》载：“元帝召请，于铁羊年（1331 年，辛未）有金字使者来迎，帝师衮噶监藏劝驾，乃于水猴年（1332 年，壬申）二月一日起行。八月十二日帝崩。十一月至大都，受到皇太子惹纳室利的盛大欢迎。后由皇太子妥懽帖睦尔登基，是为顺帝。乃为顺帝妥懽帖睦尔及皇后、大臣等灌顶说法。火牛年（1337 年，丁丑）再度应诏赴京，三月一日抵大都，时京师大地震，法王与皇帝同住于帷帐之中，安然无恙。”刊于《藏文典籍目录》第 1 册文集类子目，历世噶玛巴文集《噶玛巴让迥多吉文集》所附小传。民族文化宫图书馆编，四川民族出版社，1984 年。《元史·顺帝纪》：“是岁（至元三年，1336 年），……征西域僧加剌麻至京师，号灌顶国师，赐玉印。”

② 《元史·顺帝纪》：至正二十二年（1362 年）“皇太子尝坐清宁殿，分布长席，列坐西番、高丽诸僧。皇太子曰：‘李好文先生教我儒书多年，尚不省其义，今听佛法，一夜即能晓焉。’于是颇崇尚佛学”。这位李好文先生，是正式奉命授皇太子儒书的翰林学士，却不如喇嘛的一夜即可通晓的佛法，皇太子的倾向性如此可知。

③ 《道果延晖集》，第 47 页。

实践，惹起社会上、教内外乃至宫廷中种种议论，传法的喇嘛们也有所闻，在法本中亦有解释，例如：

问：淫声败德，智者所不行；欲想迷神，圣神之所远离。近障生天，远妨圣道，经论其演，不可具陈。今于密乘何以此法化入捷径，作入理之要真也？答：如来设教，随机不同，通则皆成妙药，执则无非疮疣，各随所仪，不可执己非彼。①

还用偈颂的形式，阐说这一道理：

猛虎行步者，野犴不能行；
狮子跳踊处，驴跳必致死；
有福成甘露，无福乃为毒。②

并且谆谆告诫："果乘甚深密法，非器勿传。"③ 所谓"器"，当然是指修习的条件，先天的和后天的，气质上的和技能上的，即所谓"根器"。

若平心静气地比较一下显、密教法的差别，即可发现，显教走的是出世、弃世和绝世的道路，求得一种高度的观察人生和世界现象的智慧，来认识、了悟人生和自然；知道不乐、不净、无常、无我，再努力地弃绝肉体和人生，达到某种空、灭的高度。密教则承认客观为固有，不去否定它，而加以利用，以求得在现有的人生基础上提高、升华；不是放弃、摒绝肉体，而是利用肉体。假如以《金刚顶经》中所说"奇哉自性净，随染致自然，离欲清净故，以染而调伏"，"先以欲钩牵，后令入佛智"来理解，密宗不过是提倡顺应自然，因势利导而已。

至于后来，密教流传过程中，品类庞杂，气质芜乱，鱼龙混淆，泥沙俱下，出现了许多纵欲和邪淫的丑事，也是创教者始料不及的。元廷帝后、太子、宫妃及王公大臣迷恋藏密，抱有享乐主义的念头，采取放纵的手段，鼓励和推行某种极端的措施，搞

① 《道果延晖集》，第47页。
② 《道果延晖集》，第50页。
③ 《道果延晖集》，第50页。

得神秘兮兮，乌烟瘴气，昏天黑地，国家大事置于不顾，君臣上下，如醉如痴，因而遭到社会上、舆论界的指责和抨击也是自然的。史学家赵翼在《陔余丛考》卷18中慨叹：“元之天下，半亡于僧，可为炯鉴云。”密教因此而蒙上许多尘埃，长期以来，令人侧目。本来有许多合理的，有利于修身养性、养生保元的道理，也被淹没了。若是能与马王堆汉墓1973—1974年考古发现的汉代竹简中的《十问》、《合阴阳》、《天下至道谈》等房中养生著作比较，还是可以从社会、历史、生理卫生等学问中去理解的。

附记：

关于《大乘要道密集》的最新研究成果，参见如下论文：(1)陈庆英：《大乘玄密帝师考》，《佛学研究》2000年第9期；《〈大乘要道密集〉与西夏王朝的藏传佛教》，《中国藏学》2003年第3期。(2)沈卫荣：《初探蒙古接受藏传佛教的西夏背景》，《西域历史语言研究集刊》第1辑，2007年。

（原载王元化主编：《学术集林》第3卷，上海远东出版社，1995年。）

丽江—理塘版藏文大藏经考述

丽江—理塘版《甘珠尔》只闻其名，国内向无记述，也无从了解其版式、刊刻年代等事项，令人悬记。1982年，日本东京国际佛学研究所出版了丽江—理塘版《甘珠尔》目录影印本，并由日裔法籍藏学家今枝由郎（Yoshiro Imaeda）做一简略说明。书寄我手后，一直想把有关的材料集中向读者介绍，并希望能访求这一刻本的踪迹，从而把藏文刻本的藏经系列完善起来。

一、佛教的传入与经典的翻译

藏传佛教，俗称喇嘛教（Lamaism）[①]，是佛教传入西藏后与当地固有的宗教——苯教（bon）相结合的产物。佛教的思想体系和西藏苯教的崇拜、信仰杂糅；藏人用佛教的哲学道理去统驭

① “喇嘛”是藏语bla ma一词的音译，意为上师、上人。在英语中Lama遂成借词，由此派生出Lamaism（喇嘛教），日本人径取英语译为“喇嘛教”，泛称西藏、蒙古等地流行的佛教。因此而传开，国人频多采用。但藏人不喜这一称呼，宁称“藏传佛教”或“藏语系佛教”。

苯教的仪轨，用苯教的方术神祠去附丽佛教的观念，[1] 由是，佛、苯二教由斗争转为融合，绵延后世、蔚成风气。这一过程是缓慢的、持久的，也有起伏曲折。

相传在松赞干布（？—650 年）时期，创造了文字，就着手翻译了《宝箧经》和《百拜忏悔经》。又传说在墀德祖赞（704—754 年在位）时期翻译了《百业经》和《金光明最胜王经》。[2] 但，这都是出于臆测，并无实证，可能是佛教徒的夸大和附会。到了墀松德赞（755—797 年在位）时，真正有了佛教经典的翻译事业。那是与度人出家，修建寺庙同时开展的。[3] 单说译经一桩见于记载的就有以下几件大事：迎请翻译大师来蕃，领导译经的任务；派遣青年学者前往印度、泥婆罗和汉地唐朝学习，培养藏人中的骨干；建立译场，健全组织，严格制度。以后又经过墀德松赞（798—815 年在位）、墀祖德赞（815—838 年在位）先后三代人的努力，佛教得以发展、传播，在藏区扎下了根，而译经的事业就有了相当的规模。编制译经目录一事可以作为证明：当时译经的活动就在王宫之内三个殿堂之中，所译经文也就贮存在殿堂之内。为了避免翻译上的重复，同时也有意推行翻译上的规范化，就把收藏在殿堂内已译经文编成三个目录，《秦浦目录》、《庞塘目录》和《登迦目录》。前两种目录惜已在流传过程中佚失，布顿大师在编写藏文大藏经目录时还能见到，说明佚失是在 13 世纪以后的事。[4] 只有《登迦目录》

① 参见 H. Hoffman：《西藏的宗教》（The Religions of Tibet, Trans. by E. Fifagerald, London, 1956）。王森：《西藏佛教发展史略》，中国社会科学出版社，1987 年。

② 均散见于《吐蕃王统世系明鉴》（1328 年）、《贤者喜宴》（1564 年）、《西藏王臣记》（1643 年）诸书。

③ 度人出家事指“七觉士”（sad mi mi bdun），属于首批出家的藏人七位青年。其名字、时间参见拙文：《吐蕃佛教述略》，《青海民族学院学报》1980 年第 4 期。修建桑耶寺的记载以《巴协》最详，全书皆集中描述建立桑耶寺的起因、经过和落成盛典。参见 G. W. Houston：《桑耶寺辩论的历史资料集》（Sources for a History of the Bsam-yas Debate, 1980）。《巴协》，民族出版社，1982 年。

④ 见《布顿佛教史》藏文大藏经《丹珠尔》目录前言。

一种巍然独存,收入《丹珠尔》目录中。据日本芳村修基氏研究,①此目录成于公元824年(甲辰)。所收经论约六七百种,共分为37门。

以上六七百种古译经论,可以说明翻译的经典面相当的广,对佛教的传播起了很大的作用。当时由于翻译工作的需要,还曾辑存了两种或者更多佛教词语对照手册。一种名之为《翻译名义大集》②,共收词语9565条,分283个门类,规模之大,词语之广,在当时是第一流的藏梵对照词汇总集。另一种是在敦煌藏文写本中出现的藏汉对照的《瑜伽师地论·菩萨地》,也有1000余条之巨。③ 佛经的翻译工作就是这样扎扎实实地在进行。看来,当时似乎有一个计划,在某一时期要把全部翻译的经论结集。但是,激荡的政治风云,遽变的社会关系,宗教界的纷争,政权的崩溃,打乱了原来的计划。因而,可以说,尽管在吐蕃翻译了大量经典,但并未出现"藏文大藏经"。

二、藏文大藏经的结集与版本

所谓藏文大藏经,指藏文佛教经论的总集,分为两个部分:《甘珠尔》(bkav vgyur)和《丹珠尔》(bstan vgyur)。《甘珠尔》可译为"佛语部",就是释迦牟尼本人的语录译文;《丹珠尔》可译为"论疏部",就是佛弟子及后世菩萨们对释迦牟尼的教义所作的论述及注疏的译文。原来,最早称呼《甘珠尔》和《丹珠尔》叫做bkav vgyur ro cog和bstan vgyur ro cog,意思是"一切经的译文"和

---

① 芳村修基:《〈登迦玛〉目录研究》(原名为:《登迦目录》,西藏佛教典籍的一部最古的目录书),油印本,1950年。

② 《翻译名义大集》(bye brag tu rtogs par byed pa chen po),日本榊亮三郎加上汉、和译文,汇成梵藏汉和四体对照的词汇总集,于1916年出版,1981年又加上索引重版。

③ Li Fang-kuei:A Sino-Tibetan Glossary from Tun-Huang,T. P. ,1961.

“一切论的译文”。这里有两点值得注意：第一，用“一切”一词代表总集，与汉土的称呼佛经总集为“一切经”相同；第二，都是译文，不收藏人自己的著述。后来，简化为今名，即 bkav vgyur 和 bstan vgyur。

最早的结集，公认是菊登日热（bcom ldan rig ral）及其弟子卫巴洛赛（dbus pa blo gsal）和秦甲木央（mchims vjam dbyangs），把上面提到的吐蕃时期所译经论三大目录收集在一处，进行校对、比勘，并把那以后所译的新译本，特别是众多的密教经典——即所谓“怛特罗”收录起来，编成了第一部《甘珠尔》。那都是属萨迦派藏书，存于那塘大寺。后人常把它误会为刻本，其实只是一种精校的抄本。布顿大师利用那塘寺及萨迦等处藏书进行过校阅，在他的书中编写了第一部甘、丹《珠尔》目录。

那么，让我们来看看藏文大藏经《甘珠尔》、《丹珠尔》究竟收录了多少经籍。依德格版为例，全书共 4569 个编号（其中《甘珠尔》1108 个编号，《丹珠尔》3461 个编号）。其分类为：

《甘珠尔》：①律部（vdul ba）；②般若部（shes phyin）；③华严部（phal chen）；④宝积部（dkon brtsegs）；⑤经部（mdo sde）；⑥密典：甲、十万怛特罗（rgyud vbum），乙、古怛特罗（rnying rgyud），丙、时轮经疏（dus vkhor vgrel bshad），丁、陀罗尼集（gzungs vdus）。

《丹珠尔》：⑦礼赞部（bstod tshogs）；⑧怛特罗部（rgyud）；⑨般若部（shes phyin）；⑩中观部（dbu ma）；⑪经疏部（mdo vgrel）；⑫唯识部（sems tsam）；⑬阿毗达磨（mngon pa）；⑭律部（vdul ba）；⑮本生部（skyes rabs）；⑯书翰部（spring yig）；⑰因明部（tshad ma）；⑱声明部（sgra mdo）；⑲医方明部（gso ba rig pa）；⑳工巧明部（bzo rig pa）；㉑修身部（thun mong）；㉒杂部（sna tshogs）；㉓阿底峡小部集（jo bo chos chung）；㉔目录部（dkar chag）。

这样巨大规模的丛书，除了佛教的经论（包括义理、仪轨、静修、咒语等）之外，还有天文、历法、医药、工艺、逻辑等多种学科的论著,它对于藏族文化的发展产生了巨大的影响,这是举世公认的事。无怪乎藏文大藏经出现以后,传抄之风顿起,地方豪酋挟势助长,延请饱学高僧,缮抄大藏以为功德,藉此可坐收护教奉法之美名。其中,以蔡巴贡噶多吉(tshal pa kun dgav rdo rje)(其著作《红史》1346成书)最为有名,重金礼聘当时权威学者布顿大师主持校审《甘珠尔》,成为定本,后世奉为“蔡巴《甘珠尔》”。蔡巴《甘珠尔》的权威性,受到普遍的推崇。

公元1410年,大明永乐皇帝要为他刚刚逝去的妃子徐氏追求冥福,就不惜“遣使往西土取藏经之文,刊梓印施,以资为荐扬之典。下界一切生灵,均沾无穷之福。”此前就邀请第五世噶玛巴活佛得银协巴(de bzhin gshegs pa,1384—1415年)赴南京“于灵谷寺建普度大斋,资福太祖高皇帝、孝慈高皇后”。同时,请他担任藏文大藏经《甘珠尔》的刻本总纂。他所依据的底本恰恰也就是蔡巴《甘珠尔》。[①] 这是第一次《甘珠尔》的刻本,不是木刻而是铜版。[②] 公元1605年,又在北京刊刻第二个刻本,时为大明万历皇帝在位第33年,故称万历本《甘珠尔》。它以永乐本为底本,当然也就是蔡巴《甘珠尔》一系。在藏区正式第一次雕版的,算是本文所介绍的丽江—理塘版了。那是在大明天启三年(1623年),也是根据蔡巴《甘珠尔》的写本来刻版的。由此,可见蔡巴《甘珠尔》如何受到人们的重视。接着又有卓尼版、那塘版、德格版、清代北京新版、拉嘉版[③]、库伦版[④]、拉萨版等。可以把这些版本排成系列,列表如下:

---

① 参见《文物》1985年第9期所载《拉萨现藏两部永乐版〈甘珠尔〉》一文。

② 库伦版《甘珠尔》目录的前言,第312页,译如下:“古昔于内地大明永乐皇帝迎请大师(宗喀巴),乃以大慈法王释迦益西为代表以应。……此皇帝将《甘珠尔》经镌以铜版而印刷,实为刻本《甘珠尔》之首创也。”参见G. Bethlenfalvy:A Catalogue of the URGA Kanjur,新德里,1980年。

③ 青海拉嘉寺(ra rgya dgon)《甘珠尔》刻本,成于嘉庆二十五年(1820年)。据已故学者才旦夏茸先生面告,旧时以一驮茶叶可换一部《甘珠尔》的拉嘉本,故又称“茶包《甘珠尔》”。

④ 参见G. Bethlenfalvy上揭书库伦版《甘珠尔》目录此版《甘珠尔》,宣统二年(1910年)在库伦由八世哲布尊丹巴主持刊刻。

刻本名称	刊刻年代	刊刻地点	主持人	内容
永乐版	1410 年	南京	永乐皇帝/五世噶玛巴黑帽活佛	《甘珠尔》
万历版	1605 年	北京	万历皇帝	《甘珠尔》
丽江—理塘版	1623 年	丽江	木增土司/六世噶玛巴红帽活佛	《甘珠尔》
卓尼版	1731 年 1753 年	卓尼寺	玛索贡布、登松才仁土司	《甘珠尔》 《丹珠尔》
那塘版	1732 年 1741 年	那塘寺	颇罗鼐郡王	《甘珠尔》 《丹珠尔》
德格版	1733 年 1737 年	德格	登巴才仁土司	《甘珠尔》 《丹珠尔》
北京版	1692 年 1737 年	北京	康熙、雍正、乾隆皇帝	《甘珠尔》 《丹珠尔》
拉嘉版	1820 年	拉嘉寺	二世香萨活佛	《甘珠尔》
库伦版	1910 年	库伦	八世哲布尊丹巴	《甘珠尔》
拉萨版	1934 年	拉萨	十三世达赖	《甘珠尔》

三、丽江—理塘版《甘珠尔》

1. 名称之由来

大明天启三年（1623 年），在云南省丽江府刊刻成版一部藏文《甘珠尔》藏经，被称为丽江版《甘珠尔》。由于藏人称呼丽江地区叫做 vjang sa dam，所以又按元代的记载写法译作“章·三赕”。那完全是按照藏语的音译。所以这一版就称为丽江（章·三赕）版《甘珠尔》。到了清康熙三十七年（1698 年）时，准噶尔蒙古的头目噶尔丹兵败窜逃、穷蹙自杀后的第二年，和硕特蒙古南下的军事领袖达尔杰博硕克图汗（固始汗的裔孙）兵临云南，在丽江见到这一套《甘珠尔》经版，认为是可居的奇货，应掌握在他自己的势力范围之下。于是下令搬迁，用骡马驮运，送到理塘大喇嘛寺存放。当然，用的口实是丽江土知府追随噶玛派活佛，属于佛教异端，而理塘大寺——强巴林属于格鲁（黄帽）派，举起“尊崇黄教”的大旗，就把丽江版的《甘珠尔》经版北迁。从此，这一部《甘珠尔》就名之为理塘版了。

2. 刊刻出资主持者木增

谈到丽江—理塘版的《甘珠尔》，不能不提到主持这一刻本的施主丽江府土司木增。

木增，字长卿，号华岳，又字生白。按纳西族本名为阿宅阿寺，系丽江土知府第18代土司木青（阿胜阿宅）的独生子。生于明万历十五年（1587年），万历二十六年（1598年）父猝死，袭位，是为第19代土司。时，年仅11岁。遵循成例向朝廷申报，由朝廷授封，于是，一个不懂世事的少年，便被委以“屏翰西陲、抚绥一方”的重任。值得称道的事是，当时朝廷在东北一线与女真建州的军事对抗异常吃紧，木增两次助饷输捐，受到朝廷的表彰，在木增的近千首诗作[①]中，就有反映。如《输饷喜感新命》中云：

每爱潜夫论，其如东事何？
主忧臣与辱，师众饷尤多。
愚贡点涓滴，君恩旷海波。
狼烟着雪清，木石葆天和。

诗味平常，但反映了木增与朝廷“休戚与共，君忧臣辱”的思想。在当时的历史条件下，曲折地表现出少数民族领袖人物的向心倾向。就是这位木生白先生，颇慕风雅，与汉族文士结交，“课农桑、兴学校、屯田贡赋，经理有条，习文讲武。”在后来的评论中有人说：“有明一代（木氏）世守十余辈，惟习山（木公）振始音于前，生白（木增）绍家风于后。”[②] 看来他的

① 木增的诗，收在《啸月函》、《山中逸趣集》、《空翠居录》、《云过集》、《芝山集》和《光碧楼选草》等六个集中。转引自张信：《试谈明代纳西族诗人木公和木增的诗》，《文学遗产》1981年第4期。

② 《滇南文略》，《滇南通考》第47页。乾隆《丽江府志·艺文略》。

文化修养到了相当水平。还可以从他另外一首讴歌家乡自然风光的诗中来观察，《登文笔峰》：

雪山千层插碧霄，笔峰高峙共岩峣。
锋如玉笋蓝毫锐，砚是银湖墨浪潮。
独立风尘随品藻，凭虚星斗贯参寥。
巨灵欲为开文献，著作重光亘代标。

诗中把丽江的壮美山川、雄浑景色写得十分生动。丽江城西南的文笔峰，正是隔着丽江平川与玉龙山遥遥相望，山下珊碧湖清波荡漾，与入云雪峰相对成趣。诗中既表现了艺术技巧，又体现了对乡土的热爱和依恋之忱。这也是可贵的感情。徐霞客，这位伟大的旅行家，在云南曾与木增交游，在《山中逸趣序》中说到木增："公无事则诗书礼乐，有事则戎马行间，……公世著风雅，交满天下，征文者、投诗者、购书者、以神交定盟者嘤鸣相和，声气往来，共中原之旗鼓。"①

就在他广交文士，饱受汉文化熏陶的同时，他还接受了禅悦思想。佛教的色空观念，已深深地印入他的心灵深处。明天启四年（1624年）37岁的木增，正值壮年有为，却悄然引退，传位于其子木懿（阿寺阿春）；自己在玉龙山南侧的芝山上修建了别墅"解脱林"，搬将进去，以求清净，坐静谈禅，真是想寻求"解脱"了。这样，我们就可以理解：为什么他在天启三年，即退隐的前一年，刻刊藏文《甘珠尔》了。② 请看，在《三藏圣教序》中说：

粤木增夙作何植，生兹末叶。既不睹菩提树之嘉会，又不聆坚固林之法言。徒切影坚胜军之弘护，空慕给孤宝积之檀施。未尝不瞻金像而哽泣，披灵文而惨伤……叨承三宝之洪庥，为一方之地主，愧乏无忧之兴

---

① 转引自赵银棠：《玉龙旧话》。

② 或许还存在其他历史、政治、社会的原因。我们从《木氏宦谱》中得知其父木青在28岁时自杀身死，对年仅11岁的木增有很大的刺激，使他淡泊于世事，遁世参禅或许有因。

> 建，匪踵戒日之博济。每于政暇之际，禅观诵持，深痛无常，晓夜惕虑……由是谨率僧俗人民斋沐虔诚，仰对十方三宝，诸天善神，敬立誓愿：凡世尊释迦牟尼如来金口所宣，经律论三藏梵箧，缮录翻刻，鸠工集材。

其目的还是很明确的：

> 以此功德，回向实际，庄严菩提。上报四重之恩，下拔九幽之苦。饮铜啖铁，悉孕莲池；戴角披毛，俱生极乐。仰祝皇帝万岁，太平千秋，物阜民安，河清海晏，无桀不悦，无远不来。次期祖爵绵永，家国利亨，卜世卜年，同玉岳之悠久，世子世孙，等金江之继续，五方宁谧，百姓康和。

看来，他想追求一个安静、幽谧的世界。事实上是办不到的。明王朝已经气息奄奄，日薄西山，满洲女真部的崛起，以及满洲旗兵气焰日盛，农民起义军攻破北京，崇祯皇帝在煤山上自杀，满洲大军入关，南京成立了福王为首的抗战政府，乃至隆武、永历的流亡，一系列的动乱，呈现目前。而木增以退位之身，仍心系朝廷，一直表现出可贵的忠贞和难得的气节。从明王朝给予的封授职衔上，可以看出他与明王朝的关系：

天启二年（1622年），封为云南布政使司右参政。

天启五年（1625年），封为太中大夫兼云南布政使司右参政。

崇祯四年（1631年），封为广西布政使司助理布政使，通奉大夫。

崇祯十年（1637年），升四川布政使。

崇祯十七年（1644年），也就是皇帝上吊的那一年，还封他为太仆寺正卿。

弘光元年（1645年），赠彩缎、盘龙织锦。

隆武元年（1646年），封为太常寺正卿。

真正是位列九卿，恩宠无比。做到了与明王朝共始终。木增本人就在接受南明唐王监国封授的当年，以太常寺正卿的荣誉职衔逝世，时在1646年的八月初一。从他一生的事迹来看，有几个特点值得注意：（1）深受儒家的理教思想影响，在天启七年（1627年）为其母请旌表，建立贞节牌坊。（2）以一边鄙地方土司广交汉族文士，并擅于诗文，以诗自娱。（3）笃信佛法，并急流勇退，归隐林下，与明王朝共始终，很像当时汉族文人遗民逃禅避世。

3. 校审主持者六世噶玛巴活佛曲吉旺秋

丽江—理塘版《甘珠尔》刊刻时，由土知府木增延聘第六世玛噶巴红帽系活佛曲吉旺秋（karma zhwa dmar pa，chos kyi dbang phyug，1584—1635年）前来主持编纂、校订事务。兹将噶玛派与丽江木土司的关系、噶玛派与藏文《甘珠尔》的渊源略加介绍：

噶玛派是西藏佛教中噶举派下的一个支派，下面又分黑帽、红帽两支。黑帽系以都松钦巴（dus gsum mkhyen pa，1110—1193年）为开派祖师，在康区类乌齐（ri bo che）地方的噶玛村建寺传法，寺名噶玛丹萨寺。从此，这一流派被称为噶玛派。他在世时，于1187年又在拉萨西北郊，堆龙楚浦地方建立楚浦寺，并以此为主寺。他死后即产生转世活佛，藏区的转世活佛制度实由他开始。二世名为噶玛拔希（karma pakshi，1204—1282年），投托蒙元王廷，与拖雷王系最早发生关系。据《萨迦世系史》等书记载，此人曾与八思巴在忽必烈座前争宠。因其曾附宗王阿里不哥，有参加叛乱之嫌而失宠。三世让迥多吉（rang byung rdo rje，1284—1339年），应元文宗之诏赴北京，死于北京。生前曾抄写过藏文《甘珠尔》、《丹珠尔》全藏，藏于桑耶寺。四世乳必多吉（rol pavi rdo rje，1340—1383年），亦应元顺帝之诏赴北京，传授秘戏教法，名声不好。但在康区及甘青一带，大大地发展了噶玛教派。

上面说到的五世得银协巴（de bzhin gshegs pa，1384—1415年），此人与明王朝永乐皇帝建立了直接的联系，1406年（永乐四年）应邀到南京，传法布教，翌年受封为“大宝法王”，全称是：“万行具足十方最胜圆觉妙智慧善普应佑国演教如来大宝法王西天大善自在佛领天下释教。”差不多把美好的字眼都用上了。为什么皇帝那末尊崇他呢？究其原因，明王朝把兵力和注意力集中在对付北方蒙古族。希望西方的藏族地区能有个安静的后方。树立噶玛派活佛的威信，起一个带头作用。此后，又有萨迦派受封大乘法王和格鲁派受封大慈法王，以及地方领袖受封阐化、阐教、护教、辅教、赞善等五个世俗的王爵，共称明封八王，用“多封众建”的政策来稳定藏区的社会。此外，得银协巴曾把蔡巴《甘珠尔》写本推荐给永乐皇帝，并在南京雕版，成为第一部藏文刻本传世。这个功劳也是了不起的。此后，一直到了噶玛黑帽派九世旺秋多吉（dbang phyug rdo rje，1556—1602 年）与丽江木氏的联系得到加强，并曾住地丽江一段时间。现今噶玛黑帽系十六世日必多吉（rig pavi rod rje，1924—1982 年）圆寂于锡金。

而红帽系噶玛派，由第一世扎巴僧格（grag pa seng ge，1283—1349 年）开派。在拉萨西北羊八井地方建寺，以此为主寺。他们也与黑帽系一样，争取与朝廷建立关系，并把精力放在争取信徒、扩大影响方面，所以经常在外周游，也受到皇帝的封赏。第六世曲吉旺秋（chos kyi dbang phyug，1584—1635 年）在世之时，正是西藏本部噶玛派与格鲁派竞争十分激烈之秋。丽江木土司的辖境，既有纳西族，也有藏族，都信奉噶玛一派的喇嘛教。在政治斗争中，木土司自然地站到噶玛派一边。在这部《甘珠尔》经的藏文序文中说：“应章·三睒土王噶玛米庞才旺索南饶登（大概是木土司的藏名）之邀，迎请《甘珠尔》佛经雕版、供养，广利众生，噶玛活佛曲吉旺秋莲台座下，佛光普照，成就因缘，时在阳木虎年也。”看来，这个题记的藏文在 1614 年（万历四十二年，甲寅）就已经写好了。这位噶玛红帽系活佛与黑帽系得银协巴一样，推荐的写本也是蔡巴《甘珠尔》。蔡巴《甘珠尔》实际上成为永乐版、万历版和丽江—理塘版的祖本。

我们通过丽江—理塘版的目录，大概可以了解到藏文大藏经结集、雕版、流通的情况，这对于研究藏族文化史、印刷术史也是有意义的。

附 录

附一：三藏圣教菩提愿颂

皈依十方及三际，
妙觉真如普智尊，
咸流大慧入我心，
三我所愿速成就，
我从无始无明地，
欲流有流溺见流，
妙毒八识起盖缠，
十恶五逆靡不造，
假令罪业有其形，
尽虚空界不能受。
惟有诸佛尽知见，
尘沙烦恼与惑漏，
轮回六道习染殊，
执我耽人入险道，
自为杀业或教他，
宣淫邪行不与取，
非圣言量饰虚语，
斗乱于他及恶骂，
结使贪鞅恣瞋恚，
迷理异执着诸境，
克意非为并误作，
讥谤三宝一切众，

（以上第1页上）

怨怼酬还及苦报，
我今惭愧愿改悔，
涤除不善有漏因，
清净三业皈命礼，
金刚尚师持金刚，
五智十身佛陀耶，
自觉真如远麽耶，
大悲菩萨僧伽耶，
娑婆本师释迦佛，
如意大悲救度母，
无上最乘秘密海，
十方法界诸如来，
诸大菩萨摩诃萨，
大恕摩诃迦罗耶，
天龙八部诸神众，
阎曼德迦及星天，
伏冀无违正偏知，
惠我三昧自在力，
俾我忏悔得清净，
犹如琉璃含皎月，
尽未来际恒无染，
理事二障永消除，
欲行善法魔匪侵，
欲舍火宅无挂碍，

（以上第 1 页下）

赐与一乘大白牛，
径登宝所证常乐，
诸佛十力大解脱，

四等知见不共法，
并余微妙诸功德，
愿我此生皆圆证，
诸佛菩萨所修行，
所愿所度所回向，
我今发意一切同，
无退无怯无差别，
种智四智一切智，
初心顿发圆满光，
照识达本契真如，
譬如金矿销成就，
佛佛出兴咸供养，
请转法轮说授记，
结集教典续慧灯，
奉安舍利福群有，
文殊总持大智海，
普贤万行所庄严，
观音弥勒大慈悲，
地藏空藏弘誓愿，
愿我一一皆获得，
分形散影满世间，

（以上第2页上）

愿如善财偏恭询，
微尘益我善知识，
恒随奉事共集会，
开示悟入深法门，
释尊勇猛闻十方，
堪忍苦恼化强暴，
我今难行实能行，

愿如本师证无异，
一切二乘尽回心，
一切有情尽成佛，
于时我乃取正觉，
十方法界为佛土，
庄严微妙最第一，
更无声闻及外道，
后身菩萨偏充满，
禅悦法喜共娱乐，
风声香气演大乘，
闻者悟入菩提性，
十方情器纯真如，
我乃安乐归寂灭，
虚空世界尚可穷，
我此愿王终无尽，
假使铁轮旋顶上，
誓不退堕初发心，

（以上第 2 页下）

我今所作一毫善，
回向实际及众生，
齐脱众苦出轮回，
往生安养受妙乐，
所镂甚深微妙藏，
愿诸善神恒护持，
兴显末法至当来，
龙华会中作佛事，
惟愿弥勒大觉尊，
人天众前亲与记，
我此普贤殊胜行，

无边胜福皆回向，
善愿沉溺诸众生，
速往无量光佛刹。
十方正觉诸如来灌顶
授记佛长子不动金
刚木增吉日净业弘愿

（以上第 3 页上）

附二：三藏圣教序

盖闻真源湛湛，本无变以无迁；妙性如如，亦非名而非伏。荡若虚空之寥廓，恬如巨海之澄渟。特由一念瞥兴，四相俄起；尔乃并识同奔，随缘受报。精灵动伏，万绪千差。虽山河世界，唯现于自心，明暗色空，全彰乎法相。然既着于有为之有，终昧于无始之无，则染净业殊，苦乐趣别。莫不长沦欲海，出没于四生，永陷情坑，轮回于六道。孰能超拔三有，颖脱五盖，高翔入解，遐鹜一乘者哉！惟是我释迦牟尼如来，秉灵觉之上智，发朗鉴之真明，于尘劫之前，早悟此理。有以见众生之重迷胶固，深悲同体，弗忍独得，愿所以拯济群识，共登

（以上第 1 页上）

彼岸。于是结那于始心，终大悲以赴难。开化导达，纵违背而弥殷；布施利行，即头目而靡吝。为众生故，勇猛精进，忍苦修行，所以智积菩萨曰："我观三千大千世界，无有如毫末许不是释尊舍身命处。"诚哉，是言也！然，万行昔圆，犹居因住，正觉久成，尚现后身。意在不化刚强犷戾，不称大悲。乘斯机熟，降迹浊恶之世；几情所尚，故托金轮之胤。妙相明显，卓冠于天人；随好炳著，蔽夺于群圣。居兹三惑，示尽箧之非真；出彼四门，来浮云之易灭。盛年离欲，如弃涕唾，假修苦行，权受乳麋。六通七觉，超三界而独尊；十号二严，越四流而称佛。踞金刚之座，具十力以降魔；澍

（以上第1页下）

甘露之雨，净三轮而化物。所以称性谈玄，频说不思议圆融法门，复恐舆情希证，惊怖于河汉。乃开人天之善轨，设羊鹿之小乘。持犯仪刑，对法素隐。方等之记莂，冥于三空；般若之真照，破于二我。然后会流归海，等赐一乘。咸自真如中演出，悉从智慧海流来。诚六趣之车舆，五道之船筏；人圣之径路，菩提之佛母；大夜之明灯，重昏之果日；而饥虚之美膳，火宅之甘霖矣！是故一音甫唱，万汇各闻。邪思与滞惑俱捐，妄执共谬计齐遣。使戴炉锞腹之流，揭住迷于道树，祠天事火之徒，悟前非于觉场。皆能革故图新，返邪皈正，明自心于言下，断惑漏于当时。复有云动

（以上第2页上）

风合，主伴灵感。恒沙小士来自殊方，□□僧伽遍于宇内。或启甚深之信解，或克微妙之行果；或示迹异道以化其类，或垂形世俗以诱其迷；或寻声救苦而应念施安，或观根逗教而随病与药；或幽岩入定而坐断春秋，或高座论义而智成典则；或缘断胜性而现圆，或久住堪忍而不灭。真可谓迷衢导首，苦海舟师，三界之福田，四生之慈父。荡荡乎！民无德而称焉，将使劳生息轸，同驻于宝坊，凡界空虚，尽化为乐土。何乃众生薄祐，孺子失怙。噫！须弥峻而蓝风起，宝藏积而怨贼生。蠢尔波旬，遽然请寂。如来顺机应世，原无取舍于其间，故一允其求，

（以上第2页下）

驷不及舌。于是光放非常之瑞，众怀怖惧之心。最后顾命，频摧异见之夫；扶律谈常，顿显法身之体。呜呼！金棺掩耀，宝塔凌空。虽一体三宝常住于世间，而五蕴恒流仍栖于欲地。必欲遵达群方，遐益万古，非妙法而何能。夫经者，法身之舍利，载道解惑之良器也。在天之日月可坠，法宝不可顷刻晦也；在人之衣食

可去，法宝不可须臾离也。以故四人结集，三藏重明，阗满于天上龙宫，遍布于此方他界。一切众生仗之以踈神达要，陶铸灵府，熔习惑，悟真常。普天之下，咸知佛为大圣，具一切种智。是皈依处者，安可周知，而悉数其弘济，又可知矣。第以词源海广，部帙

（以上第3页上）

星繁。凡夫之心量不齐，妙典之通塞关数。致令五时八教之诠，三权一实之旨，顺流而东，译就方言。得而崇奉者，莫不茂林之片叶，砖地之一砾耳！粤木增夙作何植，生兹末叶。既不见菩提树之嘉会，又不聆坚固林之法言。徒切影坚胜军之弘护，空慕给孤宝积之檀施。未尝不瞻金像而哽泣，披灵文而惨伤。岂直追恨于当年，固皆遗憾于终古矣。叨承三宝之洪庥，为一方之地主，愧乏无忧之兴建，匪踵戒日之博济。每于政暇之际，禅观诵持，深痛无常，晓夜惕虑。每事思省，凡可以教人为善，胜残去杀者，极为举行，非敢怨怠。近惟世道交丧，

（以上第3页下）

风土漓薄，人心趋下，莫能自返。将欲拔本穷源，杜流剪蔓，其唯弘奖大乘法施之利乎！然以经律浩博，处则充栋宇，出则汗牛马。葱岭迤来，例多誊写，非具胜缘，弗能全有。而海澨山陬之人，穷边绝域之子，虽沾正化，率皆闻风传向，疑谅相兼，受一非余，各存专是。庸非化虽被而教未洽，信虽立而闻未广。有终其身未睹其藏典者，将何以开扩性灵，洞彻知见；而望其立造真境，会契无生，是责其无梯而升高，无驾而致远，宁可得哉？经云：菩提心者，诸佛心是；自余散善，不得为喻；然有心者，皆当作佛。增虽识谢圣神之明，勉有思齐之志，幸值三宝慈光，敢不兴起发

（以上第4页上）

于大心；我不荷负大法，我不度脱众生，再谁诿乎？由是谨率僧俗人民斋沐虔诚，仰对十方三宝，诸天善神，敬立誓愿：凡世尊释迦牟尼如来金口所宣，经律论三藏梵箧，缮录翻刻，鸠工集材。自万历三十六年四月佛成道日经始，天启元年九月竟功。广行印刷，流通遐迩，惠以法利。庶俾家传妙宝，人握灵珠，慧日没而更耀，微言绝而复彰，涤尘垢于六合，荡惑累于十虚。讨密义者，开卷了明；怀供养者，致敬获福。勿涉万里之遥，坐习三乘之奥。咸冀一切众生，见其色、发其函，功倍十地；聆其音、悟其理，道侔一生。专祈诸佛菩萨，亲垂授记，

（以上第4页下）

护法大士，密随拥卫。若板若经所在之处，永离魔事，永住世间，常转法轮，护持无尽。纵使世界为尘，此经如故。历万劫而常新，穷未来而弥固。以此功德，回向实际，庄严菩提。上报四重之恩，下拔九幽之苦。饮铜啖铁，悉孕莲池；戴角披毛，俱生极乐。仰祝皇帝万岁，太平千秋，物阜民安，河清海晏，无迩不悦，无远不来。次期祖爵绵永，家国利亨，卜世卜年，同玉岳之悠久，世子世孙，等金江之继续，五方宁谧，百姓康和。愿我从今以去，十方法界，佛佛出世，皆亲奉事，等密迹之保绥，同梵王之劝请，获庆喜之总持，兴纯陀之后供。起舍利塔，

（以上第5页上）

高至梵天；弘天乘典，住于劫尽。三途五浊，经历靡休；六度四弘，勇健无息。深誓如地藏，精进如能仁，证文殊智海，入普贤行门，具弥勒慈心，满观音悲愿。必使众生业尽，烦恼尽，界尽，二乘回心尽，一切成佛尽；乃至尽空法界，情器世间，纯成智正觉，真如实际，不生不灭，不变不动，我愿乃尽，最后作佛。有一不尽，不取灭度。我此愿王，广大如法性，究竟如虚空，穷未来际，不相舍离。假使铁轮旋顶，五热炙身，誓不退堕。伏维诸佛菩萨证盟，摄受于是，五体投地，重说偈曰：

南无真如净法身，
体若虚空无边际，
应物现形等一切，
毕竟湛寂绝朕兆，

（以上第5页下）

复礼十身圆相海，
自他受用二种严，
譬如众星之满月，
主伴重重犹帝纲，
敬礼丈六紫金容，
三十二种大人相，
随好光明无等伦，
天上天下无如者，
三千界内一法王，
优钵罗花难值遇，
神通方便叵思议，
觉法靡遗狮子吼，
皈命甚深微妙法，
智慧辩才之所演，
出生菩提转物心，
轨持运载诸含识，
稽首三贤十地圣，
等妙二觉大苦海，
义获菩提不取证，
影向留惑利群蒙，
祈敬善观十二缘，
能获七十七种智，
鳞角部行人中尊，
现通依教及回心，

（以上第6页上）

归依四谛诸大权，
四向四果无生侣，
解脱自在良福田，
灭度入寂久住世，
觉义轨则和合性，
同体一异不可得，
尽空常住三宝尊，
净业遍礼愿遇知，
我今誓发大道心，
仰学十方善逝行，
只有现在沉沦者，
我当尽度成佛道，
众生迷惑痴所盲，
生无慧目不解法，
我决惠以财法施，
悉令开怀得安乐，
能仁牟尼所宣说，
甘露醍醐最上味，
传于天人逗机缘，
特兹刊刻广流通，
令诸有情普见闻，
自觉展转觉于彼，
俱登正觉金刚座，
同证涅槃圆满果，

（以上第6页下）

愿诸天神护法众，
保此经典如眼目，

尽未来际作佛事，
莫令魔外有侵损，
诸佛护念菩提心，
大悲不逆我所祷，
今我愿王速成就，
不舍弘慈哀摄受，
我受如来罔极恩，
顶戴多劫竟匪报，
用此功德略上酬，
亿劫微尖之少分。

时大明天启三年佛成道日，钦升通议大夫世守滇西云南布政使司右参政奉佛臣木增熏沐顿首拜书。

（以上第 7 页上）

附三：

bdc bar gshegs pavi bkav gangs can gyi brdas vdren pa ji snyed pavi phyi mo par gyi dkar chag thub pa dgyes byed/

汉文边款作“大藏经目录”。藏文略。

附四：

bde bar gshegs pavi bkav gangs can gyi brdas vdren pa ji snyed pavi phyi mo par gyi tsogs su vkhod pavi byung ba gsal bar brjod pa legs byas kyi ded gzhugs kun nas snad pa nor bu rin po chevi me long/

此文边款作“大藏经序”。藏文略。

附记：

西藏博物馆整理的《庞塘目录》（dkar chag vphang thang ma），已于 2003 年作为西藏博物馆古籍珍本丛书之一，由民族出版社出版。《庞塘目录》素称佚失已久，此次发现和公布，势必对藏文大藏经的研究起到重要推动作用。据悉，国外学者已发表研究此书的论著数种，然而国内至今尚未见到相应的专论或介绍。

（原载《中央民族学院学报》1986年第3期。）

辽刻《契丹藏》发微

1974年山西应县佛宫寺释迦塔四层主像释迦牟尼佛像腹中，发现的12卷《契丹藏》和35卷辽代刻经，引起国内外佛学研究者极大的注意。过去，人们只知有《契丹藏》之名，未见任何实物，云山浩渺，访求无门；如今，可以展玩于几席之上，摩挲于案牍之间。乃就个人所见，草成斯篇，发其微旨，就正时贤。

一、契丹（辽）佛教

契丹族人原信奉原始宗教萨满教、崇拜天神地祇，尤重太阳、月亮，旁及猎狩之神。公元916—1125年之间，统治着中国北部地区，建立了耶律王朝。初号契丹，947年改号辽，后一度又复号契丹，藏文史籍称之为“契丹大辽”。藏文《红史》、《青史》、《贤者喜宴》均如此称辽。建国之前王室已逐渐接受佛教，902年建开教寺于龙化州，912年建天雄寺于都城（上京临潢府，今内蒙古林东县境）。太宗会同元年（937年）取燕云十六州，这一带地方原来佛教盛行，对辽朝佛教发展颇有影响。在圣宗、兴宗、道宗三朝（983—1100年）之间，崇佛之风，臻于极盛。圣宗大建佛寺，广施土地、民户与寺院，并加强对佛教的管理，禁止私度僧尼，禁止燃指供佛，拨专款支持房山云居寺续刻石经的事业。兴宗继位，归依受戒，铸造银佛，续刻大藏，延召僧人入宫说法，优礼有加，位以高官，时僧人还拜三公三司兼理政事者达20余人。道宗本人通晓梵文，对华严之学颇有造诣，尤精《释摩诃衍论》。为建佛塔，遍布国中，辽代佛塔别具一格。并以国家力量搜集、整理佛典，督励学僧加以注解，刊刻流通，完成了契丹大藏及房山石经的《涅槃》、《华严》、《般若》、《宝积》四大部及其他重要经典的刻事。当时，崇尚佛教已及于民间，人名中有药师奴、观音奴、三宝奴、文殊奴者甚多，可见一斑。上行下效，佛教遂风靡全国。①

二、契丹大藏的刊刻

契丹刊刻大藏经的倡议，始于圣宗太平元年（1022年）。当时，得到宋蜀版（开宝藏）大藏经的印本，发心刊刻，实有与宋人竞争的含意。其与宋版不同者，在内容上尽量补刻宋版所缺之写本，以《贞元录》入藏诸经为最；形式上行格加密，改卷子式为折本。全藏均在燕京刊刻，共579帙。《金石萃编》卷153，载咸雍四年（1068年）燕京天王寺文英大德赐紫沙门志延撰《旸台山清水院创造藏经记》，记叙其事，颇关重要，兹引述于下：

> 旸台山者，蓟壤之名峰；清水院者，幽都之胜概。山之名传诸前古，院之兴止于近代。将构胜缘，旋逢信士，今优婆塞南阳邓公从贵，善根生得，净行日严。咸雍四年三月，舍钱三十万，葺诸僧舍；又五十万，募同

① 参见《辽史》、《契丹国志》。

志印大藏经凡五百七十九帙，创内外藏而龛措之。

从此可知，咸雍四年契丹藏已经刻齐而刊印，刻事必在此前。据《辽史》、《契丹国志》诸史所记，当在兴宗重熙年间（1032—1054 年）始刻，道宗清宁八年（1062 年）竣工。这一时期辽代又复号契丹，故称之为契丹大藏也。契丹藏刊本曾由辽廷赠送高丽。《辽史·高丽传》载：道宗咸雍八年（1072 年），“以佛经一藏赠［高丽王］徽”。给高丽藏雕本的补校订正以极大的影响。高丽藏始刻于 1011 年，竣于 1082 年，历 71 载，全藏 6000 卷，主要根据宋开宝藏及辽契丹藏刊本复刻，史称“高丽大宝”。数经兵燹，契丹藏经版无存，印本亦荡然未见。有人据房山石经中辽代刻石指为契丹藏刻石，今有此印本可以核校，实为一大幸事。

三、契丹藏与其他刊本

我国大藏经的刊刻，可分两大系统：

（一）汉文系统

1. 开宝藏：开宝四年（971 年）至太宗太平兴国八年（983 年），在四川益州雕版，全 653 帙，6620 卷。

2. 崇宁万寿大藏：元丰初年（1078 年）至崇宁二年（1103 年），补刻者至政和二年（1112 年），全 564 函，5800 余卷。

3. 契丹藏：已见上文，不另列。

4. 毗庐大藏：政和二年（1112 年）至绍兴二十一年（1151 年）。

5. 思溪圆觉藏：政和末年（1117 年）至绍兴二年（1132 年），全 548 函，5681 卷。

6. 赵城藏：金皇统八年（1148 年）至大定十三年（1173 年）。

7. 思溪资福藏：淳熙二年（1175 年），又称后资福本，或云新刻目录，未刻全藏。

8. 碛砂藏：宋绍定初年（1229 年）至元至治二年（1322 年）。

9. 明南藏：洪武五年（1372 年），在南京雕印。

10. 明北藏：永乐八年（1410 年），在北京雕印。

11. 明万历嘉兴藏：万历二十二年（1594 年），方册本。

12. 清龙藏：雍正十三年至乾隆三年（1735—1738 年），历时三载，全 718 函，1666 部，7168 卷。

13. 频伽精舍藏：1913 年上海铅字排印本，方册，40 函，414 册。

以上 13 种。据叶恭绰《历代藏经考略》及拙文《喇嘛教对藏族文化的影响》等文字编成。或以为元代有普宁大藏刊本，亦应列入其中，但未见著录。

（二）民族文字系统

1. 藏文大藏：

相传有元代那塘古版云云，纯系传闻，未见任何印本传世。其后共有 8 种刻本，即永乐版、万历版、理塘版、那塘版、德格版、卓尼版、北京版和拉萨版。

以德格版为例，收书 4569 种，分《甘珠尔》、《丹珠尔》两部。另据乌兰巴托目录知，外蒙古亦曾刊行《甘珠尔》。

2. 蒙文大藏：

明天启年间林丹汗组织僧人从藏文译为蒙文，亦名《甘珠尔》、《丹珠尔》。至清乾隆间始有刻本。

3. 满文大藏：

清乾隆间由藏文译为满文，并在京雕版印刷，布达拉宫现藏有满文大藏经全帙，朱印。

4. 西夏文大藏：

又称“河西大藏”。是西夏党项族统治者译自汉文、藏文、梵文和回鹘文而成的西夏文藏经，在 11 世纪译成，元大德六年（1302 年）在杭州大万寿寺雕印西夏文大藏经 3600 余卷，分施原西夏国地区。①

契丹人作为少数民族，在神册五年（920年）制成契丹文大字，后数年又制成契丹小字，颁行全国。但汉字通行程度，远在契丹文之上。《栾城集》卷41载，宋人使辽返回宋廷后，曾说："本朝民间开版印行文字，臣等窃料北朝无所不有。"圣宗本人翻译过白居易的诗，萧韩家奴翻译了《贞观政要》和《通历》。所以，我们见到他们刊刻佛经用的是汉文，可能在当时还没有契丹文译本，也说明辽朝通行的文字是汉文。

以上可见，我国大藏经刻本也是丰富多彩的。既有汉文，也有民族文字，少数民族中也有用汉文刊刻者，主要是适应当时当地的需要。

附记：

1982年8月初，笔者在美国加利福尼亚州伯克莱大学访问，与该校东方语文系、佛学专家 Lewis Lancasfer 教授晤谈。当他得知1982年6月《文物》月刊主要内容是介绍辽代刻经及《契丹藏》时，惊呼这是近20年来最重要的发现之一，对于中国佛教史、高丽经籍史乃至整个佛学研究都有重要意义。

（原载《中国历史文物》1983年第1期。）

① 参见《西夏语译大藏经考》、《河西字藏经雕版考》。

藏族四大诗人（米拉日巴、萨迦班智达、宗喀巴、仓央嘉措）合论

一、序说：吐蕃诗歌

诗歌的起源是个十分复杂的问题，一般认为它与音乐、舞蹈同源。探索藏族诗歌的起源，目前还比较困难。我们目前所能读到的，只是藏文创制以后用藏文记录下来的古歌。

到了吐蕃王朝鼎盛时期（公元7—9世纪），人们的艺术修养、诗歌才能和想象力都已达到相当高的境界。从表面看，似乎吐蕃人是笃信宗教（苯教，bon），沉溺于崇拜自然、精灵而虔诚实践于仪轨的民族。实际上，他们又是热衷于咏歌吟唱而近于迷恋诗情的民族。令人感兴趣的，正是吐蕃人在古老的年代里，头顶上悠悠奥秘的苍空，四周旁浩渺广袤的宇宙，都能与自身心底下升起的玄理和道德的追求共同溶在一起，组进诗句之中。从中还可以看出吐蕃人的幽默、达观和乐天知命的性格。有时乍看其哲理虽然浅薄，但富有诗意；其诗歌虽然单纯，却意味隽永。诗歌成为哲理的舟楫，哲理成为诗歌的灵性。若综览一下吐蕃人的诗歌（都是以无名氏的古代民歌形式出现），可以看出其特

点：一是寓意深刻；二是比喻生动；三是语言简练；四是古朴纯真，在诗句之外韵味无穷。古人所谓“荡元气于笔端，寄妙理于笔外”，大概就是这样吧！它真正做到了以寥寥数语，而能把所要表达的中心思想感情和境界传达给读者（听众）。比如《敦煌本吐蕃历史文书》赞普传记第3节所载的古歌：

汤汤大河彼岸，
雅鲁藏布对岸，
有一人虽人之子，
实则乃天神之嗣，
惟真天子方能调遣，
惟好鞍鞯方能驮运。

这是娘·曾古和韦·义策都对森波杰心怀怨恨而同行返乡途中，娘·曾古为试探韦·义策是否有意叛离森波杰而归附悉补野家族而吟哦的诗句，寓意于诗而隐隐绰绰暗示了自己的思想倾向。对方立即作出了反应。二人通过诗歌吟唱，达到思想认识的统一，结成了盟友。再如同节所载：

杰士坐骑骏马
白昼藏匿猪林，
夜晚潜行堡寨，
敌人乎？友人乎？

这是娘氏、韦氏、农氏、蔡邦氏等四大氏族的领袖人物，潜入秦瓦达则堡寨与悉补野家族秘密结盟时，采取了诡秘行动，被当地群众觉察而讽诵的诗歌。从这首诗中透出了消息：一直流传至今的藏族六言体“谐系”民歌，远在吐蕃时期已经广为人民知晓，而且比赋的手法当时也已熟练地使用。

再引一首敦煌写卷中的占卜文书所录的诗谶式的诗句：

野鸭如金似玉，
蓝蓝清波美饰；
诃拉鲜花开放，
青青草原美饰；

邦金光彩炽眼，
甘美能健人体；
瑰丽艳美照人，
芬芳香气鼻喜。①

这一段占卜诗句中，展示了一幅美妙的高原图景：湖面上碧波荡漾，野鸭子黄金绿玉般在水上徜徉，草地上鲜花怒放，扑鼻的香气逼人。其色彩之艳丽，气氛之清幽，充满了自然之美、人情之恋。难怪接在这段诗歌下面的卜辞本文是："此卜若问家宅、寿元，有一善良神灵及女神，若善为供养，神必佑之；出猎，有捕获；求官，得赏赐；办事，能成；问旅人，能归；病人，能痊愈；所求必应；遗失财物，能找回；经商，获利；此卜所问皆吉也。"与上面诗句中所含的美好寓意和谐一致。

再看另一首卜辞的诗句：

金湖黄鸭飘荡，
白昼无人来伤，
夜晚无狗来妨；
草原如晶之光，
三只如脂羔羊，
羚羊静候在旁。②

这首占卜诗句中，暗示着某种不安和烦躁气氛，预示着即将发生变化。

上面介绍的是一些短歌，一些即兴式的咏唱诗句和卜辞。在《敦煌本吐蕃历史文书》赞普传记第9节记录了一首长诗，长达115行，可称伟构。这是墀都松（唐译：器弩悉弄）赞普采用了"阴谋"手段翦除权臣噶尔家族，在取得胜利后以一种得意快活的心情唱出来的诗句。一开头就高歌道：

① 王尧、陈践译注：《敦煌时期的占卜研究——敦煌藏文写卷译释》，香港中文大学出版社，1987年。

② 王尧、陈践译注：《敦煌时期的占卜研究——敦煌藏文写卷译释》，香港中文大学出版社，1987年。

嘻嘻！
往昔古老之年代，
鸿蒙初始之年代，
在青青苍天之下，
在广袤大地之上，
建起巍巍宫殿。
上，不会刺破天，
下，不会压塌地。

这种豪迈的口气，表达了赞普以一国之君长雄视一方，上继天命、下抚万民的胸襟。接着又唱出嘲弄、热辣辣的讽刺诗句：

青天出了太阳，
温暖和煦阳光，
羽翎精致安装，
箭镞锋利闪光，
一箭射死麋鹿，
死鹿可以充肠。
如今依余观望，
地上一只蟑螂，
想成飞鸟一样，
妄想飞去天上；
飞吧，又无翅膀，
即使它有翅膀，
青青苍天甚高，
云朵也难越过；
往上难以上天，
往下难以着地，
在那高低之间，
饱了鹞鹰肚肠。

这里把墀都松踌躇满志的心情表达出来了。紧接着转入了痛斥噶尔家族——赞普的政敌的本文，诗句有如鼓声咚咚而下，铿锵有力：

在“葭布”山谷中，
平民妄想当王，
噶尔妄想当王。
虾蟆妄想上天，
平民妄想当王。
泉水岂能上淌？
磐石岂能上滚？

赞普王室下决心翦除噶尔家族，反映了吐蕃奴隶主之间权力争夺的不可调和的矛盾。噶尔一家，世为卿相，自禄东赞起，其诸子赞悉若、钦陵、赞婆、莽布支等出将入相，数十年间一直左右着吐蕃政局，早已引起赞普的嫉恨，同僚之间更弥漫着种种流言蜚语；再加上噶尔家族成员拥重兵坐镇边境，长期鏖战，开疆拓土固然有功，伤耗元气亦不能辞其过。“玩兵自重”、“拥兵坐大”，告密者的种种浸润，荡漾在赞普耳畔，日积月累，终于爆发了这一重大事件——“赞普托言行猎”，带着兵马，以突如其来的、迅雷不及掩耳的手段，围歼了噶尔家族，杀害其亲族二千余口。钦陵被迫引兵自河湟一带拒命抵抗，结果兵败自杀。赞婆及钦陵之子莽布支（论弓仁）率所属七千帐降唐。唐朝当然是求之不得，以极高的规格来接待噶尔家族的两位幸存的来归者，封以王爵，授以统军重任。最后，这一支吐蕃大相之后裔在唐廷一直有很高的政治地位。论弓仁投唐之后，其子论惟明、惟贞在唐朝士大夫集团中位高爵显，算是唐代少数民族将领中的佼佼者。①

好，我们再把话题拉回来，让墀都松赞普的长诗一直顺畅地吟唱下去：

曾登扎古雪山，

① 《新唐书·吐蕃传》、《资治通鉴·唐纪》。并可参见拙文：《唐拨川郡王事迹考——吐蕃大相禄东赞嫡孙仕唐故实》，朱东润等主编：《中华文史论丛》第35辑，上海古籍出版社，1985年。

雅拉香波大山，
二者孰大孰小，
众人都已知道；
蓝蓝畿曲之河，
雅鲁藏布大江，
二者孰长孰短，
“唐拉雅秀”知道；
九湾努布大湖，
章波列公小湖，
二湖孰大孰小，
女神夏美知道；
葭达白色小屋，
秦瓦达则宫殿，
二者孰高孰低，
雅拉香波知道；
葭布小小山谷，
噶尔家族封地，
雅垄秦垄地方，
洛、埃、彭域之间，
二者孰高孰低，
天上日月知道。

这一连串的排比，气势磅礴，用以达到一个目的，即宣布赞普王室消灭噶尔家族是正义的，是有道理的，是合乎情理的！在奴隶社会里，奴隶主阶级垄断了一切物质生产资料，同时也垄断了一切精神生产资料，那时候的思想、文化只表现奴隶主的意志。赞普作为奴隶主之间争夺权力的胜利者，诗呀、文呀、预言呀、咒语呀，都得顺从胜利者的意志，为他高唱赞歌！假若从吐蕃王朝推行的统一的政令制度、加强集权管理、扫荡氏族社会遗留下来的残余力量等措施来看，的确是顺乎社会发展潮流的自然趋势。事实上，这一次剿灭权臣的行动，为以后在墀松德赞时代的吐蕃王朝力量大发展奠定了坚定的政治基础。

这一首长诗的末尾以这样的诗句结束：

帐篷布满原野，
一切即将收聚！

从中可以看出赞普王室的信心和勇气。诗风也是时代风尚和心理，它从一个侧面道出了时代的呼声。假若我们以为用一种淡薄自然的语句来表达深切或激越的情绪叫做含蓄，以为用棱角分明的粗浅线条的文辞来勾勒出不拘形迹的气概为豪放的话，那么，吐蕃人运用诗歌的艺术可以说是含蓄与豪放兼而有之。

这里，我们再引一段宗教家的祈祷文的诗句，即苯教徒祈祷女神赐予药物的祷词：

在今世界之上有三世界，
食物之母，女神南希贡杰，
手持装满食物的黄金瓶，
身披芳香扑鼻的花披肩，
种种食物聚于她的头顶，
各类美味食品由她吐下，
世界人众生灵由她撒播，
她以食物之精髓渡人生，
吮吸食物之精髓与汁露，
为了治疗人间各种疾病，
为了使神灵和人众同在，
她向大地口吐药物津液，
祈祷着，愿它能成为灵药！

这首诗，后面还有两段，大致相似。诗味不浓，但是流露出早年吐蕃人对疾病、瘟疫的恐惧，希望通过对女神南希贡杰的膜拜、供奉，取得她的欢心，得到她的保护。态度是虔诚的，语调是庄重的，作为诗歌来说，格调也是深沉的！与它内容大致相似的古歌，在“谐钦”（大歌）和“古儿谐”（回环歌）中还可以采出不少，例如：对莲花生大师的献诗、对雅拉香波雪山的献诗、对雅鲁藏布江的献诗，都有同样雄浑而虔敬的气氛，整饬而严肃的句式。其内容都流露出吐蕃人对生活热切的期望和对神灵（自然神和宗教神）的畏怖心理。诗言志，这时候吐蕃人所言的志是什么？各个阶级是不一样的，但普通人民就是要求能平安地生活下去，能富足地走向未来；能避开一切厄运，能受到神灵的保护！

二、米拉日巴及其道歌

米拉日巴（mi la ras pa，1040—1123 年）生活时代的文化是承前启后的。吐蕃文化的基因在吐蕃末年的大动乱中并没有荡然无存，而是通过佛教复兴形式的文化复兴运动而重新发扬光大。这一时期，叙事文学出现了一大批所谓“伏藏”（gter ma，如《五部遗教》等）著作，即承吐蕃叙事散文（如《敦煌本吐蕃历史文书》等）的余绪，又开后世史传文学（如《吐蕃王统世系明鉴》等）之先河。抒情文学方面，便出现了藏族文学史上的一大怪杰——哲学诗人米拉日巴。米拉日巴《道歌》[①] 的出现，使藏族抒情文学再次出现高峰。我们读米拉日巴的《道歌》，既可以感受到吐蕃古歌豪放、酣畅的气息，又可以体察到近代抒情文学的细腻幽柔的韵味。

米拉日巴的童年，是在苦难中度过的。7 岁丧父，其母由于忤逆了米拉日巴堂兄的“转房”要求，而被剥夺了一切财产，逐出家门。[②] 这一位性格倔强、意志坚定的女性，遭此劫难，便令其子米拉日巴去学黑咒术，对仇人施行报复。可是，“少年不

① 我们这里不讨论米拉日巴《道歌》是否均出自米拉日巴之口，抑或为其后世门徒伪托的问题。但我们相信，至少大部分道歌是米拉日巴传给其门人而在民间长期流传的。

② 这一细节，《米拉日巴传》因为要“为尊者讳”而闭口不谈。此见《青史》藏文版，第 511—512 页。

识愁滋味”的米拉日巴，有时竟欢歌彳亍，招摇过市。米拉日巴之母爱之深、责之切，严加捶楚，遣往前藏学习密咒。后来米拉日巴潜心修密，居然在其堂兄成婚之日，“咒死”其家人亲友35口。这一事件便引起全村人的共愤，而米拉日巴之母拒绝“转房”，本来就是违反当地习俗的。所以米拉日巴之母在村中常遭村民虐待，她又令米拉日巴使用“降雹术”对村民报复。这下米拉日巴的母亲心满意足了，但在年轻的米拉日巴心头，蒙上了良心受谴的阴影。为了“洗清罪孽”，米拉日巴决心学法。在著名译师玛尔巴那里，米拉日巴经历了各种磨难的考验，表现出皈依佛法的坚定信念，终于被玛尔巴目为心腹弟子，授之以全部密法。以后米拉日巴便开始了艰难的苦修生活，最后成就圆满，四处传教。米拉日巴的《道歌》，大都是这个时期唱出的。

米拉日巴的一生，是典型的苦行僧的一生。童年的苦难、母亲的坚强，都铸成他坚韧不拔的性格。这种性格决定他能走一条长期独自苦修的道路。而这种长期的独自苦修，又使他隔绝于世俗生活和经院思辨风气之外，形成独特的宗教体验；这种宗教体验与静修地静穆、明快的景色浑然一体，产生愉悦；这种愉悦结合静思、坐忘而达到通明，使米拉日巴的道歌具有“澄圆妙明清静心”的特色。

米拉日巴长期独自在山林中修习，脱离了常规的寺院学经、讲经生活，所以他的宗教思想具鲜明的特色。他强调不断地独自体味、默想空性，反对经院式的讲授和辩论，他认为言辞对成佛毫无益处，相反只能给成佛的道路设置障碍。他说：“我不喜好言辞枝叶，有意义的是实修，完全的内心自省，这样去练吧！我曾受上师教言：‘对显密经教可以一无所知，不要追求言辞概念，一意内心自省，按照一个上师的教法修炼吧！’”许多慕名而请教佛法的信徒，总希图米拉日巴能给他讲一些深奥玄妙的教法，但大多是要失望的，米拉日巴能讲的只能是修习的体验，但没有系统的条理分明、合乎逻辑的理论。

《道歌》第31节讲几个因明论师因嫉妒米拉日巴的名声，

而要与米拉日巴辩论，米拉日巴一再拒绝，他说："言辞论战我没空，因明正量我不晓。这次辩经，你们［因明］论师赢了！"有一次有人对米拉日巴说："为了获得如此高深的佛法，应由亲友赠以干粮，兴高采烈地学习才行。"米拉日巴回答说："我学习过，但收益不大，即使有所收益，忘掉它也无妨。"接着他唱了下面这首歌：

证得无知无觉者，
体验感觉已忘却，
增减之念亦可忘。
证得三身本性者，
本尊生次已忘却，
意想之法亦可忘。
证得原本佛果者，
精进之果已忘却，
世俗之法亦可忘。
修持耳传密法者，
概念言辞已忘却，
骄傲之法亦可忘。
证得万物空性者，
书籍经典已忘却，
累赘之法亦可忘。①

——第 674 页

米拉日巴是真正洒脱的宗教思想家，他打破了一切外在的偶像权威，挣脱一切思想束缚，在他看来，许多宗教徒孜孜以求的某种宗教体验，笃志奋勉的成果，甚至被奉若神明、对之顶礼膜拜的本尊、教授言辞和书籍经典都可忘却！米拉日巴要求门徒越过语言、文字的障碍，去直接地把握所谓"空性"，也就是不通

① 本节《道歌》，根据青海民族出版社 mi la ras pavi rnam mgur 汉译。翻译时曾参考张澄基的英文译本（Gama C. C. Chang：Songs of Milarepa，纽约，1962年）。页码均指藏文版页码。

过理性思辨、不借助逻辑的推理论证的方式去认识真理，而是通过长期的默想（修炼）去感悟真理。这种“感悟”不是理性认识（通过分析、归纳而得到概念），但也不是感性认识（借助感官刺激，认识事物的表层现象），而是突破语言界限和一般思维程序的体悟和领会。

这种现象已被现代西方哲学家注意到，“分析哲学”代表人物维特根斯坦（Wittgenstein）及受其影响颇深的苏珊·朗格（Susanne Langer）都论述过，有一种不可言说的艺术感受。[①] 对于这种不可言说的“感悟”，中国汉地古代哲学也有论述，如庄子说：“道不可闻，闻而非也；道不可见，见而非也；道不可言，言而非也。知形之不形乎！道不当名。”所以，“知者不言，言者不知，故圣人行不言之教”[②]。禅宗经籍也有这一类的说法，即“法”无法直接用语言表达，所以禅宗六祖惠能说：“若有人问汝义，问有将无对，问无将有对，问凡以圣对，问圣以凡对。二道相因，生中道义。”[③] 这就是说通过常规语言的逻辑推理的思辨方式无法了悟佛法，所以常常答非所问，靠听者体悟。

因此，米拉日巴要求门徒越过语言、文字障碍，直接把握认识对象。在他看来，作为认识工具的语言（逻辑推理方法，即因明学）、文字（经典书籍）只能是直接把握对象的障碍和累赘。因为学会了因明辩论术，言辞锋利就会使人骄傲而好与人辩（《道歌》第31节中，三个要与米拉日巴辩经的因明论师便是这样），这只能增加其罪孽，丝毫无助于成佛；而有了经典书籍，就会使人泥拘于经句字义，束缚思想，也无助于成佛。所以米拉日巴的重要弟子之一惹穷巴，第三次从印度学经回来，带回了大量佛经，视若珍宝；而米拉日巴则在他外出取水时，将之全部付之一炬，为此师徒间曾发生过一场误会。

---

① 王鲁湘编译：《西方学者眼中的西方现代美学》“分析哲学美学”部分，北京大学出版社，1987年。

② 《庄子·知北游》。

③ 《坛经·付嘱品第十》。

米拉日巴对繁琐的经院式推理论证深恶痛绝，说：“万念俱灭，心俱明定（vod gsal stong pa），坚信无我，因此不需要任何比量（rjes su dpag，推理论证）的教法。”（第549页）米拉日巴最讨厌辩经之类的“空论”，他说：“俗话说：‘吃没吃过饭，看脸色就知道。’知不知佛法、修不修佛法，看他能不能调伏‘烦恼’和‘我执’就知道，若调伏了‘烦恼’和‘我执’，这就是知佛法、修佛法的标志。因此，即使在讲论和辩经中驳倒人，但连‘我执’、‘烦恼’都没有克服，却自以为知法修法，在空洞的辩论中获胜而沾沾自喜，这只能造成永久脱不出轮回，而堕入地狱底层。”（第542—543页）这可以与王阳明的“知行合一”论相比较，王阳明说：“知之真切笃实处，即是行；行之明觉精察处，即是知。”① 也都是从实践中获得知识的一种朴素的表达。

米拉日巴思想的第二个特色，是强调遁避山林、离群索居、返归自然，与自然融为一体，从而获得一种新的人格主体，并由此获得逸然恬静、和谐自然的审美愉悦。我们来听听他的《十二瑜伽乐》歌：

如同逃脱恶陷阱，
背离家乡瑜伽乐。
如同骏马脱缰绳，
脱离二取瑜伽乐。
如同野兽遭伤残，
独自安住瑜伽乐。
如同雄鹰击长空，
观察透远瑜伽乐。
如同凉风穿虚空，
毫无遮阻瑜伽乐。
如同牧童牧羊群，

① 《传习录》，《王阳明全书》（一），第35页。

牧守空净瑜伽乐。
如同须弥福寿山，
永不变迁瑜伽乐。
如同大河水长流，
禅意绵绵瑜伽乐。
如同寒林一死尸，
抛舍万物瑜伽乐。
如同巨石掷海中，
有去无回瑜伽乐。
如同虚空升太阳，
光芒普照瑜伽乐。
如同多罗树叶被剪断，
永无转生瑜伽乐！

——第388页

这《十二瑜伽乐》所反映的米拉日巴的人格，又具有庄子的特色。第一、二节中他把家业财产、物质追求看作是陷阱、绳索，因此喊出了逃出陷阱、挣脱缰绳的口号，这同庄子反对“人为物役”，要求“不拘于物”如出一辙。米拉日巴把财产、亲友、名声、住处都看作是痛苦的根源，他唱道：

现在财物我不要，
物质追求我不做，
首先没有积财苦，
其次没有守财苦，
再次没有恋财苦，
一切没有才最好！
现在亲友我不要，
爱恋侍奉我不做，
首先没有爱恋苦，
其次没有争吵苦，
再次没有分别苦，

没有爱恋才最好！
现在名声我不要，
扬名四方我不做，
首先没有精进苦，
其次没有自责苦，
再次没有害怕损害名声之苦，
没有好名声最快乐！
现在住处我不要，
常住一地我不做，
首先没有偏爱苦，
其次没有思乡苦，
再次没有情面苦，
没有住处实在好！

——第 444—445 页

米拉日巴所追求的，是无牵无挂、独立自在的人格主体，很容易使我们联想到《庄子·逍遥游》中“若夫乘天地之正，而御六气之辩，以游无穷者”的理想形象。人生活在社会，总是要受着各种社会关系的制约，而米拉日巴则要摆脱这种束缚。脱离社会关系的制约之后，便可以自由自在地投入大自然的怀抱。我们在《道歌》中看到，米拉日巴是多么热爱大自然，他是以澄清透明而又博大无穷的胸怀去把握大自然，与大自然融为一体。这就要求像庄子那样，以超出功利目的的审美态度对待自然。在米拉日巴看来，他眼前静修地不是一块可以开垦的土地、可以盖房的房基，自然就是自然，而土地、房屋都可以抛舍。所以摆脱了功利计较，米拉日巴笔下的景色才是那样澄明透亮：

静修之地菩提村，
沟头神赞①雪山高，
沟尾施主信徒多。

① lha btsan，苯教神祇。

后山好似白幔遮，
山前所需林木深，
草地青青宽又广，
芬芳可意莲花中，
蜜蜂采粉叫嗡嗡。
清池岸边水面上，
水鸭拧脖回首望。
繁茂绿树枝头上，
美丽鸟群声啁啾，
徐徐凉风吹拂过，
树枝婀娜舞翩翩，
高耸云天树枝间，
猿猴攀援多轻巧。
碧绿平展大草场，
牲畜觅食散四方，
牧民看守牲畜群，
放歌奏笛声幽幽。

在这禅意盎然的诗中，作者着重渲染了那种安逸、闲散、和谐、静幽的气氛。作者跳出了急功近利的圈子，因而能体味自然的这种韵味。如丹麦文学史家勃兰兑斯所描绘的那样，当诗人“凝神眺望时，他的整个生命都从自我狭窄的天地中涌出来，随着溪流流走。他活跃的意识扩展开来，他把无知无觉的自然吸入自我之中，自己又消融在景物里，……并同无形的宇宙生命合而为一”。① 由于对自然采取这么一种超功利的审美观照，所以在米拉日巴看来，入山林苦修绝不是“苦”而是“乐”，这种“乐”并不完全是超感官的，纯粹是心灵上的“释罪”的愉悦。这是一种在观照自然时产生的泯物我、超生死，也就是李泽厚所说的“瞬刻永恒”的愉悦。李泽厚说：“这种‘瞬刻永恒’的另

① 《十九世纪文学主流》第1册，人民文学出版社，1980年，第175页。

一感受特色是某种精神的愉快或欢乐。在各种宗教经验中，都有某种精神的愉悦、欢乐或满足。它接近道德的愉快，但由于感到自己与神同体或被神‘引接’，因而，它又是超过道德愉快感而更强烈并且似乎清澈纯净的愉快。”①

米拉日巴曾反复强调这种与宗教体验有关，但又不仅仅是宗教体验的“乐”：

百种花草生长地，
树木婆娑起舞间，
各种鸟禽鸣啭处，
猿猴轻巧练艺场。
如此幽远静修地，
独自出入茅篷乐，
验证上师顶门乐，
脐轮内火自燃乐，
幻身八法自脱乐，
梦虚幻境自消乐，
光明驱散不明乐，
不修转生成佛乐，
穿越中阴无碍乐，
无漏大乐界中乐。

——第 448 页

他还说：“我就是统治天下的大王，没有比我再快乐、富贵的大王了。”（第 446 页）语言是有限度的，米拉日巴能用“大王”来比喻他的快乐，他还说他像体味水果的甜润、山泉的温凉那样体会到这种至乐。始终处于这种至乐的心境下，米拉日巴笔下的自然景色，就没有汉人山水诗中的那种冷漠、孤寂和悲切，而是充满着和谐、明朗与欢乐：

红岩玛瑙大鹏堡，

① 《中国古代思想史论》，人民出版社，1986 年，第 20 页。

上有云霞绕又绕，
下有净水弯又弯，
中有雄鹰飞又飞，
各种花草摆又摆，
树木起舞摇又摇，
蜜蜂歌唱响咿咿，
花香袭人芳菲菲，
百鸟鸣啭声啾啾。

——第200页

这首诗每句句末都用了同音词，具有音乐美，这种音乐美无法通过译文来表达。像蜜蜂的叫声 kho ro ro，花的香气 chi li li，鸟的叫声 kyu ru ru，在听觉上造成欢快但不噪杂，幽远但不寒寂的意境。

米拉日巴的这种感觉，同西方宗教徒对自然的感受是有很大不同的。公元4世纪的一位神父，尼萨的格雷果里（Gregory of Nyssa，331？—396）这样写道：

当我看到每一座山头，每一座山谷，每一座绿草丛生的平原，再看到一排排各种各样的树木，以及脚下那些既被自然赋予美妙香气、又被自然赋予美丽的颜色的百合花的时候，当我们看到流云飞向远方海洋的时候，我的心中就产生了一种糅合着幸福感觉的忧郁之感。当时属秋令，果实（谷物?）绝迹、树叶飘落、树枝光秃的时候，我们就陷入沉思中，想起了万物怎样在自然的奇妙力量下生生不息，变化不已。谁能用灵魂的智慧的眼睛领会到这一切，谁就会感觉到，同宇宙的伟大相比，人是怎样的渺小。①

面对大自然的美丽和博大，格雷果里感受到的是“糅合着幸福感觉的忧郁之感”。感叹“同宇宙相比，人是怎样的渺小”，

① ［英］鲍桑葵：《美学史》，张令译，商务印书馆，1985年，第170—171页。

而不像米拉日巴那样，把自身从世俗世界中抽脱出来，投身并融化在大自然中，个体消失了，因而绝无“忧郁之感”，相反，他的心境总是处于晶亮透明的愉悦状态。因此，可以说，基督教文化是“罪感”文化，在自身与自然的关系中，它否定自身、赞叹自然；而佛教，尤其像米拉日巴这样的佛教徒，是将自身与自然熔铸成合一的人格主体。

米拉日巴诗中还有一种境界，就是澄明净亮的境界：

心往一处禅定时，
分别、意念尽消除，
此乃寂止初入门，
缘此念知作深禅，
豁亮透明如灯照，
莹澈清澄如鲜花，
恰如仰视明净天，
了悟空性清又明。
明净透亮无分别，
实为寂止真体验。

——第 296—297 页

米拉日巴在这里反复使用明、亮、清、澄等词来表达他的修禅的体验。在另一处，他说到修炼大手印的方法时还强调：

守一而坐达到松，
空静而坐达到清。
安乐而坐达到明，
不思而坐达到澄。

——第 535 页

“松”是说姿式，而“清”、“明”、“澄”与上面所说的一样都说是修禅后达到体验。这要求心无芥蒂，坦荡安然，才会禅机勃兴，通圆透明。这种体验已溶化在米拉日巴的人格中，是心境，也是诗境。所以米拉日巴的许多诗，都闪烁这种禅而后生的通明透亮的光。所以米拉日巴的性格，与汉人遁入山林的隐士并不一样，他没有满腹牢骚，没有忧国忧民。后者是因为不能“达则兼济天下”而不得不“穷则独善其身”，而米拉日巴是把所谓“达”看作“陷阱”，避之若虎狼。

米拉日巴《道歌》中常常出现的主题，是对自然风光的描写，可以说这部分诗是全《道歌》最富有文学光彩的。米拉日巴的这些风光诗具有浓厚的民族特色。我们先读一首他的风光诗佳作，然后再作讨论。这是一首对吉祥长寿天女所住的雪山的赞美诗：

山腰以上山顶高，
好似锥形神螺钻。
山胫泉溪泛银光，
此处最先沐金晖。
宝冠水晶飘带上，
白云悠悠作装点。
山腰以下山麓旁，
云雾重重永不散。
细雨濛濛河流缓，
虹霓拱云现又现。
牲畜兴旺福禄多，
百兽出没常不断。
各色邦金争芳艳，
良药百草遍地生。

——第 695 页

对于诗歌描写景物，王国维在他的词学名著《人间词话》中，提出了“有我之境”和“无我之境”的分别：

有有我之境，有无我之境。“泪眼问花花不语，乱红飞过秋千去”，“可堪孤馆闭春寒，杜鹃声里斜阳暮”，有我之境也；“采菊东篱下，悠然见南山”，“寒波澹澹起，白鸟悠悠下”，无我之境也。有我之境，以我观物，故物皆着我之色彩；无我之境，以物观物，故不知何者为我，何者为物。

关于“有我之境”与“无我之境”孰优孰劣，王国维在同书中也说得很明白：“古人为词，写有我之境者为多，然未始不能写无我之境，此在豪杰之士能自树立耳。”这是中国人的美学崇尚。但西方人则相反，他们看重“有我之境”，英国诗人柯勒律治说：“诗人从自己的精神中把一个有人性、有智慧的生命转移给它们（自然）。”在他看来，下面两行诗只是描述性的：

看啊！那边一行松树，在黄昏暮色中，
被海上疾风吹得披头散发，躬着腰。

而下面经过修改的诗行，才使自然“具有一种尊严和热情”：

那边一行风雨摧残得像幻影般的松树，
在暮色中依稀可见。
看呵！它们如何逃避着强烈的海上疾风，
满头长长的发卷，在它们面前飘扬着。①

如果按照王国维的标准，原来那两句没有“移情”的是“无我之境”，改过的即“移情”的诗是“有我之境”。东、西方人美学崇尚的差异，是由于他们对自然的态度不一样。简单地说，西方人突出主体与客体的对立，他们看待自然，是站在自然以外去观照的，所以他们要把主体的情感移注到客体上，然后通过人格化的客体渲泄主体的情感；中国人讲求“天人合一”，所谓“天地与我并生，万物与我为一”（庄子语），人没有居高临下地俯视万物，人本来就已溶化在物中，因此不必“移情”。

用王国维的“有我之境”的标准，去衡量米拉日巴的风光诗，可以说大多是“无我之境”。因为米拉日巴要求忘却自我，投身自然的怀抱，在自然宽博无比的胸怀中，人完全被包容。因此，自然的美就是自然的美，尽管到了诗人的笔下难免沾染诗人

---

① 《文学生涯》，见于《十九世纪英国诗人论集》。转引自萧驰：《中国诗歌美学》，北京大学出版社，1986 年，第 229—230 页。

的感情色彩，但并没有随着诗人的意志去放声大笑或痛哭流涕。米拉日巴笔下的自然，始终有一种亘古不变的静穆之美，始终有一种脱出人为功利的飘然之美。因此，山水、云雾、牲畜、草木总是安适、明朗、欢乐，对人的悲欢离合无动于衷。与其说这种大自然的安适、明朗、欢乐是米拉日巴的诗笔所赋予的，不如说米拉日巴的这种心境是大自然所赋予的。米拉日巴正是在投身大自然，与大自然融为一体时才感悟瞬间即永恒的真谛，大自然的那种生生不息、千古长青的景象，抹去了人生苦难给米拉日巴心头留下的阴影，铸造了他的安适、明朗、乐观的性格特征。

二、萨迦班智达及其格言诗

萨迦班智达（sa skya paṇḍita，1182—1251 年，简称萨班）在政治上极为敏感，站在同时代人的前端。13 世纪中叶，他曾游说群龙无首的卫藏各地头目，达成了一项协议，归顺当时虎踞大漠南北、铁骑四出的蒙古王帐，跟着时代的步伐参与了蒙元王朝建国的雄图大略，也为西藏与内地的关系开辟了一个新纪元。他在文学上建树并不亚于政治，那就是他创立了“格言诗”（legs bshad）这一新的诗歌体裁，为藏语文学找到了一种新的表现形式，从此文人骚士竞相撰写格言，蔚为风尚，经久不衰。

说萨班开一代诗风，是就他开创的四句七言的这种固定格式的格言诗而言的。事实上，藏族自古以来就喜欢精练、隽永的格言。我们在敦煌藏文写卷中，可以读到许多这样的格言诗。吐蕃时代虽然出现四句七言式的格言诗，但并没有形成为固定的文学式样。这种格式，由于《萨迦格言》的广泛传播才固定下来。

这种文学式样的出现，无疑是受到了印度文学的影响。印度大乘中观宗佛学大师龙树，便是著名的格言诗作家，《百智论》、《智慧树》是他格言诗的代表作。这两部格言诗集和另外五部格言集都在 8、9 世纪以后陆续译成藏文，后来收入大藏经《丹珠尔》。我们在敦煌藏文写卷中读到的格言诗，特别是四句七言式的格言诗，大多与佛教内容有关。因此这种“影响”作用是明显的。藏族文化之所以能有如此博大丰富的内容，就在于它能以疏阔豁达的胸怀去吸收外来文化的丰富营养。

萨班是“学富五明”的班智达（paṇḍita），对印度文化能在融会贯通的基础上得心应手地加以吸收，并结合本民族文化素质加以创造性地运用。这样，他的《萨迦格言》才为广大藏族民众所喜闻乐见。

从内容上来说，《萨迦格言》是跟米拉日巴的《道歌》和宗喀巴的赞美诗（详后）完全不同的另一类型的诗歌，它没有米拉日巴“鱼相忘于江湖”（庄子语）的那种飘然于天地、无为于自然的“仙气”，也没有宗喀巴那样在香火云烟中面观神佛的负重心态。萨班是积极入世、有着明确责任感的哲人。一个社会发展到一定阶段，总是要造就一些哲人为该社会的伦理纲常、道德规范作出总结。在敦煌藏文写卷中，我们已经读到了像《礼仪问答》那样的作品，但它还具有朴素、粗糙的特质，没有哲理化，没有上升为“经典性”的作品。到了萨班的时代，社会踏着数百年动荡、纷争的血迹走来，痛感伦理纲常、道德规范这种“法律以外的法律”的重要，正因为这样，萨班的格言集才能迅速风靡卫藏。

萨班之区别于米拉日巴、宗喀巴，就像孔子区别于庄、墨（仅就性格特征而言）。萨班有一种“观乎人文，以化成天下”（《易经》语，这正是“文化”一词的本义）的责任感，所以他的格言有许多是讲治国之道和伦理纲常的，他说：

凡是高尚的知识，
圣哲常常特意宣扬；
摩罗耶山的檀香味，

被风把它传送十方。①

他便是以这样的“圣哲”自居，来教化西藏僧俗官民的。萨班特别讲究统治术，他说：

做长官的人们，
对下属怎样爱护，
那下面的人们，
会同样为他服务。

就是说，上慈才能下孝，上爱才能下忠。另外：

法王遇到强敌时，
对臣民倍加爱护；
对于生病的孩子，
母亲会加意怜惜。

国王要依法治理国政，
否则他就会走向衰败；
太阳若不能驱散黑暗，
定然是被罗睺星吞食。

这是贤明国君的标准。

国王过分炫耀权势，
会导致最后的毁灭；
将鸡蛋扔向天空，
只能是摔得粉碎。

这是“君人南面之术”。

国王切莫欺凌百姓，
只能合理征收税赋；
婆罗树里蕴藏香脂，
流得太多就要枯死。

① 本节所引格言，均见拙译：《萨迦格言》（藏汉对照本），青海民族出版社，1981年。

这样的训诫，不失为“开明的统治者”。因为官逼民反、铤而走险的历史事例，对这些新型的统治者来说还是记忆犹新的，“水能载舟，亦能覆舟”。因此轻徭薄赋，调整阶级关系，对于安宁社会是有用的。

以“文以教化”为己任的萨班，对制定伦理纲常是不遗余力的，所以他的格言诗中最多的是涉及伦理道德的诗。他要贵族豪门多检点：

高贵门阀靠行为护持，
行为堕落门阀就不复存在：
人们都喜爱旃檀的芳香，
烧成了炭有谁去争它呢！

这是一个与孔子所处时代颇相类似的“礼崩乐坏”的时代，贵为士大夫，朝夕之间可以“降在皂隶”。

他要寒门庶民勤于应差，勇于为统治者卖命：

懦夫在商协时逞英雄，
一旦派差就盘算利害，
要他出征又躺倒装病，
上战场老远就喊爹叫娘。

列队上阵他在排尾，
凯旋而归却在排头，
见到吃喝拼命挤，
遇到困难设法溜。

他要求一般民众服从地方首领：

尽管地方首领生气，
对他还得和悦亲近；
正如在地上滑倒，
还得把大地依靠。

从这里看出，萨班作为新型统治者的代表人物，维护地方首领的权威和新的统治秩序的要求是多么迫切。

在人与人关系的问题上，他并没有空喊佛教的利他主义（gzhan phan）口号，而是提出比较实际的“护己护人”、“利己利人”的口号：

君子温顺护己又护人，
小人蛮横害己又害人；
果树结果利己又利人，
朽木干枯毁人又自焚。

他向往和睦互助的人伦关系，应该说这是能为广大民族所接受的。而这种理想，比起佛教的“利他”和孔子的“仁者爱人”来，都要实在具体得多。还有许多格言赞赏谦虚、勤勉、诚实、勇于布施的品格，贬斥骄傲、贪图安乐、虚伪和吝啬的恶习。

整部格言集中，这种道德训诫的格言为数最多。这样的格言集千百年来广为传诵，说明伦理道德这一范畴，在藏民族的文化心理中占有重要地位。我们知道，藏族古代社会，以血缘为纽带的宗族关系保存得较多，这是整个东方社会的一大特征。宗族社会的特点，重视群体的意志，抹杀个人的意志，个人的意志往往消融在群体意志中。群体意志的成立，往往要通过借助伦理道德的力量束缚个人意志而实现。西方社会不同，古希腊、古罗马在进入文明社会时，血缘纽带断裂得较为彻底，因此作为宗族社会所需的群体意志的保障——伦理道德观念，不像东方人那样被提到至高无上的地步。所以东方人的精神生活是以“求善”为最高归旨的“伦理型”，不同于西方以“求真”为最高旨的“真理型”。因此西方人可以喊出“吾爱吾师，吾更爱真理”的口号，并且有许多像哥白尼那样为真理而献身的事例；而东方人却不乏“以身饲虎”（佛教型）、“杀身成仁”（儒教型）等为道德而献身的事例。东方人的这种“伦理型”的精神世界，又可分儒教型（源于中国汉地）和佛教型（源于印度）两类。两者的差异在于：儒教型伦理观直接源于调整群体内人伦关系的需要，即“修身”是为了“齐家、治国、平天下”，“求善”带有直观明朗的社会功利性；佛教型伦理观是通过宗教玄想而折射出的，即布施等善行是为了乘渡到极乐的彼岸，“求善”的社会功利性模糊了。《萨迦格言》所反映出的伦理观，基本上是佛教型的，主要反映在格言强调布施上。

《萨迦格言》还有大量的格言是尊重知识和哲人的：

国王仅仅在本国逞能，
哲人却到处受人尊敬；
花朵仅仅是一天的装饰，
“顶髻宝”却永远受到供奉。

缺乏智慧，光有财富，
多半对自己没有好处；
好牛身上的乳汁，
牛犊只有偶尔喝到。

哲人高于国王，智慧胜于财富：

学者在学者中受到尊重，
愚人哪懂得学者的重要！
旃檀虽然比黄金贵重，
愚夫却拿它去烧炭。

若把学者辱骂，
自己就会遭殃；
如果火把倒拿，
就会把手烧伤。

对学者推崇备至。我们可以把萨班的这种思想同米拉日巴作一比较。米拉日巴主张“弃智绝圣，返璞归真；不立文字，实修成佛”，而萨班主张“注重知识，尊敬哲人”。我们再读下面两首格言：

“坐禅不需听闻”，
浅见愚人这样说；
不听教授只坐禅，

乃是畜牲修法门。

不听教授靠坐禅，
成功了也不会长久；
金银虽然能炼熔，
一旦离火就变硬。

这些言论，与我们在上节中所讨论的米拉日巴的思想，可谓南辕北辙、水火不容。这正说明米拉日巴和萨班的差异：一个出世，一个入世；一个无为，一个有为；一个注重实修，一个注重思辨；一个注重直觉感悟，一个注重理性论证认识。正像庄子和孔子铸造了汉民族的双重性格一样，米拉日巴和萨班也铸造了藏民族的双重性格：即拙朴、求实而又机巧、智慧。这在佛教遗产上也得到反映：既有完整繁密、代有传人的密宗教法，又有汗牛充栋、论述繁密的理论典籍。

四、宗喀巴的赞美诗

宗喀巴（tsong kha pa，1357—1419 年）在西藏佛教史上的地位，恐怕是无人能与之相比的。西藏佛教自莲花生（padma vbyung gnas）“降妖伏魔”之后，始能扎根吐蕃。但莲花生所传佛教，即所谓“宁玛派”（rnying ma pa，旧教）传统与所谓正统佛教的距离不会比新苯教（bon gsar ma，11 世纪后再兴的苯教）与后者的距离更近。莲花生来自盛行巫术的乌仗那（今斯瓦特河谷），带进吐蕃的是熔巫术、印度湿婆教及佛教密乘为一炉的宗教混合物。这混合物受墀祖德赞（热巴巾）时代（815—838 年在位）佞佛高压政策而造成的社会逆反心理的扭曲，在吐蕃王朝崩溃后便演化为所谓“邪道密宗”（sngags log），受到益希沃（ye shes vod）等阿里王朝头面人物的抵制和批判。最后由阿底峡（a ti sha，1042—1054 年在藏）入藏进行整顿，佛教纳入正轨。

萨迦政权建立后，由于受元朝袒护，萨迦僧人掌握特权，又无人监督，口衔天宪，手执权杖，有恃无恐，为所欲为，自然走向腐化、堕落，西藏佛教再次偏离“正轨”。当时西藏封建社会正走向鼎盛的发展时期，地方经济的发展，交通条件的改善，使全藏各地的经济交流达到了前所未有的高度。这种经济，要求有一个全新的而且是混元一体的文化形态。这便给宗喀巴的宗教活动提供了舞台。我们在《青史》（deb sngon）中可以隐约地看出，阿底峡时代已有消融门户之见、统一混元各教的呼声，[①] 但在那时只能是个美好的愿望而已。宗喀巴时代，实现这种愿望的社会条件已经具备。宗喀巴，一个来自东北藏区的边鄙乡夫，以其朴实坦诚的品格，雄辩谨密的言辞以及博大精深的才学，赢得全藏区僧众的尊敬和信服。他再次转动统一各派的法轮，吹响整顿佛教的长号。宗喀巴在西藏佛教史上，是一块赫然入目的里程碑。

宗喀巴的前半生是在遍学各派经论中度过的，后半生在广说经论、建立新教中度过，一生始终是匆忙奔波。宗喀巴著述甚丰，我们在他的全集（bkav vbum）的 kha 函《杂录》（thor bu）一卷中，读到宗喀巴的诗歌。宗喀巴的诗绝大部分是对佛教本尊的颂辞，比起米拉日巴的诗来，每行的字数要长得多，诗的格调也显得凝重、深沉得多，显示出一个虔诚信徒沉重的心理负担。我们先来读读他对无量寿佛的颂辞：

佛体有如无垢水晶中，
珊瑚不断放射明净光。
乐意衣着装饰多威严，
金刚跏趺魔鬼不能撼。
左右双手掌握大宝瓶，

① 《青史》载，阿底峡曾问大译师仁青桑布：“诸部密法于一座之上，一补特伽罗如何修炼？”译师答曰：“按照各部所说分别修炼。”阿底峡说：“各部应结合在一起练。”第 305—306 页，此处为意译。

内有善生不死甘露精。
致礼摧毁阎王之大神。[1]

——第18页下—19页上。

宗喀巴通过对无量寿佛的赞礼，表现了人类对生的渴望、对死的恐惧的一般心理。生与死，是一切宗教在其产生的初期便面临的一对范畴。随着动物向人的进化，人的意识的产生，人类最原始的预告术的结论之一，就是意识死亡的来临。[2] 这种对日益逼近的死亡的恐惧，导致早期人类对生与死的问题进行严肃的考虑，从而得出结论：以死亡为界将生存的国度一分为二——现实的和虚幻的、今世的和来世的。宗教自从产生之日起，生与死的问题便与之形影不离。为了征服对死亡的恐惧，宗教徒（如佛教徒）便把死说成是苦难世界的结束、极乐世界的开始，用尽一切词藻描绘涅槃世界的美妙。然而人的求生本能是顽强的，于是佛教徒信奉"诸行无常"，但却追求金刚般的永恒不变，向往涅槃世界却又渴望获得"不死甘露"。这是人欲与佛理、现实和来世永远无法调和的矛盾。宗喀巴的这首诗，正是这种矛盾的反映。这种心态，在下面这首长诗中得到进一步的展现：

吉祥！
恰如旭日东升金光闪，
好似乐意鲜红光网罩，
千瓣莲叶花蕊宝座上，
安座吉祥怙主长寿佛！

红莲宝石妙高大山王，
手中神弓恰似汝玉体，
千方服饰珍宝装缀多，
万般美色熠熠吾致礼！

① 本节宗喀巴诗，译自木刻版《宗喀巴全集》kha 函（tsong kha pa chen povi bkav vbum kha pa）。

② 朱狄：《艺术的起源》，第133页。

如同青嫩柽柳枝条般，
柔润纤手持握一僧钵，
钵中不死甘露满满装，
请赐不死成就吾致礼！

黝黝发髻有如黑宝石①，
头顶美丽长辫两边垂，
种种光滑锦缎作长裙，
相好②威严艳美吾致礼！

虔诚信奉合掌于胸前，
动听美妙乐意之声调，
将汝功德美美作赞颂，
请赐一切佳妙吾致礼！

智慧利剑割断愚昧网，
慈悲一切有情意绵绵，
引导众生任重不疲倦，
汝乃永恒怙主吾致礼！

牢记性相③扫除横死祸，
常常忆念脱离世间灾，
皈依使得永恒之安乐，
随时随地向汝叩长头！

对汝无过怙主敬又信，

① bung ba，又译密陀僧，黑色透亮的宝石名。
② 佛教徒理想的人体美，有32种相、80种好。
③ 指佛的性相。

不求片刻免灾求救怙，
吾欲投生极乐世界中，
变作莲花使汝常开心！

——第 17 页上—下

宗喀巴用初升的太阳、青嫩的柳枝、柔润的纤手等充满青春活力的形象，宝座、妙高山等稳固坚实的形象比喻长寿佛，寄托着对青春常在、生命不息的渴求。宗喀巴不像米拉日巴那样，对一切超然于外，持毫无功利追求的洒脱态度。相反，他的赞礼，处处在祈求获得宗教上的“不死成就”、“不死甘露”。但是，时间无情地流逝，死亡无情地逼近，只能以来世幸福的幻景安抚颤栗的心灵。因此冗长的诗句、拖沓的音步，正合乎作者沉重幽暗的心境。

面对死的必然性这场深刻的悲剧，哲人们有着不同的观照态度。庄子和米拉日巴是超出功利追求之外而作逍遥游，与无始无终、永恒常在的宇宙自然在心灵上融为一体，因而始终处于一种光明透亮的愉悦心境中。西方的尼采用充满激情的艺术将人生苦难渲泄出来，从而获得至乐的“酒神精神”。[①] 而宗喀巴，是比较典型的宗教徒态度：在追求与神佛同体中获得至乐，在追求清净不染中获得心灵的安宁。我们看他下面这首每行原文字数长达 15 字的赞颂空行[②]的诗：

吉祥如意！
温顺驯服斑鹿花皮从左肩斜披系在腋络[③]上，

---

① 尼采说：“酒神悲剧最直接的效果在于，城邦、社会以及一般来说人与人之间的裂痕向一种极强烈的统一感让步了，这种统一感引导人复归大自然的怀抱。在这里，我已经指出，每部真正的悲剧都用一种形而上的慰藉来解脱我们，不管现象如何变化，事物基础之中的生命仍是坚不可摧和充满欢乐的。”他又说：“一种形而上的慰藉使我们暂时逃脱世态变迁的纷扰。我们在短促的瞬间真的成为原始生灵本身，感觉到它的不可遏止的生存欲望和生存快乐。”参见周国平译：《悲剧的诞生》，三联书店，1986 年，第 28、71 页。

② kha sarpa ṇi，观音菩萨的化身。

③ se ral kha，腋下或腰上的一种装饰品。

黑石[①]乌发衬托脸庞如同月光倾泻白烟飘拂。
窈窕淑女细腰娜娜微微左倾令人心魂荡漾，
莲盘上面右边姿态更是娇媚令人留连忘返。
右边玉手胜施妙印[②]普降甘露饿鬼也能如愿，
左边玉手胸前持握白莲花茎象征一尘不染。
对汝一作见闻忆念便可脱出世间污泥浊水，
祈求空行从此与我心意不离永远结为一体。

——第 20 页上—下

化身为空行的观音菩萨，被写成千娇百媚的少女。正是在这种美的意象中，作者获得灵魂的超脱。试想与这样理想美的化身相结合，不是一种至乐吗？佛教徒常作这样的譬喻。这种美的意象恰恰是佛教徒理想追求的象征。使我们感兴趣的，不是佛教徒的理想追求本身，而是对这种理想追求的象征物的种种描述，因为这种描述常常迸发令人神往的美的光焰。上面那个千娇百媚的形态，在宗喀巴赞美诗中频频出现：

唵！吉祥如意！
持有白色云朵电光环，
好似虚空饰品如意女，
寻香幼女之中娇媚者，
恒久悲悯天女款步来。

莲花脸盘乌黑眼睛美，
深蓝发辫顶髻银光闪，
舞姿绰约妩媚妙音女，
再次祈祷赐以语在自。

角戏舞姿高雅鹿目女[③]，

① 即密陀僧，黑色透亮的宝石名。
② mchog spying sbying，本尊赐以悉地的一种手印。
③ ri dwags mig，指美女。

百看不厌姣姣乐意女，
慈若生母请你将吾语，
等同妙音佛母语自在。

胜似秋季枝叶之荣盛，
更有梵音和雅之庄严，
如同广深大海难测量，
致礼妙音天女身语意！

——第 46 页下—47 页下

再读一下另一首赞颂妙音天女的长诗（共 74 行）中的几段：

唵！吉祥如意！
向妙音天女致礼！
碧若绿玉溶液净湖畔，
寒光①洒满雪山冈底斯，
光泽迷人高耸姿态美，
青色琵琶声声真悠扬。

发端白色花蔓装饰美，
顶上又有月亮寒光照，
青青长发分髻披两肩，
悦意梵音天女真迷人。

天空群星之主多自在，
莲花池中天鹅游戏乐，
如此广阔清澄意乐园，
请赐长住此地之勇气。

① bsil zer byed pa，指月亮。

好似皑皑白雪山顶上，
秋季无云夜空月光洒，
明净透亮百看而不厌，
你的身体洁白似乳海。

观仰你时心身得清净，
凭藉经教明智二翅膀，
智慧大鸟空中作翱翔，
心思明净纯洁乐融融。

极威底斯雪山天堂路，
极美高高耸起入云端，
极妙琵琶声中斜眼看，
极白天女欲同汝一体。

——第 17 页上—下

宗喀巴把妙音天女比作冈底斯雪山，用白色象征她的纯洁。诗中用很多诗行对妙音天女作人体描绘。这种描绘与造型艺术中的佛像绘画、雕塑的原则是一致的，但诗歌语言艺术不像造型艺术那样一览无遗，因而诗中的人体形象具有更为耐久深长的韵味。

佛教对诸神佛形象的塑造，经历了一个发展变化过程。最初佛教禁止造佛，《阿含经》中就说：“佛形不可量，佛容不可测。”因此早期的佛教雕塑艺术（约公元前 250—前 100 年）中见不到佛的形象，描绘佛说法的场面，也只画弟子围坐，中央没有佛身，而只画菩提树或莲座，以作象征。到了贵霜王朝迦腻色迦王（Kaniska，约公元 78/144—120/170 年）时代，犍陀罗（Gandhara，今巴基斯坦白沙瓦一带）艺术家受东侵的马其顿亚历山大所带来的希腊神像艺术的影响，开始制作佛像，形成犍陀罗艺术。塑造佛像的做法，逐渐为佛教各部派所接受，一时形成争相塑造佛像的蔚为大观的风尚。西方基督教也同样经历了这个阶段。公元754年由338名主教参加的君士坦丁堡宗教会议上就决定："具有光荣的人性的基督，虽然不是无形体的，却崇高到超越于感官性自然的一切局限和缺点之上，所以他是太崇高了，绝不能通过人类的艺术，比照任何别的人体，以一种尘世的材料绘图像。"① 到了文艺复兴，才真正打破了中世纪宗教势力对人体艺术的禁锢。

佛教人体造像艺术达到了相当的高度。《佛三昧海经》、《大乘百福庄严经》、《造立形象福极经》及《造像度量经》，都是对人体造像艺术经验的总结，当然也不乏对人体造像艺术束缚限制的内容。佛教对理想的人体美有种种描绘，比如32种功德相好（yon tan mtshan bzang po）和80种随形好（dpe byad bzang po）。佛教在极力铺陈佛像的这个相好、那个形好的同时，要求佛教徒在心灵上与该佛结为一体，如《观无量寿经》曰："是故汝等心想佛时，是心即三十二相、八十种随形好，是心作佛，是心是佛。"这一条教义，我们在上引宗喀巴诗中已多次谈到。问题是，在观仰这样美的人体时，能否超越这种人体本身，把自己的心灵溶化在超形的神体中。对此东、西方神学家都忧心忡忡，所以他们反复强调这种"超越"，如新柏拉图派的创立人、中世纪宗教艺术的奠基者普洛丁（Plotinus，205—270年）曾强调："就连对人体的爱，所爱的也不是那物质的东西，而是它所体见的美。……我们往往遇见一个美的面孔，并不觉得它悦目，因为在这种面孔上现不出鲜花光彩似的诱惑力。"② 这往往是自欺欺人之谈。我们在上引宗喀巴宗教赞美诗中，也可以读到许多含有这层意思的诗句。

像我们这些未脱凡胎的俗人，常常做不出这种"超越"。我们可以在这人体艺术（包括语言的诗和造型的绘画、雕塑）中直接欣赏人体艺术美本身。我们再来读一首宗喀巴的短诗：

---

① ［英］鲍桑葵：《美学史》，张今译，商务印书馆，1985年，第182页。

② 《九卷书》第6部分，卷7，第22节。见于《西方美学家论美和美感》，商务印书馆，1980年，第53页。

禅定之笔绘出佳妙身，
腰肢秀美好似青柳枝，
脸庞丰润好似月亮圆，
双目碧若青莲红唇艳，
手持鲜花花蔓一少女，
显示多情姿态求欢乐！
为使坛城大师生欢喜，
奉献天女安乐供品多。

——第22页下

如果抛开诗中的宗教含义，我们不妨把它当作一首描写人体美的诗来读。作品给读者展现的是一尊维纳斯雕像或一幅“蒙娜丽莎”。汉文古典诗歌中也不乏这类作品，如《诗经·卫风》中就这样描写女性美：

手如柔荑，肤如凝脂，领如蝤蛴，齿如瓠犀，螓首蛾眉；巧笑倩兮！美目盼兮！

诗中也用尽当时被认为是美的物品，去形容一少女身体的各个部分。这种对人体作静态的描写，在西方文艺复兴以来的传统美学中是很忌讳的，但在藏族诗歌中屡见不鲜，这说明东、西方对诗画关系的美学趣尚很不一致。

西方最初也有诗画同质的见解，公元前5世纪，古希腊抒情诗人西蒙尼德斯就提出过：“绘画是无声的诗，诗是有声的画。”但文艺复兴时代达·芬奇首先提出诗画异质论点后，诗画异质的美学观念基本占据了统治地位。德国启蒙运动思想家莱辛，在其讨论诗画关系问题的专著《拉奥孔》（又名《关于诗与画的界限》）中，更为系统、详细地论述了诗与画的界限，他认为诗、画所用的模仿媒介或符号不同，画用空间中并列的形色，诗用时间中前后承续的声音，“既然符号无可争辩地应该和符号所代表的事物互相协调；那么，在空间中并列的符号就宜于表现那些全体的或部分本来也是在空间中并列的事物（静态的事物），而在时间中先后承续的符号也就只宜于表现那些全体或部分本来也是时间中先后承续的事物（动态的事物）。”① 因此诗不宜于描写静态的美，照此理论，蒙娜丽莎的美只宜用画来再现，不宜用诗来叙述；诗要描写美，只能通过美的效果去暗示美。莱辛举例说，《伊利亚德》描写希腊绝代佳人海伦的倾城之貌，是通过写海伦走上特洛伊城墙，城里的老人们都为海伦之美所动来暗示海伦之美，中国古典诗文中所谓“沉鱼落雁，羞花闭月”，也是通过美的效果去暗示美；或者通过化静为动，化美为媚的手法去描写美。此论在西方长期被奉为圭臬。

中国古典美学史上，虽然也有人提出过诗、书的差异，如西晋的陆机曾论及：“宣物莫大于言，存形莫善于画。”② 但苏轼评王维《蓝田烟雨图》所论：“味摩诘之诗，诗中有画；观摩诘之画，画中有诗。”即诗画相通论，一直是中国诗画艺术的主线。

回过头来讨论宗喀巴在诗中对静态人体作描述的问题。我们读宗喀巴这一类诗，同样能获得强烈的美的感受。那么我们要问，是不是真的像西方美学家所说的那样，诗歌描写静态不如绘画呢？从实践来看，答案应该是否定的。诗歌描写静物，确有直观上的限制，但却有想象上的无限广阔的天地。对于这一点，黑格尔已天才地认识到了，他说：“如果拿诗和绘画来对比，在感情现实和外在定性方面的这种欠缺，在诗里却变成了一种无可估计的富饶，因为诗不像绘画那样局限于某一定的空间以及某一定的时刻，这就使诗有可能按照所写对象的内在深度以及时间上发展的广度把它表现出，‘能够’统摄许多本质定性于一个统一体。”③ 拿上引宗喀巴的诗来说，如是一幅画，我们至多只能看到娜腰、圆脸、青目、红唇，但在诗里用了比喻，我们就会得到青柳、月亮、青莲等美的事物所累积起来的美感；这种美不仅仅局限于一少女的形体美，而是通过想象而可以获得的无限的美。

---

① 《拉奥孔》，人民文学出版社，1997 年，第 82 页。

② 《中国美学史资料选编》，中华书局，1980 年，第 158 页。

③ 《美学》第 3 卷下册，朱光潜译，商务印书馆，1981 年，第 6 页。

五、仓央嘉措的诗歌

关于仓央嘉措（tshang dbyangs rgya mtsho，1683—1706年），人们已传说了许多。① 所以我们不打算在这里留许多篇幅来讨论他的生平和命运。

有人说他放浪形骸、风流倜傥，又有人说他不过是游戏三昧、“出污泥而不染”。其实两者都有道理，这正是仓央嘉措一生所摆脱不了的人生矛盾的两个方面：理想人格与现实约束的对立；灵与肉的对立，即宗教生活与世俗生活的对立，理智与情感的对立。多少年来，多少宗教徒的心灵，在这种对立双方的搏杀中被撕得支离破碎。我们读仓央嘉措的诗歌，时时可以感觉到诗人心灵中那两种意志的搏杀，请看：

前往得道的上师座前，
求他将我指点；
只是这心猿意马难收，
回到了恋人的身边。②

——第16页

又如：

默思上师的尊面，
怎么也没能出现；
没想那情人的脸蛋儿，
却栩栩地在心上浮现。

——第16页

性感与戒律的对立是无法调和的，因此：

---

① 黄颢、吴碧云编：《仓央嘉措及其情歌研究》（资料汇编），西藏人民出版社，1982年。页码均为该书所标。

② 本文所引仓央嘉措诗歌，均取庄晶译文。见于《仓央嘉措情歌及秘传》，民族出版社，1981年。

若依了情妹的心意，
今生就断了法缘；
若去那深山修行，
又违了姑娘的心愿。

——第 18 页

仓央嘉措并不想完全抛开佛法，他说：

眷恋的意中人儿，
若要去学法修行；
小伙子我也要走，
走向那深山的禅洞。

——第 15—16 页

若能把这份苦心，
全用到佛法方面，
只有今生此世，
要想成佛不难。

——第 16—17 页

作为在处处弥漫香火烟云的氛围中成长起来的宗教领袖，仓央嘉措是很难彻底摆脱宗教观念的束缚的，他也想修禅，也想成佛，并不像有些人所说的那样，公开地举起爱情自由的旗帜，高喊砸碎宗教戒律枷锁的口号。相反，他还谴责破坏戒律的行为：

黄边黑心的乌云，
是产生霜雹的根本；
非僧非俗的出家人，
是圣教佛法的祸根。

——第 39 页

并且也有佛教徒们所追求的理想：

具誓金刚护法，
高居十地法界；
若有神通法力，
请将佛教的敌人消灭。

——第 25 页

但是，仓央嘉措毕竟不是宗喀巴，血脉里流的是充满青春活力的热血。你看他：

一箭射中鹄的，
箭头钻进地里；
遇到了我的恋人，
魂儿已跟她飞去。

——第 29 页

他呼唤：

风啊！从哪里吹来？
风啊！从家乡吹来！
我幼年相爱的情侣啊！
风儿把她带来！

——第 39 页

他请求：

由它江水奔腾激荡，
任它鱼儿跳跃徜徉，
请将龙女措曼吉姆，
留给我做终身伴侣。

——第 48 页

仓央嘉措还有许多诗写得情意缠绵，且不乏晚唐“花间派”词人的“恻艳之词”，如：

白昼看美貌无比，
夜晚间肌香诱人，
我的终身伴侣，
比“鲁顶”花更为艳丽。

——第 47 页

而且还有颇具“闺情”色彩的诗，如：

我对你心如新云密集，
赤诚缠绵眷恋相爱；

你对我心如无情的狂风，
一再将云朵吹开。

——第40页

所以从内容上说，仓央嘉措的诗有许多可以与温庭筠或李煜的词作比较。但仓央嘉措的诗不像温氏及其他花间派词人的词那样文辞绚烂、雕琢过甚；又不像李氏及其他南唐诗人的词那样寄托着政治上的忧伤和哀思，“托儿女之辞，写君臣之事”。仓央嘉措的诗有着民间情歌的活泼、流畅，又有着作者因宗教理想和世俗情感相矛盾而带来的痛苦色彩。

仓央嘉措是多情的，他指责情人的无情：

姑娘不是娘养的，
莫非是桃树生的？
这朝三暮四的变化，
怎比桃花凋谢还快呢？

——第21—22页

赞美爱情的专一忠贞：

爱情渗入了心底，
“能否结成伴侣？”
答是：“除非死别，
活着绝不分离。”

——第18页

但在当时的条件下，这一切都触犯戒律，而他处在拉藏汗和第巴·桑结嘉措微妙关系的漩涡中央，所以这么做要担很大的风险。因此有许多反映出他那种如履薄冰、胆颤心惊的情绪：

我和情人幽会，
在南谷的密林深处，
没有一人知情，
除了巧嘴的鹦鹉。
巧嘴的鹦鹉啊，
可别在外面泄露。

——第 26 页

胡须满腮的老狗，
心眼比人还机灵，
别说“黄昏出走，
回来时已经黎明。”

——第 27 页

仓央嘉措也并不是杞人忧天，当时正在酝酿着一场政治厮杀，而且已经露出了一些端倪：

到处在散布传播，
腻烦的流言蜚语；
我心中的情人啊，
眼睁睁地望着她远去……

——第 42 页

在那山的右方，
拔来无数“瞿麦”①。
为的是洗涤干净，
对我和情人的恶意毁谤。

——第 44 页

可以说，这种灵与肉的矛盾是仓央嘉措性格悲剧的主旋律。这种矛盾的最后结局必然是毁灭，而拉藏汗和第巴之间的政治斗争又使这种毁灭过早地来临。仓央嘉措是值得同情的，他是时代的牺牲品。

六、简短的结论

我们通过对吐蕃古歌及中世纪四大诗人米拉日巴、萨迦班智达、宗喀巴、仓央嘉措的诗作的考察，粗略地勾画出藏族文化在

① 瞿麦：石竹科植物，土名七寸子，可作洗涤剂。

诗歌领域内所留下的轨迹。吐蕃古歌古朴、凝重，重气势而不事雕琢。米拉日巴的诗作，标明藏族诗歌艺术已经成熟，诗不只是“不平则鸣”的群体意识的直接渲泄，诗中有了哲学。米拉日巴是藏族的第一个哲学诗人，诗中具有高妙的美学意境。萨迦班智达将道德训诫引入诗歌，创立新格言体裁，把诗笔触向新的广阔的社会生活领域。宗喀巴在向神佛作默想静观时，展示更深层次的人生思索，将人的求美意识倾注在神佛的形体上。仓央嘉措用流畅明朗的民歌体裁的诗句，唱出他不能自拔的灵与肉的矛盾，暗示出他必然的人生悲剧。

（原载饶宗颐主编：《华学》第2辑，中山大学出版社，1996年；与褚俊杰合撰。）

诗人、圣者米拉日巴的自然雅趣与性瑜伽观

一

米拉日巴（mi la ras pa，1040—1123 年），是藏传佛教一位最为著名的祖师，一位成功地由凡夫修炼得到止果的圣者，一位多才而且具有影响的诗人。在藏区，无论是哪一宗派都对他非常崇敬、尊礼。从宗派传承和教法流衍上说，他属于噶举一派的传人，而且是第二代祖师。人们把他列为修法成圣、悟道证果的最高典范。近几十年由于西藏学的发展、传播，他的名声远震，欧、美、加、日到处都有米拉日巴的崇拜者。

米拉日巴的一生事迹颇不平凡，被后人编成一本《米拉日

巴传及证道歌集》① 广为流传。作者桑杰坚赞(sangs rgyas rgyal mtshan,1452—1507年),也是一位行为怪诞、放荡不羁、惊世骇俗、才华横溢的瑜伽师,出生于宁玛派(rnying ma pa,古旧真言宗)家庭,又从萨迦派(sa skya pa)受过教育,最后选择了噶举宗门。他对于米拉日巴的生平事迹,崇拜得五体投地,但又没有系统的文献可供阅读、修证,于是发愿:走遍前后藏的名山大川、山野村落,访求米拉日巴的足迹、遗文、遗诗、遗事,然后潜入深山,撰写此书,因此获得"后藏疯子"(gtsang smyon)的称号。也难怪,在15世纪的西藏,正值各种佛教宗派依靠世俗领主,拉帮结派,形成一个个封建贵胄。为了扩张地盘,相互兵戈争斗,残杀无辜。而寺院领主热衷于扩大政治、经济势力,置生民于不顾,置教法若罔闻,宗教戒律日益废弛,普遍的道德堕落,真正是"世风不古,人欲横流"之时。所以,有宗喀巴(1357—1419年)创导的新噶当派——格鲁派(bkav dgams pa gsar ma/dge lugs pa)的宗教革新运动的兴起。同时,噶举派噶玛支派的另一位学者得银协巴(de bzhin gshegs pa,1384—1415年)应大明永乐皇帝之诏,远赴南京,寻求朝廷支持,并受封为"万行具足十方最胜圆觉妙智慧善普应佑国

① 这本书全名就叫做:《大自在瑜伽士米拉日巴的解脱之道与十万歌集》(rnal vbyor gyi dbang phyug chen po mi la ras pavi rnam mgur)。此书的版本情况如下:藏文木刻本有:定日本、萨迦本、德格本、北京本,均取传记部分单独成书,流传颇广。青海民族出版社1981年出版包括传记与证道歌在内的全集,最为全面。

汉文译本有:(1)王沂暖译本,1949年商务印书馆出版,1953年重印,题为《米拉日巴的一生》。(2)刘立千译本,1985年四川民族出版社出版,译者有详细注释。(3)张澄基译本,1980年台北慧炬出版社出版,题为《密勒日巴大师全集》(米拉作密勒,不同汉字而已),包括传记及证道歌两部分,并有详细注解,是最完备的汉译本。本文所引米拉日巴传记及证道歌文字,均引自张译。

外文译本有:(1)Lamakazi Dawa Samdup,Tibet's Great Yo Gi Milarepa(Trans.), Edited with Introduction and Annotation by W. Y. Evans-Wentz, London, 1928, 1951.(2)J. Bacot, Le Poéte Tibetain Milatepa(Trans.), Paris, 1925.(3)E, Kawagnchi,《米拉日巴传》(Trans. 日文), Tokyo, 1931.(4)J. W. de Jong, Milarepa rnam thar(text.), Hagne, 1959.(5)Garma C. C. Chang, The Hundred Thousand Songs of Milarepo(Translate and Annotated), New York, 1962.(按此即张澄基《密勒日巴证道歌》的英文译本。)

演教如来大宝法王西天大善自在佛领天下释教”[①],封赏敕赐,富贵荣华,气焰熏天,荣宠已极。而萨迦派的领袖昆泽思巴(vkhon kun dgav bkra shis rgyal mtshan,1349—1425年)也跟踪前往,永乐皇帝封之为“大乘法王”(theg chen chos rgyal),[②]不用说,又是“笙歌归落院,灯火下楼台”,说不尽的绮丽风流,道不完的温柔自在。许多教派的法师,蜂拥晋京,络绎于途,前后相望。于是,阐化王、阐教王、辅教王、护教王、赞善王五王并峙,[③]各逞威权,一座座寺院拔地而起,一顶顶金冠辉灿山林,争奇斗艳,夸富赞豪。有谁对米拉日巴那样的平民学者之事迹感兴趣呢?有谁愿意花毕生的精力去搜集、整理、撰写他的传记和文集呢?有的,就是这一位独具慧眼的桑杰坚赞。这就是其“疯子”称号的来由了。

这本书的第一部分《米拉日巴传》,曾以单行本传世,全书两大编,上编为《轮回世间大行之部》,下分3章:(1)出生,命名米拉之由来,世系来历;(2)幼年丧父,亲族结仇,丧失财产,亲身体验苦谛;(3)奉母命修炼咒术,惩治仇人。下编为《寂静涅槃大行之部》,下分9章:(1)怀着厌离心和出离心寻访具足德相之师;(2)谒见上师,遵命笃行,以痛苦和失望的折磨将罪障清除无遗;(3)得师尊悲悯摄授,得到成熟解脱教授;(4)在上师身边修观,生出验证之苗;(5)掌握教授,因梦兆启示得单传教授后离开上师,回归故乡;(6)借助外缘明白了解轮回之义,发誓再次修行;(7)为遵从师教,毕生勤奋精进,专一坐山修持;(8)修持成功,证悟增长,以所得成果利益布教和众生;(9)完成解脱和化度事业,为劝众生归佛而将色身融入法界。从这本书中,我们可以了解米拉日巴的生平。为了方便,先不妨做一个简介:

米拉日巴出生在后藏芒域工塘的富裕家庭之中,兄妹二人,

---

① 《明实录》,永乐五年三月丁巳(1407年4月10日)。

② 《明实录》,永乐十一年五月辛巳(1413年6月1日)。

③ 《明实录》,永乐五年三月丁卯(1407年4月20日)。

被宠爱若掌上明珠。父亲米拉·喜饶坚赞（mi la shes rab rgyal mtshan）精明能干，经营商业，贩运贸易，兼营农耕。家境富有，华屋良田，锦衣玉食，牛马成群，仓储充盈。乐善好施，接济亲友。其家族原出于前藏伍茹北部一大牧场，属于琼波（khyung po）种姓。因其祖喜好赌博，荡尽家财，只好与米拉日巴的曾祖两父子离乡背井，远走后藏，痛改前非，游方弘法。其曾祖以旧教法师身分，治病驱鬼，收取布施，逐渐积累家业，赢得乡人的尊敬。迨米拉日巴出世，已经四代于兹。族人闻风前来求助，亦受到资斧周济，并能立足生活。米拉日巴7岁时，父亲忽染重病，医治无效，猝然身故，家道急遽中落。米拉日巴的母亲娘察噶瑾（myang tsha dkar rgyan）出自本地名门，贞淑贤慧，持家有道，御下有方。遭此巨变原指望本家亲眷和邻居、友人来照顾遗孀和孤儿，谁知这一希望完全落空。曾受他们帮助，至亲的本家叔父和姑母两人做主，霸占了全部家产。米拉日巴兄妹和寡母沦为家奴。本来是家中宠儿，无忧无虑，宛如花园中的花朵，备受阳光雨露爱护，茁壮成长，一下子遭到了霜雪冰雹，狂风暴雨，极尽摧残。叔父家丁壮众多，孔武凶悍，无人敢问，无人敢救，正如米拉日巴在传记中所叙述："我们母子三人不但没有得到财产，反而成了夏天要给叔父干农活，冬天又去给姑母捻毛线。吃的如狗食一样的东西，要干如毛驴一般的重活。穿的衣服破烂不堪，只得用草绳做腰带拴起来。整天得无休止地干活，手脚都裂了口。由于衣食太坏，我们变得形容憔悴，骨瘦如柴。想当年，我们头上戴着黄金珠宝头饰；而今，头发蓬松，虮虱成堆。"在这种痛苦中煎熬，冤屈难申，告诉无门，走投无路。母子立志报仇雪恨，但是无法向社会讨个公道，只好向宗教求援。于是少年米拉日巴，背负着家庭苦难，记住寡母谆谆嘱托，从芒域工塘出发，远赴千里，到前藏学习"咒法"，企求用咒术来为家庭申冤雪恨。中间几经周折，最后，在藏绒鲁库隆地方，投托库隆巴·云登嘉措喇嘛，学习黑咒。经过艰苦努力，居然以14天修炼的恶咒诛法，使叔父全家及一些助纣为虐的邻人，压死在倒坍的房屋石块之下。[①] 这样一来，造下了诛杀35条人命的黑业。接着，村里人企图报复，米拉日巴又依照母亲来信，用冰雹恶咒，把全村庄稼砸得颗粒无收。这就是上编前三章的主要内容。米拉日巴对于自己犯下的黑业罪过，十分悔恨，心中万般痛苦。乃投奔当时名重一时的大译师玛尔巴（mar pa，1012—1097年），忏罪悔过，要求皈依正法。玛尔巴是脾气暴戾的上人，用种种磨难来考验这一名洗心革面的外道，使他在磨难中，锐气全失，傲气消逝，只有一丝悔罪之心，坚持下来；最后，得到上师单传，勇猛精进，直指佛境，获得体味和验证，成为玛尔巴上师的惟一嫡传弟子。这是传记下编的全部内容。

米拉日巴在世时，并没有指望自己当什么宗师，也不喜欢人们的吹捧和称赞。他只是用自己少年时代的怨苦，青壮年时代的悲苦，学习佛教密法的辛苦，来验证佛法的真理，来体认人世的虚幻，从而创造出一套摆脱经院式的修学，直接从山野村落生活中感悟佛性的方法，自然地成为后世各宗各派公认的上师、公认的精神领袖。

二

米拉日巴一生未做过富贵显要，未修过一座寺院，未积累过任何财产，是一位典型的苦行行者。坚强挺立的性格，使他从经受的苦难中，产生了出离心；忏悔黑业，产生了菩提心：静默实修，产生了明净法喜。可以说一生融会了小乘、大乘和金刚乘三

---

① 关于这个咒术的应验，在传记中也做了合理的解释："那天，正是我叔父的大儿子娶媳妇的日子，正在大摆酒宴。叔父的儿子及新媳妇等极端仇恨我母子的三十五人都聚在屋里。……叔父和姑母二人正在商议着什么客招待什么饮食，用什么东西酬答。他二人是坐在外面的。……原来院里拴有很多牡马、种马和牝马，种马去趁（去爬）牝马，于是群马骚动，彼此互相乱踢，牝马踢种马，踢在柱上，柱子倒下，整个房屋也倒塌了。压在下面的有叔父的儿子们和媳妇，共有三十五人被压死。"

乘要谛。他创造了独立苦修，隔绝于世俗的生活，远离经院式的繁琐思辨，形成独特的宗教体验。这种体验与静修的沉默、山林的野趣和明净苍穹浑然结为一体，产生了法喜、愉悦。而这种法喜、愉悦恰恰转过来融入静默、坐忘的禅定中，而达到澄净通明的境界。我们可以从他留下的《证道之歌》[①] 中得到明证：

隐居寂寥此山穴，诸佛如来所喜处，
成就先贤之居所，密勒日巴[②]我独栖：
红崖宝窟大鹏峰，云雾缭绕自悠悠，
蜿蜒藏江流谷底，巨鹰翱翔涧壑中，
灌木簇发山意阑，古松参天境悠闲，
蜜蜂振翅弄嗡嗡，雀鸟声喧竞悦歌，
于此红崖宝窟巅，大小雀鸟习飞翔，
猕猴灵猿习跳跃，诸禽百兽习奔驰，
密勒日巴习禅定，勤生觉受与证解，
圆满二种菩提心，隐居此山我密勒，
山神和谐共为友，幽灵地神来此者，
聆此慈悲甘露曲，毕后请各返自居。

山林野趣，断尽尘缘，是米拉日巴修道的切身感受，并非逃避现实的某种暂时性的措施。这种喜山乐水、热爱大自然的情感也植根于对法性实相洞彻透明的理解。在另一首《了义消融法二十七喻歌》[③] 中，米拉日巴唱道：

唱兮唱兮勤劝请，无奈我今为汝歌，试唱法性实相曲；
雷震电闪与云霭，此三皆由虚空生，亦皆消灭虚空中；
虹彩濛气与蒸雾，此三皆由苍穹出，亦皆消融苍穹中；
蜜浆鲜果与稼禾，此三皆由大地出，终亦消融大地中；
森林树叶与花薇，此三皆由山峦出，终亦消融山峦中；
水漩水流与水潮，此三皆由大海出，终亦消融大海中；

---

① 张澄基译：《密勒日巴大师全集》歌集上，第 19、20 页。
② 张澄基译“米拉日巴”作“密勒日巴”，用字不同而已，下不一一出注。
③ 张澄基译：《密勒日巴大师全集》歌集上，第 71、72 页。

习气贪欲与执著，此三皆由赖耶出，终亦消融赖耶中；
自证自明自解脱，皆由法尔心性生，终亦消融心性中；
无生无灭与无言，皆由本然法性生，终亦消融法性中；
……
若达究竟高诸见，万法毕竟不离心，心如虚空不可得，
穷究法性理如是，汝应一心勤观察，超离分别之正见；
安住无整无散境，行住坐卧一切时，荡荡无执无滞碍，
如是行持必得果。

尤其在一首歌颂林居的长歌[①]中，米拉日巴唱道：

于此寂静菩提坳，上有神居大雪山，下列信施众村集，
后山冰雪为屏障，前有茂密美松林，盆地草原池渚边，
杨柳摇扶自悠悠。幽香四溢莲花处，六足蜂虫声嗡嗡；
流绕池畔清溪旁，垂颈白鹤频回首；桠树枝头众鸟喧，
和风轻舞杨柳枝；明耀高大群树巅，猿猴扑跌作游戏；
谷中宽广草原上，牲畜走动四觅食；看守牛羊诸牧童，
吹笛歌唱无忧曲。

下面我们来看看米拉日巴一生中更为奇特的行藏，一位圣者、一位瑜伽大士对“性”和性行为有其独特异行的观点和做法，以他的实践表明藏传佛教的性欲观：

དེ་ནས་ཅུང་ཟད་ཕྱིན་པ་དང་མི་མ་ཡིན་གྱིས་ཆོ་འཕྲུལ་འཕྱིན་ལམ་ཐམས་ཅད་དུ་མོ་མཚན་ཆེན་པོ་དུ་མ་བསྟན་བྱུང་བས།རྗེ་བཙུན་གྱིས་ཀྱང་ལྟ་སྟངས་ཀྱི་ངང་ནས་གསང་རྡོར་ལས་སུ་རུང་བར་མཛད་ནས་ཕྱིན་པས། མཚན་མ་དགུ་འདས་པའི་མཚམས་སུ་གནས་ཀྱི་བཅུད་འདུས་པའི་རྡོ་བ་ཞིག་ལ་གསང་གནས་རྡོར་ཞིང་ལྟ་སྟངས་མཛད་པས་ཆོ་འཕྲུལ་ཀུན་ཞི་བའི་ས་ལ། ལ་དགུ་ལུང་དགུར་གྲགས།

尊者继续略向前行，非人妖魔又在道路四边到处变现了各种巨大的女根，来惊扰他。尊者就做起降魔姿势，显露其秘密金刚杵，向前走去。等他经过九个幻变的女根时，已走到该地精气所钟之处，其地有一大石，

① 张澄基译：《密勒日巴大师全集》歌集上，第81、82页。

尊者就以其金刚杵插磨此石。片刻间，妖魔之幻变，顿然消失于无形。以后此地就被人们叫做“拉古龙古”①。②

我们从《米拉日巴传及证道歌集》中，多处读到米拉日巴对于“空行母”的尊崇、赞美和祈愿。而“空行母”也是与米拉日巴难舍难分，就在米拉日巴圆寂荼毗后，还发生一件事：

> ［大家］看见空行母的手掌中放出五色毫光，尊者（米拉日巴）的舍利大如鸟蛋，降落在祭坛上，弟子大众看见舍利子降下来，都伸手想去拿，舍利子忽然又飞到空中，重新融合到空行母掌中所发出的毫光里去了。③

究竟空行母或者其他女性护法神，在藏传佛教中有什么地位？与修行者有什么关系？按空行母梵文称 Dakin，藏文为 mkhav vgro ma，是藏传佛教中护持修密法的人及教法的女性护法，有时也是对于修学密乘的女性的尊称。常见有“二十一尊度母”、“尊胜佛母”，皆是这一类护法女神。可以看出在显教中重男轻女，女性不能完成佛位的种种歧视女性的观点，在藏传佛教中并不存在。显教中三十二大丈夫相均为男性佛陀所专有；而密教中则完全相反，女性尊神比男性更为普遍，受尊重程度高于男性。还认为空行母——般若佛母是一切佛所出生处，至高无上。不存在男女性别上的任何差别与歧异，研究藏传佛教时不可不察。

而且，就密宗修行者而言，男女性行为已被视为法尔如是，心中毫无黏滞。性关系在世间法上是最为敏感的禁区，也是造成种种烦恼的原因。佛教顺世，也相应地避忌。尤其在小乘，视性行为如毒蛇猛兽，因而力求解脱，戒之尤严，慎之又慎。我们在上引的米拉日巴行实中，诸魔以女人的性器来惊吓米拉日巴，而

---

① 拉古龙古，在今西藏日喀则地区定日协噶尔境，意为“九山九谷”。

② 张澄基译：《密勒日巴大师全集》歌集上，第370页。

③ 张澄基译：《密勒日巴大师全集》传记，第300页。

米拉日巴坦然处之，索性以自己的金刚杵（男性阳具）来对治，深深插入石穴之中，示密乘高蹈的双运之相，其心中对性的交合一事并不逃避，亦无任何罪恶感。性的交合在米拉日巴看来，不过是法尔如是，顺其自然，也是一种游戏，一切均无挂碍，对“性”亦无挂碍，心中既然早已超脱，即无需回避。若心中存有差别，有男女之大防，则在潜意识中认为“性”有巨大诱惑力，逃躲、推拒，实在是心有挂碍也。

米拉日巴对于“大手印法”有独到的见解和实践工夫，对其中高度技术性的掌握，超凡脱俗。而且在他的实践中留下令人惊叹的记录，下面就是著名的《长寿女与空乐瑜伽》之章，可以看作米拉日巴留给后人的宝贵示范：

ན་མོ་གུ་རུ། མི་མོ་བྱའི་ཟླ་བའི་ཚེས་བརྒྱད་ཀྱི་ནམ་སྟོད་ཡོལ་བ་ན། གནས་དཔེན་པ་ཚུ་དབར་སྤྲུལ་སྐུའི་ཕོ་བྲང་དུ་འོད་ཆེན་པོ་ཞིག་ལྷག་གིས་བྱུང་སྐད། དེ་ནས་མིའི་སྣ་སྒྲ་ཤ་ར་ར་བྱུང་བས་སུ་ཡོད་སྙམ་པ་ལ། དྲི་ཞིམ་པོ་སྔོན་ཆད་མེད་པ་ཞིག་སྣ་བུག་ཏུ་ཕྱུང་ཅན། བཀྲ་ཤིས་ཚེ་རིང་མ་རྒྱན་ཐམས་ཅད་ཀྱིས་བརྒྱན་ནས། འཁོར་གཅིག་གིས་དྲི་ཞིམ་སྣ་ཚོགས་བསྒྲིགས་པའི་སྤོས་ཐོགས། གཅིག་གིས་པཟའ་བཏུང་གྱི་ནོམ་པ་མང་པོ་ཐོགས། གཅིག་གིས་སྒྲའི་རིགས་མང་པོ་ཐོགས། གཅིག་གིས་ན་བཟའ་བཟང་པོ་ཐོགས་གཅིག་གིས་མེ་ཏོག་སྣ་ཚོགས་ཐོགས་ཏེ་ཁོང་ལྷས་ཕྱག་དང་སྐོར་བ་མང་པོ་བྱས་ནས་འདོད་ཡོན་སྣ་ཚོགས་པ་ཕུལ་ནས་མཆོད་དེ། ལྷ་མོ་མགྲིན་གཅིག་ཏུ་བ་སྙེབས་ནས་གསུ་འདི་སྐད་ཅེས་ཞུས་སོ།

ཛེ་མཚན་ལྡན་བླ་མ་རིན་པོ་ཆེ། དཔལ་འབྱོར་ལུས་ལ་སྐལ་བ་ཅན།
ལྷ་དང་བླ་མས་མཚན་གསོལ་བ། བཞད་པ་རྡོ་རྗེ་མི་ཟེར་རམ།
ཡབ་དང་ཡུམ་གྱིས་མཚན་གསོལ་བ། མི་ལ་ཐོས་དགའ་མི་ཟེར་རམ།
རྒྱལ་ཁམས་ཡོངས་ཀྱིས་མཚན་གསོལ་བ། གྲུབ་ཐོབ་རས་པ་མི་ཟེར་རམ།
མཚན་གསུམ་ངོ་མཚར་ལྡན་པ་དེ། ལྷ་སྨན་རྒྱལ་མོའི་གཡོན་འགྲམ་ན།
ཚུ་བོ་ལོ་ཧི་ཏ་ཀྱི་འགྲམ་ཞིག་ན། ཀླུའི་རྒྱལ་པོ་དུང་སྐྱ་ཡི།
ཕོ་བྲང་འདོད་དགུ་འབྱུང་བའི་གནས། ཡ་མཚན་སྨན་ལུང་ཚུ་དབར་ན།
སྤྲུབ་པ་སྙིང་པོར་ལྷུགས་ལེན་ཅིང་། འཇིག་རྟེན་ཆོས་བརྒྱད་ཡལ་བར་དོར།
སྲིད་པའི་དགོན་པའི་ནང་ནས་སྒྲུང་། ངོ་མཚར་ཆེའོ་རྣལ་འབྱོར་པ།
བདག་ཅག་རྣམ་པ་ལྔ་པོ་འདི། ཟུ་འཕྲུལ་ལུས་ཀྱིས་འདིར་ལྷགས་ཏེ།
སྨན་པའི་ཚིག་དང་འཇམ་པའི་ངག ཅི་བདེར་རོལ་བའི་མཆོད་པ་

འབྱུལ་པད་ཅན་དུང་ཅན་རི་མོ་ཅན། གླང་པ་ཅན་དང་རྣམ་པ་བཞི།
བདག་ཅག་རྣམས་ལ་ལྷན་མི་ལྷན། ལས་རྒྱ་ཞུས་ན་བཀས་གནང་ངམ།
དབབ་དང་བསྐྱིལ་དང་བཟློག་པ་དང་། འཁྲིམ་པའི་སྦྱོར་བ་མཁྱེན་ལགས་སམ།
དེ་ལྟར་མཁྱེན་ན་མགྱོགས་བྱེད་མཆོག ཚོ་ཉའི་ལམ་པ་ཡིན་བར་ངེས།
བཀའ་རྒྱུད་རྩེ་བླན་མེད་པ་ནས། ལྷ་དང་གླུ་དང་གནོད་སྦྱིན་གྱི།
བུ་མོ་དགུག་ཅེས་གསུངས་པས་ན་བསྟེན་བཀུར་རྣམས་ཀྱི་ནང་ནས་ཀྱང་།
ཕྱག་རྒྱ་ཡ་མཚན་ཆེའོ་གསུང་། དེ་ཕྱིར་བདག་ཅག་འདིར་མཆིས་སོ།
ད་མཁྱེན་པར་མཛོད་ཅིག་རྣལ་འབྱོར་པ། གཅེར་བུའི་ཁྱུས་ལ་གཟི་མདངས་ཅན།

于火酉月之初八日深夜刚过之时，在溪水之畔化身（佛陀密勒尊者）的寂静茅篷中，忽然出现一片广大的殊胜光明。然后尊者就听到有众人交谈的声音，心中忖道："是什么人来了呢？"立刻就嗅到过去从未嗅到过的一种特殊香气。吉祥长寿女满身珠宝严饰，［带着她的姐妹们前来朝谒尊者］。其中一位手持各种杂香；一位捧着丰富的各种饮食；一位拿着许多乐器；另一位拿着许多绸缎衣服；还有一位手捧着各种鲜花。五姊妹先向尊者顶礼，绕行多次，变化出各种适意供品奉献尊者后，五人齐声唱道：

至尊具相上师宝，生赋宿根具暇满，
上师诸佛为立名，喜笑金刚是尊讳，
生身父母为立名，密勒闻喜是尊称，
天下众生齐歌颂，呼君成就大惹巴。
具此三名稀有士，于此王母峰左侧，
溪河罗搭汗岸边，龙王海螺出妙音，
能满众愿之胜地，稀有药谷溪流傍，
专心一意习禅观，舍弃一切世八法，
解脱三有之系绊，如是修士甚稀奇！
吾侪具相五姊妹，以神通力今来此。
出妙乐音悦意语，为君娱耳作供养。
莲花海螺具图纹，以及象形四相母，

吾等姊妹各具足，求赐事印之加持，
未识尊能赐允否？降旋提散四要道，
尊亦熟稔能行耶？如语此法速赐予！
此为决定空行道，无上密续曾有训，
应行召摄众明妃，或天或龙或罗叉，
一切承事供养中，事业手印最殊胜，
是故吾等今来此，尊身赤裸发威光，
祈君明鉴赐加持！①

这五位长寿仙女，如此恳切祈求，提出了她们本身已具备的莲花、海螺、具图纹及象形四种特殊的作事业手印的条件，请尊者迅速赐以事印加持，实行降、旋、提、散四要道，明明白白，坦坦荡荡，毫无羞涩，更无遮避。米拉日巴也是明心见性，恰然相接：

རྗེ་བཙུན་གྱིས་ལན་གསུངས་པ་

……

ད་ལྟ་ང་དང་ཕྲད་པ་དེ། སྔོན་ལས་བཟང་པོ་བཏབ་པ་ཡིན།
ང་ནཱ་རོ་པཎ་ཆེན་རྒྱུད་པ་འདི། ལམ་རྩ་དང་རླུང་ལ་རང་དབང་ཐོབ།
མཆོད་པ་རྣམས་ཀྱི་ནང་ནས་ཀྱང་། མཚན་ལྡན་ཕྱག་རྒྱ་འབུལ་བ་འདི།
ཁྱད་པར་འཕགས་པའི་འབུལ་བ་ཡིན། ད་ཕྱག་རྒྱ་བཞི་ལ་མཚན་ཉིད་འཚོལ།
བད་ཅན་མདངས་ལྡན་བདེ་བ་རྒྱས་དུང་ཅན་ཉམས་དགའ་བདེ་བ་སྐྱུར།
རི་མོ་གཉིང་ཟབ་ཟག་པ་མེད། གླང་པོས་དངོས་པོའི་གནས་ལུགས་རྟོགས།
ཉེས་པའི་སྐྱོན་དང་བྲལ་བ་དེ། སྨན་བཙུག་བཀྲ་ཤིས་ཚེ་རིང་མ།
ཤེས་རབ་བཟང་བའི་པདྨ་ལ། ཨེ་དབྱིངས་བཾ་གྱིས་མཚན་པ་ཡོད།
ཐབས་ཀྱི་ནོར་བུ་ཧཱུཾ་སྟོན་པོ། ཕགས་ཀྱིས་གཉིས་ཀའི་ཐིག་ལེ་བསྒོམ།
ཐབས་དང་ཤེས་རབ་མཉམ་སྦྱོར་བས། ཟུང་འཇུག་བདེ་པའི་མཆོད་པ་ཞིན།
དགའ་བ་བཞི་དང་སྐད་ཅིག་བཞི་སྐུ་བཞི་ངོ་བོ་ཉིད་ཀྱི་དང་།
འབེབས་པ་ཉུས་སྒྲལ་འགྲོས་ཀྱིས་འབེབས། སྐྱིལ་བ་ཨ་བ་ཧཱུ་ཏིར་བསྐྱིལ་
བཟློག་པ་དུད་འགྲོའི་འགྱུར་བཞིན་བཟློག འགྲེམས་པ་རྣམ་གྲོལ་ཕྱག་རྒྱས་འགྲེམས།

① 张澄基译：《密勒日巴大师全集》歌集上，第388—389页。

ཐིག་ནི་སྦྱ་ངན་འདས་པའི་ལམ། ཁེ་ནི་རོ་མཉམ་བདེ་བ་ཡིན།
ལས་ནི་རྣམ་པ་སྣ་ཚོགས་བྱེད། བྱི་ནི་བདེ་སྟོང་མཚམས་སྦྱོར་ཞིང་།
ཕྱག་ནི་དེ་དང་དེ་ཉ་མཇལ་རྒྱ་ནི་འཁོར་འདས་གཉིས་ལ་འདེབས།
ལས་ནི་གང་དང་གང་བྱེད་པ། དེ་ཨི་ཀྲོགས་ནི་བྱི་ཡིས་བྱེད།
ཕྱག་ནི་བདེ་སྟོང་དབྱེར་མེད་ལས་མི་འདའི་ཕྱིར་ན་རྒྱ་ཡིན་ནོ།
སྙོམས་འཇུག་མཆོག་ས་བྱེད་ཕོ་ཉའི་ལམ། ཟག་མེད་བདེ་བས་གང་བའི་ལམ།
གསལ་སྟོང་དངོས་གྲུབ་འབྱུང་བའི་ལམ། མི་རྟོག་སྤྲོས་བྲལ་ཆོས་སྐུའི་ལམ།
བདེ་ཆེན་ལོངས་སྤྱོད་རྫོགས་སྐུའི་ལམ། གསལ་སྟོང་སྣ་ཚོགས་སྤྲུལ་སྐུའི་ཁམ།
བདེ་གསལ་མི་རྟོག་ཟུང་འཇུག་ལམ། མཆོག་ས་བྱེད་ཕོ་ཉ་དེ་ལ་བྱ།
དེ་ཕྱིར་ཆགས་ལག་སྦྱོར་བ་ཡིས་ཕྱིད་ཀྱང་ངེས་པར་ཐར་པ་ཐོབ།
ང་ཡང་སྐྱེ་མེད་བཙན་ས་ཟིན། སྐལ་བར་ལྡན་ནོ་མཚན་ལྡན་མ།

ཞེས་པའི་མགུར་དེ་བཞེས་ནས། དེ་ཕྱིན་ཆད་ལས་ཀྱི་ཕྱག་རྒྱ་མཛད། བཟའ་བཏུང་གྱ་ནོམ་པའི་སྦྱིན་བདག་མོ་བྱས། སྒོ་གསུམ་གྱི་མཆོད་པས་ཐུགས་དམ་བསྐང་ཞིང་མཉེས་པར་མཛད་དོ།།

尊者答道：

……

如今与我相遇者，昔日善愿果报也。
以上甚深缘起歌，应与义合作交谈。
依胜那诺传承故，我于气脉得自在。
万千一切供养中，如法事印最殊胜，
是故应知四手印，各各性相［及证量］：
莲花具彩能增乐，海螺速生大喜乐，
画纹深幽得无漏，象形促证诸法空。
美艳吉祥长寿女，身离过失无缺陷，
智慧密处莲花中，有一“诶”形之“榜”字，
方便之宝蓝色吽，哑字能阻二明点，
方便智慧交合已，双融大乐供养成。
四喜以及四刹那，即是四身之体性：
降时应如龟行降，旋时应于中脉旋，
逆提如野兽转变，散时行解脱手印。

> “明”者涅槃之道也，“点”者大乐一味也。
> “事”者各种作为也，“业”者空乐交融也。
> “手”者此彼相会也，“印”者轮涅双成也。
> “事”者作此作彼也，“业”者为彼作伴也。
> “手”者空乐无别也，“印”者不越于外也。
> 等持急道承事路，依此贪道而行持，
> 汝亦决定得解脱，我亦持住无生地。
> 呜呼具相宿善女，善根具足甚稀有！
>
> 歌毕，即行事业手印。五女又献上丰盛的上妙饮食，以身、口、意三门供养，使尊者心悦满足。①

这是在藏文中最为全面、彻底公开的记录，后世修事业手印密法者，莫不准此。这是藏传佛教颇为怪诞、令人侧目的一端。后世对此多有诟病，尤其在内地知识分子中，更难理解，引出种种议论。

关于男女交合败德、退失神通的故事在佛典中多有描述，季羡林先生在《原始社会风俗残余——关于妓女祷雨的问题》② 一文中，白化文先生在《从“一角仙人”到“月明和尚”》③ 一文中都有阐述。季先生文中所引《大唐西域记》卷2：

> 仙庐西行百余里，越一小山，至大山，山南有伽蓝，僧徒鲜少，并学大乘。其侧窣堵波，无忧王之所建地，昔独角仙人所居之所。仙人为淫女诱乱，退失神通，淫女乃驾其肩而还域邑。④

说明那是玄奘法师在跋肤沙亲耳听到的故事，记录下来后流传至今。我们拿它来印证《佛本生故事》（Jātaka）的某些情节，

① 张澄基译：《密勒日巴大师全集》（歌集上），第389—390页。

② 原载《世界历史》1985年第10期；收入《季羡林学术论著自选集》，北京师范学院出版社，1991年，第539—548页。

③ 《周一良先生八十生日纪念文集》，中国社会科学出版社，1993年，第416—427页。

④ 季羡林等校注：《大唐西域记校注》，中华书局，1985年，第259页。

可以说是同一来源。白化文先生的文章更进一步，引《大智度论》证实男女交合败失神通的说法由来已久，是佛教大乘、小乘共同的观点。还引出汉文说部中《月明和尚度翠柳》的故事，来说明这一故事的来源，又铺叙其汉化的过程，并且列出表来详加比较，仔细析出脱化蜕变的痕迹，非常细腻、有趣。白化文先生的文章，侧重指出了在汉地大乘佛教中犯了色戒的严重后果：

> 老和尚的结局实系自杀。破戒，特别是犯了五戒中的淫戒，要以生命为代价，反映了汉化佛教自唐代律宗确立以后，宋、元以下对清规戒律的重视，以及晚期封建社会伦理道德规范的严厉。①

这一切，与藏传佛教的性观念是多么的不同！本文列出米拉日巴的事迹，请博雅君子比较、研究！

（原载《水晶宝鬘——藏学文史论集》，台北：佛光文化事业有限公司，2000年。）

① 白化文论点之一，见《周一良先生八十生日纪念文集》，第425—426页。

宗喀巴思想的历史渊源

一、导　论

在这里，我们把宗喀巴作为宗教改革家、学者、思想家、历史人物和诗人作一介绍，希望读者能对宗喀巴有个较全面的了解：

（1）宗喀巴作为宗教改革家赢得极高的声誉，王森教授在《西藏佛教发展史略》中有至为精当的评价，他说：

“宗喀巴是佛教史上有名的宗教改革者，由于他的改革，产生了在藏族和蒙古族历史上有重要影响的格鲁派；其他教派如萨迦、噶举、宁玛等，在此以后也都或多或少受了格鲁派的影响，改变了他们原来的传统作风。因此宗喀巴对喇嘛教的改革在西藏佛教历史上占了一个重要的地位。”

对于宗喀巴一生进行宗教改革的活动和改革的内容有种种著述阐发，观空法师把它提纲挈领地归纳为以下几点：

“释迦如来的一代正法，不外教、证两种，而一切教的正法，又摄在经、律、论三藏之中；一切证的正法，摄在戒、定、慧三学之中。因此，三藏未可偏废，三学亦须全修。当时，（宗喀巴）力主对于经藏，多闻深思，在大小乘的三学上，认真修习；对于律藏也努力闻思以成办戒、定二学；对于论藏的闻思修习也不放松，在如实通达诸法性相后，成办慧学。他把大乘三藏中所说的‘菩提心’和‘六度行’作为从闻、思、修入境、行、果的纲要。（宗喀巴）认为：正法是否洁净，在于能否实践见、修、行三种离垢而定；能否实践见、修、行三种离垢，又依他们本身是否能够随顺解脱为尺度。（宗喀巴）能兼具西藏各派教义之长，（各派义理）无不兼具并包。”①

张克强（建木）先生也称颂道：

“宗喀巴的平生，在学问修持各方面都具有很高的造诣。对于教理，他总结大小乘，显密一切教诫理论，而自成一家之言。他一方面有囊括一切、网罗众家的气度，一方面又以深刻谨严的态度抉择佛教各宗的见地，以中观为正宗，以月称为依止。他对于戒律，能矫正旧派佛教的流弊。他所创的格鲁派至今为我国藏地第一大教派。藏语系统的佛教徒大多崇奉他为教主。”②

这一方面的论述还有不少，请读者检阅王森先生的两篇专文：《宗喀巴传论》、《宗喀巴年谱》（《西藏佛教发展史略》附录）。这两篇文章基本上是围绕着宗喀巴的宗教改革、如何改革、改得怎样、影响如何论述的。这里不再重复。

（2）宗喀巴作为学者、思想家又有哪些贡献呢？

大家知道宗喀巴在年轻求学阶段曾依止过许多大学者。不分流派，择善而从；噶举派、宁玛派、萨迦派和噶当派的各种不同的教法和论著都积极热情地学习，真正像海绵一样博采众长，这也是宗喀巴的学者品质上的优异处。但是，作为学者、思想家，宗喀巴不满足于平铺直叙地、亦步亦趋地踵武前人，而是综合前人之优点，针对当世之需要，建立自己的思想体系，推行独特的严谨学风。著书立说，身体力行，直至生命的最后阶段还讲经说法，弦歌不辍。留下遗著不下 18 帙 172 种（此据扎什伦布版的

① 《中国佛教》（一），第 364 页。

② 《中国佛教》（二），第 271—272 页。

目录统计）。开宗立派，成为一代宗师。如果单就其学术成就而论，也是超越前人，启迪来者，真正的承先启后的楷模。

佛教思想家作为唯心主义的哲学流派，竭力否认量（Pramāṇa，tshad ma），也就是专心致志去否认知觉和推理。他们把这些都看作幻象，是空，是不真实的。因为，如果承认知觉和推理就非常危险，就得接下去承认知觉和推理的对象，承认认识的目的物，那么，最后要导致承认外部物质世界的存在。西藏的佛学家也都沿着否认客观世界这一传统努力。不管是唯识与中观之争，也不管是中观内部应成派与自续派之争，都没有离开这一特定的范围。恩格斯在《路德维希·费尔巴哈和德国古典哲学的终结》一文中说："全部哲学，特别是近代哲学的重大的基本问题，是思维和存在的关系问题。"①

用这句名言来观察藏族思想家们的学术争论也非常合适。宗喀巴以毕生的力量从事佛教思想的辨析、阐述和论证，都是围绕思维和存在的关系进行的。他著《菩提道次第广论》和《密宗道次第广论》两书是对显、密二宗的系统的论述，合起来代表他对佛教的整个看法，也就是他自己的思想体系。他著《菩萨戒品释》、《侍师五十颂释》、《密宗十四根本戒释》是阐明他对佛家哲学的根本见解的；《辨了不了义》是用以辨析中观、唯识二派的优劣，从而证明自己的见解中观应成派是正确的。我们知道在中观宗内部有佛护、月称的应成中观跟清辨、静命代表的自续中观的分歧。宗喀巴所持的见解是佛护、月称的应成中观一派，与自续中观之间有八大问题的分歧。② 这些前人都有了交待，不再赘述。印度因明大师、藏传因明主要师承者法称（藏传因明的七论均为法称著作）说过："一切成了功的人类之活动，都以正确的知识为前提。正确的知识包括两个方面：这就是直接经验（Pratyakṣa，现量，mngon sum kyi tshad ma）和推理

① 《马克思恩格斯选集》第4卷，人民出版社版，1972年，第219页。

② 参见《法尊法师佛学论文集》，佛教文化丛书，第136—137页。

(Anumāna，比量，rjes dpag gi tshad ma)。”[①] 我们撰写《宗喀巴评传》的意图，正是在于勾勒出宗喀巴作为佛教学者、唯心主义的思想家的成就及其局限。

(3). 宗喀巴归根结蒂还是一位藏族历史上伟大的历史人物，在明初受到朝廷的专使礼聘。

明永乐六年（1408 年），明廷使臣因阐化王扎巴坚赞及内邬宗本南喀桑布之介，会见宗喀巴于色拉曲顶（se ra chos sding，今色拉寺所在地），转达了皇帝召请宗喀巴赴京陛见之意。此事《明实录》中失载，见于藏文《宗喀巴全集》第 2 函，存《宗喀巴上明成祖书》。末署戊子年六月十九日，当为可信事实。信中盛赞明成祖永乐皇帝“依佛法治理天下”，“功德高如须弥”。大明帝国“臣民安乐，有如天国之圆满无缺；政令严明，为万邦所顶礼”。同时，信中请求永乐大皇帝对于自己不能奉诏晋京陛见一事，予以谅解，并表示自己率僧众在本地“以至诚之念，为陛下祈祷，愿陛下圣寿绵长，皇图永固!”宗喀巴还遣人向永乐皇帝敬献释迦佛、观音、文殊等金身佛像、如来舍利、印度王子阿底峡大师舍利等珍贵文物，以表谢忱。[②]

此事有一点必须阐明：宗喀巴何以未奉诏赴京？明洪武二年（1369 年），虽说是建国之初，朝廷即遣使诏谕吐蕃。诏文中明确表示：“式我前王之道，用康黎庶。惟尔吐蕃邦居西土，今中国一统，恐尚未闻，故兹诏示使者至吐蕃。”[③] 员外郎许允德、僧克新等作为第一批使者，前往藏区。于是“故元陕西行省吐蕃宣慰使何锁南普等，以元所授金银牌印宣敕诣左副将邓愈军门降。[元] 镇西武靖王卜纳剌亦以吐蕃诸部来降”。洪武帝用识达天命，自远来朝，令子孙世袭其职，并赐袭衣文绮来奖励。接

① 参见查托帕底雅耶：《印度哲学中什么是活的？什么是死的?》，第 57 页。又见季羡林：《中印文化关系史论文集》，第 288 页。

② 于道泉：《译注明成祖遣使召宗喀巴纪事及宗喀巴复成祖书》，载《庆祝蔡元培先生六十五岁论文集》，北平，1935 年。

③ 以下引文均据《明实录》，不一一出注。

着，大明王朝的影响到达乌思藏腹地。洪武五年（1372 年）十二月“乌思藏摄帝师喃加巴藏卜等遣使来贡方物”。此事非同寻常。第二年，“诏置乌思藏、朵甘卫指挥使司，宣慰司二、元帅府一、招讨司四、万户府十三、千户所四。”洪武帝宣布其政策的宗旨是：“凡在幅员之内，咸推一视同仁。”总的方针是：“朕嘉其诚达天命、慕义来廷，不劳师旅之征，俱效职方之贡，宜从所请，以绥远人。”于是，给印、封诰，令其“镇抚军民，率民为善，共享太平”。

朝廷逐渐了解到吐蕃的实际情况，又鉴于元朝治理吐蕃政策的偏失，采取了“多封众建、尚用僧徒”的政策底线，不再专崇某一教派或某一家族。洪武年间朝廷派遣内官、僧人到藏区宣谕者有赵成、宗泐、高维善、而聂、庆童、陈诚和智光等，多人次出使。永乐皇帝继位后，立即“遣司礼监少监侯显赍书、币往乌思藏，征尚师哈立麻（噶玛噶举派）”。永乐五年（1407 年），哈立麻被封为“万行具足十方最胜圆觉妙智慧善普应佑国演教如来大宝法王西天大善自在佛”。永乐八年（1410 年）“遣内官关僧赍书及白金、彩币，往西土征尚师昆泽思巴（萨迦派）”。永乐十一年（1413 年）又封“尚师昆泽思巴为万行圆融妙法最胜真如慧智弘慈广法护国宣教正觉大乘法王西天上善金刚普应大光照佛领天下释教”。与此同时，对吐蕃其他教派及地方势力的首领如必力工瓦、蔡巴、馆觉……或袭其父，或继其兄，均封了官爵或职事。唯独没有见到朝廷对宗喀巴格鲁派僧人的封赠。

看来，当时格鲁派僧人的势力影响和名望都还不足以与萨迦、噶举等派僧人抗衡。但是，中官侯显、杨三保等人既深入藏区，必然能了解实情，耳闻目睹宗喀巴所代表的新兴力量正在崛起，不可忽视，才在阐化王扎巴坚赞等人的斡旋下与宗喀巴会见，并申述了朝廷招谕之意（事在 1408 年）。而宗喀巴一方面感到朝廷的诏请有了面子，但实无把握能与哈立麻、昆泽思巴那样获得等同的法王尊号，而且第一次传召大会之事又如此重要，不能远离，所以才上书婉辞。又在书中表示了自己对朝廷的忠顺诚悃之情。第二次，永乐皇帝遣杨三保再次赴藏宣诏（事在1413年），宗喀巴又以年老多病辞谢（看来还没有封王的允诺），而派遣了自己的弟子释迦也失前往应诏。（释迦也失虽然是宗喀巴的弟子，但生于1354年，比宗喀巴年长三岁，所以，“年老多病”仍是托词。）释迦也失在永乐十二年（1414年）到京。永乐十三年四月封为“妙觉圆通慧慈普应辅国显教灌顶弘善西天佛子大国师”。地位虽然也很崇高，但比起大宝、大乘二法王来，明显得低了一级。（宗喀巴本人当然不愿意尝试这种尴尬的局面。）直到永乐皇帝驾崩，宣德九年六月庚申（1434年7月20日）释迦也失才被封为“万行妙明真如上胜清净般若弘照普应辅国显教至善大慈法王西天正觉如来自在大圆通佛”。到这时才在朝廷上，大慈、大宝、大乘三大法王并列。释迦也失与哈立麻和昆泽思巴二大法王平起平坐，已是宗喀巴逝世15年以后的事了。到此，我们可以看出宗喀巴的毅力，以一介沙门，来自东北安多藏区，操着浓重的方言口音，无任何势力凭依，纯然以自己的努力，博闻深思，在卫藏地区获得了如此的成功。最后能上达朝廷，崭露头角，使他的学术主张、宗教实践卓然成家，并获得最高的荣誉，这实在令人钦佩。

他非常重视自己在藏区的基础工作，不肯放弃第一次传召大会（1409年）那样具有历史意义的、影响深远的大会主持的机会。但也不放弃朝廷、中央政府强有力的支持，而且以他的谋略获得了朝廷的信任。这在他的后世弟子们的行动中，更有极为生动的证明。

（4）宗喀巴年轻时代经历过长途跋涉，阅尽青藏高原上河山之美，又受过专门的诗学训练。他曾在1375年19岁时，从末底班钦学习词藻、韵律之学（据王森《宗喀巴年谱》），留下不少诗作。在全集中 kha 函《杂录》（thor bu）专门收录了诗歌之作，其中绝大部分是赞颂歌辞。如对无量寿佛的赞颂，对观音菩萨的赞颂，对尊胜佛母的赞颂，对妙音天女的赞颂，以及对萨迦巴、对称菩提等师尊、护法大德的赞颂。今举“无量寿佛”赞为例，译文自拟：

吉祥！
恰如旭日东升金光闪，
好似悦意鲜花光网罩，
千瓣莲花叶蕊宝座上，
安坐吉祥怙主长寿佛！

红莲宝石妙高大山王，
手中神弓恰似汝玉体，
千种服饰珍宝装缀多，
万般美色熠熠吾敬礼！

如同青嫩柽柳柔曼枝，
软润纤手持托一僧钵，
钵中满盛不死甘露液，
请赐不死成就吾敬礼！

黝黝发髻有如乌宝石，
头顶美丽长发两边垂，
种种光滑绸缎作长裙，
相好威严艳美吾敬礼！

虔敬合什信奉当胸前，
悦耳美妙曼晰之声音，
将汝功德巍巍作颂赞，
请赐一切佳妙吾敬礼！

智慧利剑斩破愚昧网，
慈悲一切有情意绵绵，

引导众生重任不疲倦，
汝乃永恒怙主吾敬礼！

牢记性相扫除横死祸，
常常忆念脱离世间灾，
皈依便获永恒之安乐，
时时向汝跪拜磕长头！

对汝圣明怙主虔敬信，
非为片刻免灾求救怙，
吾欲往生极乐世界中，
变作莲花使汝趁心愿！

从宗喀巴诗作的意境和技巧、手法上可以看出，他选用比喻来衬托心底的情结，十分和谐。时光的流逝，生命的运转，面对现实的苦难，空怀慈悲的追求，诗人的笔触流露出将人生苦难宣泄在理想的寄托之中，把自身的忆想与神佛同体，来寻求清静、安乐。

作为诗人，宗喀巴还有一些极为美妙的诗作，其情操、意境实在令人惊叹。例如，一首歌颂观音菩萨的15字一句的长行：

温顺驯服斑鹿花皮从左肩斜披系在腋络上，
黑石乌发衬托脸庞如同月光倾泻白烟飘扬，
窈窕淑女细腰袅娜微微左倾令人心魂荡漾，
莲台上面右边姿态更是娇媚令人留去皆忘，
右边玉手胜施妙印普降甘露饿鬼如愿得偿，
左边玉手胸前持握白莲花茎一尘不染榜样，
对汝一次见闻忆念便可脱出世间污泥浊浪，
祈求空行从此与我心意不离永远结为一双！①

观世音菩萨的化身空行母——喀萨尔巴尼，被诗人描绘成千

① 原载《宗喀巴全集》kha函，第20页上、下。

娇百媚的妙龄女郎。在这种美的肌体中塑造、孕育着美的灵魂。与这样妙曼的美的化身结合，正是美的意象与佛家的理想追求合二为一。可以看出宗喀巴作为诗人，自有其潇洒脱俗的另一精神世界！在《观无量寿经》中即有这样的文字，可以作为注脚："是故汝等心想佛时，是心即三十二相、八十种随形好，是心作佛，是心是佛！"

我们不妨将宗喀巴的诗放到那个时代的美学范畴中去认识。的确，宗喀巴不仅仅是宗教改革家，而且是学者、是思想家、是伟大的历史人物，同时，也是一位高超的诗人！①

二、宗喀巴思想的历史渊源

研究西藏佛教思想史，有两条线索可供追寻：一是各个时期译成藏文并对西藏佛教各教派代表人物有过重要影响的印度佛教论典和西藏的佛教思想家对它们的注疏，这可以直接反映出各个时期西藏佛教思想家的佛学见解；二是各个时期西藏佛教思想家对以往印度和西藏的佛学见解的辨析和总结，这就是大量的有关"宗轮"或"宗印"（Siddhānta，grub mthav）的著作，② 这类

---

① 参见下列论文：谢后芳：《宗喀巴的散文诗集》，《西藏研究》1989 年第 3 期；何峰：《宗喀巴诗歌的特点及成就》，《青海民族学院学报》1984 年。

② 关于对这类著作的研究，我们首先应提到日本学者御牧克己。他对 14 世纪西藏噶当派学者卫巴洛色（dbus pa blo gsal）的宗轮著作《洛色宗轮》（blo gsal grub mthav）作过相当深入的研究。Katsumi Mimaki，Blo-gsal-grub-mtha'：Chapiter IX〈Vaibhāṣika〉et XI〈Yogācāra〉edités et Chapiter XII〈Mādhyamika〉edité et traduit，Kyoto，1982。在该书导论中，作者对西藏"宗轮"类著作作了全面的探讨。另外，立川武藏的《西藏佛教宗义研究》是对《土观宗派源流》（thuvu kwan grub mthav）的译注，按教派分卷出版，据笔者所见已出版五卷（东洋文库版）。笔者读到的中国学者这方面的著作，有我国台湾学者陈玉蛟的《宗义宝鬘》（台北，1988 年）。这是贡却计美旺波（dkon mchog vjigs med dbang po，1728—1791 年）所著《宗义宝鬘》（grub mthav rnam bzhag rin chen phreng ba）一书的汉译本，书中所附《西藏佛教文献——"宗义书"之源流》，也是对"宗轮"类著作所作的通论性的研究。

著作不仅为我们提供了大量研究印度佛教思想史的史料（这是藏族学者对印度佛学研究的贡献），而且就与本题相关的方面来看，这类著作还为我们探明西藏某个佛教思想家的思想渊源提供了线索。

古代藏族佛教学者十分重视对“宗轮”或“宗印”的辨析撰述。早在吐蕃时代，佛教刚刚在西藏得到宏传，著名的翻译大师益希德（ye she sde，智军，公元8世纪末前后）就曾撰写过《见解差别》（lta bavi khyad par）一书。该书的原本在敦煌石窟中被发现（P. T. 814 号[①]），藏文大藏经《丹珠尔》也收录了该书（北京版，第 5847 号）。这种传统在西藏一直绵延不断，到了 17—18 世纪出现了格鲁派学者降央·协必多吉（vjam dbyangs bzhad pavi rdo rje，1648—1722 年）的《宗轮广说》（grub mthav chen mo）和章嘉·若必多吉（lcang skya rol pavi rdo rje，1717—1786 年）的《章嘉宗轮·佛教妙高山美饰》（lcang skya grub mthav thub bstan lhun povi mdzes rgyan）[②]等集大成的著作。

我们知道，大乘佛学自龙树、无著之后分为两大系统，即以龙树、提婆为代表的中观系统和以无著、世亲为代表的瑜伽行系统。这两大系统在西藏的“宗轮”著作中又被称为“甚深见”（zab mo blta，Gambhīra dar śana）系和“广大行”（rgya chen spyod，Udārā Cāra?）系。许多论述格鲁派宗轮源流的著作，都追溯了宗喀巴和这两大系统历代论师的承续关系。日本学者长尾雅人对这一问题作过深入研究，他纠正了华德尔（Waddle）《西藏佛教》一书中所列的各宗派师承关系图表中的错误。格鲁派 传统认为，到宗喀巴为止的佛学传承分作三系

① 对该写卷的研究，参见 D. S. Ruegg，Autour du lTa ba'i Khyad par de Ye śes sde，Journal Asiatique，1981.

② 该书铅印藏文本，已由中国藏学出版社出版，1989 年。

(brgyud pavi chu bo rnam gsum):[①]

第一，由天界的文殊传至人界的龙树；

第二，由金刚持直接传至人界的提洛巴（ti lo pa）；

第三，由天界的弥勒传至人界的无著。

上述第一系作为密续传承相当于“甚深见派”，第三系作为密续传承相当于“广大行派”，而第二系称作“修行加持派”。华德尔的图表中，分别将这三系在西藏的传承依次划为萨迦派（甚深见）、噶举派（修行加持）和格鲁派（广大行），并认为噶举派还统摄三系教义。长尾先生认为，从格鲁派的观点来看，这样的划分是不合适的，因为格鲁派不仅仅承袭“广大行派”的教义传承，而是综合三系或者至少综合了“甚深见”、“广大行”二系的教义。相反，噶举派并没有统摄三系，萨迦派承袭中观的“甚深见”虽说是事实，但认为格鲁派没有接受这一中观“甚深见”是错误的。他认为，“修行加持派”在西藏传为玛尔巴（mar pa）、米拉日巴（mi la ras pa）、塔布拉吉（dwags po lha rje）一系的噶举派，后来又有让迥多吉（rang vbyung rdo rje）的教派。但是，格鲁派并不承认玛尔巴以后的噶举派上师为自宗的祖师。玛尔巴与格鲁派远祖阿底峡（a ti sha）为同时代人，但史料中没有关于他俩交往关系的传说，很可能两人持相反的立场。与此密教的“修行加持派”相对的，有显教传承的释尊—弥勒—无著—解脱军—寂护一系和妙音（文殊）—龙树—提婆—佛护—月称一系。此二系加前面的密教一系合称为“二续传承”。长尾先生认为，显教的二系，即弥勒—无著“广大行派”和文殊—龙树“甚深见派”分别相当于印度大乘佛教的两大派别——唯识瑜伽行派和中观派。从格鲁派教学内容来

① 主要材料来自《向三续亲传上师祈祷求赐悉地·悲声祈求善雨》(brgyud pa gsum ldan gyi dngos brgyud bla ma rnams ba gsol ba vdebs shing dngos grub zhu bavi gdung dbyangs dge legs char vbebs)，作者是七世达赖洛桑格桑嘉措（blo bzang bskal bzang rgya mtsho）。

看，其显教学部的五部大论（gzhung po ti lnga）[①]中就有两部，即《现观庄严论》和《入中论》分别代表这两大派的思想，而且上述两论还是格鲁派显教学的中心。因此格鲁派是统摄两派教义的。长尾先生写道：

> 在喇嘛教中，常常将文殊和弥勒对列并举。与此相应，还同样将龙树和无著并称。然而将这里的中观、瑜伽二派称作“甚深见”、“广大行”，在喇嘛教内也是很普遍的。在一段大乘佛教的论典中，Gambhīrodāna（Gambhīryāudāna）即“甚深广大”或 Sūk śmāudārik 即“细微广大”等语词，都是作为常用词来使用的，使人感到完全像是单一词。可是，这一词可能在后世的哲学中逐渐分离，并使用“观”和“行”两字使之分裂为两个字。如上所说，“中观”和“瑜伽行”两派分别被称作“甚深见”和“广大行”。本来如上所说那样产生的语词，却几乎不知不觉地作为对立的名称用来称呼两个学派了。然而，也正是这样，以这样的名称称呼两学派又不知不觉地使两学派融合，这一过程是感觉不到的。
>
> 实际上将两学派即“广大行”和“甚深见”统一起来，便是格鲁派的教义，这也正是格鲁派普遍的主张。这一统一由开派大师宗喀巴实行了。或者再追溯得更远些，宗喀巴所衷心景仰的阿底峡已经实行了。[②]

下面录出长尾先生根据《菩提道次第修法》及《菩提道次第祈愿法》（lam rim gsol vdebs 或 lam mchog sgo vbyed）所列

① 五部大论即：（1）因明学——法称《量释论》（Dharmakīrti：Pramāṇa-vārttika）。（2）般若学——弥勒《现观庄严论》（Maitreya-nātha：Abhisamayā-laṃkāra）。（3）中观学——月称《入中论》（Candrakīrti：Madhyamakā-vatāra）。（4）俱舍学——世亲《俱舍论》（Vasubandhu：Abhidharma-ko śa）。（5）律学——德光《律经》（Guṇaprabha：Vinaya-sūtra）。

② 长尾雅人：《西藏佛教研究》，东京，1954 年，第 29—30 页。

的两大派谱系：①

rgya chen spyod pavi rgyud（广大行派传承）：

1. bcom ldan vdas 世尊
2. byams pa（Maitreya）弥勒
3. thogs med（Asanga）无著
4. Vasubandhu 世亲
5. Ārya-vimuktisena 圣解脱军
6. Bhattāraka-vimuktisena 尊者解脱军
7. mchog gi sde 最胜军
8. vdul bavi sde 调伏军
9. snang mdzad 毗卢舍那（遍照）
10. seng bzang（Haribhadra）狮子贤
11. ku sa li 孤萨黎
12. dge ba can 具善
13. gser gling pa 金洲师
14. Atī śa 阿底峡
15. ston pa rin po che 敦巴宝
16. dgon pa pa 阿兰若师
17. snevu zur pa 内苏巴
18. thag ma pa 塔玛巴
19. nam seng 虚空狮
20. nam mkhav rgyal po 虚空王
21. seng ge bzang 狮子贤
22. nam mkhav rgyal mtshan 虚空幢
23. spyan ras gzigs 观世音
24. vjam pavi dbyangs 妙音
25. tsong kha pa 宗喀巴

① 长尾雅人：《西藏佛教研究》，东京，1954 年，第 31—33 页。

zab mo lta bavi rgyud（甚深见派传承）：

26（1）Śākyavi-tog 释尊

27（2）vjam pavi dbyangs 文殊（妙音）

28（3）Nāgārjuna 龙树

29（4）Candrakirti 月称

30（5）rigs pavi khu byug che 正理杜鹃

31（6）rigs pavi khu byug gnyis pa 次理杜鹃

32（7）mar me mdzad（＝Atī śa）燃灯智阿底峡

33（8）ston pa 敦巴

34（9）po to ba 博朵瓦

35（10）Śarpa 霞惹巴

36（11）vchad kha pa 伽喀巴

37（12）spyil bu pa 笈补巴

38（13）mKhas pavi mchog 自在胜智

39（14）mgon po rin po che 依怙宝

40（15）zangs chen pa 桑勤巴

41（16）mtsho sha ba 错絜瓦

42（17）mon gra ba 门扎瓦

43（18）tshul khrims bar 戒燃（尸罗燃）

44（19）gzhon nu vod 童子光

45（20）dgyer sgom zhabs 杰公足

46（21）sang rgyas dpon 佛陀弟

47（22）nam mkhav rgyal po 虚空王

48（23）seng ge bzang 狮子贤

49（24）nam mkhav rgyal mtshan 虚空幢

50（25）spyan ras gzigs 观音

51（26）vjam pavi dbyang 妙祥音

52（27）tsong kha pa 宗喀巴

几点说明：

(1) 上表所列并不完整，“甚深见派”极重要的论师提婆和佛护被遗漏了，而两系中宗喀巴名前都有观音、文殊（妙音），应从表中除去。

（2）阿底峡和（仲）敦巴在14、15和32、33中重复出现，可以考虑为阿底峡及其弟子（仲）敦巴作了综合两派的努力；虚空王、狮子贤以及宗喀巴直接师事的上师虚空幢都在两系中重复出现，说明到了接近宗喀巴的时代，西藏佛教又获得了一次综合两派的机遇，宗喀巴则是这一综合运动的集大成者。

（3）宗喀巴所著《闻书》（gsan yig）中所列传承上师的名讳与上表不尽相同。

尽管格鲁派力图综合两派教义，但至少就宗喀巴而言，在他著作中也是有明显的倾向性的，即推崇应成中观派。在这里我们有必要回顾一下中观学说在西藏的传播和发展的历史。我们发现中观学说在西藏一开始就和唯识学说有着难分难解的联系。

我们知道，最早到西藏传播中观佛教思想的印度的两位中观论师，是寂护（Śāntarakṣita，725—790年）和其弟子莲花戒（Kamala śila，740—795年），他们俩与稍前一点的智藏（Jñānagarbha，700—760年）并称为清辨之后的“东方自续派三大家”，在印度晚期中观学说史上占有重要地位。但在晚期格鲁派著作中，寂护被称为“瑜伽行自续中观派”（Yogācāra-Suātantrika-Madhyamaka，rnal vbyor spyod pavi rang rgyud pavi dbu ma）的开创人。近年来国际上一些学者的研究对这种说法提出了挑战。莲花戒在他对寂护《摄真性颂》（Tattva-saṁgraha-kārika）的注疏《摄真性难语释》（Tattvasaṁgraha-pañjika）中并没有对中观学派作进一步的划分。① 对中观学说作进一步划分的最早的著作，可能是藏族早期翻译家益希德（智军，ye shes sde，与寂护、莲花戒是同时代人，也是桑耶寺法诤的见证人）。② 益希德在他所著的《见解差别》（lta bavi khyal par）

① 参见D. S. Ruegg，The Literature of the Madhyamaka School of Philosophy in India，Wiesbaden，1981.

② 关于历史上藏族学者对中观派的再划分，参见拙著《宗喀巴评传》第5章。

中，把中观派分作清辨的“经量行中观派”（Sautrāntika-Madhyamaka，mdo sde spyod pavi dbu ma）和寂护的“瑜伽行中观派”（Yogācāra-Madhyamaka，rnal vbyor spyod pavi dbu ma）。益希德写道：

> 先前中观大师阿阇黎龙树和圣天（提婆）造中观论典时并没有［将中观］分成两派。此后圣（a rya 可能是 a tsa tya 阿阇黎之误书）无著和世亲造唯识论典，立“无外境，识现为外境，识清净不二，于胜文亦有”之说。以后名叫清辨的中观大师得阿阇黎龙树一系教授，居得成就者之首，破唯识之说，造为阿阇黎龙树所造《中论》作注的《般若灯论》和《中观心要》。此后名叫寂护的大师依照阿阇黎无著的唯识论典《瑜伽行》，造《中观庄严论》，在世俗方面与此宗派相顺，成立唯识，在胜义方面则谓“识亦无自性”。于是出现宗派稍有不同的两种中观论典。阿阇黎清辨所造称为“经部行中观派”，阿阇黎寂护所造称作“瑜伽行中观派”。[①]

据章嘉·若必多吉记载，益希德本人就是寂护、莲花生的学生，[②] 但从上面引文中可以看出，他十分推崇清辨。据日本学者山口瑞凤博士的研究，[③] 益希德对寂护思想的理解有很大的失误。根据寂护《中观庄严论》（Madhyamakā-laṃkārakārika，dbu ma rgyan gyi tshig levur byas pa）及其自注（——vṛtti，——vgrel pa）中的内容来看，上面引文中所说的“唯识论典《瑜伽行》”似乎应指世亲的《唯识二十论》（Vim śakakārika，nyi shu pavi tshig levur byas pa），因为寂护在《中观庄严论》中

---

① P. T. 814，4b－5a. 参见《敦煌藏文写本选集》第1卷，1978年，第211—212页。

② lcang skya grub mthav，第200页。

③ 参见山口瑞凤：《チベット仏教思想史》，载《チベット仏教》，东京，1989年，第27—36、51—52页。

使用世亲在《唯识二十论》中所使用的“离一多性证明”的方法来否定空间的具体存在,[①] 这样就容易将主张“知觉主体本身所产生的表象之外别无外境”,即“究竟无”的唯识派见解与之混淆。但是寂护所作的否定的基础是“缘起”,因此不仅不承认抽象的永远的“有”,也不承认唯识派所认为的抽出“有”之后留下的没有时间限制、脱离变化的“无”。唯识派的“无”是“空华”,是“兔角”,而寂护的“无自性”是“影像”,是“芭蕉干”(Kakalīskandha,chu shing phung po,幻象的一种形态),是“幻”。寂护还用“旋火轮”作比喻:“旋火轮”看上去是个静止的火的圆轮,但实际上它是每时每刻都在运动变化的火把。所以寂护是从运动变化角度去论证物质的空性的,而唯识论是从外境是“识”的化现这一角度去论证的。因此寂护同唯识论是有区别的。但益希德的解释影响很大,后来连宗喀巴都遵从他的这一解释。

益希德不仅对寂护学说有误解,而且在他的这本专门介绍佛教见解的书中,还没有提到后来受到阿底峡和宗喀巴推崇的应成中观派论师月称及其主要著作。月称的主要著作,如《明句论》、《入中论》当时还没有被译成藏文,只有他的《正理六十颂注疏》(Yuktiṣaṣṭikavṛtti,rigs pa drug cu pavi vgrel ba,是对龙树《正理六十颂》的注疏)由益希德等人译成藏文并收入《登迦目录》。

对早期藏传中观学说的分派问题,章嘉·若必多吉虽然也引用了益希德有关见解的小册子,[②] 但他自己对这个问题的看法是:“佛教前宏期中,虽有一些持唯心宗派见解的班智达来过[西藏],但由于主要是寂护和莲花生所传的宗派,所以自续中

---

① 参见山口瑞凤前揭文,第28、58—59页。

② 书名是《见解备忘》(lta bavi rjed byang),查《丹珠尔》中并没有此书,只有贝泽(吉祥积,dpal brtsegs)的《法门备忘》(chos kyi rnam grang kyi brjed byang)。看来,章嘉指的就是《见解差别》。

观派十分盛行。”① 这种观点表明，西藏佛教学者对寂护师徒思想认识的深入。但是实际上不论称寂护师徒是瑜伽行中观派还是自续中观派，都不能代表当时人们对寂护师徒思想的概括。从现有的历史资料来看，将中观派又分作“经部行中观派”、“瑜伽行中观派”或“应成中观派”、“自续中观派”，并不能说明中观学说在当时已经有了阵线分明的两派；相反，是中观学说传到西藏之后，藏族佛教学者为了理清复杂纷呈的各宗各派的哲学见解，通过不断的哲学争辩后而安立的名称，② 反映了藏族学者对印度佛教哲学见解认识的不断深入。益希德做那样的解说，说明寂护学说在当时的西藏，并没有得到真正的理解。

益希德还写过一本《佛身广注》（Buddhātmaṭika，sangs rgyas gtso bovi vgya cher vgrel ba），该书主要讨论佛教信仰问题和佛教徒的修习法，特别强调二种资粮（Sambhāra，tshogs）的重要性。这说明当时西藏佛教界的兴趣，主要在实践上而不是在理论思辨上。日本学者佐藤道郎指出：“尽管益希德那时已经知道月称的应成学说，但他不能对初步接触佛法的人直接使用应成学派的遮破理论。人们很难通过应成派的遮破方法去接受佛法。”③ 应成派注重哲学思辨，本来就缺乏对修习法的论述，所以佐藤道郎认为，中观派特别是应成中观派，说到修习法，还必须借用唯识宗（瑜伽行宗）的修习法。比如，寂护所著《律仪二十注》（Saṁvaraviṃ śakavṛtti）就属于唯识系统，《律仪二十颂》（Saṁvaraviṃ śaka）的作者月官（Candragomin）曾就学于著名瑜伽行派的学者安慧（Sthiramati）；寂护为吐蕃七试人（sad mi mi bdun）授戒，很可能就是按《瑜伽行地》的《菩萨戒品》进行的。《宗派源流晶镜史》说，寂护担负讲说从律藏到中观的任务

① lcang skya grub mthav，第200—201页。

② P. Williams, Some Random Reflections on the Study of Tibetan Mgdhyamaka, Tibetan Journal, 14:1, 1990, p. 204.

③ M. Sato, Versuch einer Umschreibung der Geschichte der tibetischen Buddhismus vor Tsong kha pa, Acta Orient, Hung. XXXIV, 1980.

(dam pavi chos vdul ba nas bzung ste dbu mavi bar gyi bshad pavi khur bsnams te),[①] 可见他并不专注于中观。因为当时为了传播佛教，必须先要普及包括律仪在内的实践法。这便是寂护—益希德时代的历史任务。

到阿底峡—巴曹·尼玛扎时代，情况仍然大致相同。经过朗达玛（glang dar ma）的灭法，吐蕃时代的佛教基础几乎丧失殆尽，因此阿底峡入藏后仍十分重视“律仪”的建设。阿底峡在入藏前，在东印度只传月称中观之学，[②] 但他到西藏后却传播瑜伽行派的《发（菩提）心律仪》。他著有《发心律仪仪轨次第》(Cittotpādasṁvaravidhikrama, sems bskyed pa dang sdom pavi cho gavi rim pa)。据有关他的传记中记载：尊者“说要造《发心[律仪]仪轨》。在发心方面，有龙树大师和圣无著两派，尊者虽掌握了两派教法，但他说‘大师龙树和寂天这一派没有教授而无从获取［发心］’，所以他不造［这一派的发心］。尊者造无著大师一派［的发心］。” (slob dpon klu grub dang shi ba lhavi lugs la gdams pa med pas len mi btub gsung nas mdzad/ jo bo nyid slob dpon thogs med kyi lugs mdzad//)[③] 即便在佛教见解方面，阿底峡也仍然持有瑜伽行派的某些见解，比如他与他老师菩提跋陀罗（Bodhibhadra）一样，认为外境是“虚空的莲花”一般的“究竟无”[④]。但他的基本思想，应当说仍然是推崇月称应成中观学说。月称的主要著作，都是在这个时期由巴曹·尼玛扎（pa tshab nyi ma grags，1055—？年）译成藏文的，比如注释龙树《中论》的《明句论》(Prasannapadā, tshig gsal ba)和通论中观思想的《入中论》(Madhyamakāvatāra,

① thuvu kwan grub mthav，兰州，1984年，第50页。

② 他的传记中说：“向尊者（阿底峡）献上月称宗派的证悟法后，尊者（阿底峡）向东方合掌行礼，因此现在印度东部只遵行此派（月称派）见解。”见 jo bo rje lha gcig dpal ldan a ti shavi rnam thar，第121页上。

③ jo bo rje dpal ldan mar me mdzed ye shes kyi rnam thar rgyas pa（《阿底峡广传》），第9页下。

④ 参见山口瑞凤前揭文，第28、58—59页。

dbu ma la vjug pa）（分别见日本东北帝国大学所编目录第3860号和3862号）。巴曹·尼玛扎是第一个真正将应成中观学说（月称学派）引入西藏的人，甚至有人认为将中观学派明确分作“应成”、“自续”两个支派，可能始自巴曹。①

从整个西藏佛学史来看，应成中观派地位的确立是很晚的。创立比较早的教派噶当派，总的来说并不重视应成学说。噶当派缔造者之一波东瓦（po to ba，1027—1105年）所代表的教典派（gzhung pa）主要讲解阿底峡的《菩提道灯论》（Bhodhipathapradīpa，byang chub lam gyi sgron ma）及《集菩提学论》（Śikṣāsamuccaya，bslab pa kun las btus pa）等“噶当六论”，在佛学上没有积极的进取。波东瓦的弟子中有不少严守戒律、热心于显教经论的，但该教派对应成派学说并没有多少独特的发展，甚至可以说应成派在该教派佛学传统中不占优势。比如，早期噶当派学者夏热瓦（sha ra ba或shar ba，1054—1131年）尽管对翻译月称著作的巴曹·尼玛扎讲解《中论》有过帮助，但他本人主要讲授反映如来藏（Tathāgatagarbha）思想的《究竟一乘宝性论》（Mahāyānottaratantra śastra，theg pa chen po rgyud bla mavi bstan bcos），并依照《菩提道灯论》调和中观与唯识。噶当派的另一位大学者俄·洛丹喜饶（rngog blo ldan shes rab，1059—1109年）也兼讲“慈氏五论”（byang chub sde lnga）和中观各论，同样也是“瑜伽行中观派”。就中观学说内部而言，恰巴·却吉僧格（phya pa chos kyi seng ge，1109—1169年）曾著书批驳巴曹·尼玛扎所翻译

① 我们没有直接看到巴曹将中观派分作“应成”、“自续”二支的材料，但在降央协巴的《宗轮广说》（grub mthav chen mo）中有这样一段话：“巴曹宝教言……宣说执清辩自续宗及佛护、月称应成宗之应自二派。若谓应、自二派中观有何差别，巴曹则曰，许事势流转（dngon po stobs zhugs）之量者为中观自续派，不许彼者为应成派。”（见ca函，第74页下。）参见松本史郎：《チバットの仏教学にっぃて》，《东洋学术研究》No. 20－1，东京，1981年，第146页；《ツォソカパの中观思想につじぃ》，《东洋学报》No. V. 62，1981年，东京，第207页，注1；Mimaki，blo gsal grub mthav，p. 45，n. 110.

介绍的月称应成中观学说，但他的几个弟子却赞许应成派而批驳其师长的自续派观点。尽管这样，恰巴等人仍然讲解“慈氏五论”，与瑜伽行学派仍有联系。

在显宗方面对宗喀巴有重要影响的，除了噶当派外应当是萨迦派。对早期萨迦派思想传统的形成起过重要作用的，有印度那烂陀寺末任座主释迦师利跋陀罗（Śakyāsribhadra，1127—1225年）及其弟子。释迦师利跋陀罗著有《菩提道次第摄论》（byahg chub lam rim sdus pa），认为虚幻的外在世界中没有可以认识的对象，因而也没有认识主体；但“唯心”是“原初不生法”，是“无我”，只有慈心能救济轮回，般若能达到涅槃。他的“无我”与中观的“无自性”不一样，是一种三昧状态下出现的“无二智”。所以他强调慈心和般若相结合的修习。萨迦派注重修密，但在显宗方面也颇有建树。早期萨迦派领袖索南孜莫（bsod nams rtse mo，1142—1182年，被奉为“萨迦五祖”中的第二祖）就对显教十分注重，他曾师从噶当派的恰巴·却吉僧格学习经论，但他基本上还是持如来藏见解。真正给萨迦派在显教方面带来盛名的，是西藏有史以来最伟大的学者萨迦班智达·贡噶坚赞（sa skya paṇḍita kun dgav rgyal mtshan，1182—1251年）。[①] 萨迦班智达基本上持“自续中观派”的见解，肯定代表世俗的名言，认为世俗依缘起成立，不能说是虚无。虽然他也讲中观的“无自性”，但他仍然将这种“无自性”不加区别地比作“影像”、“虚空的莲花”。他的中观见仍不能说是十分彻底的。

继萨迦班智达之后，显教方面比较有成就的是布顿·仁钦珠（bu ston rin chen grub，1290—1364年）。他根据月称的《入中论》认为如来藏是不了义，因而不是实有（胜义有）。这种根

① 杰克逊对萨迦班智达在因明学方面的著述，作过深入研究。参看 D. P. Jackson, The Entrance Gate for the Wise (Sectoll III), Sa-skya Paṇḍita on Indian and Tibetan Traditions of Pramāṇa and Philosophicul Debate, vols. 2, Wien, 1987.

据中观思想而判定如来藏为不了义的说法，后来在西藏佛学界成为定论。[①]

在宗喀巴之前真正对中观思想有深刻理解的是仁达瓦。[②] 许多藏文史料都认为，从仁达瓦开始，中观哲学尤其是按月称《入中论》来解释的应成中观哲学才得到真正的传播。[③] 仁达瓦最重要的三本著作分别是对龙树的《致友人书》（Suhṛuekhaḥ）、月称的《入中论》和圣天（提婆）的《四百论》写的注疏。据《青史》所记，仁达瓦的见解前后是有变化的，《青史》说："至尊仁达瓦最初将《宝性论》（rgyud bla ma）作为'唯识'论典，而著有和'唯识'相同的注疏。后来他在静修中所作的道歌中说：'明空无别心'（rang sems rig stong dbyed med），有情普遍有，喻如地宝藏，又如怀胎妇，说为诸众生，具有如来藏。"[④] 这里提到的《宝性论》，是如来藏思想的重要典据，藏译传为弥勒所作，汉译传为坚慧所作。不管怎么说，这是瑜伽行系统的。但后来仁达瓦唱"明空无别"，即自心与空性合为一体，这与"唯心无境"的唯识学说有了区别。仁达瓦在其所著的对《入中论》的注疏中，把佛教发展分作三期：（1）佛陀在波罗奈（Vārāṇāsī）讲四圣谛的法轮期，（2）智度学说的法轮期，（3）《解深密经》（Saṃdhinirmocanasūtraṁ）的法轮期。第三期以《解深密经》命名。《解深密经》照一般的理解是属于瑜伽行学派的经典，因为该经正宗分七品的全文在《瑜伽师地

① 参见松本史郎：《チバットイフ教の教理と历史》，刊《チバットの言语と文化》，东京，1988年，第268页。

② 佐藤道郎曾著文专门讨论仁达瓦的中观哲学见解，见 M. Sato, Die Madhyamaka-Philosophie der Sa-skya pa Schule——Re mda' ba gZon nu blo gros, Contributions on Tbetan and Buddhist Religion and Philosophy, vol. 2, Wien, 1983, pp. 243—257.

③ M. Sato 前揭文，p. 244—245，关于仁达瓦对西藏中观思想的认识。参见《宗喀巴评传》第2章所引《土观宗派源流》中评价他的一段文字。

④《青史》，藏文本（deb ther sngon po，四川民族出版社，1984年）上册第424页；汉文本（郭和卿译，西藏人民出版社，1985年）第233页；英文本（G. N. Roerich, Blue Annals, Calcutta, 1949—1953）第349页。

论》中被整篇引用，而《成唯识论》也一再引用此经。但在仁达瓦看来，此经属于中观派系统，这也反映出他的学说思想由唯识—瑜伽行学派转变为中观学派的事实。仁达瓦对“空性”的解释是“离有无二边”。① 因此他的“空性”理论，是按应成派的方法来建立的（这里所说的“应成派”是指宗喀巴之前的人们所理解的“应成派”）。仁达瓦对注疏应成中观派的一些重要论典用力甚勤，这足以表明他对应成中观派的推崇。仁达瓦是宗喀巴的上师，而且是对宗喀巴思想影响最大的一位上师。但是宗喀巴在一些重要的问题上，持有与仁达瓦不同的见解。这一点我们下面具体讨论宗喀巴思想就会有体会。

通过以上简单的回顾，我们有了这样的认识：宗喀巴以前，西藏佛学的主流是中观学说，而且应成中观学说逐渐居于主要的地位。② 但是中观学说在西藏不是脱离瑜伽派而独立发展的，这可以说是西藏佛学发展的一个特点。在“佛教前弘期”里，寂护、莲花生师徒虽然宣讲自续中观派的学说，但在佛教实践方法上，却不得不借用许多瑜伽行学派的内容，而体现着当时藏人对寂护、莲花生学说的理解。当时的藏族翻译家益希德则认为，这两位奠定西藏佛学基础的印度论师的学说，混合着中观派和瑜伽行派的观点的。从此，在西藏，中观学说的发展始终没能摆脱瑜伽行学派的影子。“佛教后弘期”的初期，阿底峡入藏，在实践方面也是大量采用瑜伽派的做法。从那时起开始介绍的应成中观学说，也混合着瑜伽行派的观点。月称的著作得到翻译和解说，但在首先介绍月称学说的噶当派中，“瑜伽行中观”的格局仍未改变。萨班的学说表明，西藏的中观学说有了突破性的进展，但他仍跳不出瑜伽行的窠臼。一直到仁达瓦，确立了应成派中观学说的地位，但他是从瑜伽行学说中脱胎而来的，在见解上同样带

① 参见《致友人书注疏》，第 2 页，转引自 M. Sato 前揭文，第 250 页。这一思想在我们看来，与宗喀巴所批判的所谓“离边中观论”是有联系的。参见《宗喀巴评传》第 6、7 章中的有关内容。

② 宗喀巴只是对应成派学说作了全新的解说，并且明确肯定了应成派的地位。

有母体的印记。

我们可以看到，宗喀巴以前的西藏佛学中，瑜伽行、中观学说的合流已是不可逆转的趋势。宗喀巴的贡献主要不是在使这种合流最后完成，而是通过对应成派中观学说作出全新的解说，来使“诸法无自性”的原则得到彻底的贯彻。

除了上面所说的“广大行”（唯识—瑜伽行派）和“甚深见”（中观派）日益融合的趋势对宗喀巴思想有影响之外，西藏佛学传统中还有另一种倾向对宗喀巴思想，特别是他的那些独树一帜的思想的产生，有过重要的催化作用。这种倾向便是：在中观派内部，甚至可以说是在应成中观派内部，曾经流行过一种主张“非有非无”的见解（yod min med min gyi lta ba）。稍晚于宗喀巴的萨迦派学者高然巴·索南僧格（go ram pa bsod nams seng ge，1429—1489 年）和释迦乔丹（sākya mchog ldan，1428—1507 年），便是对这种见解作系统总结的人。他们把这种见解称为“离边中观论”（mthav bral la dbu mar smra ba）[①]。高然巴·索南僧格著有《见解辨别》（lta bavi shan vbyed），释迦乔丹著有《中观抉择》（dbu ma rnam par nges pa）。这两本著作都对宗喀巴的独特思想，即他对应成中观见的独创性的理解提出了严厉的批评。高然巴在书中把西藏佛学传统中对龙树以来中观学说的理解分作三派：

（1）“常边中观论”，即把“常边”说成“中道”的见解（rtag mthav la dbu ma smra ba），主要指觉囊派的多布巴·喜饶坚赞（dol bu pa shes rab rgyal mtsan，1292—1361 年）所开创的宗派。

（2）“断边中观论”，即把“断边”说成“中道”的见解

① 为了方便起见，我们姑且也用这一名称来称呼这种见解。关于这种“离边中观论”与宗喀巴思想的关系，松本史郎作过系统深入的研究，参见他的系列文章：《ツォンカパの中观思想につぃて》，《东洋学报》第 62 卷第 3—4 号，1981 年；《ツォンカパの中观思想关する考察》，《日本西藏学会会报》第 20 号，1981 年；《ツォンカパとケ派》，《チベット仏教》，1989 年，东京，第 223—262 页。

(chad mthav la dbu mar smra ba)，主要是指宗喀巴所开创的宗派。

(3)“离边中观论”，即把“离边”说成“中道”(mthav bral la dbu ma smra ba)，主要是指他自己所遵奉的宗派。①

高然巴在对宗喀巴所谓“断边中观论”作批判时，首先将宗喀巴思想作为“前分”(phyogs snga，指辩论中原立论者的主张)加以简要的介绍，然后逐条进行批判。释迦乔丹在书中一开始就说明他的写作目的之一，是要消除宗喀巴对应成派的误解。②上述两位萨迦派学者，可以说是在宗喀巴之后对宗喀巴思想作系统批判的代表人物。从这一点可以看出，所谓“离边中观论”的观点与宗喀巴的思想是完全对立的。我们在具体讨论宗喀巴思想时将看到，宗喀巴是如何对这种所谓“离边中观论”进行批判的。③

由于这种“离边中观论”见解，亦即所谓“非有非无之见”，在当时几乎是占统治地位的见解，所以宗喀巴在创立他新的中观见解的思想活动中，对这种“离边中观论”的批驳占着重要的位置。在《菩提道次第广论》和《辨了不了义·善说心要》这两本宗喀巴最为重要的显学著作中，可以找到许多这样的批判性的篇幅。所以我们说，所谓“离边中观论”的见解，是从反面促成宗喀巴思想形成的一个重要因素。事实上，这种观点在西藏由来已久。据高然巴说，这种见解不是由他开创的，而是应成中观学说的介绍者巴曹·尼玛扎开创的。巴曹的弟子有香·汤萨巴·益希穷乃(zhang thang zag pa ye shes vbyung gnas)和玛恰·降曲尊珠(rma bya byang chub brtsun vgrub)，他们都追随其老师的学说思想。另外，噶当派的罗丹喜饶(blo ldan shes rab，1059—1109年，西藏早期杰出的中观思想家)、噶举

① 参见《见解辨别》藏文木刻版，ca函，第23页下—第9页上。转引自松本史郎前揭诸文。

② 参见《中观抉择》藏文木刻版，ka函，第2页下。

③ 参见《宗喀巴评传》第6、7两章中的有关内容。

派的玛尔巴（mar pa，1012—1097年）和米拉日巴（mi la ras pa，1040—1123年）、萨迦派的扎巴坚赞（grags pa rgyal mtshan，1147—1216年）、萨迦班智达、仁达瓦等许多学者都持有这种见解。[①] 这些学者是否都是持高然巴所理解的那种"离边中观论"见解，我们目前还没能根据这些学者本人的著作来一一加以确定。但有一点可以肯定，从中观学说被介绍到西藏后一直到宗喀巴时代，以这种观点理解中观学说是相当普遍的，因为宗喀巴在提到这种观点时常常使用"现在自许是（应成）中观派的中观论者均作是言"这样的语句。[②] 宗喀巴在《菩提道次第广论》的《毗钵舍那章》中，用许多篇幅介绍了这种观点的主要内容，我们会对此进行专门讨论。[③] 这里我们引一段《见解辨别》中的原话，来看看持这种见解的代表人物是怎样概括他们的见解的：

> 中[观]义为离有无，是非等一切边（mthav），故须尽弃边执（mthar vdzin pa）、相执（mtshan mar vdzin pa）。其中若不首先破除"真实执着"（bden par vdzin pa）的对象"真实"，那末就难以破除后面的几种边执。故须依"离一多"（gcig dang du bral）等正理决择内外诸实事（dngog po）皆无真（bden med）。……破彼[真实]之后，若于真实空性生起执着（即执着于"真实为空"），则如同骑马者没从右侧落马，却又从左侧落马，仍然没能避免落入断边。故应破除彼见（即"执着于空性"）。……是故，须破二执及不二执，四边所执皆不可得，于彼尽无执着。若因此而谓"了悟中[观]见"，生起"此为中[观]见解"一边执着，则

① 参见松本史郎：《ツォンカパとゲルク派》，第233页。

② 参见L. R. 第580页。

③ 参见《宗喀巴评传》第6、7两章中的有关内容。

不论执着于“空”或者“不空”，皆未免边执，故非中见。[①]

高然巴认为，不仅对“真实”的执着要否定，而且对否定真实的“空性”也要否定，这是典型的“否定一切”（包括否定“否定”本身）的观点。宗喀巴不能接受这种反理性的思想。持上述观点的萨迦巴学者，同样也不能接受宗喀巴独特的思想，他们否认宗喀巴思想正当的来源，而把他的思想的产生完全归于乌玛巴的影响，甚至说是“受魔类（bdud rigs）加持”的缘故。[②]由此可见宗喀巴思想与这种见解之间对立的严重程度。

基于上述事实，我们在考虑宗喀巴思想产生的历史背景时，不能忽略“离边中观论”的存在这一因素，它同样从反面给予宗喀巴以影响。

（原载《中国藏学》1991 年第 3 期；与褚俊杰合撰。）

① 转译自松本史郎前揭文，第 232 页。原载《见解辨别》木刻藏文版，第 8 页下；第 35 页下—36 页上；第 17 页上。

② 转译自松本史郎前揭文，第 232 页。原载《见解辨别》木刻藏文版，第 8 页下；第 35 页下—36 页上；第 17 页上。

书卷纵横崇明德　山河带砺灿晚霞

——评王森先生《西藏佛教发展史略》

一

公元1991年2月1日，一代宗师王森先生病逝于北京。上距生年1912年1月，享年七十有九，堪称高寿。王森先生，河北省新安县人，字森田，号雨农、子农、农。1935年毕业于北京大学哲学系，为汤用彤、周叔迦二先辈及门弟子。倾心佛教、因明及梵文、藏文，以毕生精力从事藏传佛教、因明学和藏族历史的研究与教学。语通梵、藏、英，学兼文、史、哲，成为陈寅恪先生在我国开创的历史语言学派的重要传人。[①] 历任清华大学、北京大学、中央民族学院、中国社会科学院民族研究所和世界宗教研究所、中国藏学研究中心等高等学府和科研机关的教授、研究员。平生读书精细，广览博采，梵筴藏典手不停披。札

---

① 当代史学大师陈寅恪先生（1890—1969年），倡导历史语言学派之方法以研究我国边疆、民族历史。参见拙文：《陈寅恪先生对我国藏学研究的贡献》，《藏学零墨》，高雄：佛光出版社，1992年。以王森先生一生奉行的学术规范，与陈氏十分接近，故称王森先生为历史语言学派的重要传人，当不致厚诬古人也。

记、手稿甚多，从不肯轻易发表。盖因先生治学谨严，惜墨如金。已发表者如《宗喀巴传论》、《宗喀巴年谱》、《佛教梵文读本》（1—4辑），均为开创性成果，嘉惠士林，众口交赞。而晚年出版的《西藏佛教发展史略》（中国社会科学出版社，1987年），则是在初稿以《关于西藏佛教的十篇资料》形式散发于同行中，流传20多年之后，才又正式出版。①

国人关心边疆，留意于西藏历史、宗教的研究，大都出于忧国忧民的爱国忧患意识。痛感于当时政府之腐败颟顸，外敌入侵之阴谋日显。边事日多，国境日蹙。举凡西藏、新疆、蒙古及云南等边疆各地，靡不有外人插手其间，尽煽动、挑拨之能事，制造事端，谋划分裂。而东北三省，更受敌骑践踏。同胞陷于水火，国土沦为炼狱。生灵涂炭，哀鸿遍野。王森先生与众多学者，出于爱国之热忱，投身于西藏历史、宗教之研究，以此报国，恪尽天职。北京沦陷期间，先生羁留旧都，守身如玉。隐于佛教团体“菩提学会”，潜心研究梵文、藏文，拒任伪职。虽生活极为清苦，而甘之如饴。亮节高风，令人敬仰。

1952年院系调整后，先生自北京大学东方语文系来中央民族学院研究部工作。专心致志，研读藏文佛教史传，阅览大量藏文史籍。同时，继续从事藏传因明学研究与藏传佛教教理探索。1958年顷，以中央民族学院研究部为基础，建立中国社会科学院（当时称哲学社会科学学部）民族研究所。先生遂入民族研究所，专职从事藏传佛教、因明及藏史研究，并招收研究生，培

---

① 《关于西藏佛教的十篇资料》写作及流布之经过，先生曾介绍：“自1963年10月至1964年5月，陆续纪录完成草稿。……1965年4月印铅印本约三百部，分发有关单位及个人征求意见。”见于《西藏佛教发展史略》前言，1983年7月13日。这本书稿名之为“资料”，实出于王森先生之谦虚、谨慎之一贯作风。实际上，那是国人第一部系统而又谨严的研究西藏佛教的专著，对我国藏学研究影响极大，深受同道的欢迎。此稿本之散发，确有征求意见以备修改之本旨。同时，也是先生以仁者之心，有意识地引导青年走上正确的藏学研究的道路。宽广之襟怀，令人敬佩。但也难免有人，率尔掩袭，欺蒙学界，抢先出版，曾令先生浩叹不已！人心世道，一至于此，夫复何言？熟谙内情者，乃以俗谚相慰，“为学如饮水，冷暖自知”也！先生默然。

养青年。在此期间，参与中印边境问题藏文史料的搜集、翻译，并亲赴拉萨，访求文献。《关于西藏佛教的十篇资料》一书，即成于此时也。

二

《关于西藏佛教的十篇资料》一书的目录如下：第1篇：吐蕃时期的西藏佛教；第2篇：佛教在西藏的再度传播并在民间得势；第3篇：宁玛派；第4篇：噶当派；第5篇：萨迦派；第6篇：噶举派；第7篇：其他小派；第8篇：格鲁派（黄教）；第9篇：元朝任命萨迦派领袖管辖卫藏十三万户；第10篇：明代卫藏地方政教情况；附录一：萨迦世系、帕竹世系；附录二：元帝师考。

从这一目录上可以看出，王森先生是对藏传佛教作过一次通盘的、全方位研究。20余年之后，修改出版《西藏佛教发展史略》时，十篇篇目，一仍其旧，未作任何改动。足以说明其构架、设想及体例安排，在20多年前已经有成熟的思考。仅在附录中改以《宗喀巴传论》及《宗喀巴年谱》，用来弥补对藏传佛教中的宗教改革运动铺叙不足的缺陷。

此前，国人亦有几位学者及法师撰写关于藏传佛教的著述。法尊法师《西藏民族政教史》、妙舟法师《蒙藏佛教史》、吕澂《西藏佛学原论》、李翊灼《西藏佛教史》、刘立千《续藏史鉴》等大作，[①] 各有千秋，起过很好的启蒙宣传作用。而王森先生的《西藏佛教发展史略》，与以上诸家撰著比较，则可看出明显的

① 法尊：《西藏民族政教史》（木刻本），重庆：汉藏教理院，1940年；妙舟：《蒙藏佛教史》，上海：佛学书局，1935年；吕澂：《西藏佛学原论》，上海：商务印书馆，1933年；李翊灼：《西藏佛教史》，上海：中华书局，1933年；刘立千：《续藏史鉴》，成都：华西大学边疆研究所，1945年。按《续藏史鉴》为五世达赖《西藏王臣记》的汉文节译本，为刘氏另一译著《印藏史鉴》之续篇。

特点：

（一）广搜博览，追求真实

以历史语言学派的本色，力求做到“以汉还汉，以唐还唐”，“叙述史事，如其实在”。[①] 王森先生除了遍读汉文史籍、方志、笔记之外，着重浏览藏籍，书中所引即有：

《吐蕃王统世系明鉴》（rgyal rabs gsal bavi me long），萨迦·索南坚赞著，1388 年成书。[②]

《青史》（deb ther sngon po），管洛·熏奴贝著，1476—1478 年之间成书。此书有罗列赫（G. N. Roerich）英译本 The Blue Annals，加尔各答，1949、1953 年。

《萨迦世系史》（sa skya gdung rabs），阿旺·贡噶索南著，1629 年成书。汉译本陈庆英、高禾福、周润年译，1989 年出版。

《西藏王臣记》（deb ther dpyid kyi rgyal movi glu dbyangs），五世达赖阿旺·罗桑嘉措著，1643 年成书。汉译本郭和卿译，1983 年出版。

《增续正法源流》（dam chos vbyung tshul kha skang dung bcas），衮乔伦珠、桑结彭措合著。德格木刻本。

《贤者喜宴》（chos vbyung mkhas pavi dgav ston），巴卧·祖拉陈瓦著，1564 年成书。山南洛札岱瓦宗拉垅寺版。

《隆多喇嘛全集》（klong rdol bla mavi gsung vbum），拉萨刻本。

《如意宝树史》（chos vbyung dpag bsam ljon bzang），1748 年成书。呼和浩特《松巴堪布全集》版。

《土观宗派源流》（grub mthav thams cad shel gyi me long），1801 年成书。德格刻本。

---

① 历史语言学派大师兰克（Leopold von Rankc）语。

② 或云成书于 1368 年。参见丹麦藏学家索仁森（Per K. Sørensen）《14 世纪的藏文史籍〈王统世系明鉴〉研究》（A Fourteenth Century Tibetan Historical Work：rGyal rabs gsal ba'i me long）第 2 章关于此书作者生卒及成书年代的讨论。

《蒙古佛教史》（hor chos vbyung），固始噶居巴·洛桑泽培著。1930年日本蒙藏典籍刊行会复印本。

其他，如《红史》（ded ther dmar po）、《五部遗教》（bkav thang sde lnga）、《颇罗鼐传》（mi dbang rtogs brjod）、《米拉日巴传》（mi la ras pavi rnam thar）等书，虽有引用，未列在征引书目之中。总而言之，王森先生撰写此书时，特重证据，重视史源，追求历史客观真相，此为一大特色。

试举宗喀巴（tsong kha pa，1357—1419年）所进行的宗教改革，即格鲁派（dge lugs pa，黄教）所以兴起一件大事。本来，这是藏传佛教史上一道里程之碑。宗教史家往往把这件事归结为“上应天命，下顺人情”，很难看出历史和社会的关系。王森先生在书中说：①

> 宗喀巴是西藏佛教史上有名的宗教改革者。由于他的改革，产生了在藏族和蒙古族历史上有重要影响的格鲁派。其他教派如萨迦、噶举、宁玛等，在此以后也都或多或少受了格鲁派的影响，改变了他们原来的传统作风。因此，宗喀巴对喇嘛教的改革，在西藏佛教历史上占了一个重要的地位。

为什么要进行改革？王森先生说：

> 宗喀巴的宗教改革，是站在一个佛教信徒的立场，以维护佛教的社会影响和僧人的名誉地位为目的，针对当时某些教派那些享有特权、占有农奴、追逐利禄、生活淫靡、虐害人民的僧人在社会上引起的强烈不满而发的。

怎样进行宗教改革？作者在书中阐述：

> 宗喀巴所用的方法，是依据佛教经典、提倡遵守佛教戒律、阐扬显密关系、规定学佛次第，以及据此而制定的僧人的生活准则、寺院的组织体制、僧人的学经程

---

① 下面所引王森先生的话，均见于《西藏佛教发展史略》，不一一注明页码。

序、是非标准等等。

结果如何呢？他又作进一步地介绍：

他这些方法之所以能奏效，一方面是由于这些都是在喇嘛教界所共同遵奉的经典上都明确讲过的，加上宗喀巴本人对于佛教经论的造诣之深，是在辩场上得到公认，为所有正直僧众所敬佩，这就使那些追逐利禄、贪图享受、损人利己的僧人，不敢明目张胆地反对。而更重要的一方面，则是在他背后有当时实际控制卫藏绝大部分地区、明封阐化王扎巴坚参（1374—1432 年）及其属下重要官员的大力支持，以及西藏社会上学行兼优的著名僧人的极力赞助。所以，宗喀巴的宗教改革，进行顺利，结果圆满。

再追溯何以有如许的成就？书中总结性地说：

在当时西藏社会条件下，他这种改革，在正直的佛教徒看来，是恢复了佛教的纯洁，所以他一承认自己是承继噶当派的传承，所有的原来的噶当派的寺院僧人都先后改宗黄教。从此，黄教有了广大属寺作为它的雄厚基础。他这种改革在当时统治者心目中，是使佛教在西藏人民群众以及属下官员中，安分守己，敬上睦下，换句话说，也就是服服帖帖受控制的最好榜样。所以，阐化王扎巴坚参，先是使自己的侄子、王位继承人，以宗喀巴为戒师，受比丘戒。随后，使属下僧众举行大规模法会，听宗喀巴讲经。最后，在 1409 年藏历新年起，花费大量物资，召集数以万计的各派僧人，在拉萨大昭寺举办祈愿大会。在会上让宗喀巴作大会主持人，让他为广大僧众讲经。这就可以看到，扎巴坚参有意识地培植宗喀巴的声望，最后把他抬举到全西藏佛教各派的总领袖地位。这就扩大了宗喀巴改革佛教的影响，树立了黄教的优势地位。

这样，通过这一例，可以看出王森先生以因明学家的逻辑推理，如春云之舒展，剥茧抽丝，条分缕析，把宗喀巴进行佛教改革的起因、背景、方法和结果，以及历史意义和社会影响，说得十分清楚明晰、一目了然。其实，作者上面这一段简明扼要的文字来之不易。这是他悉心研读藏文原著，反复推敲，千锤百炼，呕心沥血的成果。君如不信，请看书中附录一《宗喀巴传论》和附录二《宗喀巴年谱》，便知吾言之不谬也。

王森先生在这里，还把格鲁派与噶当派（bkav gdams pa）的渊源作了交代，算是宗喀巴宗教改革的思想基础和噶当派的归宿：

> 噶当派的寺庙，在各个封建统治者的支持下逐渐遍布全藏各地（13 世纪中，阔端派到西藏去的将官，在向阔端的报告中，曾提到西藏地区以噶当派的寺庙为最多）。13 世纪中，萨迦派依借元帝室的支持掌握了西藏地方行政权力时，噶当派人还曾反对过僧人掌政（例如，交丹惹墀 bcom ldan ral khri 献诗讽刺八思巴）。看起来他们一直以思想上麻醉人民，辅助封建统治者统治人民为其主要功能的。从另一方面说，噶当派人也是比较能承传佛教纯正传统的一派。15 世纪初，黄教兴起后，噶当派的寺院先后改宗黄教，恐怕也正是因为黄教实际上是继承了噶当派在社会上的这一功能，而噶当派此后也就融入黄教不再单独存在了。

再如，觉囊派（jo nang pa）先后出现过不少著名学者，寺庙林立，香火兴旺，在卫藏尤其在后藏有很大影响，其教理学说又有自己独立的见解，成为黄教徒注意的思想敌人，颇不见容于当世。总的说来，觉囊一派在西藏佛教历史上的起伏兴替，曾为许多藏学家所注意。王森先生在书中，有比较翔实的说明。首先，他抓住在佛家性空义解释义理上，觉囊派与其他派别有根本性的差别，他说：

> 觉囊派，这一派在对于佛家性空义的解释上和所有西藏佛教其他派别都不同。它认为事物有它的真实体

> 性，这种真实体性本身不能说它是性空；由于人的“虚妄分别”增加上去的东西，才能说是性空。因此，所谓性空，只能指由“虚妄分别”增加上去的东西是空的，而事物本真，自身不能说是空的。事物本真是事物之“自”，加在事物上的“虚妄分别”是“他”，因此说性空，只能是“他空”，不能是“自空”。这和其他派别不同。其他派别遵循龙树的中论义，说一切事物并无常存不变的实体。它本身就是虚妄的，所以才说性空。性空是说事物自体本性是空，对“他空义”而言，这也叫作“自性空”。他空义说事物有它的实性，特别是引申到一切众生皆有佛性，在众生位的佛性和佛的佛性，无二无别。这些说法骨子里是和印度教的湿婆派一脉相承。因此，西藏佛教其他派别的喇嘛们都驳斥“他空义”的见解，认为觉囊派见解不是佛教。

接着，书中又铺叙了觉囊派产生的几位著名学者对本派理论上的贡献，教法兴盛的状况。又着重介绍多罗那他（tar na tha，1575—1634年）的生平成就，尤其是他的重要著作《印度佛教史》（rgya gar chos vbyung）一书[①]带来的荣誉，享有盛名。笔锋一转，作者指出：

> 觉囊派先世受拉堆绛地方（后藏昂仁为其首邑）首领的支持。自16世纪晚期，拉堆绛被藏巴汗打败失势后，又受藏巴汗的支持。在17世纪早期，藏巴汗的势力还在急剧扩张，多罗那他又是当时一个有名人物，觉囊派在当时遂出现了一个再度兴旺的局面。

这样，我们就比较容易地沿着王森先生的思路，把宗教的兴衰与社会支持的强弱密切联系起来。也就可以领悟到代表黄教的五世

① 《印度佛教史》，1608年成书。1869年圣彼得堡出版席夫纳（F. A. von Schiefner）的德文译本和瓦西利也夫（W. Wassiliyev）的俄文译本，1928年东京出版寺本婉雅的日译本，1970年印度出版喇嘛清巴（Lama Chimpa）和卡托帕德哈亚（A. Chattopadhyaya）的英译本，1988年四川民族出版社出版张建木（克强）汉译本。

达赖，何以要迫使觉囊派的寺庙改为黄教，僧侣一律改宗？也可以了解作为觉囊派的领袖人物，多罗那他何以要远走蒙古、常寓漠北，20 多年的流亡，最后圆寂在蒙古地方？一目了然。

对于不同教派分立的现象如何解释？王森先生在综合了大量的史料后说：

> 西藏佛教各派之所以分为许多不同的派别，既不像印度的小乘十八派是由于它们所遵行的戒律不同而分为不同的派别，也不像印度的大乘是由于它们所主张的教义不同而分派。西藏佛教各派的区分，是由于它们所传承、修持的密法彼此不同而区分的。

这可以说是最有概括性、最可信服的分析，也是最符合现实状况的。这样，我们大致可以把西藏各派佛教在教法修持上分歧的真实际意义弄清。

（二）梳理史料，探幽抉微

能于细处洞察真实，将若干历史现象作为导引，寻求其内在的、本质上的原因。譬如：

> 米拉热巴（mi la ras pa，1040—1123 年）是西藏佛教史上也是西藏社会上一个很有名的人物，他生于后藏贡塘（gung thang，在济垄以北）地方，原属琼波（khyung po）族。从他祖父起，他这一支改称米拉家，才定居贡塘。他父亲曾以经商致富。到米拉 7 岁（1046 年）时，父亲病故。当时他母亲年 24 岁，他伯父为了占有他们的家产，逼迫他母亲改嫁他伯父的儿子，他母亲不答应。他伯父欺他母子孤儿寡妇，霸占了他家的全部财产，米拉热巴母子过着贫困的生活。

米拉热巴的故事脍炙人口，妇孺皆知，成为藏区一位即身得到最高成就的圣人。但是令人生疑的是：他的伯父、姑母何以能霸产绝情，而他的舅父、邻里何以坐视无策？从来未获正确答案。王森先生根据他从《青史》中得到的资料，即“父亲逝世，时其母年仅二十四岁。伯父强命其母与伯父之子为妻，母不允，伯父大怒，掠夺其母所有财物以致家境十分贫困”（《青史》第8品），得到合理的解释。在古代，藏族婚姻家庭中存在一种转房制度。夫死，须转嫁夫之兄、弟或其他男性成员，谓之转房。女子被视为一种财产，不能权利外溢。米拉之母拒绝转房，当然被视为违背了传统习惯，属于伤风败俗，就丧失了她在家族内的所有权利和财产。这是王森先生读书细心之处。将米拉热巴身世历史上的一团疑云，做了十分合情合理的解释，而且是于史有据、于理有条。

再如“十三万户”的考证，亦可见王森先生的功力。关于元朝任命萨迦派领袖管辖的卫藏十三万户，王森先生根据多种藏文史料，再与《元史·百官志》所列各条对勘，最后列出清单。藏文史料出于《如意宝树史》、《乃宁寺颂》、《西藏王臣记》、《隆多喇嘛全集》、《增续正法源流》、《土观宗派源流》、《多仁班智达传》等7种，与《元史》对勘以后，做了简要说明：

> 综上所述，《元史·百官志》所载11个万户，全部可与藏文记载相印证，各种藏文资料一致载有，而《元史·百官志》失载的两个万户（拉堆绛、拉堆洛），共为13个万户。这13个万户，在后藏地区有6个：即1. 萨迦，2. 霞鲁，3. 曲弥，4. 拉堆绛，5. 拉堆洛，6. 绛卓（又称香）；在前藏地区也有6个：1. 止贡，2. 雅桑，3. 蔡巴，4. 帕竹，5. 嘉玛，6. 达垄；在前后藏之间有一个，即羊卓。① ……元代在国内各地，特别是少数民族地区所推行的宣慰使司都元帅府制度，在其下分设各万户的制度，当时也曾在卫藏地区推行实施。根据汉藏史料来看，却是肯定无疑的事实。

在弄清楚十三万户府的地望分布以后，王森先生就着重分析各教

① 对十三万户的逐一考证，请参见王森先生《西藏佛教发展史略》原书，此处不再一一赘引。

派与各万户之间的关系及其势力之消长：

> 元初倚重萨迦，帝师多出昆族，本钦由其举荐，萨迦在前后藏遂居于统治地位。后藏拉堆绛、曲弥、霞鲁、绛卓四个万户，或与萨迦累世相依，或由萨迦直接控制，或与昆族姻媾相结，遂皆依附萨迦。在前藏势力较强的蔡巴以及嘉玛万户，亦均与萨迦关系密切，遂皆拥护萨迦，结为一气。拉堆洛这个万户，实力单薄，史料甚少记载，似于西藏各万户之角逐中居于无足重轻之地位。前藏止贡辖地兼有农区与牧区，地处交通孔道，擅农牧贸易之利，一向以财力自雄。元室于此设万户府、万户长以外，仍设达鲁花赤等官，其万户长亦颇有兼为宣慰使者，其声势在早期自较前藏一般万户为大。止贡又与雅桑相联结。雅桑，元室亦置万户府，设官略如止贡，则其辖地必亦较大。帕竹早期与止贡亦有较密切关系，故止贡声势颇能与萨迦相抗衡。自1290年萨迦请元兵入藏，击败止贡武力，焚止贡寺后，其势稍杀(《元史》称此役为止贡之叛)。蔡巴万户最初以武力雄视前藏，后渐衰。十四世纪中，帕竹寖强，至1349年，已先后兼并雅桑、止贡、蔡巴等万户领地。至1354年更败萨迦，并后藏，除拉堆绛、拉堆洛两个万户外(还有江孜地区)，似已均归其掌握。元室肯定了他的权势，加封其万户长为大司徒，但元室不久亦亡。入明，帕竹仍为西藏最大的地方势力。

这一描述是符合历史真实的。我们可以对元代朝廷对西藏地方实行管理的具体措施有比较切实的了解，从而对《元史》所载宣政院衙门的职官设置、其中《百官志》所列西藏地方各级行政管理机构有了具体实在的认识。而且西藏的地名如“嘉玛尺康”、“曲弥新考”、“止贡”、“蔡公塘”、“羊卓”、“雅桑”、“甲域”、“达垅塘”等等，都可以得到史籍的证实。可以说，自王森先生的《十篇资料》传布以来，对西藏地方的历史、地理研究都开始了一个崭新的局面。

也可以说，王森先生在铺叙西藏佛教历史时，并不是把佛陀、菩萨给人民的安慰纸花当作点缀浮文，而是脚踏实地，让历史车轮滚动的痕迹留下生活的回音。佛教既不是轻柔妙曼的梦，也不是伤感忧愁的叹息，而是曲折地伴随着西藏历史车轮前进的折光。

（三）以历史主义观点统驭真实史料，拨开宗教迷雾，还其本来面目

每年正月初一至十五日在拉萨举行的传召大法会，声势浩大，糜费无数，成为藏区第一大法会。关于这一大法会的起源、背景和宗教上的根据、社会上的影响，王森先生从宗教史家的著作中汲取原始资料，去伪存真，拨开迷雾，作了历史性的回顾和深刻性的描述：

> 1409年藏历正月初一至十五日，宗喀巴在拉萨大招寺主持大祈愿会（smon lam chen mo，或译默朗钦摩，即汉人所谓传大召）。[①] 各地来参加会的僧众共有万余人，来观光的俗人则有几万人。阐化王扎巴坚参君臣为大会施主。这个会是全藏性的、不分教派的一次大会。在西藏历史上著名的大规模的法会以前有过两次，一次是在1076年，阿里古格王哲德举办，史称丙辰法会。丙辰法会是在哲德王武力扩大领地以后，古格势力最盛行时举行的。一次是在1277年，八思巴在曲弥仁摩寺举办，史称曲弥法会。曲弥法会是八思巴协助元室郡县吐蕃之地，设官分职，成功地推行中央政令以后，

① 这个法会，是根据《贤愚因缘经》里讲释迦牟尼佛降伏六师外道的故事举行的。六师外道与释迦牟尼均属沙门团体，都反对婆罗门教，而彼此之间又各自以为自己是正道，别人是邪外。故事是讲释迦如何一个个地辩败六师。宗喀巴此时学业已经成就，思想已经自成体系，他根据这样的故事举办这一法会，自然是有振兴“正法”，摧伏“外道”的意愿。

受封帝师大宝法王以后，由皇太子率蒙军护送回藏的第二年，由真金出面以元世祖为施主举行的。这两次大法会的性质虽与此次大祈愿法会不尽相同，但都有统治者炫耀财富，为佛教张目，买僧众欢心，以冀巩固自己的地位，提高自己声望的一番举动。这次祈愿大会，计议于1407年，举办于1409年初。正是扎巴坚参受永乐帝封为阐化王（事在1406年）之后。当时扎巴坚参对卫藏绝大部分地区的统治相当稳固，又由中央正式加封王爵，无疑会觉得自己的地位更为荣耀巩固。举办这次法会，也有炫耀一番的意思。但是主持会的人，既不是他自己（他自己也是僧人），也不是他控制下的丹萨替或孜塘寺的首领，而是请宗喀巴来主持，自然是有他的用意的。宗喀巴能成功地主持这样的大会，他自然也就获得了当时全喇嘛教界第一号人物的地位。

直到今天，人们对于拉萨一年一度的祈愿大会仍是那么热衷，会前会后又是那么繁忙，会上的节目又逐渐推陈出新。比如，增加了辩经考试以获取格西学位的内容，使这一会议更吸引佛学界乃至全社会的注意，几乎像内地科举制度下的“会试”一般。通过王森先生简短而明快的剖析，问题迎刃而解。有一位前辈学者，曾在中央研究院历史语言研究所提倡“上穷碧落下黄泉，动手动脚找东西”。但是找什么东西？怎样去找东西？找来以后又如何去认识、分析东西？像拉萨的大祈愿会是客观的存在，已经500多年，你又如何去认识、分析和理解它呢？王森先生虽然不去引用经典著作的词句，但是朴素无华地达到了历史唯物主义的高度。

又如清军入关，建立了大清帝国，他们吸取了前朝的教训，十分重视蒙藏民族的宗教作用。达赖喇嘛应邀赴京朝觐，是头等大事。王森先生对此事说：

1652年（清顺治九年），达赖率班禅的代表（班禅本人因年迈未能成行）和固始汗等人的代表到京，顺

> 治帝又待以殊礼（这主要是由于达赖是一个出家人，而不是像外国人所说的以异国君主之礼相见，但礼仪之隆重，供应之豪华，虽承元明两代之先例，似犹有加重）。1653年春，达赖返藏，行至代噶地方，顺治帝派礼郎尚书、理藩院侍郎等官赍送金册、金印。封五世达赖为："西天大善自在佛所领天下释教普通瓦赤拉怛喇达赖喇嘛"。册文、印文都用满蒙藏汉四体文字。从此，才又由清朝中央政府重新确定了达赖在宗教上的地位。

下面，是王森先生对印文所作的细致而精确的诠释：

> 这个封号，是由两部分合成的：第一部分是"西天大善自在佛所领天下释教"，这是沿用明永乐帝给大宝法王得银协巴的封号中的"西天大善自在佛领天下释教"那一部分。只是新加了一个"所"字。明封得银协巴为大宝法王，是沿袭元封八思巴为大宝法王的故事。这个封号是元、明中央对西藏僧人的最高封号。八思巴曾领宣政院事，管理全国释教，包括汉族和藏族的僧人和寺院。所以，明朝在大宝法王的封号中也加上了"西天大善自在佛领天下释教"的字样，但实际上明朝的大宝法王已不再管汉僧的事务（元末帝师也已经不再管汉僧事务）。就是在喇嘛教内部，明永乐帝还封过萨迦派昆泽思巴为大乘法王，封号中也有'领天下释教'字样。实际上明帝室并没有支持得银协巴行使他的领天下释教的权力。清朝封五世达赖沿用这一封号，却是有意支持达赖为天下（实际上是指蒙藏两族地区）喇嘛教的总领袖，而内地汉僧则不归他管，所以改"领天下释教"为"所领天下释教"。印文用汉满蒙藏四种字体，其藏文相当于"所领天下"几个字的译文，用了 rgya chen khyon la，这几个藏文字的意思是"在一个广大的范围内"，但这与"天下"（gnam vog）有

区别，这个范围就是指的包括蒙藏两族广大地区的所有佛教，但不包括汉地青衣僧，这也正是汉文用“所领天下”而不用“领天下”，藏文用 rgya chen khyon la 而不用 gnam gyi vog 字样的寓意。顺治帝沿用这一封号，也表明了他是承袭明朝中央政府的地位，以中央政府的身份，沿袭明朝成例来封一个藏族僧众首领的。这是整个封号的第一部分的含义。第二部分是“普通瓦赤拉怛喇达赖喇嘛”，这是沿用了明封顺义王俺答汗赠三世达赖的全部尊号。只是在汉文里把“识一切”改为“普通”二字，实际上这都是藏文“汤杰勤”(thams cad mkhyen，正译应为一切智，也就是梵文的萨婆若 Sarvajra）一词译的不太好的异译（普通二字，在这里作普遍通晓解）。

王森先生在书中谈到第三世达赖喇嘛与俺答汗的关系时，介绍了俺答汗与三世达赖索南嘉措（bsod nams rgya mtsho，1543—1588 年）互赠徽号：

索南嘉措赠俺答汗与以“咱克喇瓦尔第彻辰汗”(咱克喇瓦尔第，为梵文 Cakravarti 的译音，这是在佛教经典里记载下来的印度古代极有威力的君长的尊号，义为转轮王。其能统一全印的君王称为转金轮王，亦简称转轮王；彻辰汗，是聪睿汗王的意思，元世祖忽必烈曾称彻辰汗，故后世蒙族汗王极为重视此称号)。俺答汗赠索南嘉措以“圣识一切瓦齐尔达喇达赖喇嘛”（圣字在佛教里表示已经超出凡位的意思。“识一切”，即“一切智”的异译，这是西藏在显教方面有最高成就的僧人的一个称号，藏文音为汤杰勤［thams cad mkhyen］，译自梵文萨婆若 Sarvajrā。萨婆若也是释迦牟尼佛的十种称号之一。瓦齐尔达喇，是梵文 Vajradhāra 的译音，藏文音为多吉锵［rdo rje vchang］，意为执金刚，这是西藏在密教方面有最高成

> 就的僧人的一个称号。达赖，蒙文译音，意为海；喇嘛，藏文译音，意为上师。总起来讲是指在佛家显教、密宗都已达到最高成就的超凡入圣的海上师）。从此，索南嘉措这一转世系统开始有了达赖喇嘛这一称号。他又追称根敦嘉措为第二世达赖喇嘛，根敦珠为第一世达赖喇嘛，索南嘉措则为第三世。他的转世后辈，也一直称为达赖喇嘛。……顺治帝沿用这一部分封号，用意是由皇帝重新肯定蒙古人所熟知的达赖的这个尊号，以便保持并加强达赖喇嘛对蒙族汗王和人民的影响，从而更有利于自己对蒙古族的统治。

据我所知，对于达赖喇嘛受封缘起以及封号作语文学上的解释，王森先生是第一人。当时，也只有他具备解释梵、藏、汉之间对应关系的条件。除此之外，对于第巴·桑结嘉措（sde pa sangs rgyas rgya mtsho，1653—1705 年）的封号文字，王森先生也有极精辟的解释，此处不赘，请参见原文。

三

藏学已经是国际范围的显学，王森先生的成就也受到国际同行的重视和赞扬。[①] 1991 年 2 月 15 日，维也纳大学藏学—佛学系主任、国际藏学研究会理事、国际因明学会主席恩斯特·斯坦克尔奈（Ernst Stcinkellner）教授唁函说：

> 我以极大的悲痛接到王森教授逝世的不幸消息。至今我一直非常鲜明地记忆起几年前跟他在贵院会见的了不起的时刻，他的清澈明朗而且仁慈可亲的学者风范给我极深的印象。我们都会十分感激由他开始做的保持重

① 1984 年秋季，王森先生接待欧洲一位梵、藏学家。应客人的要求，指出客人从藏文还原成梵文的著作中的错误有 20 几处之多。客人当即表示十分感谢，并希望王森先生能接受访欧的邀请。王森先生以年老、体弱、多病而推辞了。

要文化和学术财宝的努力业绩!①

日本佛教大学小野田俊藏，在北京1988年10月举行的第二届中日佛学讨论会上与王森先生相交，并向王森先生提了几个关于摄类学（bsdus sgra）的问题，王森先生一一耐心地解答。事后，小野田俊藏先生说：“王森先生是真正的仁波且（活佛）！无所不知！谢谢他！谢谢他！”真好像太史公所说的：“高山仰止，景行行止，虽不能至，然心向往之。”

因此，我在这里也愿意把王森先生的《西藏佛教发展史略》，拿来跟外国藏学家的同类著作进行粗线条的比较。一方面让同道了解国外同类著作的情况，同时也放在国际范围内去认识王森先生的卓越成就的伟大之处。应该说明，第二次世界大战以后，国际风云发生很大变化。国外藏学研究者的心情、态度也有了不小的变化，与19世纪或20世纪二三十年代的情况也很不相同。因而，这里不再提到像汪德尔（L. A. Waddel）之流的《西藏宗教或喇嘛教》那样十分陈腐、错误百出的作品。只举具有代表性的三种著作，来做简单介绍：

（一）霍夫曼《西藏的宗教》

霍夫曼（H. Hoffmann）1912年出生于弗赖斯堡，在柏林洪堡大学研修印度学、伊朗学和中亚语言，1938年获博士学位。初任汉堡大学印度学及藏语语讲师（1946年），后任慕尼黑大学印度学教授（1948年），并担任美茵兹科学及文学研究院、慕尼黑巴伐利亚州科学院研究员。1959年起，赴美国布鲁明顿担任印第安纳大学乌拉尔—阿尔泰研究中心教授，主讲西藏的宗教和历史。1980年退休，回慕尼黑定居。其主要著作为《西藏的宗教》（The Religions of Tibet，1956年），英文译本由英国菲茨格拉德（Edward Fitz Gerald）完成，1961年在伦敦出版。此书共分8章：第1章，古代的苯教；第2章，佛教在印度的发展及

① 原文为英文，译之如上。

其传入西藏；第3章，莲花生及其学派宁玛派；第4章，8世纪和9世纪的宗教斗争；第5章，系统化的苯教；第6章，佛教的再生；第7章，喇嘛教的兴起；第8章，宗喀巴的改革和达赖喇嘛的僧人执政。

霍夫曼的书，只是偏重于对苯教的介绍，以及苯教佛教化的过程的描述。而对佛教，特别是噶举、萨迦等重要宗派，几乎没有什么涉及。大致可以看作“西藏前期宗教研究”。这正是由于作者当时完成了《西藏苯教史料摘编》的专著，顺手把自己熟悉的内容组织在本书之中。王森先生的书，是有一通盘的考虑的，它是一本系统而且不是静止的描述，是把宗教放在社会政治、经济息息相关的总体范围内验证、归纳出来的结果。霍夫曼不懂汉文。藏文书能看多少，不太清楚。从他所引用的材料看，大都是西方学者译成英、法、德文的有限的几种藏文史籍而已。这也是与王森先生有很大差别之处。不过，王森先生也从霍夫曼的书中转引了蔡邦（tshes pong）氏王妃反对金刚乘佛教所说的那一段名言，那是出自《莲花遗教》（pad ma bkav thang）者。可见，学者之间是“心有灵犀一点通”的！

（二）图齐《西藏的宗教》

图齐（G. Tucci）是意大利最著名的东方学家，堪称西方世界近代研究西藏宗教文化的权威学者。自1933年起在意大利罗马大学担任东方学教授以后，长期讲授印度和亚洲的宗教、哲学。先后8次到过西藏、尼泊尔及喜马拉雅山区进行学术考察，搜集了大批藏文典籍和文物。在罗马大学东方研究所出版了一套东方研究丛书，创办西藏文献图书馆。得到藏族学者南喀诺布等人的帮助，翻译了一批重要的藏文史籍出版。撰述颇多，其著名的有《吐蕃诸赞普之陵墓》（The Tombs of Tibetan kings，1950年）、《西藏画卷》（Tibetan Painted Scrolls，1949年）、《穿越喜马拉雅》（Transhimalaya，1973年）以及《西藏的宗教》

（The Religions of Tibet，1970 年）[1]。此书原与海西希（W. Heissig）教授合著《西藏和蒙古的宗教》的一部分，先以德文出版。后，由杰弗·森茂（Geoffrey Samuel）把这一部分译成英文出单行本，1980 年在伦敦出版。全书分 7 章：第 1 章，佛教在西藏第一次传播（前弘期）；第 2 章，佛教的第二次传播（后弘期）；第 3 章，喇嘛教的一般特质；第 4 章，众多的重要的教派和教理；第 5 章，僧侣、寺院生活、宗教历法和节日；第 6 章，民间宗教；第 7 章，苯教。

图齐的书带有“西藏文化”的意味，基本上是平面的排比，缺乏历史的脉络的判断。同样也由于他不懂汉文，难以利用汉籍所载十分宝贵的史料。而且书中对于民间宗教、苯教的描述，偏重于罗列现象，未能放到当时整个西藏社会背景中去考虑，略嫌不足。但是应该说，图齐的书是西方学者的同类著作中较为平实的作品。与他的《西藏画卷》比较，可以看出他对西藏发生的变化，是有所触动也有所期待的。

（三）长尾雅人《西藏佛教研究》

长尾雅人是日本京都大学文学博士，著名的佛教学者。1989 年以前，一直担任日本西藏学会会长，任京都大学、京都佛教大学教授，通梵、蒙、藏文，其主要著作有《蒙古学问寺》（京都，1947 年）、《蒙古喇嘛庙记》（京都，1947 年）、《大乘庄严经论索引》（东京，1958—1961 年）、《辩中边论》（以梵文本作为基础的第一次编集，东京，1964 年）、《日本藏学研究概况》（日本《亚洲学报》刊行，1975 年）。而《西藏佛教研究》，乃是长尾雅人的扛鼎力作。以日文编写，附有英文提要，全书 446 页，1954 年初版，1978 年再版。全书分为两大部分：上编共分 5 章：第 1 章，西藏佛教教学研究之方向；第 2 章，西藏佛教教

---

① 《西藏的宗教》的汉译本，1989 年由天津古籍出版社出版，耿昇译，王尧校订。

学之内容及特色；第3章，对与《宗喀巴传》有关方面的考察；第4章，《菩提道次第广论》一书之完成及其内容；第5章，《宗喀巴全集》的目录。下编：《菩提道次第广论·毗钵舍那章》之日译。

长尾雅人的书，实际上是对格鲁派的研究。而且以一半以上的篇幅来翻译《菩提道次第广论·毗钵舍那章》，其余部分又侧重于介绍寺院生活和教学组织及内容，还有对《宗喀巴传》的分析。这样，很难与书名《西藏佛教研究》和谐统一。不过，长尾雅人对于宗喀巴在教理上的继承和发展，对于空、有所持的态度等方面的剖析很有见解。可以与王森先生书中第8篇对照阅读，大有补益。

王森先生的《西藏佛教发展史略》，与国外学者的同样著作相比之下，可以肯定有三大特点：（1）重视藏文史料；（2）重视汉文和梵文材料及语言上的功能；（3）重视西藏当地社会的实证材料。这是王森先生以自己的亲身实践指引后辈的一条光明大道。最后，略改王国维的诗句，以“书卷纵横崇明德，山河带砺灿晚霞”，来表达敬仰慕念之情！

附：王森先生论著目录

（1）专著：

《西藏佛教发展史略》，中国社会科学出版社，1987年。

《民族文化宫藏梵文贝叶目录》（草稿），1964年编成，1985年油印。

《佛教梵文读本》（梵、藏、汉对照），中国佛教学院印行，1943年。

（2）论文：

《因明》，《中国大百科全书·哲学卷》条目释文，1987年。

《关于因明的一篇资料》，《哲学资料汇编》第1辑，1957年。

《宗喀巴传论》，《民族研究》1979年1—2期。

《宗喀巴年谱》，《世界宗教研究》1983年第2期。

《现观庄严论》，《佛教百科全书》条目释文，1961年。

《谈谈藏文》，《中国语文》1953年第5期。

《释明代梵藏汉文法被图》，《藏学研究论丛》第1辑，1989年。

（3）译作：

《正理滴论》（法称），梵文译汉。

《七句义论》（寐日），梵文译汉。

《胜论经》（迦那达），梵文译汉。

《三自胜论》（世亲），梵文译汉。

《因真实论》（吉达利），梵文译汉。

《藏语口语文法》，Ch. 贝尔原著，英文译汉。

《藏文文言口语文法》，A. B. 汉纳原著，英文译汉。

《西藏现存之梵文贝叶经》，罗睺罗原著，王森先生署名“孑农”译，原刊《现代佛学》1952年。①

以上，是不完全的目录。据《藏学研究文选——祝贺王森先生从事藏学研究工作50周年》（1989年）的“编辑本书缘起”转录，略有增补。

附记：

此文酝酿于1988年初，沈卫荣同志参与了讨论、设计，应记下他的辛劳。

（原载《中国藏学》1991年第2期。）

---

① 印度学者罗睺罗（Rahul Ratna）在西藏寻访梵文贝叶经，三撰文稿，刊于《印度柏哈奥理萨研究会杂志》，历述其在藏访书经过及所获见之典籍目录。王森先生将其文编译成一篇，后有台湾翻印本在海外流传。

附　录

中国的藏学

一

藏学（Tibetology）的故乡在中国，是中国固有的学科。但在 1949 年以前，藏学跟其他学科（如蒙古学、突厥学、满学）一样，不可能得到重视和发展。只是一些忧国忧民的知识分子，眼见国事日非，边陲日危，亟谋开展藏学研究来报效国家。而当政者正忙于消灭异己，遂其私欲，置民族安危于不顾，学者们只能在各自研究领域内，做若干专题的探讨，如空谷传音，分外寂寥。这些学者中，又分为两大类：

其一，是修习藏传佛教的汉僧，以大乘佛教修习和实践为目的，徒步入藏，翻越崇山峻岭，横穿冰天雪地，用“西天取经”的精神，前仆后继，络绎不绝，如大勇、大刚、能海、观空等是。而以法尊最为杰出，居藏地十八寒暑，从事藏文经典译汉的工作，译著等身。

其二，是一些著名学者，如罗常培，以语言学家的功力，旁及藏字，运用藏语文资料，写出《唐五代西北方音》（1930 年）

这一划时代巨著。陈寅恪，史学名家，以其敏锐眼光，如椽巨笔，写出《吐蕃彝泰赞普名号年代考》（1929 年）等传世论文。这些，可以说是中国藏学之发端。而于道泉的《第六代达赖喇嘛仓央嘉措情歌》（1931 年）一书，堪称中国藏学第一部专著。其他许多学者，就各自专业所及对藏族的语言、历史、宗教、民俗、文化各方面进行探索。如韩儒林、闻宥、任乃强、李安宅、于式玉、王沂暖、金鹏、王森、黄明信、刘家驹、庄学本等，都曾发表过颇有分量的论著。①

当时，国难日深，边事日急，鸡鸣不已，风雨如晦。学者们常怀报国之心，每思安边之计，忧心忡忡，惴惴不安，充分体现了知识分子忧患意识的历史传统。然而，在当时的中国高等学校中，竟不能设立藏学课程，遑论建立藏学专业之教学与研究！说也可惨，若想进一步求藏学深造，非到国外不可。于道泉先生乃以坚毅的勇气，只身负笈，远赴巴黎，投在巴黎大学藏学教授巴考（J. Bacot）门下，苦读五年。这就是旧中国知识分子苦心孤诣、赤诚报国的具体表现。

二

1949 年 10 月，中华人民共和国成立。1951 年 6 月，在北京成立了中央民族学院，学院的第一个专业即藏语专业。当然，这是伴随着西藏和平解放，西藏地区的经济文化发展的需要而来的第一只燕子，它意味着藏学的春天来到了。这个专业即由刚从海外归来，满怀报国热忱的于道泉教授担任教研室主任，从全国各大学调集了一批文科的有为青年，齐集一堂，进行快速培训。于道泉与资深的民族语文学家马学良教授合作，用当时最为先进的

---

① 这些论著，散见于抗日战争时期大后方几种杂志，如《边政公论》、《文史杂志》、《康导月刊》及《华西大学学报》等。

方法进行藏语教学，为新中国的藏学事业，为第一批藏学工作者，打下了坚实的功底。这就为中国藏学事业迈开了第一步。

60年代初，中央民族学院设置古藏文研究班，延聘当代藏族最孚声望的饱学格西东噶·洛桑赤列为主讲，并聘请甘丹格西扎西仁青和藏式公文档案专家土登格吉为教师，展开了藏学的语文、历史、宗教哲学、医学、天文等多学科、多门类、全方位的教学和研究。在这个研究班里，培养了一批又一批高级藏学人才。如拉巴平措、赤来道吉、杜泰等人，都是这个研究班中出类拔萃的精英，其他许多人也都已成为中国藏学事业的中坚。与此同时，兰州的西北民族学院、成都的西南民族学院、西宁的青海民族学院和咸阳的西藏民族学院，也都在积极培养藏学人才，开展藏学的教学与研究工作，云蒸霞蔚，极一时之盛。中国科学院亦曾专门组织庞大的工作队进藏，分别进行语言的、文学的和社会历史的调查。这一时期，出版了《藏语拉萨、日喀则、昌都方言此较研究》、《格西曲札藏文字典》，《汉藏新词汇》、《格萨尔王传》（霍岭大战）、《达赖喇嘛传》、《新唐书吐蕃传笺证》、《西藏萨迦格言》、《藏剧故事集》、《说不完的故事》等著作，并重印了《五体清文鉴》和《西藏王臣史》（藏文）、《释迦牟尼赞》（藏文）等书。

三

1978年以后，重新兴起了藏学事业的热潮：西藏大学的设立，西藏社会科学院的组建，中央民族学院和西北、西南、青海民族学院以及社科院有关各所藏学研究生的招收、培养，可以作为藏学发展的标志。仅中央民族学院，截至目前，已招收了四届藏学硕士研究生，学科范围涉及了哲学、宗教、语言、历史、文学等各方面。

一批专著脱颖而出，其分类情况如下：

（一）语言

《藏语简志》、《阿里藏语》、《藏文文法教程》、《拉萨藏语语言教程》、《藏语广播教程》、《藏语拉萨口语词典》、《藏汉大辞典》、《藏语常用词典》、《藏文新字典》，先后出版。

应该特别指出，对于藏语声调的研究，有几篇重要论文相继发表。在丰富而坚实的材料上带有总结性的论断，引起了国际藏学界和语言学界的重视。词典学的进展，更是标志着藏学的深入，出版了近十部词典。方言研究已向纵深发展，对藏语几大方言的调查、描写、分析，使这一专题的比较研究有了更好的基础。可以说，藏语学的研究是在罗常培、王力、袁家骅、罗季光等老一辈语言学家的教导下结出的丰硕成果，中国藏学家一口流利的藏语，更使外国的藏学界钦佩不已。目前，学者们对于藏语史的研究已发生浓厚的兴趣，汉藏语系语言的比较研究更有广阔的前景。

（二）历史

这一古老的学科，明显地受到陈寅恪为代表的语言学派的影响。从一开始，就十分重视语言材料的发掘和整理，先后翻译、出版了一大批藏文史籍：《青史》、《红史》、《新红史》，《吐蕃王统世系明鉴》、《土观宗派源流》、《萨迦世系史》、《米拉日巴传》、《颇罗鼐传》和《贤者喜宴》（节译）。此外，汉文史料《〈册府元龟〉吐蕃史料校证》、《〈通鉴〉吐蕃史料》、《藏族史料》，极大地丰富了藏族史研究的园地。在此基础上，一批专著的出版也就水到渠成：《藏族简史》、《西藏与祖国关系史料汇编》、《藏族史要》、《藏族史略》、《蒙藏民族关系史略》相继出版。同时，把海外藏学家的专著作为他山之石也翻译出版，其中有《吐蕃僧诤记》、《西藏的文明》、《西藏中世纪史》等。

应该提到，由于特殊的文化背景和历史因素，作为专题史的西藏宗教史受到特别的关注。《关于西藏佛教的十篇资料》是极为重要的一部，那是王森先生的力作（60年代曾铅印内部发行），书中对西藏佛教进行了全面的考察，绵密而谨慎地引用了大量的藏文史书。可以毫不夸张地说，后来的有关西藏佛教史研究的专著，无一不是遵循这本书的脉络，基至有些书是沿用此书中的大量资料敷衍掇拾而成。《论西藏政教合一制度》出于藏族学者东噶·洛桑赤列之手，先以藏文出版。藏人论藏，自然高人一筹，人们争以先睹为快，竟同时有四种汉译本问世，海外亦有翻印者。《西藏佛教史略》、《宗喀巴传论》、《藏传因明学的发展》、《喇嘛教对藏族文化的影响》、《藏传佛教文化十讲》、《藏汉佛教词典》均是这一命题下的新作。

总的看来，对于西藏历史的研究，平面铺叙较多，整体流动发展探索较少，旧史料重复沿袭较多，新资料发掘阐明较少，故藏族史的研究尚有待于深化。而宗教研究并不平衡，苯教（即佛教以外）的研究，竟成空白状态，至今还没有一本专著。佛教研究亦缺乏具哲学高度的深入探索，对于喇嘛教的思辨性理论如何为狂迷的实践所掩盖，以及其他若干思想、意识和义理上的特点也有待于深入。藏族的历史人物传记的撰述，有待于加强。

（三）文学

中央民族学院藏语教研组自1958年以来，就接受了编写《藏族文学史》的任务。几编几改，又被列为国家重点项目，有几位学者殚思极虑，孜孜兀兀，终于在1986年集体编写出版，取得举世瞩目的成就。同时还有多种层次的民歌、民间故事、传记的翻译专著出版。

《格萨尔王传》这一伟大史诗，在60年代即有人从事搜集和翻译。而全面研究的工作是在80年代开始的，中国社会科学院成立了全国格萨尔王传工作领导小组，进行协调、组织和领导。至1987年底，北京、西藏、四川、甘肃、青海各有关出版社，已出版了藏汉文本《格萨尔王传》50余部，基本上完成了搜集整理工作，今后将在研究工作上迈步前进。

（四）敦煌文献

敦煌古藏文写卷，是中国藏学研究的一个专门领域。所谓敦煌古藏文写卷，系指藏在敦煌千佛洞石窟的古藏文写本，属于敦煌文献的一个分支。包括被斯坦因、伯希和劫去国外的古藏文写卷在内，共约5000个卷号。早在30年代，于道泉先生游学法国和英国期间，曾收集了一批写卷的缩微胶片，带回国内。此后，又通过了各种途径获得了一部分敦煌古藏文写卷的影印件、复制件及其出版物。如巴考等人编译的《敦煌本吐蕃历史文书》，法国出版的《敦煌藏文写本选集》1—2卷等等。学者们在对这些古藏文写卷进行解读的基础上，分析、研究涉及藏族古代语言、历史、宗教、文化等方面的内容。

1981年初，中央民族学院成立了藏学研究所，即有专人对敦煌古藏文写卷进行研究。到目前为止，已出版的专著有《敦煌本吐蕃历史文书》、《敦煌吐蕃文献选》、《敦煌本吐蕃医学文献选编》、《吐蕃简牍综录》、《吐蕃文献选读》等，并就若干写卷发表了关于吐蕃兵制、法制、官制以及占卜、医学等一系列的论文。在研究敦煌古藏文写卷的同时，还对吐蕃时期的金石碑铭进行了搜集、翻译和研究，出版了《吐蕃金石录》等专著。在现有研究成果的基础上，已就敦煌古藏文写卷制订出如下的规划：

（1）编辑《敦煌吐蕃文书总目录》。收拉露所编的伯希和劫经藏文目录三册和威利布散所编的斯坦因劫经藏文目录一册合在一起，核对原卷加以考订，并将国内收藏的古藏文文书汇编为一册总目录，供研究者使用。（1988年夏季脱稿，第一部分。）

（2）编辑《敦煌本吐蕃文书集成》。把吐蕃文书写卷分类编辑、过录、翻译、解题，汇而成册，提供研究者使用。（1990年完成初稿。）

（3）编辑《唐代藏语词典》。（1990年完成初稿。）

如前所述，藏文工具书与宗教历史文献的编译出版，是中国藏学研究的特色，它与中国藏学研究的进程相一致。特别是张怡荪教授主编，由近60位藏学专家参加编写的《藏汉大辞典》，藏汉双解，收录词目53000余条，是目前国内外收词目最多，部头最大的百科全书式的工具书，深受国内外藏学界的欢迎。而藏医古籍《四部医典》藏文本及汉译本的出版，引起了医学界的重视。《藏族天文历法研究》一书，也受到天文学界的欢迎。

中国藏学研究从无到有，从小到大，经历了30多年漫长的发展过程。在10年“文化大革命”期间曾一度停滞，自1979年以后又重新走上了蓬勃发展的轨道。新近建立了一批藏学研究的专门机构，出版了专门的学术刊物。据统计，我国从事藏学教学和研究的机构已达二三十家，仅北京一地就有中国藏学研究中心、中央民族学院民语一系（蒙、藏、朝语文系）和藏学研究所、中国社会科学院民族研究所藏语研究组和藏族史研究组及藏族农奴制研究组、中国社会科学院民族文学研究所藏族文学研究室和格萨尔研究室、民族文化宫图书馆藏文部、北京图书馆民族部藏文组。西藏自治区、青海省、四川省和甘肃省，都有专门的藏学教学和研究机构。北京民族出版社藏语文编辑室、西藏人民出版社、四川民族出版社和青海民族出版社等出版机关，出版了大量有关藏学的论著。全国发行的藏学专门刊物有《西藏研究》、《藏学研究文集》、《国外藏学研究译文集》、《格萨尔研究集刊》以及地方编印的四五种藏文期刊等等。

继老一辈藏学家之后，中国藏学界涌现了一大批年富力强的藏学研究专家。其中有的以其作品和成就，成为蜚声国际藏学界的知名学者，应邀到国外讲授藏学。在藏族宗教、历史、语言、文学艺术、古典文献等方面，中国藏学家提出了自己的见解，作出了自己的贡献，出现了一批卓有见地的论文和研究专著，有些在中国藏学界乃至国际藏学界都是里程碑式的著作（例如《藏汉大辞典》）。另有一些著作，正在酝酿之中。由于学者们的努力，他们以自己的行动和卓越成果，沟通了国内外藏学界的联系，使中国藏学逐步走向世界。几年来，我国先后几次派员参加国际性的藏学会议，应邀赴国外讲学，进行国际学术交流。国外出版的藏学经典著作，也逐步翻译介绍进来，并开始邀请国外藏学家到中国访问。目前，正准备在适当的时候在北京或拉萨召开国际性的藏学会议。

回顾过去，展望未来，中国藏学正以其独特的姿态蓬勃地发展。它在继承和发展藏族悠久的历史文化遗产，丰富整个中华民族的文化宝库，促进藏族地区的经济、文化事业的发展，繁荣学术研究等诸方面发挥作用。正如季羡林和任继愈二位教授在1986年5月中国藏学研究中心成立大会上的预言，“藏学将成为继敦煌吐鲁番学之后的又一显学”，必将有更多的学者参加到藏学研究的行列中来，藏学研究必将有一个灿烂辉煌的前景，我们正拭目以待！

1988年元旦

（原载汤一介主编《中国文化与中国哲学［1988年］》，三联书店，1990年。）

近十年中国藏学研究概述

（1986—1996）

藏学（Tibetology），是研究藏民族的专门学科。藏族作为中华民族五十六个成员之一，自古以来就生息、繁衍在青藏高原上，主要分布在我国境内的西藏自治区及川、甘、青、滇的藏族聚居区。藏族的故乡在中国，藏学的故乡当然也在中国。

有人认为我国对藏学的研究，至少可以追溯到隋唐，还可以追溯到更远的古代。那时的学者，也留下不少对藏区山川风物、人民习俗之记载。就语言文字而言，我国藏族、汉族学者都认为，7 世纪松赞干布的文臣通米·桑布札的藏文文法《根本三十颂》和《字性组织法》是首创性之专著。西方世界研究藏学的创始年是 1834 年。是年，匈牙利学者乔玛（1790—1842 年）发表了其《藏英词典》和《藏文文法》。[①] 这是西方社会研究藏学的发端和津梁。不妨把过去的藏学研究称为传统藏学，而将运用现代人文科学的手段，借鉴历史学、语言学、文化人类学等新的

① 参见文国根：《藏学入门》、《藏学故乡在中国》。分别载于《藏学研究论丛》第 2、5 辑，西藏人民出版社，1990、1993 年。

学科方法的藏学研究称之为现代藏学，也就是一般意义所指的“藏学”，就是本文所谈的范围。

由于旧中国特殊的社会历史环境，国事日非，外敌环伺，边疆多事，厥无宁日。当时忧国忧民的知识分子，为着维护祖国统一，去研究中国的学问——藏学，却非得要远渡重洋，留学海外不可。最为典型者，是中国藏学的创始人之一于道泉（1901—1992 年）先生。他就远赴法国巴黎大学，师从巴考（J. Bacot）教授苦读了五年，专攻藏学。在此之前，在北京他已发表了专著《第六代达赖喇嘛仓央嘉措情歌》（1931 年），此书可以看作中国现代藏学的发端之作。此后，在风雨如晦的黑暗年代里，一批学者如韩儒林、闻宥、任乃强、李安宅、于式玉、黄明信、王沂暖、金鹏、王森、柳陞祺、吴丰培、法尊、刘家驹、庄学本等，他们就各自所长，利用当时的条件投身于藏学，开始进行专门性研究，发表了一些重要论著，成为中国藏学的先河。

1949 年后，在北京成立了中央民族学院，并率先创办藏语专业，由海外归来的于道泉教授讲学，成为中国培养自己藏学人才最早的摇篮。从这里培养了一批又一批的藏学人才，其中有的如今已是蜚声中外的学者。在经历了惨痛的“文化大革命”的严重挫折以后，到了 1978 年，人们呼唤已久的“科学的春天”终于来到，中国学术界再度焕发出青春活力，中国藏学事业随之再度振兴。西藏大学的建立，西藏社会科学院的组建，中央民院和西北、西南、青海等地民族学院及社科院开始招收、培养藏学专业研究生，一批批优秀人才脱颖而出。他们在老一辈藏学专家的指导下，迅速推出一批批观点新颖、立论正确、论证严密的成果，其中有些填补了藏学研究的空白，已为中外学界重视。

今天看来，可以这样说，经过数代藏学学者（包括汉、藏、蒙古、满和其他民族）长期不懈、艰苦卓绝的努力，已经为中国藏学事业奠定了相当坚实的基础，中国堪称当之无愧的藏学故乡。这方面已有专文介绍。[①] 下文，我们只就近十年（1986—1996 年）来中国藏学的发展状况做一概述。

一、中国藏学研究中心的成立和发展

十年来，经过改革开放、奋发图强，中国藏学研究在原有基础上取得了飞速发展，一批新的研究机构陆续成立，研究工作得以顺利开展。这期间成立的新的研究机构，有中国藏学研究中心、中国藏语系高级佛学院、四川国外藏学研究所、四川藏学研究学会、甘肃省藏学研究所、中央民族学院（中央民族大学）藏学系等，为藏学人才的培养、藏学研究广泛深入的开展，提供了良好的基础。国家级学术研究机构——中国藏学研究中心，成立于 1986 年 5 月 20 日，这标志着中国藏学已迈入一个崭新时期。

中国藏学研究中心成立的根本宗旨是，研究以西藏为主包括其他藏区在内的政治、经济、历史、社会、语言、文化、宗教等方面的问题，培养藏学研究人才，组织、协调藏学研究工作，开展国际学术交流，繁荣和发展藏学事业。经过十年来的发展，中心已成为颇具规模的藏学研究机构，在科研、出版、学术交流等方面，做出了重大贡献。藏学中心下设部门中有社会经济、历史宗教、文献资料等三个专门性研究所，十年中承担了一些重点课题，如《元以来西藏地方与中央政府关系研究》、《西藏封建农奴制社会形态研究》、对勘《甘珠尔》和《丹珠尔》又称为《中华大藏经》（藏文部分）、《西藏拉萨现存梵文贝叶经的整理研究》、《中国国情丛书·西藏卷》、《青藏高原环境与发展》、《西藏农民的生活——以帕拉庄园为中心的调查研究》、《藏区特

---

① 参见王尧：《中国的藏学》，《藏学零墨》，高雄：佛光出版社，1992 年。杜永彬：《中国近十年藏学人才培养的反思》，《法言》（香港）1990 年 8 月号。

殊语言研究》等。

在藏学中心内，创办了中国藏学出版社，从1987年至今，已出版图书222种之多，总数约93万余册。其中藏文图书88种，26万余册；汉文图书134种，67万余册。还参加了海内外各类书展，颇受好评，反映良好。《中国藏学》杂志社自1987年10月创刊至今，共发刊藏、汉文版各34期，发表各类论文、文章900余篇。该刊现有国内订户2000余家，海外订户125家，涵盖美、英、法、俄、日、德及我国台湾、香港等11个国家和地区。已成为藏学领域国内外有名的、水准较高的专业性刊物。

资料工作方面，在中国第一和第二历史档案馆、西藏自治区档案馆等单位的大力支持和协助下，搜集、整理了大量的藏、汉文档案资料，已公开出版《元以来西藏地方与中央政府关系档案史料汇编》（7卷本）、《十三世达赖圆寂致祭和十四世达赖转世坐床档案选编》、《铁虎清册》等书，共约500万字，为研究者提供了极有价值的史料。

1991年，藏学中心还主办了有来自众多国家的国际友人参加的北京“中国藏学讨论会”。十年间，多次派人出国参加国际学术会议，进行学术考察、访问、进修和讲学，以及参加国际书展等，同时接待外国及港、台学者数百人次。这些均增进了中外同行间的相互了解和友谊，促进了藏学事业的发展。

总之，十年来藏学中心在对西藏及其他藏区重大理论问题和宗教问题的研究、藏学家的培养、藏学书刊的出版、中国藏学研究工作的组织和协调、对外交流、资料建设等方面，做出了杰出的贡献。藏学中心的十年成绩，是这期间中国藏学事业的重要组成部分。

二、藏学论著的出版

十年来，中国藏学研究在原有的基础上继续得到发展，出版了大量的学术论著、刊物或丛书，取得了辉煌的学术成就。

（一）刊物（包括丛书）方面

《西藏研究》、《西藏民族学院学报》、《中国西藏》等藏学专业刊物，继续刊发了大量论文。《中央民族学院学报》、《西北民族研究》、《西北民族学院学报》、《青海民族学院学报》以及有关省级社科刊物等，也刊发了一定数量的藏学文章。单就《西藏研究》（汉文版）而言，从1986年至今，就出版了42期，刊发文章千篇左右，涉及藏学领域的若干分支领域，如历史、宗教、政治、经济、文化、教育、语言、医学及史料信息等。所发文章中，有不少产生了一定的社会影响，具有较高的学术价值。而中国藏学研究中心的建立，《中国藏学》杂志的创办，更是为藏学研究领域提供了一个崭新的学术园地。自其创办以来，学者们在上面发表了900余篇（汉、藏文版）文章。不少观点新颖、论证严密的新作脱颖而出，为藏学领域带来了勃勃生机。

十年来，除了全国各地出版的各类刊物外，有关出版社、中国藏学中心、各地藏学研究机构（所或学会）等，相继推出大批系列丛刊和丛书。其中有如：

1. 中国藏学出版社推出的“西藏知识小丛书”，已出版《元明两代中央与西藏地方的关系》（邓锐龄）、《西藏的教育》（多杰才旦）等十多种通俗易懂的小型专书，对藏学知识的普及、宣传起到了不可低估的作用。

2. 西藏人民出版社推出的《藏学研究论丛》，编委由北京、青海、甘肃、四川、陕西、西藏等地部分学者组成，自1989年5月出版至今，已出版6辑，共刊发近150篇文章。其中不少篇目论证严密、分析精到、结论合理，具有一定的学术价值，产生了较好的社会影响，比如《释明代梵、藏、汉文〈法被图〉》（王森，第1辑）、《元代萨迦本钦辨析——兼论元代西藏地方的行政体制》（陈庆英，第2辑）、《吐蕃远古氏族“恰”、“穆”研究——敦煌古藏文写卷P. T. 126 Ⅱ解读》（褚俊杰，第2辑）、《唐蕃使者之研究》（苏晋仁，第3辑）、《唐、吐蕃、大食政治关系史》(王小甫，第3辑）等等。

3. 四川藏学研究会杨岭多杰等主编的《四川藏学研究》(中国藏学出版社)，则具有浓郁的地方特色，主要刊发四川藏区社会历史、政治经济、文化教育、宗教文化、藏医藏药方面的文章。自1993年起至今，已出版2辑，刊发了32篇学术论文。

4. 中央民院藏学所编辑的《藏学研究》，迄今已正式出版7辑，刊发文章120多篇，主要是历史、宗教、文化方面的学术论文，也有适量的人物评介文章。有些文章，对藏学史上某些悬而未决的、有争议的重大问题，作了深入细致的探讨，对藏学研究产生了积极的影响。其中除了1982年第1辑刊发的《论西藏政教合一制度》(东嘎·洛桑赤列著，陈庆英译）之外，1986年以来的十年中，刊发的重头文章有《三探吐蕃卜辞》（王尧、陈践，1986年第4辑)、《雪山草原间的神灵家族——藏族神灵论》(丹珠昂奔，1987年第5辑)、《山东长清大灵岩寺大元国师法旨碑考释补证》(王尧，1993年第7辑）等众多篇目。

此外，值得一提的是，随着中国藏学研究的蓬勃发展，中外学术交流的增加，国内外相互借鉴的迫切性和重要性日趋突出。在此背景下，由笔者首先倡导和亲自主持，从1985、1986年间起，组织人力选译国外藏学名作、名篇，编为《国外藏学研究译文集》，由西藏人民出版社出版。该文集从1986年2月出版第1辑至今，已出版12辑，共发表国外藏学研究译文162篇。该文集的编辑和出版，不但对中国藏学研究有良好的借鉴和交流作用，而且还培养了一批年轻的藏学翻译和研究人才。

(二）专集专著（包括辞书和个人文集等)

十年来，中国藏学出版社，西藏人民出版社，青海、四川、甘肃等地的民族出版社，出版和再版了与藏学研究相关的各种汉、藏文史料、专论、辞书及个人专集等近千种，实在难以统计。这里只能分门别类择要简介：

(1）语言文字研究

《藏文拼音教材（拉萨音)》(周季文等)、《拉萨口语读本》

(胡坦等)、《实用藏文文法》(格桑居冕)、《嘉戎语研究》(林向荣)、《拉萨口语语法》(王志敬)、《藏汉大辞典》(张怡荪主编)等书的出版，对藏语教学的普及和提高，对藏语研究的深入开展，都产生了不小的促进作用。此外，中国藏学研究中心还承担了1995年度青年社科基金课题《藏区特殊语言研究》等。

尤其值得一提的是《藏汉大辞典》，此书藏汉双解，收词目53000余条，是目前国内外收词最多、部头最大的百科全书式的藏语文工具书，深受国内外藏学界的欢迎。[①] 它是数代若干学者心血和汗水的结晶，它的编辑出版在藏学领域具有划时代的意义，不但推动了藏语言的研究，而且也为藏学其他所有领域的研究者带来益处。此书1987年获吴玉章奖金语言文字一等奖。1993年再版改为32开缩印本，分上、下两册。

藏语言的研究，实际上是在罗常培、王力、袁家骅、傅懋勣、马学良、罗季光等老一辈语言学家的教导下结出的丰硕成果。如今年富力强、学有所成的藏语专家，有许多都曾直接受教于他们。[②] 由于老一辈专家强调语言实践和口语训练，中国的藏学专家们一口流利的藏语，更是令国外藏学界叹服。

十年来，藏语研究逐步深入，得到某些新的成果，声调研究继续为人们所关注，并有所突破；语法研究也有某些成果；综合性和专科性藏语词典陆续出版，种类繁多，意味着藏语词典学的繁荣；方言的描写研究正在逐步展开，出版了一些方言词典等等。这些，都为藏语研究带来了新的可喜景象。方言间的比较研究、藏语史的研究、汉藏语系语言间的比较研究等著述相对较少，依然具有广阔的前景。但这些课题难度较大，学者们已经认识到，要从事这方面的研究，除了要对各主要方言进行详尽的描写外，还应根据文献资料编撰断代藏语词典。有了这些基础性的工作，才能谈得上藏语史和藏语方言的历史比较研究，尔后才有

---

① 王尧：《藏学零墨》，第102页。

② 王尧：《藏学零墨》，第98页。

助于汉藏系语言比较研究。因此，这些领域尚待学者们进行艰苦的努力和不懈的探索。

（2）历史宗教研究

藏族历史（包括宗教史）的研究，很大程度上有赖于对藏文及汉文史籍的发掘、整理和翻译出版。十年来，这方面又有了新的进展，翻译出版或再版《青史》、《红史》、《新红史》、《吐蕃王统世系明鉴》（又译《西藏王统记》）、《西藏王臣史》、《土观宗派源流》、《萨迦世系史》、《萨迦世系史续编》、《郎氏家族史》、《安多政教史》（又译《多麦教法史》）、《雅隆尊者教法史》、《印度佛教史》、《米拉日巴传》、《颇罗鼐传》、《多仁班智达传》、《贤者喜宴》（节译）等等，编辑刊印《〈册府元龟〉吐蕃史料校证》、《〈通鉴〉吐蕃史料》、《藏族史料》第1—4辑、《元以来西藏地方与中央政府关系档案史料选编》（7卷本）等重要著作，为藏族史和藏传佛教史的研究，提供了丰富的原始材料。

此外，还出版了一大批学术著作，专书有如《藏族史略》、《藏族简史》、《藏族史要》、《早期传教士进藏活动史》、《安多藏族史略》、《蒙藏民族关系史略》、《蒙藏关系史研究》、《藏族部落制度研究》、《吐蕃文化》、《丝路文化·吐蕃卷》、《宗喀巴评传》、《西藏佛教发展史略》、《藏传佛教思想史纲》、《藏传因明学》、《元朝帝师八思巴》等，个人专集有如《任乃强民族研究文集》、《李安宅藏学研究文选》、《西藏文史考信集》（王尧）等。上述专书中，《吐蕃文化》系吉林教育出版社推出的“中国少数民族文库”之一，《宗喀巴评传》系“中国思想家评传”200种之一。王森的《西藏佛教发展史略》，则是中国第一部全面、详实地以史料求证，运用历史语言学方法研究藏传佛教史的杰作。它虽然在1987年才正式出版，但早在1965年4月即由中国社会科学院民族所少数民族社会历史室编印成册，流传和影响于学界，对藏传佛教的研究产生了良好影响。而个人专集，则是不同时代学者学术生涯中的精选之作，既反映了不同时代的学术背景和风格，又反映了学者不同的学术个性和研究方法。由西藏著名学者恰白·次旦平措、诺章·吴坚、平措次仁编撰的《西藏通史》，藏文本、汉译本（845000 字），西藏古籍出版社 1996 年出版。王贵、喜饶尼玛、唐家卫三人合著的《西藏历史地位辨》，民族出版社 1995 年出版。这是极为重要的两部新作，已受到多方面的重视。

“他山之石，可以攻玉。”（《诗·小雅·鹤鸣》）近十年来，中国藏学界不但出版本国学者著述，而且一如既往地重视国外藏学名著的译介工作。中国藏学出版社专门推出《汉译国外藏学名著丛书》，其他出版社也出版了相当数量的藏学译著。此间出版或再版《西藏的贵族和政府》、《西藏和蒙古的宗教》、《西藏的文明》、《西藏研究文献目录》、《十三世达赖喇嘛传》、《现代西藏的诞生》、《西藏的鬼怪和神灵》、《喇嘛王国的覆灭》、《西藏佛教密宗》等大批译著，对中国藏学研究方法、史料的运用和分析等，均有良好的借鉴作用。

十年来，中国藏学界基本上同过去一样，“对于西藏历史的研究平面铺叙的较多，整体流动发展探索较少，旧史料重复沿袭较多，新资料的发掘阐明较少，故藏族史的研究尚有待深化。而宗教研究并不平衡，苯教（即佛教以外）的研究，竟成为空白状态，至今还没有一本专书。佛教研究亦缺乏具有哲学高度的深入探索，对于喇嘛教的思辨性理论如何为狂迷的实践所掩盖，以及其他若干思想、意义、义理上的特点也有待深入研究。”① 藏族历史上出现过许多重要历史人物和大学者，目前只对其极少数有较为深入的研究，出版了有关传记，但还远远不够，尚需加强。如果说不同之处，就是近十年来藏族史研究的重心有所转移，着眼于元以后的著述中优秀作品较多。

（3）文学研究

1986 年四川民族出版社出版的《藏族文学史》，可以说是该

① 王尧：《藏学零墨》，第 99 页。

领域的总结性成果。该书的编写任务是中央民族学院藏语教研组1959年就接受了的，几编几改，近30年后才得以正式出版，是集体的智能结晶，结合众多学者的辛劳和汗水。佟锦华教授的《藏族古典文学》提纲挈领，简明通俗，有利于藏族古典文学知识的普及。此外，一批多层次的藏族文学作品如民歌、民间故事、藏戏及藏族历史人物传记（如《米拉日巴传》等）的翻译和出版，极大地丰富了藏族文学研究的园地。而世人瞩目的《格萨尔》研究，早在60年代王沂暖先生就从事这部史诗的搜集和翻译。全面的研究工作则始于80年代，中国社科院成立了全国《格萨尔王传》工作领导小组。80年代中后期，北京、西藏、四川、甘肃、青海等省市有关出版社纷纷出版藏、汉文本《格萨尔王传》，计有50余部，基本上完成了搜集整理工作，为后来的研究奠定了坚实的基础。如今这部伟大史诗的研究，已在全国形成一定规模。《格萨尔研究集刊》的出版，使许多优秀论文得以问世，并在世界上产生影响。但是，研究工作有待向纵深发展，研究队伍有待全面协调，这样方可避免盲目性和重复工作。

（4）敦煌吐蕃文献研究

这是中国敦煌学的重要分支，专门研究敦煌藏文写卷，即藏在敦煌千佛洞石窟中的古藏文写本，包括被英国斯坦因、法国伯希和等窃去国外的写卷在内，共约5000个卷号。早在30年代，于道泉先生游学法、英时，就曾搜集了一批写卷的缩微胶卷带回国内。尔后，又通过多种管道获取一部分敦煌古藏文写卷的影印本、复制件及其出版物，有如巴考等人编译的《敦煌本吐蕃历史文书》、法国出版的《敦煌藏文写本选集》（1—2卷）等等。

中国学者正是在对这些古藏文写卷进行释读的基础上，分析、研究藏族古代语言、历史、宗教、文化等方面的内容，出版了一系列的论著。其中1980年版的《敦煌本吐蕃历史文书》（王尧、陈践）可谓此领域国内的首部力作。由于此书对于藏学诸多领域如历史、文学、语言、宗教、法律、文化等方面的研究均有所依托，颇受国内外学术界青睐。1992年，民族出版社又出版了增订本，改原有的32开本为16开本，内容、体例、装帧等方面都面目一新。此后，王尧、陈践又陆续推出了一系列的敦煌吐蕃文献研究论著，如《敦煌吐蕃文献选》、《吐蕃简牍综录》、《吐蕃文献选读》等等，并就若干写卷发表了关于吐蕃兵制、法制、官制以及占卜、医学等一系列的论文。在他们的带动下，一批能解读、分析、研究敦煌古藏文写卷的青年学者得以继续深入探索。

在研究敦煌写卷的同时，还对吐蕃时期的金石碑铭进行了搜集、翻译和研究。1982年文物出版社出版的《吐蕃金石录》（王尧），是国内在此领域的开创之作。后来，海外华人学者李方桂先生撰A Study of the Old Tibetan Inscriptions一书时，它成为必不可少的参考文献。

据笔者不完全统计，十年来，国内学者解读、翻译和研究敦煌古藏文写卷的文章，散见于各类刊物的已有近百篇。敦煌写卷涉及面很广，有历史、宗教、语言、文化、医药、法律、占卜等等方面，加上当时唐蕃特殊的关系，其内容有好些还与古代汉文典籍有关。因此，要从事这方面的研究，必然要求研究者有良好的藏、汉文语言、历史、宗教等知识基础。要将这门学问不断推向新的高度，就有必要发现和培养有志于斯的青年人才，这样方可继往开来、日益发达。

除了上述已经出版的论著外，有些著述已经脱稿即将出版，如王尧主编的《法藏敦煌藏文文献解题目录》，将由民族出版社出版。此外，《敦煌本吐蕃文书集成》、《唐代藏语词典》等项目也在准备之中，可望在不久撰成出版。

（5）藏族医药及科技研究

这方面十年来又有一定数量的著述问世，包括《敦煌本吐蕃医学文献选编》。但与其他传统学科如历史、宗教等相比，即颇失衡。就以《中国藏学》（汉文版）为例，自从创刊以来，藏医药和科技方面的研究论文只发表了6篇。另据《中国藏学》

1995 年第 1—2 期所刊《1994 年全国藏学研究论文资料要目索引》（上、下），1994 年全国报刊杂志发表了近 700 篇文章，其中，医药卫生类只刊发了 6 篇，科技（建筑）类只刊了 11 篇。由此看来，藏医药和科技方面的研究还相当薄弱，亟待全面加强。

（6）政治经济研究

这方面在十年来得到了大力加强，可谓硕果累累。《中国藏学》自创刊以来，所发表的近千篇文章中，就有约 200 篇属于此类。这些文章，大多结合社会历史对西藏及其他藏区政治、经济现状进行考察和研究。在此期间，全国出版的藏学著作中，属于此类的至少占总数的四分之一。其中，有些是国家级的重要研究计划，如中国藏学研究中心的《中国国情丛书 · 西藏卷》、《青藏高原环境与发展》等；有些是实地调查和文献资料结合，相互论证，对某些社会历史现状进行分析研究的成果，如《迪庆藏族社会史》、《果洛藏族社会》等。这些成果资料详实，多数直接来源于对藏族现实社会的第一手调查。相信今后这方面的研究，还会得到拓展和加深，将会变得更加成熟和发达。

三、藏学人才的培养

十年来，中国藏学研究越来越繁荣、深入，除了 1986 年前已建立的西藏社会科学院、青海社会科学院藏学所、中央民族学院藏学所之外，1986 年以后中国藏学研究中心、四川省国外藏学研究所、中央民族大学藏学系、四川藏学研究会、甘肃藏学研究所等学术机构和团体相继建立。这些单位同前文所述的众多刊物和有关出版社等，为发现和培养藏学人才提供了宝贵的环境。自 1978 年恢复研究生招生以来，全国各地已经招收百余名藏学专业的硕士、博士生，其中有近百名是 1986 年以来的十年内招收和培养的。他们中有许多在老一代藏学家们的培养和指导下，已成为有关研究机构的业务骨干和专家。他们的科研成果，有些具有创见性，填补了某些空白，为中国藏学研究增添了新鲜血液，带来了勃勃生机。

尽管藏学人才培养单位和老一辈藏学家们都非常重视从语言入手，视其为培养青年藏学人才的基本功，但由于长期存在的历史和传统方面的诸多因素，主观愿望与客观现实还存在较大差距。故而，十年来藏学人才在培养方面根本性的变化不多，藏族学生的汉文修养和汉族学生的藏文基础都有待加强。由于学术领域对外交流日益频繁，汉、藏两族有志于藏学研究的学生，都有必要真正掌握一至两门外文，才能满足今后日益增多的对外学术交流的需要，才能知己知彼，扬长避短。

人才培养的格局，也没有多少重大改变。历史、文学、语言方面依然占重头，而藏医药及科技方面研究人才的培养，由于受主、客观条件的限制，依然冷清，需要全社会和藏学界的鼎力支持和帮助。相信经过一段时期的努力，藏学人才培养的格局会更加符合和适应改革开放的需要。

概而言之，十年来的中国藏学研究，在各方面都有了长足的发展，取得了举世瞩目的可喜成就。随着以中国藏学研究中心为代表的一些新的藏学研究单位的相继成立，藏学出版物也相继增加，藏学人才的培养规模也有所扩大，藏学研究领域也在不断拓展，藏学界的对外交流也日见增多。可以说，新中国的现代藏学研究，已经突破传统藏学大、小“五明”① 的范畴，发展成为对藏族及其社会各个领域的全面研究，涉及政治、经济、历史、语言、宗教、文化、艺术、哲学、法律、制度、教育、医学、科技等诸多学科的综合性学科体系。十年来，中国藏学研究继续朝这个方向迈进。总的来看，历史、宗教、语言、文字及敦煌文献等的研究得到了持续发展，出版了一大批新的论著。同时，政治、

---

① 大五明指内明（佛教哲学）、因明（佛教逻辑）、声明（音韵学）、医方明（医学）、工巧明（工艺学）；小五明指诗词、修辞、韵律、歌舞、星算。

经济方面的研究，顺应时代的要求，异军突起，发展较快。而某些传统学科，如天文、历法星算等发展缓慢，需要加强。藏医药及科技等的研究依然备受冷落，必须引起高度重视。

藏学研究既要继承，又要发展；既要有轻重缓急，又不可顾此失彼。今后无论是机构和专业设置、人才培养格局，还是科研项目分配比例等方面，均应全面发展。相信再过十年的努力，中国藏学研究的诸方面都会更加成熟和繁荣。

（原载王尧：《水晶宝鬘——藏学文史论集》，台北：佛光文化事业有限公司，2000年。）

藏学研究在台湾

1988年11月，我应香港中文大学中国文化研究所所长陈方正先生和饶宗颐教授之邀，赴港讲学。台湾政治大学边政研究所硕士生郑夙芬、程碧惠二女士前来听讲，海峡两岸同道才得以晤对。又承蒙二女士转来政大边政所各位先生的殷勤存问之意，获知颇有价值的资料，连同过去在海外讲学搜集所得的材料，乃得以草成此篇，用以介绍海峡彼岸诸同道的学术成就。东望云天，瑶台有路。国家统一有望，学术切磋可期。谨表衷心祝愿，并遥谢在台诸君子焉。

一、西藏研究会的建立

台湾的藏学研究，经过长漫漫冷漠孤寂的阶段，70年代起，伴随着岛上经济发展和文化宗教的兴旺，逐渐有了起色。1985年5月，台湾研究西藏问题的15位学者专家关于成立研究学会的倡议，得到台湾的南亚促进会（理事长梁永章）和政治大学边政研究所（所长林恩显）的支持，经过缜密、积极的筹备，于1986年元月正式成立“西藏研究会”（这个会与1986年5月北京成立之中国藏学研究中心，1986年8月拉萨成立之西藏藏学会无巧不巧，同在一年之中，可见中国人人同此心，心同此理)，这标志着台湾的藏学研究进入一个新的阶段。在台湾西藏研究会的成立会上，林恩显宣布了研究会宗旨在于"促进了解，首重学术研究,透过科学、理性的方法,正确认识西藏,是我们改善汉藏关系,以缓和'中央'与西藏问题的重要途径"。王吉林《西藏研究应有的态度》一文,比较能反映岛内藏学界的一般心态。他说:"西藏研究既是一门世界性的显学,而且从事这门学问的研究人员背景不同,目的不一。有一些研究者别有目的,有政治上的野心,或有意的制造国际上的纠纷,因而在阅读或引用他们的作品时,就要特别小心,当信的信,不当信的以存疑为上。"

这个西藏研究会，挂靠安设在台北木栅的政治大学边政研究所内，设总干部一人，聘请研究委员若干人，内分四个组：(1)语文组：组长由中央研究院历史语言研究所研究员龚煌城教授兼任；(2)历史组：组长由文化大学历史系教授王吉林兼任；(3)文化组：组长由政大社会系讲师张遂俐担任（该组包括宗教研究，曾由林崇安代)；(4)现况组：组长由廖淑馨担任，后由张骏逸教授代理。总干部一职，由政治大学边政所副教授、藏语专家萧金松担任。在萧氏到印度、尼泊尔留学期间，由林冠群博士暂代一年。

从组织上看，西藏研究会的成立，协调了台湾岛内的藏学研究。研究委员：林恩显、萧金松、龚煌城、王吉林、张遂俐、廖淑馨、邱萤辉、徐新登、吕秋文、王美霞、林冠群、林崇安、胡进杉、陈又新、陈玉蛟、孙天心、葛婉章、冯明珠、张骏逸。研究助理：先后聘有杨正翠、陈素主、程碧惠、郑夙芬、李永裕、张福成等。本来岛内藏学研究是由政治大学边政研究所、文化大学、蒙藏委员会、三民主义促进会、中央研究院历史语言研究所等单位分散进行的，人力不集中、缺乏统一的目标；而且岛内信仰主义者发展、组织的藏传佛教研修团体逐渐增多，品类不齐；与岛内外的学术联系太少，几乎未能参与国际藏学研究活动。因而发展组织这个西藏研究会，并出版《西藏研究会刊》（已出6期），就是力图改变这一局面，与岛内外加强联络的先声。

二、岛上的藏学活动

设在台湾高雄佛光山大寺内的“中华汉藏文化协会”，由会长星云大师发展举办了“世界显密佛学会议”。

1986年12月26—30日在佛光山举行，共有19个国家和地区的312位代表参加。其中，不乏藏学研究的论文，如陈玉蛟《宗喀巴师徒三尊对般若波罗蜜多的诠释》，张骏逸《西藏画卷的艺术》，博朝卿、刘铨芝、方祖燊《西藏佛寺的建筑风格与内部设施的研究》，札奇斯钦《西藏佛教对蒙古的影响》，王吉林《从历史论汉藏关系》，杨开煌《论1949年以后的西藏佛教》，林崇安《密宗的传承及其发展》，许明银《西藏寺院的修学过程与教学制度——特别以色拉寺为例》，光岛督（Dr. Tabaou Mitsushima）《吐蕃时代苯教之律宗及金刚宗》。西藏佛教专题，由旅美西藏萨迦派教主达勤主持。噶尔活佛、达桑活佛、戎塔活佛、乔那萨活佛、扎西布阶、旺秋吐杰格西、土丹坚参、阿布喇嘛参加讨论，会中进行的辩经实况，引起与会者的极大兴趣。

蒙藏委员会主办了“蒙藏文化研习会”，对象是青年学生，目的是加强青年学生对我国蒙古西藏文化之了解，促进民族团结。

在台北木栅政治大学校园内，举办了冬令营性质的研究会。1987年1月19—26日，会期8天。活动内容富有普及蒙藏文化知识的特色，如：（1）参观拜会“西藏儿童之家”、“故宫博物院西藏宗教艺术展”、“蒙藏委员会”。（2）草原活动，实际体验蒙藏式的食物制作过程及其佛教生活。（3）蒙藏传统民俗技艺、“西藏风云录”和蒙藏风光影片录影带欣赏。（4）蒙藏传统服饰讲座暨展示会。这些，无疑对生活在台湾的各族青年学生丰富民族知识、增进感性认识都有直接作用。这一次研习会上的学术讲座，也有许多吸引青年的内容：罗宗涛教授《汉藏文化交流——从文成、金城公主和亲谈起》，林恩显教授《漫谈蒙藏胞与内地人的观念差异》，夏元瑜教授《蒙古马与西藏牦牛》，葛敦华将军《蒙藏地区的战略地位》，萧金松教授《西藏佛寺》，刘绪端《海外藏胞现况》，龚煌城《从阿尔泰语系与汉藏语系之比较看蒙藏语文》，林崇安《蒙藏宗教》，叶柏棠《中共对蒙藏策略的演变经过》。除开举办单位的反共顽症所表现出来的宣传不论，单从加强民族团结，促进青年学生对少数民族文化、宗教和民族关系的了解来说，这个活动是有积极意义的。

蒙藏委员会在1986年10月至1987年3月举办过三次藏学研究的学术讨论会：（1）王吉林：《辛亥革命与西藏》（1986年11月）。（2）孙子和：《中共入藏前后西藏地方行政组织的衍变》（1987年1月）。（3）杨熹铭：《清代西藏对中央进贡制度的探讨》（1987年3月）。

1984年，台湾政大边政所发起组织了“中国边疆问题学术讨论会”，有日本、美国、德国等国民族问题专家参加，并出版论文专集两册。这次会议，对岛上民族学界有所触动，对藏学研究无疑也是一剂强心针。事实上，这是岛上藏学界与外界接触的开始。

应该提到的是，岛上有大量的藏传佛教信仰主义者的活动。据不完全统计，自1981—1985年间，藏传佛教的活佛、喇嘛到台湾传法者，合计47人次。噶举派18人32次，宁玛派4人6次，萨迦派4人6次，格鲁派2人3次，共28人47次。可以看出，格鲁派僧人与台湾关系较少，而噶举派由于历史渊源，关系较密。1986年3月间，台湾西藏研究会总干事萧金松与台湾大学教授高天恩二人，代表台湾“藏传佛寺兴建会”赴印度，在达兰萨拉会晤了达赖喇嘛及流亡集团中的宗教、新闻部门负责官员，就修建藏传佛寺及双方宗教文化交流事项交换了意见。达赖与他们交谈约40分钟，表示愿意在诚信的基础上，建立与台湾的宗教和文化关系，决定派遣一位喇嘛去台指导兴建藏传佛寺，以及讨论有关问题。

加拿大籍喇嘛噶旺，在台演讲《19 世纪西藏佛教大师姜贡康楚的生平与事行》(The Life and Work of Jamgon Kontrul)。

北投的“中华佛学研究院”、台南的“开元佛学院”等民办团体，开设藏文课程。

陈玉蛟曾在《台湾的西藏佛教》一文中批评：“陈（健民）上师影响力之大不难想象，美中不足的是，由于陈上师曾经大力公开了密宗修法中择人，始得密传的‘双修’法门，为佛教界带来了一些不良影响，因此也招致了一些非议。”而且，陈氏忧心忡忡地指出：“西藏佛教的优点固然很多，弊端也不算少。对于不明教理而喜好说神说怪者，祸害尤甚。西藏密宗，为普利众生，广开方便之门，因此名堂比较繁多。少数居心不轨之徒(汉人居多）自称上师，利用信徒的无知、迷信及心理上的弱点，假借传法、消灾、祈福、加持之名，诈财骗色，欺世盗名，胡作非为，以至于想学西藏密法之人，因知见不清、遇人不淑而受害之事，时有所闻，令人不胜感慨。”陈氏建议：“（台湾岛内）佛教团体，应该趁此时机，急起直追，早日培育出研究西藏佛学的专家学者，或研究西藏佛教的教义，或运用西藏文献，重新校订旧译经论，乃至增译后出的中、晚期印度佛典及藏文重要论著。佛教僧团尤其需要有计划地遣人前往印度与西藏各大僧院观摩学习，适当引进西藏僧侣教育的体制与教学方法，同时配合时代的学术潮流，为未来的佛门弟子铺设一条更为平坦宽阔的成佛之道。”这是冷静的峻语，对台湾藏学界大有补益，决非泛泛空论可比。

政治大学与文化大学把藏学课程正式列入教学序列，可见其重视。所设课目如下：

(1) 政治大学社会学系：设《边政通论》、《中国边疆民族史》、《中国民族志》、《中国边疆社会与文化》、《藏文一年》、《藏文二年》等课。边政所设《中央政府边疆政策》、《研究方法》（人类学、社会学、历史学、统计学）、《语言学研究》、

《西藏语文》、《西藏历史研究》、《西藏地理》、《西藏社会与文化》、《中国边疆现况研究》、《中共少数民族政策研究》、《中国边疆专题研究》、《中国边疆与国防》各课。

（2）中国文化大学民族与华侨所：设《西藏涉外关系研究》、《藏语文》、《边疆政教制度研究》、《中共少数民族政策研究》、《边疆社会与文化》、《现代边疆概况》、《边疆问题专题研究》各课。中华佛学研究所分别在一年级设《藏文拼音》、《基本句型文法》（一）、《短篇佛典选读》、《文法》（二）课，二年级设《佛典选读》（印度佛教史），三年级设《佛典选读》（内外宗义摄要漫论）等课。

这里应提到欧阳无畏的教学活动。欧阳无畏在西藏拉萨哲蚌寺潜修18年，法名群佩计美（ཚོས་འཕེལ་འཇིགས་མེད）。迁台后，一直从事藏文教学，并在政大边政所讲授藏学课程。他自1975年起授藏文，循序讲授基础因明、宗义、般若、中观、量论等主要西藏著述。据“西藏研究会”报道，其讲授课目如下：

1.《西藏古典文法〈松居巴〉及〈大金局巴〉本颂及〈司徒讲义〉》（笔者按：即《三十颂》及《字性组织法》སུམ་རྟགས）。2.《藏文剧本〈莲花林的故事〉》（笔者按：即《莲池歌舞གདམ་པད་མའི་ཚལ་གྱི་ཟློས་གར》）。3.《藏文剧本〈色目仙女传〉》（笔者按：即《苏吉尼玛》）。4.《西藏格言诗〈水木论〉》（笔者按：即《水树格言》）。5.《西藏诗论及其举例》。6.《藏文尺牍》。7.《十四世达赖喇嘛著〈吾土吾民〉》。8.《五世达赖喇嘛著〈西藏王臣史〉》。9.《夏格巴著〈西藏政治史〉》。10.《松巴堪布著〈世界广说〉中之西藏地理部分》。11.《多罗那他著〈印度佛教史〉》。12.《达兰萨拉新刊教科书本〈西藏佛教史〉》。13.《北京版〈甘珠尔〉、〈丹珠尔〉目录》。14.《因明入门——兑扎》（笔者按：即“摄类学”）。15.《内外宗义略论宝鬘》。16.《宗喀巴著〈现观庄严论金鬘疏〉》。17.《宗喀巴著〈入中论善显密意疏〉》。

由以上课目可见，欧阳氏对台湾从事藏学研究的青年一代的藏文训练，施行的是全方位的指导。

三、1968—1985 年 17 年中台湾有关西藏研究的博士、硕士论文目录一览

博士论文：《古代藏语和中古汉语语音系统与比较研究》，作者：辛勉，导师：顾阳鸷、高明、林尹，台湾师范大学国文研究所 1972 年 5 月通过。硕士论文：参见下页。

硕士论文题	撰著者	指导教授	单位	时间
“中共伪政权”的治藏政策	赵洪		政治大学政治所	1968.7
1890 年中英关于藏印间哲孟雄界务之交涉	施达郎	欧阳无畏	政大东亚所	1970.7
西姆拉会议经过及其研究	黎蔚谦	欧阳无畏	政大外交所	1971.6
古代驻藏大臣之研究	萧金松	周昆田	政大边政所	1971.7
西康建省对川藏影响之研究	黄华煜	蒋君章	政大边政所	1975.7
拉萨“抗暴”事件之研究	陈杭升	蔡翔之	政大边政所	1976.7
清季四川陆军进藏之研究	徐新登	苏康·旺钦格勒	政大边政所	1976.7
西藏山区对冬季平均环境之动力作用	刘明礼	廖学镒	中央大学物理所	1976.7
第十三辈达赖喇嘛时期西藏对外关系之研究	郭洋	周昆田	政大边政所	1976.7
西藏婚姻制度之研究	龚甬波	周昆田	政大边政所	1977.7
乾隆末年廓尔喀与西藏军事冲突之始末及其影响	张骏逸	周昆田 王成坚	政大边政所	1977.7
古代经营西藏之研究	陈淑明	张兴唐	文化大学	1978.6
近代中英西藏之交涉	冯明珠	李守孔	台大历史所	1978.6
中央与西藏地方关系之研究——从国民政府	王美华	吕秋文 张兴唐	文化民族与华侨研究所	1979.2
西藏社会制度之研究	简瑞宏	张兴唐	文化民华所	1976.6

续表

硕士论文题	撰著者	指导教授	单位	时间
中印西段边界问题研究	邱萤辉	蒋君章	文化民华所	1980.1
第十三世达赖喇嘛新政之研究	陈又新	刘义棠	政大边政所	1981.7
西藏"政教合一制度"形成原因之研究	胡进杉	蒋君章 吕秋文	政大边政所	1981.7
西藏战略地位之研究	赵叔键	蒋纬国	文化民华所	1981.7
西藏社会阶级形成研究	黄维明	吕秋文	文化民华所	1982.7
李唐、回鹘、吐蕃三边关系之探讨(以肃、代、德宗时期为中心)	林冠群	刘义棠	政大边政所	1982.7
西藏领导阶层权力结构之研究	苏国川	吕秋文	文化民华所	1983.7
政教合一制度下西藏当权者之研究(1750—1911)	杨嘉铭	吕秋文 郭长杨	文化民华所	1983.7
藏族歌谣研究	吴志凯	王吉林	文化民华所	1984.6
喇嘛教对元代政治的影响	黄正旭	哈勘楚伦	政大边政所	1984.6
唐朝与吐蕃和亲研究	冯艺超	萧金松	政大边政所	1985.6
近代西藏"独立"运动之研究	华健青	萧金松	政大边政所	1985.6

从这一份博士、硕士名单及论文目录中，可以看出几个问题：

研究者注意点比较集中在政治、历史和社会问题上，除1、6两项明显含有台湾当局反共思想色彩以外，大部都属于传统西藏学研究范围。导师队伍中有欧阳无畏、蒋君章、周昆田、王吉林等老一辈学者，还涌现出一批如吕秋文、萧金松等新秀。《西藏战略地位之研究》一项专论之导师之一，赫然是台湾第二号人物蒋纬国，以“三军大学校长”之身份，参与指导这一课题，可见台湾当事者对西藏的兴趣。

其中，获得博士学位的辛勉，现已为台湾师大教授。1971

年获硕士学位的萧金松，现已为政大边政所副教授、西藏学研究会总干事，并曾往印度达兰萨拉会晤达赖，进修一年（1987年），成为台湾西藏学中坚人物。1977年获硕士学位的张骏逸，后在美国印地安纳大学继续攻读博士，学业日进，现已任政大教授。林冠群1982年获硕士学位，1986年又以《吐蕃赞普墀松德赞研究》一文获博士学位，并晋为副教授，在政大边政所任教。冯明珠女士1978年获台大历史所硕士学位，不断地发表论著，最近的一篇《唐绍仪与中英西藏交涉中的“主权”之争》，颇为出色。条分缕析，脉络清楚，对Sovereignty（主权）与Suzerainty（宗主权）的分歧，作了详尽的介绍。

四、藏学论著述评

台湾中央研究院历史语言研究所将藏语的研究列为保留项目。如果远溯20世纪30年代，该院还先后出版过于道泉的《第六代达赖喇嘛仓央嘉错情歌》（内有赵元任的记音及藏语语音系统描写）（1931年）和罗常培的《唐五代西北方音》（1933年）。迁台后，出版过张琨与蓓蒂合作的四大本《藏语语料》，受到藏学界普遍欢迎。

孙天心《谈安多藏语方言若儿盖话的一种特殊语音现象——元音反和谐》（1987年）一文，引起人们的注意。按Robert Vago的定义：“元音和谐，指一种控制在某一语段范围内元音共存性的规律，这个语段几乎永远是词。”语言学家对元音和谐的性质，做过多方面多角度的探讨。孙氏曾对安多藏语从事专门研究，并在日本东京外国语大学出版其专著《藏语安多口语研究》（Aspects of the Phonology of Amdo Tibetan，1957年）。作者认为“若尔盖话采用了前一音节元音异化的手段，一方面增加一个音节的元音差异，有助于区别不同之语法变化形式，另一方面拉开了前后音节元音的舌位高低，使得整个词的发音较为明显清楚”。此后，孙氏又发表了《安多藏语的小舌音》一文。看来孙氏到美国进修，会有新的研究成果问世。

高明道《藏语实字 dam 义试探》一文，从语义学、语源学和语法学不同角度探讨 dam 一词的实字、虚字两重意义。文中利用叶斯开（Jäschke）、达斯（Das）词典，西藏佛教研究会《藏文词典》（此为《格西曲札字典》的盗印本，1973 年），西北民院的《藏文词汇》、青海新编《藏文字典》、《藏汉大辞典》（台北文殊出版社盗印本，1987 年）共六种辞书资料，对 dam 一词作了比较研究。

最为引人注目的，是 1987 年台湾“中央研究院”出版的李方桂和柯蔚南（W. South Coblin）合著的《古代西藏碑文研究》（A Study of the Old Tibetan Inscriptions）。全书共分三个部分：第一部分导言，介绍吐蕃碑铭文献的语言、历史背景和回顾吐蕃碑铭文献研究的历史。第二部分正文，收录了 14 通碑铭文献，包括新发现的洛札（ལྷོ་བྲག）摩崖石刻和敦煌石窟题记。对每通碑铭文献的研究分别为引言、录文、录文校勘注、译文和译注几个段落，每篇的篇首引有碑铭年代、地点、现存状况、前人研究目录、发表的拓片、照片一览表。第三部分是词汇表。全书书末，附有征引书目。

《古代西藏碑文研究》著者李方桂先生为一代宗师，柯蔚南为李氏门下高足，二人合作，本书具有三大特色：（1）语文学特色。考据学、训诂学的严谨态度，融合新的语文学特点，别具一格，令人敬佩其敏锐与严谨。（2）汉藏语的语义比较方法。吐蕃时代，唐蕃之间之政治、经济、文化的交往甚为密切。唐人记载吐蕃情况甚为勤勉，为后世留下了大量的有关吐蕃汉文史料。另一方面，吐蕃人雅慕唐风，不仅翻译了大量的汉文典籍，而且典章制度方面也多有移植，得其精髓。因而，利用汉文材料解决吐蕃古词疑难问题，确为有效途径之一。作者充分利用了这一优势，取得显明成果。（3）前人研究成果的系统总结。总之，此书可以说代表着国际上研究吐蕃碑铭的最新成果。无论在深度上和广度上，都把此项研究大大推进了一步[1]。

冯明珠《唐绍仪与中英西藏交涉中的“主权”之争》一文。此文作者冯明珠女士，台湾大学近代史组硕士毕业，在故宫博物院文献处任编辑。对于1905年2—6月之间全权大臣唐绍仪赴印度与英国全权代表费利夏一场外交斗争的关键实质，做了极为简明扼要的铺叙。充分肯定了唐绍仪在这一场外交斗争中的坚定立场，同时揭露英帝国主义所扮演的极不光彩的角色。

文中指出：“1904年，英国以清廷无法执行各约中允诺条款及锡金与西藏界址等问题，出兵侵犯西藏，造成英军上校荣赫鹏（Col. Francis Young-Husband）在8月3日（阴历六月二十二日）攻陷拉萨，十三世达赖喇嘛出亡库伦的事件。英国这次出兵入侵拉萨，是想利用日俄将进入战争状态的良机，一举驱逐俄人在西藏的势力；并想排除中国，否定中国在藏主权，建立英藏直接关系。”“唐绍仪在收拾庚子拳变善后的各项交涉中，充分显示出他通达世界情势，熟悉外交事务的特点。”“唐绍仪确也不负清廷希望，在印度会议期间对中国在藏主权多有争议，不但粉碎了英国强行改变中国与西藏关系的提案，并将‘主国’(Soveringty State)、‘主权’(Sovereignty)、‘宗主国’(Suzerainty-state)、‘宗主权’(Suzerainty)、‘属国、属地’(Vassal-state)等关键名词，依据国际法的规定，阐释明白，对日后中英西藏交涉奠下良好的基础。”

可以看出，冯氏此文对西藏交涉颇下功夫，引用中外文献甚为详实。冯氏另一篇专文《景纹治藏施政详述》，充分利用了吴丰培（玉年）先生编印的《景纹驻藏奏稿》一书，对景纹1865—1869四年中在藏四件大事，即平定瞻对土司、办理布鲁克巴与披楞战争、交替噶布伦、办理廓尔喀朝贡等作了评述。冯氏文中，还申明“利用故宫博物院所藏档案，为《景纹驻藏奏

---

① 参见拙文：《评李方桂、柯蔚南新著〈古代西藏碑文研究〉》，《民族语文》1988年4期。

稿》进行增补与校勘”，企图将景纹驻藏奏牍尽可能搜全，再进行分析与检讨。

张骏逸《民国以来西藏与中央的关系》一文，缕述民国以来中央政府与西藏关系的变化与发展，文中分为四个段落：(1)第十三辈达赖喇嘛由亲英而反英；(2)第十三辈达赖喇嘛亲中央的开始；(3)热振呼图克图与中央；(4)中央人员被迫撤离西藏。从文中可看出，尽管张氏恪于台湾当局的功令，有一二政治套语，而作者对于中共中央与西藏的关系，寄予无限期望的深情却跃然纸上。从张氏另一篇专文《宣政院与吐蕃》中可以看出，作者对历史上中央政府与西藏地方的注意已非一日。这一专题的探讨新作，吾人可拭目以待。

毕业于政大东语系土耳其语文专业之林冠群，1982 年 7 月以《李唐、回纥、吐蕃三边关系之探讨（以肃、代、德宗时期为中心）》的论文，通过政大边政所的硕士学位。1983 年夏季，考入中国文化大学史学所，攻博士课程。1986 年 6 月，又以《吐蕃赞普墀松德赞研究》一文，通过中国文化大学史学所的口试，获文学博士学位。同年 8 月，在政大边政所晋升为副教授，可谓后起之秀。

《吐蕃赞普墀松德赞研究》已出版，全书共分 7 章 18 节，25 万字。第一章，绪论：说明本文研究方法与使用之文献。第二章，墀松德赞名号年代考：考定墀松德赞于 742 年，13 岁（754 年）登基，于 796 年退位，797 年薨逝，享年 56 岁。第三章，墀松德赞即位与执政：剖析吐蕃之政局，政治组织之特色，宗教、贵族在吐蕃政坛上所扮演的角色。第四章，墀松德赞之治绩：“崇佛抑苯”，“扩张国势”之分析。第五章，墀松德赞与唐朝的关系：内分四个阶段，即吐蕃乘危入侵、唐蕃短暂和平、德宗和蕃的失败、李唐计弱吐蕃。第六章，墀松德赞之晚年：政局动荡，退位薨逝之谜等。第七章，结论：就墀松德赞一生之作为，对吐蕃及当时的亚洲政治及吐蕃全局产生的影响，作一总结。

作者在书中，运用大量藏文史料，难能可贵。导师王吉林教授的评语：“林君为国内（岛内）第一位研究西藏史的博士，有此成就已属不易，所期望于林君者，百尺竿头，更进一步。所望于国内学术界者，重视边疆史之研究，有真知、有成绩后，始可与言边疆问题。如吾人不急起研究边疆史，则在边疆问题上，没有发言地位，其关系国家民族，不言可知。”语重心长，蕴含着长者对藏学后起之秀的期望。

林恩显，前任政治大学边政研究所所长，在他的任内召开过国际性的中国边疆问题学术讨论会。西藏研究会的建立并挂靠在政大边政所，皆由于林恩显的推动和协助。足见林氏对西藏学的研究深有兴趣。在《西藏研究会刊》第5期（1988年3月）发表了林氏《近30多年来中国大陆学者的西藏研究分析》一文，代表了岛内藏学界对大陆藏学研究情况了解的程度。

开头，林氏就说：“中共一向重视我国边疆民族的研究……尤其是在民国三十八年新政权在大陆建立以后，不但以政府力量领导研究机构，全面调查研究中国少数民族，同时发动学术界展开少数民族的研究工作，作为其厘订少数民族政策和政治斗争运动的依据。”这一判断，基本上符合我们开国初期及稍后数年的情况。如全国少数民族的社会历史调查、少数民族语言调查、少数民族文学调查等，都是50年代初到60年代初进行的规模巨大、人员众多、成绩丰宏的事业。林氏有鉴于此，乃发出这一段议论是可以接受的。

又说：“不过，西藏地区，一方面是统一较晚。另方面地理环境和民族关系上较为特殊，所以大陆学者专家对西藏的研究工作似乎稍有不同。”不同究竟在哪里？下面，是林氏分析的根据：“自民国三十九年至七十六年（按：即1950—1987年）止对西藏研究之专书计158本，论著565篇，目录共723条，进行统计分析。”“以语文类最多，其次是政治类、经济类、历史类、宗教类、概论类、社会类、文化与民俗类、艺术类、地理类、民族类、科学及其他类、教育类、年事与国防类。显示近40年来大陆对西藏的研究，以沟通工作的语文及统治有直接关系的政治类最受重视。”看来，林氏所收集大陆书刊不全，分类亦有偏颇，所分析得出来的结语无不尽然。固然，藏语文曾是相当一段时间研究重点，至今未衰，其主要原因是大陆学者基本上倾向于以语言为藏学研究的基础。大都是在熟谙藏语以后，再分门别类从事其他专题的研究。所以，对藏语文的研究、调查、分析，乃至教材编写、词典编纂，都是基于这一认识而产生的结果。

林氏又说：“1970 年代因受‘文革’的关系，研究工作几乎停顿，论著极少。至 1980 年代因邓小平复出，采较开放政策，所以研究论著甚多，其中仍以语文居首，接着是历史、宗教、经济、概论及政治类，可见系配合此阶段中共政治上所强调的民族关系史、尊重藏人传统宗教文化，及增进西藏经济水准等政策有关。”看来，林氏的认识是正确的，是符合大陆上藏学研究的实际情况的。

林氏在浏览了出版物以后，说：出版西藏有关的书刊“计有 31 家出版社，其中以北京的民族出版社及四川民族出版社出版西藏研究书籍最多，西藏人民出版社及青海人民出版社其次。可见以中共中央所在地及藏族分布较多地区的出版社对西藏研究书籍的出版较有兴趣。”“在期刊方面有 26 种，当以《西藏研究》刊载西藏研究论文最多，民族学院学报居次，……在全大陆民族学院学报中，以《西藏民族学院学报》发表最多，青海、中央、西南、西北诸学院学报顺序递减。可见该民族学院所在地藏胞分布多寡有密切关系，而中央民族学院则因传统中央北京，研究西藏的学者不少所致。”“在 1982、1983、1985、1986 四年出版的《西藏研究》刊物所发表的西藏研究论文中，以经济、宗教、语文、政治、历史类顺序为多。此乃由于 1980 年代中共在西藏已采较开放政策，且以‘搞活经济’为其政策重点，并以尊重西藏传统宗教文化为口号的结果。”这些分析，大都是林氏以精审的学者风格看待大陆的藏学出版物的结果。也可看出，台湾岛上的同行如何殷切希望学术交流的心情。我们不妨寄希望于未来。

台湾藏学界，通过出版界出版了一些很好的书籍，如张澄基教授（Prof. CC. Chang）翻译的《米拉日巴传》和《米拉日巴道歌》（总名《米勒日巴全集》，慧炬出版社出版）。顺便说一句，张教授曾在四川康定贡噶山从贡噶上师受教，与笔者同一师门，虽闻道有先后，学术有专攻，但心仪已久，惜未谋面耳。新文丰出版社翻印了法尊法师的旧译、宗喀巴大师的《菩提道次第广论》和《密宗道次第广论》汉译本。这些专著的翻译出版，都是比较严肃的。但是，也有一些令人沮丧的很不光彩的事：《格西曲札藏文字典》（法尊、张克强汉译，增补本），1956 年由北京民族出版社出版，是举世公认的较好的辞书，在台湾居然有人用“西藏研究会编”的名义盗印；张怡荪教授主编的《藏汉大辞典》（笔者忝为参与者之一），是大陆集中各方面专家费力多年辛苦编成的三卷本大辞典，到目前为止可算是最大最全的藏汉双解辞书，在台湾居然有人轻取巧夺以妙吉祥出版社名义盗印出版，而掩袭众多原编著的辛勤劳动，实在令人遗憾。

行文至此，纵观台湾藏学界，其辛勤钻研、锐意探讨的精神令人钦佩。但也感到，在台湾由于客观条件的局限，特别是由于台湾当局采取的三不政策，自我封闭，使学者无法充分获得大陆的学术资料和学术信息，更谈不上学术交流，真正是“闭门造车”。在台湾，学者知道《青史》汉译本已经出版，停止了翻译工作，但不知道土观·曲吉尼玛的《土观宗派源流》一书早已有刘立千译本和王沂暖增订译本出版，而台湾尚有人在重译。很遗憾，台湾藏学学者至今没有机会到大陆藏区考察学习和实践，不能不影响学者的研究题材和内容深度。例如，关于藏医、藏历和藏区的教育、经济等等，几乎无人涉及。还有一层微妙的心理，反共顽症流弊所及，又影响到学者的研究工作不能贯彻求实精神。例如，对于 1959 年 3 月在西藏发生的事件，某些学者把此说成是“抗暴运动”，但又绝口不提事件中已充分暴露出来的分裂主义实质，这是台湾同道也不愿意看到的恶劣表现。所以，曾有人意味深长地说：台湾当局反对“台独”，何以能同情“藏独”?!

总的说来，台湾的藏学研究，还处于有待努力扩展和深化的时期，希望能如宋代诗人杨万里咏山溪的诗中所说：“待到前头山脚尽，堂堂溪水出前村!”

（原载《西藏研究》1989年第2期。）

我与藏学

一

让我来说“藏学”，有点惶恐，可老辈相继作古，又感到责无旁贷。首先要做一点解释：什么是“藏学”？简单地说，藏学就是研究西藏的学问。还要把“西藏”二字解释清楚：西藏是位于我国西南边陲的一个广阔的地区，目前称为西藏自治区（人口至1994年230万，首府拉萨）。在历史上管这一地区有不同的称呼：唐、五代、宋，一直到元代，都称之为“吐蕃”。古人按照当时的藏人自称为 bod（蕃），汉语译为吐蕃，发音为“吐博”或“吐钵”。而“吐”字，很可能是汉语的“大”字。合起来，就是藏人的豪言壮语——大蕃（见于公元823年立于拉萨的《唐蕃会盟碑》）。明代称为乌斯藏，清代称为卫藏，实际上是藏语 dbus gtsang 的译音。除了西藏以外，藏族还分布于青海、甘肃、四川和云南四省，新中国成立后分别在各省建立了自治地方（自治州、自治县）。藏学研究，就包括西藏自治区和上述四省的藏族自治地方在内（人口合计446万）。在西方，习惯上称藏学为 Tibetan Studies 或 Tibetology。

藏学这一学问，是跨越社会科学和自然科学的综合性研究学科。实际上包括语言文字学、考古学、历史学、地理学、宗教学、文学、艺术、美术、雕塑、绘画、音乐、舞蹈、民间说唱、戏剧、天文、历法、藏医藏药、建筑桥梁等多种学术领域，而藏语文恰好是入门的钥匙。我接触、进入藏学领域，正是从学习藏语文开始的。

1951年5月初，我奉调离宁，告别了母校南京大学，拜辞了胡小石、罗根泽、汪辟疆、方光焘、张世禄诸位师尊（如今都已作古了，思之泫然）和同学（中有周勋初、包忠文、顾黄初、穆克宏、郭维森诸位卓有成就的学长，如今已在各自学术领域发挥长才，而郭恬兄却过早谢世，令人惋惜），只身北上，来到北京。那时对于西藏和藏学简直是一窍不通，毫无了解，胸中茫然无绪。只想到临离南大前，潘菽校长语重心长的嘱咐，要参加到保卫国防、解放西藏的伟大斗争中去，是十分光荣的任务，是与抗美援朝同样光荣的。当时正是举国上下“雄赳赳，气昂昂，跨过鸭绿江”，进行轰轰烈烈的全民“抗美援朝，保家卫国”运动的时期。年轻人的热血汹涌奔腾：“去吧！到西藏去，到祖国最需要的地方去！”这是年轻人最响亮的口号。正是我们这一批年轻人响应祖国号召，发誓要为刚刚建立的人民共和国作贡献的最好时机。就在我到北京不久，尚在筹备中的中央民族学院（现已更名中央民族大学）以极大的热情接待我们，我与先期到达的从复旦大学、安徽大学、山东大学、湖南大学、广西大学和北京大学等校调来的同学们一起，欢庆5月23日达成的中央人民政府和西藏地方政府关于和平解放西藏的《十七条协议》，欢乐通宵，兴奋不已。来自西藏高原西藏地方政府的代表阿沛·阿旺晋美（后来阿沛同志成为国家领导人之一，我也有机会多次向他请教，并为他充当翻译，此乃后话）、凯墨·索南旺堆、土丹列门、土丹登达和桑颇·登增顿珠跟我们见了面。看到他们穿着光彩艳丽的丝绸长袍，梳拢着光可鉴人的辫发，听他们说着不同的语言，心里感到好生奇怪！想到祖国的需要，西藏的需要，急于想早日学会藏语，早日承担起祖国交给自己的任务。

感谢于道泉教授，他以最大的热情和耐心诱导我们如何学习藏语。他认为先学会口语，然后在通晓语言的基础上，再去学习藏文，可能会快一些。因为藏文和藏语有一定的距离，也就是文言与白话的差别。如果一开始就学藏文，难点太集中了，效果不会太好。他设计了一套拉丁字母拼写藏语的方案，编出若干课的口语教材，生动，有趣。于道泉教授精通藏、蒙古、满和英、法、德、匈、土耳其和世界语等多种语言，他广博的语言知识和宽容谦和的态度，令我们这些后生小子十分钦佩。他邀请在京定居的藏族老学者曲吉洛卓（来自拉萨，曾在南京国民政府蒙藏委员会任职，取汉名李春先，并宣称自己是随同文成公主入藏的唐宗室官员的后代，所以姓李）先生，以标准的拉萨口音讲授，还记得这位李老先生在他编的教材的人物中，取了一个诨名“旗杆”来影射于教授。于先生十分宽容地笑着说：“他编的口语真流畅，取的诨名也很风趣。”老师们合作的关系是很好的。我们住在北长街的班禅办事处后院，有机会跟藏族官员接触，学习语言。还有云南藏族钟秀生先生和巴塘藏族格桑居勉先生，作为助教帮助于教授做辅导工作。那时，整天听到嘎、卡、噶、阿的拼读声，一遍一遍的朗读声，弥漫在北海公园的侧畔。同时，还约请了拉萨功德林寺派驻雍和宫的僧官土登尼玛喇嘛，以及原在拉萨与汉族人士结婚，随夫来北京定居的罗桑曲准女士做口语训练、对话、答问的辅导。所有这些，都是于道泉教授不辞辛苦的安排，使我对学习有了初步的认识，更引起了学习的浓厚兴趣。不久，我们远离北京，前往藏区，开始了新的学习里程。

贡噶活佛是我们到藏区投奔的第一位高僧。他曾担任十六世大宝法王噶玛巴的经师，有关于西藏历史、宗教、文化等的多部著作，在东部藏区有极高的威望。他将我们接到贡噶雪山上的贡噶本寺（依藏文名称“康松扎”，意思是“名闻三界寺”），和噶玛堪布一道教导我们。选用萨班·贡噶坚赞（1182—1251 年）

的哲理诗《萨迦格言》作为教材，让我们精读这一部杰作。这使我能初窥藏文古典作品的门径，颇有身置庄岳仰之弥高之感（后来，我在随堂听讲之余，把它译成汉文，曾在《人民日报》文艺版上连载了好几个月，又结成集子出版）。贡噶活佛又推荐了一部《佛陀释迦牟尼赞注》，让我们了解印度佛教史和佛陀本身故事，饶有趣味。这一切，对于研究藏族文化、历史极为重要，使我们终身受用，永远难忘。在贡噶山上生活的日子至今萦怀，既紧张又活跃，既有诸多难关，又有克服困难后的欢乐。记得我曾到离寺几十里的玉龙榭村去参加一次婚礼，第一次直接了解藏族的礼俗。热烈的场面，送亲迎亲各种仪式，酒肉频频传递，歌舞通宵达旦。尤其是赞礼的人，长长地诉说本地本族历史的赞词。我还听不大懂，靠着藏族学长斯那尼玛口译有所了解。后来我连夜写了一篇《牧场上的婚礼》，在《中国青年报》上发表。

贡噶上师真是一位循循善诱的好老师，他教过不少弟子。在台湾和美国成为一代密教大师的陈健民、屈映光、张澄基（藏文名著《米拉日巴传》、《道歌》的英文和汉文译者，于右任先生的女婿），都是上师的及门上首。不过，他们几位都是在我们上山以前就离开了，未能见面。1954 年春天，贡噶上师应中央民族学院之聘，作为客座教授来到北京，真正实行韩愈在《师说》中所说的传道、授业、解惑来了。一时，到中央民族学院宿舍前来求法的、求教的、参拜的熙熙攘攘。其中有李济深先生，他以共和国副主席之尊，前来拜望。记得那一天，先来了好几位解放军，警卫森严，把贡噶上师的寓所前后把定，李先生一进门纳头大拜，称弟子礼。还有著名抗日将领十九路军司令、佛学家陈铭枢先生，哲学大师梁漱溟先生，都曾先后来拜，执礼甚恭，足见上师道行感人之深。9 月，第一届全国人民代表大会第一次会议期间，上师被聘为大会藏文翻译处的顾问，与于道泉教授、法尊法师、才旦夏茸活佛、黄明信先生、桑热嘉措活佛等藏文专家合作共事，完成了《宪法》等五部大法的藏文翻译。我作为学徒，随侍在侧，受到很多实际教益。听到老一辈学者的谈话、议论，对藏语文中的口语与书面语的差异、各方言（卫藏方言、康方言、安多方言）之间的分歧和共同点，有了深一层的了解。组织上安排上师到北戴河去度假、休养，我也随侍前往。在那里观赏石碣遗篇、幽燕胜迹，上师非常开心，似乎对海滨生活感到新奇而有趣。在休养期间，巧遇古文字学家杨伯峻先生也在那里度假。杨先生是我国著名文字学家杨树达（遇夫）先生的侄儿，曾担任过冯玉祥将军的文学教师，他对贡噶上师十分崇敬、仰慕，请教了好几个有关密教的问题（由我充当翻译），谈得非常融洽。当时杨先生新婚，偕夫人一起拜见上师。1982年夏天，在北京召开的国际汉藏语第十五届大会期间，我又一次与杨伯峻先生相遇，同住友谊宾馆主楼，比邻而寓。杨先生还深情地回忆起与贡噶上师的那次学术会晤。流光易逝，感叹无常。贡噶上师已于1957年阴历正月二十九日在贡噶寺圆寂了。杨伯峻先生也在前几年遽归道山。记下这一段往事，算是对二位先生的纪念。

贡噶上师是康区木雅人，除了讲藏语以外，还讲一种非藏语的木雅话。我曾注意到，他跟侍者阿旺诺布用木雅语交谈。一句也听不懂，感到非常奇怪。后来读到邓少琴先生所著的《木雅西吴王考》，才知道木雅是 mi nyag 的译音。历史学家认为木雅古译“弥药”，可能就是西夏党项人的一支。西夏亡国（1217年），部民逃散，这支南来，就是今天居住在康区的木雅人。上师在1949年前到内地弘法，曾任国民政府的国大代表，并被封为辅教广觉禅师。在内地多次传法讲经，有很多信众。至今在海外还有他的再传或者三传弟子在弘传噶玛噶举的教法，可见其影响之大。上师曾口述《心经》藏文本，译为汉文，比较汉藏两种文本的异同。1988年和1990年我在香港中文大学访问期间，曾应“金刚乘学会”刘锐之会长之邀，到该会访谈，从而知道这一学会传习宁玛派大圆满教法，同时也供奉贡噶上师，尊为师祖。1994年，我应台湾的政治大学之聘，前去讲学三个月，在台北知道有一贡噶精舍，一位女性蒙古族的“贡噶老人”在弘传噶举派教法，她也是贡噶上师的弟子。

藏文是藏语的书面形式。传统的说法认为，藏文是吐蕃赞普松赞干布（？—650年）的文臣通米·桑布札参照梵文创制的。关于创制藏文、推广藏文的故事很动人，说是通米·桑布札等16位西藏青年，被赞普派到天竺去学习梵天文字，十五位在印度得病身亡，只有通米·桑布札一人学成回藏，以梵文的兰扎体和瓦尔都体的字母为基础，参照藏语的实际，创造出三十字母和四个元音符号的藏文（正楷和行书），并制定了拼写规则和文法、规范的词语实例等，献给松赞干布。赞普大喜，乃亲自学习，并下令在全藏推广，这就是今天我们见到的藏文。于道泉先生非常同意贡噶上师的观点，完全遵循古代的传统，而且认为藏文就是古代藏语的遗留，由于长时期的历史演变，藏文和口语之间产生了距离，而各地方因为山川险阻、交流不便，形成了不同的方言，所以一句成语就产生了：“一个喇嘛一个教派，一个地方一个方言。”（bla ma re re chos lugs re/ lung pa re re skad lugs re/）

在以后的几十年中，遵循于道泉先生和贡噶上师的教导，我一直努力地探索书面语与方言之间的发展关系及异同。1956年第6期的《中国语文》杂志，发表了我第一篇描写藏语声调的论文。那是根据赵元任先生在《仓央嘉措情歌》一书的音系分析中对藏语拉萨方言的语音系统的归纳后得出的观点，进一步明确了藏语拉萨方言中声调形成的语音变化现象，并以若干书面语的实例来证明声调是书面语（也就是古代藏语）演变的结果。这一篇小小的论文，居然受到王力（了一）先生的重视，他在《汉语史稿》第一分册中加以征引，使我受宠若惊。当时，我与四川大学的张永言兄、中山大学的黄家教兄、厦门大学的陈世民兄四人，组成一个助教听课小组，按时在北京大学文史楼中文系随堂听讲。了一先生讲《汉语史》，每每在课后亲切地和我们交谈，让我们提提意见。假若没有记错的话，当时还有许绍早先生、石安石先生都与我们同堂。了一先生不疾不徐的声音，柔和温婉的讲课艺术，至今犹在目前显现。他老人家书赠的条幅云：

鼎湖访胜未缘悭，古寺巍然霄汉间。浩浩飞泉长溅水，苍苍丛树密遮山。夏凉爽气高低扇，冬暖晴云来去闲。自顾山灵应笑我，行年八十尚登攀。

癸亥霜降后六日录旧作《游鼎湖山》诗以应王尧同志雅嘱。王力时年八十有四。

了一师以八十四岁高龄所书的墨宝，笔力雄健，风格挥洒，字如其人，诗如其人，悬在室中，朝夕晤对，令人低回向往。

60 年代，中央民族学院举办了两期藏文研究班，敦请西藏当代最著名的学者东噶·洛桑赤列活佛来主持讲席。我承乏一些教学助理工作，与他共事。事实上跟他朝夕晤对，随处学习。这两期研究班，各三年，培养了一批藏学研究的骨干，担任西藏自治区负责工作的有档案局局长、广播电视局局长、社科院院长、西藏大学副校长，乃至自治区政府副主席等要职。实际上，这两期研究班把藏学研究大大地提高了一步。东噶·洛桑赤列活佛与我共事前后十多年，又几次一道出国参加会议（1985 年德国的慕尼黑、1992 年挪威的奥斯陆和意大利的西安那、1995 年奥地利的格拉茨），对我的学术生涯影响至巨。他虽然身为活佛，饱学经典，但思想活跃，不落流俗，颇能适应新的时代潮流，锐意吸收新的知识和新的理论，能开拓新的视野，绝不囿于陈说，是最为通达的大师级的藏学权威。记得 1985 年在慕尼黑第四届国际藏学会上，他发言之前说了一句："今天能到革命导师马克思、恩格斯的故乡来参加会议非常高兴。"与会的西方人为之侧目。有人问我："东噶喇嘛是共产党员吗?" 1997 年 7 月 12 日，竟以骨癌重患不治而往生了。他留下了一大批著作、一大批弟子、一大批未完成的项目撒手而去，令人伤悲。

由于藏文研究班工作的无声催促和实际的需要，我便开始探索古代藏文的发展脉络，主要把精力放在吐蕃时期（公元 11 世纪以前）的藏文研讨上。吐蕃时期最可信的文献有三大类：（1）

敦煌石窟遗书中的藏文写卷，（2）吐蕃时期遗留下来的金石铭刻文字，（3）从新疆、青海等地地下发掘的简牍文字。我以极大的兴趣去钻研敦煌写卷。首先把注意力放在最出名的《敦煌本吐蕃历史文书》上。1940 年在巴黎出版的 Documents de Touen-houang Relatifs à l'Histoire du Tibet，是法国巴黎大学藏文教授巴考（J. Bacot，1873—1965 年，他是于道泉教授的老师）、杜散（Ch. Toussant）和英国牛津大学教授托玛斯（F. W. Thomas，1877—1956 年）三人通力合作的一本最重要的古代藏文历史文献的翻译和解读著作。此书是巴考、拉露、托玛斯和杜散几位在精选法藏和英藏的敦煌藏文写卷的基础上编成的，虽然在二次大战最严重的战火纷飞的年代，但人们还是以极大的热情赞扬这本书。于道泉先生鼓励我在这方面努力，并把他从海外携来的原本交我，谆谆嘱咐用心研读。在当时，我无法看到原卷，只好把书中转写的藏文一一还原为藏文，再逐字逐句去揣摩，参考他们提供的译文。十分感谢马雍兄，当他知道我在研究这一书时，便把他从法文译出的汉文底稿交我，使我得到很好的参考。马雍兄是最勤奋的中亚学家之一，孜孜不倦，积劳成疾，1985 年英年早逝，令人慨叹，学术之不幸也。一直到史无前例的“文化大革命”的年代里，我仍未敢忘怀此项工作。1969—1972 年的三年中，下放到湖北潜江“五七”干校，以待罪之身监督劳动时，我仍在坚持。为了躲避那些“革命”先生们的举报、监视，我把上述那本书的藏文原文抄写在小学生练习本上，就便装在上衣口袋里，可以随时翻阅、琢磨，而又不露声色。但是，还是被“革命派”发现，被斥为“贼心不死”！直到“文革”结束，好了，拨乱世之风，反正当之途。1979 年，青海民族学院教材科在藏文教师王青山的推荐下，大胆地把我抄在练习本上的藏文原文和汉文译文排印成册，供有关的同行参考，这可说是这本书的最早版本。后来，1980 年陈践同志参加进来，协助我改进了译文，增加了注释、考证之后，由民族出版社正式公开出版，定名为《敦煌本吐蕃历史文书》。此外，还敦请闻宥教授题签了书名。闻老苍劲古朴的书法，雄浑而有生气，使人见了顿觉思想萌动，精神为之一爽。此后，我编著的《吐蕃金石录》（1982 年版）和《吐蕃简牍综录》（1986 年版，也与陈践同志合作），都敦请闻老手书题签。如今，闻老早于 1985 年驾鹤而去，他老先生遗留下的手泽历历在目，人亡琴在，令人泫然。《敦煌本吐蕃历史文书》出版后，受到藏学界同行的热情关注，初版三千册，很快售罄。我又得到去巴黎和伦敦两地图书馆调阅藏文原卷的机会，校正了若干由于转写和还原而出现的舛错，乃改订了原书，附上了原卷的照片，1992 年重新出版了增订本。与《吐蕃金石录》和《吐蕃简牍综录》二书一致，成为三本一套的吐蕃文献丛书。与此同时，我发表了《吐蕃文献学导言》一文，对古藏文的特点、文献情况等，做了力所能及的较全面的介绍。

在此基础上，参照了国内外时贤的论点，我设计了一个方案，把藏语发展分为五个时期：

（1）上古时期，或称原始藏语时期。为公元 6 世纪以前藏语的统称，目前并无文献及实物资料可证，仅能从古代宗教——苯教（bon）的传统、仪轨、咒词中，以及嘉戎、安多方言中，发现若干古语古词。

（2）中古时期，或称吐蕃时期。时间为公元 7—10 世纪之间。因为有了文字，有若干著作和翻译作品可资印证。敦煌石窟遗书中的藏文写卷、吐蕃时期的金石铭刻和竹木简牍这三大类文献，再加上许多早期译出的佛典，可作为中古藏语的最基本、最可靠的凭证。我的工作在一段时间里，集中搞了这一档事。

（3）近古时期。吐蕃王朝崩溃，各地豪强势力割据称雄。同时，教派林立，众说蜂起，各地方势力拥有自己的学者，或著书立说，或翻译佛经，或托古埋藏文献。因之语言中新的因素在不断增长，但旧有的古语古词的影响尚未泯灭。新旧并存，十分活泼清新，就是这一时期语言的特点。

（4）近代时期。13 世纪以来，元王朝与西藏领袖人物合作，完成了西藏地方纳入祖国行政管辖的重要步骤。以后的明清两代，逐步加强了中央政府对西藏地方的管理。政令统一，教派活动也逐渐规范，学者以极大的创作热情写出大量著作。而且藏文大藏经的结集、雕版流通，都是这一时期的伟大成就。藏语反映了这一时期文化事业的繁荣，异彩纷呈。戏剧、传记文学、历史和哲学著作乃至全集出现，一批语言大师的著作问世。

（5）现代时期。20 世纪以来，整个中国都卷入了时代的激流，处于祖国西南边陲的西藏地方也不例外。清王朝被推翻，帝国主义势力的入侵，战火绵延，政治动荡。及至中华人民共和国的成立，西藏和平解放，西藏社会发生了巨大的前所未有的深刻变化。随着经济建设的开展，文化、科学、教育事业蓬勃发展，藏语文迅速地顺应时代的发展要求，报纸刊物、出版物如雨后春笋，从电影和广播更可看出语言的变化非常明显。新词术语大量增加，新的表现方法不断涌现，修辞更加讲究，文法更加严密和规范。

以上的语言历史分期，是个人构想的一个框架。而方言的歧异，也往往就是历史的反映。我曾以一篇论文《藏语 mig（目）字古读考》（1981 年），来表明我的观点。在那篇文章里，我认为代表最古老藏语特点的是嘉戎方言，其次是安多方言，再次是康方言，而卫藏方言（尤其是拉萨话）是代表了发展最快、距离古代藏语最远的方言。然而，它正代表了藏语发展的潮流和方向。

至于敦煌藏文写卷，则是记录最古老的藏语实况的资料，十分可贵。为了说明这一点，我又写了《吐蕃文献学概述》一文，加以阐明。同时与陈践同志合作解读了大约 50 个藏文写卷，利用这些资料撰写了《吐蕃的兵制》、《吐蕃的法制》和《吐蕃的官制》三篇论文。《仪礼问答》和《北方若干国君之王统叙记》的解读和译文，都曾引起了同仁的兴趣。后来，我们把这些资料结集为《敦煌吐蕃文献选》（1983 年）和《敦煌吐蕃文书论文集》（1988 年）出版。以上，是我学习、研讨藏语文的简要回顾。

于道泉先生最服膺的人物是陈寅恪。而陈先生以语文知识治史叫做“以汉还汉，以唐还唐”，或者叫做历史语言学派，这也是于先生经常给我们介绍的。他一直希望我们用藏语为工具来了解藏传佛教（他自己在30年代初，就曾以《明成祖和宗喀巴来往书信译释》做出过范例）。佛教是藏族人民普遍信仰的宗教。佛教于公元7世纪传入西藏，唐朝文成公主和泥婆罗墀尊公主二位，都是虔诚的佛教徒，嫁给吐蕃赞普松赞干布时，先后把佛教信仰带进藏区，留下千古佳话。首先是赞普（藏王）和宫廷的后妃信仰了佛教，又逐步推广到大臣和群众中去。我在贡噶上师处接受了文化教育，也接受了宗教教育，算是藏传佛教噶举派的信士。贡噶上师选出噶举派最重要的上师米拉日巴（1040—1123年）的传记，让我们诵读学习。这一位苦行高士，以避世静修，遁迹山林，历尽磨练，锐意于心性澄圆，证得菩提。他的故事令人感动。这一本传记，虽然是噶举派的传人在公元15世纪根据民间传说的故事搜集编辑成书，但却非常动人。单说汉文译本，就有王沂暖、刘立千和张澄基三种，均发表应世。以王译最早；刘译较为详实，译注更为周密；张译本比较口语化，往往又以信仰者的态度做一些诠释，引人入胜。这使我对藏传佛教有了一些基本概念。为了丰富藏文研究班的学术活动内容，组织开设专题讲座，奉命去邀请周叔迦先生讲授《中国佛教的十宗》、法尊法师讲授《西藏佛教的前弘期》和《西藏佛教的后弘期》（这两次演讲的记录稿，都在《现代佛学》杂志上发表）、高观如先生讲《佛教与中国文化》、喜饶嘉措大师讲授《藏族的佛教信仰》，同时也请牙含章先生讲授《无神论与宗教信仰——党的宗教政策》。这些讲座对我来说，也是吸收营养的大好机会。

特别是有两门课我承担辅导工作：其一，是由张克强（建木，1917—1989年）先生主讲藏文本的名著《印度佛教史》（rgya gar chos byung）。这是藏族学者多罗那他（1575—1634年）的著作，被后人认为是补足印度佛教历史（特别是后期历史）的专门作品，早有俄文、德文、日文和英文译文，影响颇大。克强先生选择此书作为《藏文古典名著》这一课程的教材，是独具匠心的。他在此书汉译本的译者序言中说：

> 中央民族学院约我讲授一门有关佛教的课程，其目的是为加强听课者阅读藏文古典的能力。当时商定就以此书的藏文原本作课本，从 1963 年 2 月起讲了一年，全部讲完。在讲授时把打印出来的汉译文发给听讲者作为参考。
>
> 多氏史有一项特殊的贡献，即提供了佛教晚期历史的一些资料，尤其是在玄奘、义净访印之后的人物、学说、教团、寺院、施主、教敌的一些情况，在其他资料中是最缺乏的。（《印度佛教史》，多罗那他著，张克强译，四川民族出版社，1988 年。）

我在“读后赘语”中也写了一段话，可以移在这里作为证明：

> 此书藏文原文朴素无华，平实清新，与当时藏族学者中间流行的奢靡浮艳的藻饰体大相径庭，而克强先生的汉译也忠实地反映了这一特点。先生在佛学、梵文、藏文、训诂、词章等方面的造诣极深，融合藏梵，移铸汉语，三年之中，两轮到底。我当时承乏辅导，随堂听讲，如坐春风，收益极大。

如今，张克强先生逝世已经九年，音容笑貌时在眼前。1996 年，在赵朴初会长的大力支持下，宗教文化出版社出版了《张建木文集》，我在序言的最后，说了几句心中的感念：

> 伫立白塔之巅，俯览碧树黄甍，车流如川，往来不息，而在商潮冲荡、人文淡泊之际，张克强先生文选得以出版问世，岂不正是“沤灭全归海，花开正满枝”吗？

另一门课程，是五世达赖阿旺罗桑嘉措（1617—1682 年）的历史著作《西藏王臣史》（deb ther dpyid kyi rgyal movi glu dbyangs），是由东噶·洛桑赤列活佛主讲，我随堂做一些翻译和辅导工作。实际上，我是从头学起，跟着研究班同学一起通读了全书。这本出了名的难读的书，是因为作者喜欢用藻饰语词来表达思想。打个比方吧，好似京戏里，不说太阳落、月亮出，而歌唱吟弄“金乌坠、玉兔升”一样，你就得下工夫去学，太阳一个词的藻饰体就有六十三个之多。幸亏东噶活佛是一位十分渊博的大家，他把这本书弄得烂熟，讲起来眉飞色舞，生动而富于情趣。我一边听课，一边做翻译和辅导，还把它译成汉文。后来，王森先生（1910—1991 年）在撰写《关于西藏佛教的十篇资料》（即后来正式出版的《西藏佛教发展史略》）时，嘱我把据《西藏王臣史》译出的《萨迦世系》和《帕竹世系》两章汉文稿，交他附在他大作之后，作为附录，得以印过若干册。我的全译稿，上交给教研室负责人保管时，却在“文革”中遗失了。不管如何，这一本书的教学辅导也是极为难得的机遇，使我在藏文古典作品学习上迈上一个台阶。

从那以后，我在阅读其他一些专著如《西藏王统记》、《土观宗派源流》、《萨迦世系史》、《红史》和《巴协》等书时，就比较轻松而愉快了。在此基础上，我曾写过两个中篇的文章《吐蕃佛教述略》、《藏传佛教文化十讲》，先后在《中国哲学》和《中国文化》上发表，应该说都是在上述几位老师帮助下，读书、思考的心得而已。现在，当我写这个题目的时候，他们都已远去了。

1984 年 6 月，在布达佩斯匈牙利科学院，举行了一次盛大的纪念活动，以国际研讨会的形式纪念乔玛（Alexander Csoma，1784—1842 年）这位欧洲藏学研究的先驱，我国也派人参加了。据说这位匈牙利（当时还属奥匈帝国的臣民）血统的哲学博士，1823 年在慕尼黑大学取得学位后，为了寻访自己匈牙利民族的根，只身东行，长途跋涉到达印度境内的藏人居住区拉达克，就停了下来。进入一座佛教寺庙，锐意潜修，学习藏语藏文。一住九年，真正过着禁欲的宗教徒苦修生活。按藏人说他的生活是清茶糌粑，一盏酥油灯，全部精力用在研讨藏文、藏族历史和藏传佛教上。1834 年，从寺庙出来，到了加尔各答，受雇于英国殖民政府——东印度公司图书馆，就在这个野心勃勃的殖民公司支持下，一口气出版了三本专书：《藏文英文字典》、英文的《藏文文法》和《藏文大藏经分析目录》。后来，乔玛又奉东印度公司派遣，前往拉萨，想进一步去敲开西藏的大门，不意在喜马拉雅山南麓锡金边境上染热病去世。算是赍志以终，至今还在他的墓地上立有碑文。从此，这位行径古怪的学人，就成为欧洲乃至西方世界藏学研究的引路人，他的三本书名副其实地成为藏学入门的津梁。匈牙利科学院设有“乔玛纪念奖学金”，鼓励青年学习藏学。自 20 世纪 70 年代起，并以“纪念乔玛国际藏学研讨会”的形式每三年组织一次国际会议，固定在匈牙利举行，偶而也在奥地利举行，因为奥匈原为一国嘛。

1981 年 8 月，我首次应邀到维也纳参加这个研讨会。对我来说，固然是初次出国，这也是中国人以中华人民共和国公民和学人的身份，第一次参加西方世界组织的藏学会议。当波音飞机展翅飞翔，在漆黑的夜空中离开祖国西行时，我心中是忐忑不安的。我们与西方世界隔绝已久，平常只听到一些不友好的消息和对立的报道，不知道在会议上会遇到什么情况？一切是那么难以捉摸。可是到了维也纳，出人意料，首先就受到奥地利维也纳大学藏学—佛学系主任，也是会议组织委员会主席的斯坦克奈尔（E. Steinkellner）教授的热情接待。他亲自驾车到机场来接我，一见如故，十分和蔼可亲。又指定他的助手莫哈博士（Dr. Much），专门负责安排照顾我的生活，无微不至。在会上见到了旅美的长者李方桂教授和夫人徐樱女士，张琨教授和夫人贝蒂·谢芙茨女士。李先生、张先生都是原中央研究院史语所的老人，与于道泉先生同事，是我的师辈，他们二位十分关切国内藏学研究的发展情况，都有一颗赤诚的爱国之心。当我发表论文时（我在会上提交了两篇论文：《藏语 mig［目］字古读考》、《宋少帝赵㬎遗事考辨》），二位先生一再鼓励我。在发言当中，我离开手上的英文讲稿，用藏语向在座的藏族学者们致意约三分钟，全场为之愕然。因为外国藏学界在当时，很少有人能讲藏语口语的。二位先生十分高兴，会后对我说："国内搞藏学研究有充分的条件，搞好口语训练非常好、非常正确。"从那以后，我又与二位先生多次相会，多次请教。如今李先生和夫人均已谢世，张先生和夫人也已从加州大学伯克莱校区退隐。但他们亲切温婉的关怀，一直留在记忆之中。在那次会议上，还第一次见到旅居德国的藏族学者邦隆活佛和旅居法国的噶尔美博士，结下了友好的情谊。从那以后，还一直保持联系、来往，或在会议上相遇。我去德国、法国访问、教学时，也得到他们的帮助。他们回国、返乡，也曾到北京访问。

最令人难忘的，是与匈牙利藏学家乌瑞教授的相会。乌瑞是当代最有成就的藏学家之一。他曾就藏族的语言、文字、历史、宗教、民族关系、考古以及在中亚史上的重要地位等，发表过一百余篇重要论文，其中绝大多数都译成汉文发表过。他的文章一贯作风严谨，实事求是，客观公正，不阿不谄，与西方某些学者借题发挥、恶意反华、煽动分裂者不同，备受同行称赞。当他1991年七十大寿时，维也纳大学藏学—佛学系为他征集国际藏学界同仁著文，出版一部厚重的祝寿文集。可惜就在当年的7月17日，他却因病不治溘然去世了。我们在1981年第一次见面时，他就十分热情主动地和我结交，赠送我前两届会议的专集，并介绍匈牙利几位藏学学者与我认识，还把他已发表的论文抽印本约九十篇一整套全部赠送给我。第二年，也就是1982年秋，我应聘到维也纳大学藏学—佛学系任客座教授一年，正是接了他的位置。这时，我才知道他是匈牙利的共产党人，他是怀着对中国同志的国际主义的感情来对待我的。可惜他身体一直不好，患有严重的哮喘病，受到疾病的折磨，十分痛苦。直到去世，也未能实现到中国访问的愿望。这位才思敏捷、文笔清新、立论公平、通晓多种语言的藏学界朋友，一位秉赋甚高的国际友人，永远值得怀念。在这里，把他夫人的来信转录于下，以寄哀思：

亲爱的王尧教授：

我以我的丈夫乌瑞教授的名义，向您表示深深的感谢，在为他庆贺七十寿辰的专集中拥有您的论文的这种荣誉。他非常喜欢这一专集，论文饶有兴味，且有高度价值。他正准备从中学习并逐一回函申谢，但是，他已没有时间去做了。所以，这里只能由我来表示简短的谢忱。

卡特琳娜·乌瑞·柯哈米

1991年7月18日于维也纳

谨以深切的悲痛通知同事和朋友们：

我的丈夫乌瑞教授（哲学博士）1991年7月17日在维也纳逝世。他的全部精力贡献给学术事业，直到最后的一息。

卡特琳娜·乌瑞·柯哈米

1991年7月18日于维也纳

在维也纳的会上，还巧遇旧友捷克（当时还叫捷克斯罗伐克）查尔斯布拉格大学东方学系的约瑟夫·高马士博士。在1956—1958年间，他在我们学院留学，随于道泉教授学习藏文和现代藏语，因而厮混得比较熟。他回国后发表了《德格印经院目录》、《候鸟的故事》和《萨迦格言》的捷克文译本，还撰写过《白居易给吐蕃大相的四封信》等重要论文，名噪一时。并应邀到澳大利亚堪培拉大学汉学研究院做过客座研究员一年。算是由中国培养的藏学新人。这次在维也纳相见，喜出望外，他首先关切地询问于老师的身体健康，教研室同事、朋友们的情况。记得在我们举国发疯，用土高炉大炼钢铁的时候，也让他去那个土炉上参加炼钢。他，作为留学生，非常干脆而温婉地说："这是什么钢？这种东西有什么用？我家三代炼钢工人，没见过这种东西。这是浪费！让于教授这样的专家在这里浪费时间，浪费生命……"好了，这些诤友直言，当时谁愿意听？我们学院负责党务的院、系领导人不高兴了，说："这是修正主义的论调！”还让我们要注意防修，防止和平演变！高马士先生也就颇不愉快地离开北京回国了。一别二十多年，再未见过面，这次见面，握手，拥抱，莞尔相视而笑，一切都不用说了。“人生一场戏，世界大舞台”啊！

会上又见到另一位“名人”，奥地利的汉尼斯·哈拉（Heinfich Harrer）。此公曾以《在藏七年》（Seven Years in Tibet）一书轰动一时，系二战期间纳粹余孽，逃亡西藏，巴结上察绒（tsha rong）噶伦，亲近达赖喇嘛家属，于是出入“达拉”之府（yab gshis stag la，十四世达赖的亲属府邸），成为一名洋人帮闲。帮闲自然有点帮闲的本事，声色犬马，斗鸡走狗，再加“照相机”、“瑞士表”一些洋玩意儿，把个十来岁的、正在成长的小达赖逗得不亦乐乎。他也得其所哉，在西藏混得蛮像回事儿。一混七年，这就是这位洋帮闲的本钱。临走，带走了西藏大批文物、唐卡和银币。在印度写出了那本迎合西方人士对西藏雪域的神秘而好奇的心理的书。一时纸贵洛阳。好！这下子这名前纳粹帐前的走卒，居然摇身一变成为熟悉西藏统治阶级内部事务的专家，反华阵营的帮手。于是，他就更忙了，奔走于美国驻印度大使馆大使韩德孙门下，在锡金、印度上蹿下跳，参与炮制了一系列反华反共、为西方阵营出谋划策，以阻挠西藏获得和平解放的种种阴谋（见于戈尔斯坦《喇嘛王国的覆灭》，时事出版社，1994 年）。这名帮闲，又成为十足的帮凶了。当然，所有这一切都一一失败了。他也就缩回维也纳，出售他从西藏弄回来的赃物，吃他的巧克力、黄油面包去了。本来他不是学术界中人，但这次也来参加这个藏学研讨会。他不提任何论文，又羞羞答答不愿面对人们的询问，只是打打招呼，就再也不见踪影了。算是我在这次会上开了眼，见到此公！用奥地利女藏学家奥尔夏克（Blanche. C. Olschak）教授的话说：“那个老流氓！”（那是 1994 年奥尔夏克与哈拉二人同时来中国旅游时，同住在友谊宾馆，约我前去晤谈时亲口对我说的话。）这里我还能对此公说什么呢？至于美国迪斯尼乐园老板用他的那本书改编成电影向全世界发行，也不过是“沉滓的泛起”罢了！

话头还得拉回来，那次会使我亲眼见到、亲耳听到国际上有那么多人对藏学有兴趣，我们应该认真考虑。古人说，他山之石，可以攻玉。又说，知己知彼，百战不殆。我下决心要编一个刊物式的集子，专门刊登介绍国外藏学家论著的汉文译文，这是参加国际藏学会后在思想上的一大收获。后来在几位青年同志带动下搞了起来，几经周折，试刊两期，适逢国内又搞“反精神污染”，像又是一次“文化大革命”的预演，“洋人的文章，哪能不污染？”研究所里的某位领导人的高论，掷地有声，几乎把这个集子扼杀在襁褓中。但是，“青山遮不住，毕竟东流去”，这个集子办妥手续，公开亮相，叫做《国外藏学研究译文集》，至今已出13辑，共约400万字。都是与通晓法文、英文、德文、日文、俄文的同志合作，由他们翻译出来，供搞藏学研究的同志们参考、借鉴。还出过三种专辑，两本敦煌学专辑和一本语言学专辑。据有关同志反映，确实对了解情况、沟通中外、交流学术起了一些作用。

1982年夏，应邀到美国纽约哥伦比亚大学参加第三届国际藏学会。本来，会议的组织委员会派了巴巴拉·阿齐兹（B. Aziz）博士来北京，约见于道泉教授、王辅仁同志和我。我陪她去见于老。于老从来不喜欢见外宾，尤其不在家中见客，这次是个例外。大概因为阿齐兹博士是阿拉伯血统（黎巴嫩裔），在英国伦敦大学政治经济学院读的博士学位，专业是文化人类学，导师是海门多夫（C. von Fürer Haimendorf）。她跟于老谈伦敦、谈英国，谈到很多英国学术界的趣闻。于老非常高兴，破天荒安排饭菜，在家中招待客人。阿齐兹博士非常佩服于老渊博的学识和地道伦敦口音的典雅英语。虽然他当时已经八十二岁高龄，但思维敏捷，理路清楚，诙谐幽默，十分风趣，对我国藏学界的历史真是如数家珍，娓娓而谈。阿齐兹博士再三敦请于老前往纽约参加会议，于老也微笑答应了，可是到临办手续前，又决定不去了。阿齐兹博士在会上作了一个专题报告《中国老一代藏学家于道泉、李安宅二教授的近况介绍》，引起了与会者极大的兴趣。我在会上介绍我国藏区藏戏的发展现状时，还特别提到莎翁名剧《罗密欧与朱丽叶》以藏语演出的盛况（那是了不起的艺术精品，上海戏剧学院藏语班的同学集体努力完成这一划时代的演出）。我断言，现代藏语可以表达世界上任何文学名著！与会听众报以热烈的掌声。在这次会上，结识了牛津大学的两位藏学家阿瑞斯·马可（Aris Marke）和克拉克（C. Clarke）。马可的太太，就是缅甸著名的民主运动领袖昂山素姬。1985年在慕尼黑的藏学会上见了一面，纤弱文静，像个女大学生，看不出竟是一位社会活动家和领袖。大概由于她是缅甸独立运动领袖、缅甸国父昂山将军的女儿吧，昂山素姬被软禁在仰光七八年了。1992年秋，我应邀在牛津大学访问时，阿瑞斯·马可请我到他家去看看。他带着两个男孩，住在牛津大学校园内，家中没有主妇，乱得可以，也是够惨的。克拉克娶了复旦大学毕业在英国留学的王金钗女士，夫唱妇随，都有很理想的工作，而且极关心西藏农牧业的发展，常到西藏做田野调查，生龙活虎。想不到竟在今年春季遽尔以脑瘤过世，令人扼腕。

1982年秋，应聘到维也纳大学藏学—佛学系教了一年书，作为客座教授直接去教外国学生，对自己也是锻炼。我要加紧提高英语表达能力，努力把课堂上的事弄妥帖，也是够忙的。

到了1983年春天，去了巴黎。那是石泰安（R. A. Stein）教授的精心安排。当从维也纳直达巴黎的火车到站时，有一位中国留学生许女士举着牌子来接站，旅馆、图书馆借书证、访问日程等都安排得停停当当！旅法藏族学者噶尔美（S. Karmay）博士，在1981年维也纳的会议上已经结识。这次，我应邀来巴黎访问，又是石泰安教授（他的导师）的客人，噶尔美博士当然分外热情，在我到达后的第二天，即由他陪同到巴黎国家图书馆东方手稿部去阅读敦煌写卷文书。科恩主任确实是难得的好人，悉心接待，不厌其烦。我一再调阅写卷，都如愿以偿，使我能在短短的两个星期中，尽可能多地阅读到重要的藏文卷子，把《敦煌本吐蕃历史文书》所包括的几个卷号都一一做过核对，纠正了我们原书中的若干错误，也补足了几处重大的阙文，心满意足。而后在海瑟·斯脱达（Heather Stodard）的陪同下游览罗浮宫，一睹蒙娜丽莎的芳容。当然也忘不了去拜访周恩来总理当年留学巴黎时住过的旅馆，忘不了去凭吊一番巴黎公社社员墙遗址、协和广场和凯旋门。那时，马雍兄和陈高华兄也正在巴黎开会，他们二位听主人说我在巴黎，于是联袂到拉丁区的大学旅馆来找我。我们三人一道，去香榭丽舍大街徜徉漫步，欣赏夜巴黎的景色。经过“红磨坊”夜总会门口，议论一番，一听说500法郎一张门票，我们只好望而却步了。马雍兄在1985年过早地离开了我们，但他那爽朗的笑声、坚毅的精神永远留在我的心中。

前面提到的石泰安教授，是法兰西学院汉学和藏学讲座教授，是继沙畹、伯希和（P. Pelliot）、马伯乐（H. Maspero）、戴密微（P. Demiéville）以后的汉学藏学并举的重要人物。在30年代，他逃避希特勒纳粹党徒的迫害，从德国逃亡到巴黎，与于道泉先生结为密友，旨趣相投，共同的理想缔结了牢固的友谊。二战后，音讯隔绝了几十年，直到1980年，经由于道泉教授出面邀请，他才又一次来到他时时念想的中国，并且遍访了甘肃、四川等省。我曾陪他在北京参观、访问。由此缘故吧，当他知道我在维也纳大学教书时，便应邀来到维也纳大学短期访问和作学术报告，这就又一次见了面。接着，我就自然地作为他的客人去巴黎了。

离开巴黎，我又一鼓作气去了伦敦，主要还是为了调查收藏在英国印度事务部图书馆的敦煌藏文写卷和若干新疆出土的藏文简牍。管理这部分资料的哦开菲（Michael O'Keefe）先生也颇合作，最为难得的是从他手中接过来托玛斯（F. W. Thomas）教授的《关于新疆的藏文文献集》四卷本和威利布散（Vallée Poussin）编写的《印度事务部图书馆藏敦煌藏文写本目录》。这是十分难得的工具书，已经很难买到。我本以为“踏破铁鞋无觅处”，想不到“得来全不费工夫”。也许是海瑟·斯脱达女士的介绍信起了作用吧！在伦敦大英博物馆东方语言部担任主任的其美活佛盛情接待自不必说，还有中文部的吴方思（Wood Frances）女士的帮助。她来北京时，也访问过于老，我参加过接待。后来，我又两次（1992 年，1995 年）访问伦敦时，在伦敦大学亚非学院（SOAS）阅读资料，又与上述二位时有过从。还有机会借阅了黎吉生（H. Richarson）和查尔斯·贝尔（Ch. Bell）等前殖民政府官员在西藏写回的若干报告的手稿。当然不会忘记到海格特公园墓地去瞻仰卡尔·马克思的墓园，在他的半身塑像前献上一束小花。同时，回过头来，又在海格特访问一下于道泉先生旅英期间的故居。通过这次在巴黎、伦敦的访问，写了一篇《敦煌藏文写本手卷研究近况综述》，发表在《中华文史论丛》上，算是一个交待。

1985 年、1986 年到 1987 年接连访问德国（当时叫做西德，或者正规地称为联邦德国），主要在巴伐利亚州的首府慕尼黑和临时首都波恩（我国台湾的人却喜欢叫她“波昂”）开会、教书。旅德的藏族学者邦隆活佛，色拉寺出身，曾获拉然巴格西（头等格西）荣誉，又在慕尼黑大学获哲学博士学位。一直在巴州科学院亚洲研究所与于伯赫（H. Uebach）博士合作编写《藏德大词典》。他的本寺是云南中甸大寺，出生在昌都地区，学经受教育在拉萨。纯粹是偶然的因素，茫茫然地漂流到印度，然后又到了西德。经过一段艰难痛苦的文化“休克”，终于找到了自己的定位。以《佛经律藏中的故事》一篇四百多页的论文获得了哲学博士学位之后，一切都顺利了。他以一名流亡者、难民的身份，越过了社会等级，跨进了西方的学术圈子，得到应有的尊严和荣誉。他几次回国、回到故乡、回到云南中甸，所见所闻，觉得宽慰。特别是昌都军分区解放军医院为他的老母亲医好了白内障，使老人能重见光明，真让他万分感激。见面时一个劲儿地说“解放军真好！”大大地缩短了存在已久的与当地政府的疏离感，转而变成非常亲切的朋友。在波恩大学中亚学系工作的扎雅活佛（昌都贡觉人）、普康活佛（山南琼结人）和白马才仁喇嘛

（四川白玉人），他们三位分别从事现代藏语、佛教文化艺术和宁玛派经典的研究和教学，都已入了德籍，有了比较稳定的收入，生活都很不错。因而，都能以正常的心态看待西藏的变革，对发展的前景也抱有希望。特别是白马才仁喇嘛，1986 年回到阔别已久的故乡——四川省甘孜藏族自治州白玉县，亲眼见到家乡的巨变，兴奋不已，拍摄了大批照片。当时，正逢十世班禅大师在四川考察，还在百忙中接见了他，他更感到无比光荣。回到波恩，连续几天，用“故乡见闻录”的名义，在系里集会上放映幻灯。边放映边解说，极为生动活泼。其中，幻灯上出现了他的妹妹和弟弟等家中老小的镜头，他解释说：“他们都成了共产党的人了（指他们都是共产党员），如今都是很有体面的人，家里生活过得很好……”他的行动，颇让某些搞分裂活动的藏人不高兴，扬言说白马才仁被共产党收买了！后来引发了他跟达赖喇嘛之间的一场文字辩论。看来，事实胜于雄辩，日久见人心。

1985 年，第四届国际藏学会在德国慕尼黑召开。1989 年，第五届国际藏学会在日本东京召开。1992 年，第六届国际藏学会在挪威奥斯陆—法根尼斯召开。与上几届不同，我国派出了二十五人参加，再加上台湾来了六人，实际上有三十一位中国人参加，队伍可谓大矣！反映了我国藏学研究的发展、队伍的壮大和改革开放政策的落实。1995 年 6 月的第七届国际藏学会在奥地利格拉茨举行时，我国有二十六位代表参加。1998 年 7 月第八届国际藏学会在美国印地安纳大学布鲁明顿校区举行时，我国又派出了二十八位代表参加，仅西藏自治区就有西藏社科院和西藏大学的人员十人。实际上，我国藏学研究的进展，已经是举世公认的了。我们以充分的信心迎接下一个世纪的藏学热或藏学研究的高潮到来！

（原载张世林编：《学林春秋》第二编，朝华出版社，1999 年。）

特立异行　追求真理

——记我所知道的先师于道泉先生

于道泉（伯源）先生，山东临淄（今属淄博市）葛家庄人。1901年10月18日出生，1992年4月12日在北京谢世，享寿九十有一，堪称高寿。

先生于1917—1920年就读于山东省省立甲种工业学校，以优秀成绩毕业，打下极好的理科基础。同年考入山东齐鲁大学，先读化学系，兼修数学，后转社会系，专修西洋史和社会学，于1924年毕业。就在这一年，于先生考取了公费留美的资格，家人亲友咸来祝贺。恰于此时，印度诗圣泰戈尔（R. Tagore）来华访问，由上海、南京北上，道经济南，在泉城逗留参访。于先生英语能力极强，早蜚声济南。因而，被推举为这位诺贝尔文学奖金获得者在济南访问时的临时翻译，一路观光一路交谈。在济南佛经流通处，于先生以自己的一点佛学知识，做了佛教在中国传播的历史的介绍。泰戈尔大为惊异，说："你是我们来中国见到的第一位对印度文化发生兴趣的人。"于先生也为这位印度学者深深折服。当时，泰戈尔在印度创办国际大学，希望通过中国政府选派留学生到印度留学，借以加强中印文化交流，就建议于先生跟他一起去北京，然后准备赴印度留学。于先生立即同意，并放弃了官费赴美留学的计划。这件事惹得于先生的父亲于丹绂老先生勃然震怒，也令亲友和熟悉的人大为不解。可是，于先生“一意孤行，独持己见”，跟随泰戈尔到了北京。从此，他走上了一条不归路，也显示出他超然物外、脱俗出世的人格精神。

到了北京，泰戈尔的计划在当时的北洋政府中难以实现。中国学术界名流对泰戈尔十分热情、周到的接待，也无法打动当政的衮衮诸公去实现中印文化交流的计划。泰戈尔只好铩羽而归。行前，他将于先生介绍给在北京大学担任梵文教授的钢和泰（A. von Staël-Holstein）男爵，并对于先生说：“这位从立陶宛来的爵士可以教你梵文、藏文，可以满足你对生命的秘密探索的要求。”这样一来，于道泉先生就成为钢和泰教授梵文课堂的翻译，把教授所讲的英文当堂译成现代汉语，传达给听课的人。同时，他跟着钢和泰学习梵文和藏文，并在钢氏家中生活。把钢氏付给他的每月十元钱工钱如数交给厨房大师父，将就着在厨房用餐。对于这一段生活，于道泉先生写信给正在日本留学的大妹妹于式玉说：“我现在每餐用梵文就着窝头吃，恐怕全世界没有第二人吧！”说明他的生活是清苦的，但他的精神世界是充实的、愉快的、满足的！颇有箪食瓢饮、自得其乐的劲头。钢和泰教授对他这种学习热情、夜以继日孜孜不倦的勤奋精神十分感动，说：“于先生，你三个月学习的进步，比我过去的学生学一年还要快得多！”为了学到地道的藏语文，他与雍和宫的蒙藏喇嘛交了朋友。雍和宫是北京最大的藏传佛教寺庙，有一批蒙藏僧人常住，是北京惟一的藏语环境。他决心搬到雍和宫，去跟喇嘛们一起生活。后来，一本巨著——《第六代达赖喇嘛仓央嘉措情歌》就在这里孕育、诞生了。这又一次显示出他的特立异行、不同凡响。

20年代的北京，是各种思潮荟萃之所，紧接着高举科学与民主大旗的五四运动之后，思想活跃，人心振奋，文化冲撞，观念更新。国家主义、无政府主义、各种社会主义和共产主义广泛传播。国家、民族存亡的危机，更为青年人所关注。祖国在风雨如磐的痛苦中，追求、探索、寻找救国之路，解决生命之谜。于先生自己说过："我到北京来学梵文，抱了满怀热望，要读梵天文字的佛经，并在佛教哲学中去寻找生命之谜的解答。""我向来对佛教所抱的信仰，大部分被他（钢和泰）用比较宗教学的武器打得粉碎。"（《第六代达赖喇嘛仓央嘉措情歌·自序》）

也就在这一时期，于先生参加了中国共产党。由一个积极学习梵文、学习佛教的人，转而投身于激进的社会变革运动，这似乎令人难以理解，其实决非偶然。早在 1922 年，于先生还在齐鲁大学读书时期，就利用业余时间学习世界语。不到一年，就完全掌握了这种语言。后来，他利用这一国际普通话，跟国外世界语者建立了联系，成为当时山东第一位也是惟一一位世界语者。加入了国际世界语协会，并被聘为该组织在济南的代表。日本著名的世界语者小坂狷二按照通讯录上的地址到山东济南访问世界语者，于先生在齐鲁大学为这位外国朋友组织了一次精彩的世界语报告会。会上，小坂狷二用世界语演讲，于先生担任翻译。这次活动，大大增强了于先生对世界语的感情。此后，他把许地山的散文诗《空山灵雨》译成世界语，在胡愈之先生主办的、当时颇有影响的世界语刊物《绿光》上发表。由此因缘，于先生与胡愈之、许地山建立了通讯联系，并由他们二位介绍，参加了中国文学研究会，成为以写真实人生为目标的这一文学团体的早期会员。陈原（笔名章怡）先生在回顾中国世界语的历史时曾说："二三十年代，旧中国反动派认为世界语是共产党的宣传工具，是洪水猛兽。"事实上，中国世界语运动跟民族解放斗争已经紧密地结合在一起。对年轻气旺、追求真理、愿意献身于民族解放事业的于道泉来说，从参与世界语运动到参加共产党，是当然的合乎逻辑的发展和归宿。

作为一名秘密党员，在地下状态，他是忠实、积极地实践自己入党的诺言的。比如，他引导了自己的弟弟于道源（后在解放战争中牺牲），妹妹于若木、于陆琳参加了党组织，奔赴延安，参加抗战，走上了革命的道路。萧乾先生回忆，在北京地下时期，于先生领导他从事过革命活动（《新文学史料》）。于先生从来不谈这方面的事。在于先生身边工作的几十年中，我们对此知之甚少，甚至不知道他早年参加过共产党。他曾对孙女于耀华说起自己从国外归来后为什么一直没有要求恢复组织关系。他说："过去在北京参加过党组织，也做过一些工作。30年代就到海外去了，一去十五六年。在整个抗日战争期间和解放战争期间，那样残酷的流血的斗争中，自己漂泊海外，未能做出任何贡献。现在，革命胜利了，这是千百万烈士的鲜血凝成的果实，是人民群众在党的领导下取得的胜利。这时，自己再要求恢复组织关系，再做一名老龄党员，不过是来享受党的荣誉，不过是想做官而已，真是惭愧。所以，再也不愿去申请了。"从他的话中，我们再回顾他一生为人，可用"狷介"二字来概括，就是孟子的话："非其义也，非其道也，一介不以与人，一介不以取诸人。"（《孟子·万章》）在某些人看来，他是多么傻，其实这又是他的特立异行之表现。1950年初，胡乔木同志担任新闻总署署长，筹备组建机构时，曾慕名邀请于先生面商，请他出任外文局局长。于先生婉言谢绝了他的盛情，但表示愿意为培养藏语文人才尽自己的微薄之力。

还有一件事，虽是后话，但值得在此一提。1933年，于先生到南京去办理到法国留学的护照时，有一位陈先生（至今不知道是哪一位？是陈立夫？或者是陈布雷？）奉蒋委员长之命，邀请于先生到南京政府担任某一项负责工作。于先生的共产党员身份，他们是不知道的。因此，向于先生表示了"蒋先生非常器重你是了不起的专门人才，愿意借重"。这位陈先生安知鸿鹄之志呢？于先生当然用婉转而恭敬的言辞拒绝了。从此可见于先生毕生奉行的原则："三军可夺帅也，匹夫不可夺志也。"（《论语·子罕》）真正身体力行做到"富贵不能淫，贫贱不能移，威武不能屈"（《孟子·滕文公下》）。

于先生由于常住雍和宫，跟随蒙、藏喇嘛学习藏文、蒙古文，同时兼学满文，进步很快，在学术界受到注意。首先是袁同礼先生，他当时担任国立北平图书馆馆长，聘请于先生担任研究馆馆员，负责征集藏、蒙古、满及其他少数民族文字图书，建立特藏部。有了安定的环境，又与自己的旨趣相投，于先生全力以赴地搜罗天清番经局印制出版的蒙藏经籍、北京版藏文大藏经、蒙古文大藏经。为了抢救收藏在热河行宫的满文大藏经，他甚至冒着敌寇的枪林弹雨，孤身远赴承德，几乎陷身于日寇的魔掌。当时，北平学术界同人为于先生的安危焦虑万分。他老先生辗转山西，间关南下，居然脱险归来。此后，于先生一直兼任着北平图书馆的研究员职务，不管在国外羁留，还是在其他单位任职，始终不渝。直至80年代末退休，又推荐黄明信先生接手董理此事。在国立北平图书馆工作期间，他专心致志从事本位工作。在同事的帮助下，于1929年完成了《北平图书馆藏满文图书目录》，并撰写序言，公开出版。还在《国立北平图书馆馆刊》上发表了《达赖喇嘛于根敦珠巴以前之转生》（1930年第7卷）、《乾隆御译衍教经》（1931年第5卷）。

此外，在这一时期还有两件重大的事情。一件是中央研究院历史语言研究所聘于先生为该所助理研究员，进入人文社会科学研究的最高殿堂，在史学大师陈寅恪的直接指导下进行学术研究。具体地说，以陈氏提倡的历史语言学派的方法进行藏、蒙古、满等少数民族历史研究。这本是于先生向往已久的学术憧憬，一旦实现下自己的愿望，立即迸发出汹涌的激情。于是，向所长傅斯年（孟真）先生提出编写一本藏汉大字典的计划，以期帮助愿意学习藏文的人尽快掌握这门语言。但是，他自以为十分周密的计划，却没有得到傅斯年和陈寅恪的支持和同意。只好作为个人的兴趣，在业余时间去搞。不能列入项目，也得不到资助。这件事，使于先生十分伤心、十分烦恼。用他自己的话说："每日在办公室枯坐无聊，只能等待下班，回到自己的住处，全神贯注地进行编写藏文字典的地下活动。"直到1949年回国后，于先生组织人力，把编写藏汉大词典的事，重理旧弦弹将起来。

又经过几十年的风风雨雨，直到1983年才得以正式出版，名为《藏汉对照拉萨口语词典》，几乎走过55个年头。

另一件事，就是出版了英、汉文译注的《第六代达赖喇嘛仓央嘉措情歌》（中央研究院历史语言研究所单刊甲种之五，1931年）。这本书给于先生带来意想不到的声誉，成为当时学术界轰动的大事，胡适之、许地山都曾大为赞赏。人们十分欣赏情歌的清丽哀婉，又非常同情这位诗人不平凡的身世和才华，认为于先生做了一件了不起的事。而于先生自己却说："那是前几年住在雍和宫时，跟几位藏族僧人学习藏语文时的作业。一首一首请教他们，才能翻成汉文和英文的，并未打算出版。后来，因为在史语所编写藏文大字典的计划未获通过，自己又没有兴趣做别的事，所里要求交出研究成果，只好把情歌整理一下，梳妆打扮一番，送到所里，没想到就印了出来。赵元任先生为此书搞了一个拉萨音系放在前面，别的人误会了，以为这个拉萨音系是我搞的，几十年中心里一直忐忑不安。"直到1982年，民族研究所的同志编辑《仓央嘉措及其情歌研究（资料汇编）》一书时，于先生又一次在序言中作了郑重其事的说明。1980年赵元任先生第二次回国访问时，住在和平宾馆，于先生要我陪他一起去看望、话旧。在赵如兰教授的安排下，两位老人又一次亲切会见，于先生算是了却了一桩心事。

1934年，于先生被中央研究院历史语言研究所派往法国留学，到巴黎索邦大学就读，投到巴考（J. Bacot，1890—1967年）门下，攻读藏文。同班同学共三人，另两位一位是拉露（M. Lalou，1890—1969年）女士，也是著名藏学家，另一位是早已有了博士学位的学者。上课两周后，巴考教授对于先生说："我真的教不了你藏文，你的藏文水平比我高，我有许多问题需要向你请教，你还是选别的课上吧。"于先生虽然改修土耳其文，但仍然选了巴考的课，认为巴考先生为人很好，而且家中有很丰富的藏文书，可以借阅。于先生在巴黎时，先是借住在一位会世界语的朋友家里。吃饭时，他们经常讲世界语，这一家的老母亲很不高兴，怪儿子为什么爱讲别人听不懂的世界语，为什么不讲法语。他们相视一笑，只好顺从老人的意思讲法语了。在巴黎五年，最要好的朋友是韩儒林（回国任中央大学即后来的南京大学教授，蒙古学家，1903—1983 年）、石泰安（R. A. Stein，犹太裔，出生于德国，后避纳粹迫害，逃亡法国，汉学、藏学家）。留法期间，又去德国一年，学习德语，并将几百首藏族民歌译成德文（未刊）。1939 年转赴英国，应伦敦大学邀请，在该校东方学院即后来的亚非学院（SOAS）教授古典汉文。由于于先生的推荐并介绍，萧乾（1909—1999 年）也被聘为该院中国文学讲师，从香港《大公报》报社到伦敦工作，大概同时兼着《大公报》的记者。所以，在二战结束前后，萧乾先生得以惟一的中国战地记者身份，在战场上盟国一侧采访。从于先生保留下来的萧乾先生的十几封亲笔信来看，他们的关系是非常亲密的。前面已经提到过，20 年代后期，于道泉先生作为共产党组织成员，领导过萧乾先生在中学里开展共青团的活动。友谊由来已久，并在危难中越发深厚、强烈了。

中央研究院历史语言研究所领导方面，特别是傅斯年先生，对于先生迟迟不归非常不满。期间，二人发生了激烈的通信争论，乃至言辞火爆。从于先生保留下来的傅斯年先生的三封来信，以及于先生复函底稿来看，没有等到中研院史语所停发公费以前，于先生就在欧洲自谋职业来养活自己，同时还要汇钱回国接济家中老小。这样，就完全摆脱了与中研院史语所的关系。公平地说，傅斯年老先生是爱才的，他很佩服于先生的学问、人品。于先生的怪僻性格和特立异行，令傅斯年先生难以接受。傅斯年先生并不知道否定于先生编写藏汉大字典的计划一事对他伤害多深，更不知道于先生在政治上已经跟南京政府分道扬镳了。尽管如此，于先生的赴法留学深造一事，还是傅先生一手促成的。抗战胜利后，胡适之先生以北京大学校长名义致函于先生，请他回国到北大任教，其中固然有汤用彤（锡予）、向达（觉明）两位先生的推荐，也有傅斯年先生对胡适之先生的嘱托。

脱离与南京中央研究院史语所的关系后，于先生从此拒领公费，靠半工半读实行勤工俭学。主要工作是帮助巴黎国家图书馆编辑馆藏、满文书目，同时在巴黎大学高级汉语学院担任资料工作，以此养活自己。

1938 年，于先生由汉藏语学者西门·华德（Simon Walter）推荐赴英国，在伦敦大学亚非学院担任高级讲师，教授汉语，前后达 10 年之久。在英国的 10 年，正是第二次世界大战爆发的年代。德国法西斯疯狂地在欧洲大陆行凶，轰炸伦敦，蹂躏巴黎。于道泉先生在英国饱受战争之苦。东望祖国，日本侵略者的铁蹄正践踏我大好河山。有家难奔，有国难投。于道泉痛苦焦灼，只好以自己力所能及，为国家做一点事。如推荐萧乾先生到伦敦大学任教，还帮助几位旅居欧洲的朋友渡过生活难关。直到二战结束，于道泉先生得到从国内解放区传出来的新文艺作品，惊喜过望。他以兴奋的心情，动手把赵树理的小说《李有才板话》和《李家庄变迁》译成法文，在法国《人道报》所属的刊物上发表，向法国以及西方介绍解放区的新文艺、新生活和新人新事。傅斯年并不了解于先生的心情和思想状况，来信斥责于先生。于先生极为痛苦，曾修书作答，并撰长信致陈寅恪先生解释（均未发出）。于先生羁留海外的根本原因，是不愿与国民党当局来往。他等待自己期望已久的时机早日到来。

1949 年，全国解放的大好形势鼓舞了海外游子。为迎接新中国诞生，于先生欣然经新加坡、香港于 4 月间返回北京。此前，胡适之先生也有信函，延聘于先生到北京大学任教。后季羡林先生报请北京大学校务委员会主任汤用彤先生，聘于先生为东方语文系教授，并成立藏语专业。

1950 年，国务院计划在北京成立中央民族学院时，首先考虑建立少数民族语言文学专业。而藏语文又是重中之重，被排为最优先筹划的序列。于道泉先生当然是这一计划的筹划专家。从一开始，于先生就提出了计划，后来逐步充实，形成一套思路：

（一）语言教学从口语开始，而口语教学是学会语言的基础。在语言学习的开始阶段，集中学习生动的口语（避免文字的难点），然后再去学文字，就会事半而功倍。因此，开办了第一个藏语专业培训班，从全国各大学抽调一批文科学生来北京，由于先生自编教材亲自教学。语音训练阶段，邀请马学良先生合作。

（二）根据藏语方言的差异，分别开设方言班。先开设拉萨方言班，接着又开设安多方言班。分别延聘以此方言为母语的藏族学者担任主讲教师，配备汉族青年担任辅导。让学员专心致志掌握某一方言，在教学过程中编写方言教材和方言字典。

（三）语言离不开说这种语言的人民大众，学语言的人必须与人民生活在一起，从生活中学习、实践，才能真正掌握它。因此，组织学生到藏区进行语言实习，熟悉生活，培养感情，以期学到地道的语言。这一做法，收到极好的效果，后来经过总结，成为少数民族语文系的教学中的根本办法之一。

（四）在教学中不忘科学研究，专门设立了字典小组，编写拉萨口语字典。延聘安多、康、卫藏和嘉戎等各方言区的藏族学者，组织汉语学员积极从事方言的调查和研究，实际上为后来展开的全面藏语调查做了准备。而《藏汉对照拉萨口语词典》一书的出版，即为证明。今天看来，安多、康、嘉戎和卫藏多种方言字典出版问世，许多研究专著得以发表，于先生功不可没。于先生培养藏族青年学者成才成家，更是值得怀念的。

1957年难忘的春天，在学校组织的座谈会上，党委负责人要在座的老先生们帮助党整风。于先生平素很少发言，这一次他语重心长地说，希望健全对党组织、对党员的监督机制。他还说，任何个人、任何组织都必须有监督，不能有特权，绝对的权力必将导致绝对的腐化。就凭这一段发言，在“反右”运动中，被某些吹毛求疵的人无限上纲，说于道泉先生恶毒攻击我党要绝对腐化，是反党反社会主义。幸亏在党委中还有明白人，未再深究，淡化了事。于先生逃过这一劫，不能不说是一大幸事。

1966年，“文革”开始。于先生在6月2日就被集中管理起来，只能老老实实，不许乱说乱动，工资也被冻结了。1969 年底，林彪发出“一号命令”，于先生就又随着全院人马，迁到湖北古云梦泽——沙洋、潜江地区劳动了。他是愿意参加体力劳动的人，也是十分尊重劳动的人。但这不是一般的劳动，这是带有流放性质的惩罚。在那里一晃两年多，直到林彪摔死在温都尔汗，才又被调回北京，听候审查、处理。

就在 1972 年底，时来运转，天降良机，命运女神又一次向他招手。伊朗驻华大使馆向我国外交部送来一份在伊朗出土的藏文图卷，要请中国专家协助解读。外交部把此事交给中央民族学院军宣队的军代表，要他设法请于道泉先生解决。事关外交，非同小可。军代表不敢怠慢，于是找于先生谈话，先是强调一下知识分子不要翘尾巴，然后就书归正传，说于先生改造得不错，有进步，要于先生接受考验，要服从组织安排，表现出思想改造的成果，等等。总之一句话，要他接受任务，帮这位军代表的忙，完成上级交下来的指令。于先生推脱不掉，提出如下条件：自己年纪大，眼睛不好，要找助手协力。“这好办，这好办。”军代表就颐指气使一番，把这件活儿交代了下来。于先生和我二人，乐得借此机会到北京图书馆、北大图书馆和社科院图书馆三处去读书，去翻阅国外书刊，了解国外同行的学术进展情况。因之，在解读了这一份伊朗出土的苯教（bon）文书卷子的同时，又草撰一份《国外藏学研究论著目录》（1949—1970 年），交给同好的同志传阅，让人们也稍稍了解国外的情况。

鲁迅先生说过：“我们从古以来就有埋头苦干的人，有拼命硬干的人，有为民请命的人，有舍身求法的人。……虽是在等于帝王将相作家谱的所谓‘正史’也往往掩不住他们的光辉，这就是中国的脊梁。”

1992 年 4 月 12 日，于道泉先生走完了他人生的道路，在北京西山一所养老安老的医院里，静静地离开了人世。他这样特立异行的人，正可以借爱因斯坦在悼念居里夫人时所说的话作比照：“第一流人物对于时代和历史进程的意义，在其道德方面，也许比单纯的才智成就方面还要大。即使是后者，它们取决于品格的程度也远超过通常所认为的那样。”（转引自顾淑林：《迟到的理解》，刊于《顾准日记》。）

1999 年 4 月，于老逝世七周年

（原载《平凡而伟大的学者——于道泉》，河北教育出版社，2001 年。）

《题万松图》的故事

1997年2月25日，《人民政协报》发表了赵朴初先生敬挽邓小平同志的哀诗：

泪濯江河四海清，神州忍见大星沉，雄才远视无俦亚，盛德丰功孰比伦！

永忆十年遭丧乱，端凭巨手转乾坤，哀思共勉遵遗教，再展鸿图耀古今。

其感情沉痛哀伤，抒发了诗人对邓公的无限崇敬；对他力转乾坤，砥柱中流，带领全国人民走出危局的丰功伟业无比感念。在这里不由得想起，赵朴初先生对邓公三落三起的政治生涯中表现出来的智慧、毅力、果敢和勇气十分敬佩，他曾以一首“题万松图”的长诗呼唤邓公出山。“此公不出，奈苍生何?”正是诗人用铿锵的鼓角声，发出全国亿万人民群众心底的最强音。

那是1977年秋，著名画家、中央美术学院院长吴作人先生一幅气势磅礴的水墨大画——万松图，请赵朴初先生题诗其上。赵朴初先生见到画面上表现出来的千山万壑、郁郁葱葱的苍松，遒劲坚挺，拱卫大地，直干云霄，感念万端，略一沉吟，奋笔疾书：

著意画万松，夭娇如群龙。

千山动鳞甲，万壑酣星钟。
中有一松世莫比，似柳三眠复三起。
眠压冬云八表昏，起舞春风亿民喜。
喧天爆竹是心声，共助松涛争一鸣。
枝扫氛霾光焰焰，骨凌霜雪铁铮铮。
为梁为栋才难得，老不图安身许国。
日月光华华岳高，愿松长葆参天色。

赵朴老这首堪称史诗的文献，不胫而走，在北京传颂。因为1977年秋，“两个凡是”思想禁锢还在，小平同志还不能顺利出山，人们焦急、烦躁和渴求，已到忍无可忍之时。适巧，朴老把这首诗用他的生花妙笔写成条幅赐我。我收到墨宝，喜不自胜，视若拱璧，顺便请好友胡德平同志共同欣赏。德平也非常兴奋，就转给耀邦同志看看，耀邦同志看后连声说：“好！好！送去给邓伯伯看看吧！”于是，这一条幅又曾经小平同志亲自过目哩！

后来的历史进程，大家都很熟悉了，大型文献纪录片《邓小平》有最为详尽而翔实的描述：“枝扫氛霾光焰焰，骨凌霜雪铁铮铮”，不就是刚刚翻过去的那一页历史的最好注脚吗？“为梁为栋才难得”，那是毛泽东主席亲自落笔，对小平同志的评价。“老不图安身许国”，完全托出小平同志的性格啊！1977年复出时，已是73岁高龄，他确实老不图安，把自己最后一段生命献给祖国和人民，正如他自己所说：“我是中国人民的儿子，我深情地热爱着我的祖国和人民。”如今，小平同志已经长眠，走完他的历史道路，我们不妨用赵朴初先生这首诗来回顾一下。

毛毛（邓榕）在《我的父亲邓小平》一书中，对邓小平的政治生涯中带有传奇性的历史，有如下的描述：

三次被打倒，又三次复出；而且复出得一次比一次光荣，一次比一次更震撼人心。

她写的是短短几句话，可是，其背后却是“惊涛拍岸，乱石穿空，卷起千堆雪”，那是邓小平在中国历史的最险峻峭壁中的峰回路转啊！单说这最后一次的被打倒吧！那不正是在“文化大革命”全国性动乱之后的1976年吗？那是要命的年头啊！中华大地万户萧疏，生产停顿，民生凋敝，国步维艰，真正是“国民经济到了崩溃的边缘”。“四人帮”掌握国家大权，搞得全国满目疮痍，遍体鳞伤，真正是万马齐喑，无人敢讲。更令人惊慌疑惧的是周恩来总理逝世，全国人民陷入无限悲痛之中，而“四人帮”出于恐惧的阴暗心理，禁止人民追悼和记念周恩来，造成一片恐慌而诡秘的阴霾。人民是不可侮的，群众性地自发地在天安门广场百万人悼念周恩来，成为强有力的抗争，反映了人民的愿望和反抗“四人帮”的决心。愚蠢而凶残的“四人帮”疯狂地镇压群众，把邓小平打成天安门“四五”事件的总根子和总后台，于是，邓小平又一次被彻底打倒，削去一切职务。历史，风驰电掣，9月9日，毛泽东主席逝世，10月6日，四人帮被擒。历史又戏剧性地翻开全新的、意想不到的一页。

由于长期以来的思想束缚，“两个凡是”的教条在捆缚着生机勃勃的群众激情，人民渴望着邓小平，呼唤着邓小平。当时，《甲午海战》电影中的英勇捐躯的邓世昌的高大形象，成为人民宣泄感情的突破口，于是，“邓大人”、“邓大人”在人民口碑上传颂全国，成为最为鲜活的群众呼唤。赵朴初先生这首《题万松图》的长诗，就是全国人民“期望邓小平，呼唤邓小平”最好的文学艺术的典型。

小平同志逝世，四海同悲，我正在美国教书，到洛杉矶总领馆灵堂哀悼。回家后草成此文，藏于箧中，今呈《佛教文化》，乞予斧正。

（原载《佛教文化》1997年第5期。）

王尧教授历年论著目录

任小波整理

（一）论文、杂文

1956 年：

《藏语的声调》，《中国语文》1956 年第 6 期。

1957 年：

《西藏谚语俗语选》，《民间文学》1957 年第 1 期。

1958 年：

《藏语数词中的“垫音”》，中国语文杂志社编：《少数民族语文论集》第 2 集，北京：中华书局，1958 年。

1962 年：

《藏族史劄记》，中央民族学院历史系编：《中央民族学院历史系科学讨论会论文汇编》，北京：中央民族学院，1962 年。

《略谈西藏民歌中的谐系民歌》，《民间文学》1962 年第

2 期。

1963 年：

《藏文大藏经（西蕃字藏）述略》，藏族研究班专题讲座讲稿，北京：中央民族学院，1963 年。

1965 年：

《萨迦世系、帕竹世系》，王森：《关于西藏佛教的十篇资料》附录，北京：中国社会科学院民族研究所，1965 年。

1978 年：

《西夏黑水桥碑考补》，《中央民族学院学报》1978 年第 1 期。

《萨迦班智达公哥监藏致蕃人书》，韩儒林主编：《元史及北方民族史研究集刊》第 3 辑，南京：南京大学历史系元史组，1978 年。

1979 年：

《黄河源上两大湖——扎陵、鄂陵名称位置考实》，《社会科学战线》1979 年第 3 期。

《喇嘛教对藏族文化的影响》，《青海民族学院学报》1979 年第 3、4 期。

《藏文》，《民族语文》1979 年第 1 期。

《藏戏和藏戏故事——西藏文化巡礼之一》，《西藏文艺》1979 年第 3 期。

《〈敦煌古藏文历史文书〉中的藏族古代歌谣——西藏文化巡礼之二》，《西藏文艺》1979 年第 4 期。

《西藏访书简记》，《中国史研究动态》1979 年第 9 期。

《〈敦煌古藏文历史文书〉序言》，王尧、陈践：《敦煌古藏文历史文书》，西宁：青海民族学院，1979 年。

1980 年：

《吐蕃佛教述略》，《青海民族学院学报》1980 年第 4 期。

《藏族翻译家管·法成对民族文化交流的贡献》，《文物》1980 年第 7 期。

《第巴·桑结嘉错杂考》，中国人民大学清史研究所编：《清史研究集》第 1 辑，北京：中国人民大学出版社，1980 年。

《藏文古代历史文献述略》，《西藏民族学院学报》1980 年第 2 期。

《史传文学及〈米拉日巴传〉——西藏文化巡礼之三》，《西藏文艺》1980 年第 2 期。

《〈萨迦格言〉评价——西藏文化巡礼之四》，《西藏文艺》1980 年第 3 期。

《对音译转写地名的一点补充意见》，《民族语文》1980 年第 2 期。

1981 年：

《南宋少帝赵㬎遗事考辨》，《西藏研究》1981 年第 1 期。

《山东长清大灵岩寺〈大元国师法旨碑〉考释》，《文物》1981 年第 11 期。

《藏语 mig 字古读考——兼论藏语声调的发生与发展》，《民族语文》1981 年第 4 期。

《〈苯教史〉汉译本导言》（噶尔美撰，与陈观胜合译），《青海民族学院学报》1981 年第 3 期。

1982 年：

《吐蕃文献学概述》，王尧：《吐蕃金石录》，北京：文物出版社，1982 年。

《P. T. 1283 号〈北方若干国君之王统叙记〉文书》（与陈践合撰），《敦煌学辑刊》1982 年第 2 期。

《〈于阗教法史〉——敦煌古藏文写卷 P. T. 960 号译解》（与陈践合撰），《西北史地》1982 年第 3 期。

《敦煌藏文写卷 P. T. 986 号〈尚书〉译文证补》（与陈践合撰），中央民族学院藏族研究所编：《藏族研究论文集》第 1 集，北京：中央民族学院藏族研究所，1982 年。

《敦煌本藏医学残卷介绍（上）》（与陈践合撰），《中华医史杂志》1982 年第 4 期。

《纪念中孟人民的友谊使者、孟加拉族佛教学者阿底夏大师》，《南亚研究》1982 年第 3 期。

《承德〈安远庙碑〉考释》，《法音》1982 年第 3 期。

《关于 chis 一词的翻译问题》（金枝由郎著，王尧译），《民族译丛》1982 年第 1 期。

1983 年：

《敦煌古藏文〈礼仪问答〉写卷译解》（与陈践合撰），《西北史地》1983 年第 2 期。

《敦煌吐蕃文书 P. T. 1291 号〈战国策〉藏文译文证补》（与陈践合撰），《青海民族学院学报》1983 年第 3 期。

《敦煌古藏文〈罗摩衍那〉译本介绍》（与陈践合撰），《西藏研究》1983 年第 1 期。

《敦煌本藏医学残卷介绍（下）》（与陈践合撰），《中华医史杂志》1983 年第 2 期。

《辽刻〈契丹藏〉发微》，《中国历史文物》1983 年第 1 期。

《再论民族民间文学与宗教的关系》（与马学良合撰），《西藏文学》1983 年第 2 期。

1984 年：

《吐蕃文献叙录》，中国民族古文字研究会编：《中国民族古文字研究》，北京：中国社会科学出版社，1984 年。

《敦煌藏文写卷 P. T. 1083、1085 号研究——吐蕃占有敦煌时期的民族关系探索》（与陈践合撰），《历史研究》1984 年第 5 期。

《嘉木样协巴》，王思治主编：《清代人物传稿》上编第 1 卷，北京：中华书局，1984 年。

《敦煌藏文写本手卷研究近况综述》，朱东润、李俊民、罗竹风主编：《中华文史论丛》第 30 辑，上海：上海古籍出版社，1984 年。

1985 年：

《吐蕃时期的占卜研究——敦煌藏文 P. T. 1047、1055 号译释》（与陈践合撰），《世界宗教研究》1985 年第 3 期。

《吐蕃的鸟卜研究——P. T. 1045 号卷子译解》（与陈践合撰），中央民族学院藏族研究所编：《藏学研究文集》第 3 集，北京：民族出版社，1985 年。

《唐拨川郡王事迹考——吐蕃大相禄东赞嫡孙仕唐故实》，朱东润、李俊民、罗竹风主编：《中华文史论丛》第 35 辑，上海：上海古籍出版社，1985 年。

《西藏佛教及教派简介》，中央民族学院藏族研究所编：《藏学研究文集》第 3 集，北京：民族出版社，1985 年。

《藏语西部方言——巴尔提（Balti）话简介》，《西藏民族学院学报》1985 年第 3 期。

《〈苯教史〉（嘉言宝藏）选译（一）》（噶尔美著，与陈观胜合译），王尧主编：《国外藏研究译文集》第 1 辑，拉萨：西藏人民出版社，1985 年。

《介绍〈藏汉对照拉萨口语辞典〉及其主编于道泉教授》，《辞书研究》1985 年第 3 期。

《回顾与前瞻——记中央民族学院的敦煌吐鲁番学研究》（与陈践合撰），中央民族学院藏族研究所编：《藏学研究文集》第 3 集，北京：民族出版社，1985 年。

1986 年：

《吐蕃兵制考略——军事部落联盟剖析》（与陈践合撰），《中国史研究》1986 年第 1 期。

《从一张借契看宗教的社会作用——P. T. 1297（1）号敦煌吐蕃文书译解》（与陈践合撰），《世界宗教研究》1986 年第 4 期。

《敦煌本〈瑜伽师地论·菩萨地〉藏汉对照词汇考诠校录》（与陈践合撰），《青海民族学院学报》1986 年第 2 期。

《敦煌吐蕃写卷〈医马经〉、〈驯马经〉残卷译释》（与陈践合撰），《西藏研究》1986 年第 4 期。

《新疆吐蕃简牍考述及释例》，王尧、陈践：《吐蕃简牍综录》，北京：文物出版社，1986 年。

《藏族的古歌与神话》，《青海社会科学》1986 年第 5 期。

《藏文大藏经——丽江—理塘版〈甘珠尔〉经述略》，《中央民族学院学报》1986 年第 3 期。

《〈红楼梦〉第 63 回中的“土番”正解》，中国曹雪芹研究会编：《曹学论丛》，石家庄：群众出版社，1986 年。

1987 年：

《有关吐蕃法制的三件敦煌文书译释》（与陈践合撰），《中国史研究》1987 年第 4 期。

《P. T. 1188 号〈登里回鹘可汗告牒〉译释》，《西藏民族学院学报》1987 年第 2 期。

《归义军曹氏与于阗之关系补证——P. T. 1284 号吐蕃文书译释》（与陈践合撰），《西北史地》1987 年第 2 期。

《三探吐蕃卜辞——伦敦印度事务部图书馆所藏藏文占卜文书译释》（与陈践合撰），《青海社会科学》1987 年第 3 期。

《吐蕃饮馔与服饰》，马雍主编：《中亚学刊》第 2 辑，北京：中华书局，1987 年。

《〈苯教史〉（嘉言宝藏）选译（二）》（噶尔美著，与陈观胜合译），王尧主编：《国外藏学研究译文集》第2辑，拉萨：西藏人民出版社，1987年。

《〈西藏的鬼怪和神灵〉再版导言》（博·克瓦尔内著，王尧译），王尧主编：《国外藏学研究译文集》第3辑，拉萨：西藏人民出版社，1987年。

1988年：

《蕃占期间的敦煌佛教事业探微——P. T. 999、1001号藏文写卷译释》（与陈践合撰），《世界宗教研究》1988年第2期。

《试论藏族的史学和藏文史籍》（与沈卫荣合撰），《史学史研究》1988年第2、3期。

《摩挲遗文忆前贤——记顾颉刚先生序〈五凤苑藏汉字典〉》，藏族史论文集编辑组编：《藏族史论文集》，成都：四川民族出版社，1988年。

《张建木先生所译〈印度佛教史〉读后赘语》，多罗那它：《印度佛教史》附录，张建木译，成都：四川民族出版社，1988年。

《西藏问题与中国边疆史地研究》，《中国边疆史地研究》1988年第4期。

1989年：

《吐蕃的王权与官制考略》，藏学研究文选编辑组编：《藏学研究文选——祝贺王森先生从事藏学研究工作50周年》，拉萨：西藏人民出版社，1989年。

《吐蕃职官考信录》（与陈践合撰），《中国藏学》1989年第1期。

《敦煌吐蕃官号"节儿"考》，《民族语文》1989年第4期。

《藏汉佛典对勘释读之一——〈般若波罗蜜多心经〉》，《西藏研究》1989年第3期。

《藏汉佛典对勘释读之二——〈金刚经〉》，《西藏研究》

1989年第4期。

《藏历图略说》，中国社会科学院考古研究所编：《中国古代天文文物论集》，北京：文物出版社，1989年。

《陈寅恪先生对我国藏学研究的贡献》，纪念陈寅恪教授国际学术讨论会秘书组编：《纪念陈寅恪教授国际学术讨论会文集》，广州：中山大学出版社，1989年。

《藏学研究在台湾》，《西藏研究》1989年第2期。

《考释蕃文开盛业，征研元史见和光——序〈仁庆扎西藏学研究文集〉》，仁庆扎西：《仁庆扎西藏学研究文集》，天津：天津古籍出版社，1989年。

《〈唐五代敦煌寺户制度〉评介》，《书品》1989年第1期。

1990年：

《马球（Polo）新证》，《法言》（香港）1990年第8期。

《〈凉州广善寺碑〉藏汉文释读》（与陈践合撰），《西北民族研究》1990年第1期。

《藏汉佛典对勘释读之三——〈大乘无量寿宗要经〉》，《西藏研究》1990年第2期。

《藏汉佛典对勘释读之四——〈佛说阿弥陀经〉》，《西藏研究》1990年第4期。

《奈巴教法史——古谭花鬘》（奈巴班智达著，与陈践合译），《中国藏学》1990年第1期。

《中国的藏学》，汤一介主编：《中国文化与中国哲学：1988年》，北京：三联书店，1990年。

《怅望雪山悲遗志，俯首幽燕哭斯人——悼念郎卡孜·罗桑多吉》（与徐盛合撰），《中央民族学院学报》1990年第3期。

1991年：

《敦煌P. T. 351号吐蕃文书及景教文献叙录》，汉学研究中心编：《第二届敦煌学国际研讨会论文集》，台北：汉学研究中心，1991 年。

《青海吐蕃简牍考释》（与陈践合撰），《西藏研究》1991 年第 3 期。

《宗喀巴思想的历史渊源》（与褚俊杰合撰），《中国藏学》1991 年第 3 期。

《书卷纵横崇明德，山河带砺灿晚霞——评王森先生〈西藏佛教发展史略〉》，《中国藏学》1991 年第 2 期。

《匈牙利藏学泰斗 G. 乌瑞教授逝世》，《中国藏学》1991 年第 4 期。

1992 年：

《〈敦煌本吐蕃历史文书〉导言》，王尧、陈践：《敦煌本吐蕃历史文书》，北京：民族出版社，1992 年。

《藏传佛教文化十讲》，王尧：《西藏文史考信集》，高雄：佛光出版社，1992 年。

《藏传佛教译经史料钩沉》，《中国藏学》1992 年第 3 期。

《萨迦班智达贡噶坚参及其哲理诗〈萨迦格言〉》，王尧：《西藏文史考信集》，高雄：佛光出版社，1992 年。

《缘起不能破——宗喀巴对中观缘起学说的肯定》（与褚俊杰合撰），中华佛学研究所编：《中华佛学学报》第 5 期，台北：中华佛学研究所，1992 年。

《汉经融藏典，教理叩禅关——颂太虚大师创办汉藏理教院的伟大贡献》，王尧：《藏学零墨》，高雄：佛光出版社，1992 年。

《〈敦煌本吐蕃历史文书〉再版前言》，王尧、陈践：《敦煌本吐蕃历史文书》，北京：民族出版社，1992 年。

《〈国外敦煌吐蕃文书研究选译〉前言》，中国敦煌吐鲁番学会编：《国外敦煌吐蕃文书研究选译》，兰州：甘肃人民出版社，1992 年。

《〈川甘青藏走廊古部落〉中译本跋尾》，［法］石泰安：

《川甘青藏走廊古部落》，耿昇译，成都：四川民族出版社，1992年。

1993年：

《〈贤愚因缘经〉藏文本及其译者小考》，王宗维、周伟洲编：《马长寿纪念文集——纪念马长寿教授诞辰85周年逝世20周年》，西安：西北大学出版社，1993年。

《山东长清大灵岩寺〈大元国师法旨碑〉考释补证》，中央民族学院藏学研究所编：《藏学研究》第7集，北京：中央民族学院出版社，1993年。

《摩诃葛剌（Mahākāla）崇拜在北京》，蔡美彪主编：《庆祝王锺翰先生80寿辰学术论文集》，沈阳：辽宁大学出版社，1993年。

《少数民族与道教——读史劄记》，戴庆厦、罗美珍、杨应新编：《民族语文论文集——庆祝马学良先生80寿辰文集》，北京：中央民族学院出版社，1993年。

《台湾近期藏学论著述评》，《中国西藏》1993年第2期。

《〈西藏的神灵和鬼怪〉中译本序言》，[奥地利]勒内·德·内贝斯基·沃杰科维茨：《西藏的神灵和鬼怪》，谢继胜译，拉萨：西藏人民出版社，1993年。

1994年：

《从两件敦煌吐蕃文书来谈洪䛒的事迹——P. T. 999、1201号卷子译解》，复旦大学中文系编：《选堂文史论苑——饶宗颐先生任复旦大学顾问教授纪念文集》，上海：上海古籍出版社，1994年。

《清廷治藏盛事有见证——介绍台北“故宫博物院”所藏几件藏传佛教文物》，《中国西藏》1994年第6期。

《西藏与藏传佛教一席谈》（王俊中采访），《法光》第60期，1994年。

《〈喇嘛王国的覆灭〉中译本序言》，［美］梅·戈尔斯坦：《喇嘛王国的覆灭》，杜永彬译，北京：时事出版社，1994 年。

1995 年：

《元廷所传西藏秘法考叙》，王元化主编：《学术集林》第 3 卷，上海：上海远东出版社，1995 年。

《从“河图洛书”、“阴阳五行”、“八卦”在西藏看古代哲学思想的交流》，饶宗颐主编：《华学》第 1 辑，广州：中山大学出版社，1995 年。

《〈金瓶梅〉与明代道教活动》，陈鼓应主编：《道家文化研究》第 7 辑，上海：上海古籍出版社，1995 年。

《宗喀巴评传》序言及后记，王尧、褚俊杰：《宗喀巴评传》，南京：南京大学出版社，1995 年。

1996 年：

《从“血亲复仇”到“赔偿命价”看藏族的传统思想与社会变迁》，王元化主编：《学术集林》第 8 卷，上海：上海远东出版社，1996 年。

《藏族四大诗人（米拉日巴、萨迦班智达、宗喀巴、仓央嘉措）合论》（与褚俊杰合撰），饶宗颐主编：《华学》第 2 辑，广州：中山大学出版社，1996 年。

《作为哲学家的宗喀巴和宗喀巴的中观哲学》（与褚俊杰合撰），陈庆英主编：《藏族历史宗教研究》第 1 辑，北京：中国藏学出版社，1996 年。

《宗喀巴的密宗思想——“双运论”与“次第论”》（与褚俊杰合撰），中央民族大学藏学研究所编：《藏学研究》第 8 集，北京：中央民族大学出版社，1996 年。

《藏语 zla　ba 一词音义考》，《民族语文》1996 年第 5 期。

《枭（sho）、博（sbag）考源——西藏民间娱乐文化探讨》，《中国藏学》1996 年第 2 期。

《十一世班禅大师应化现身追记》，《炎黄春秋》1996 年第 6 期。

《〈风马考〉代序》，谢继胜：《风马考——西藏民间宗教、仪轨与神话》，台北：唐山出版社，1996 年。

1997 年：

《佛教与中国传统文化》编辑缘起及后记（与陈楠合撰），王尧主编：《佛教与中国传统文化》，北京：宗教文化出版社，1997 年。

《〈题万松图〉的故事》，《佛教文化》1997 年第 5 期。

1998 年：

《敦煌吐蕃文书 P. T. 1297 号再释——兼谈敦煌地区佛教寺院在缓和社会矛盾中的作用》，《中国藏学》1998 年第 1 期。

《藏语的文化语言学释例》，《中央民族大学学报》1998 年第 3 期。

《〈西藏历史文化辞典〉前言》，王尧、陈庆英主编：《西藏历史文化辞典》，拉萨：西藏人民出版社；杭州：浙江人民出版社，1998 年。

《〈宁玛派次第禅〉序言》，摧魔洲尊者：《宁玛派次第禅》，敦珠宁波车科判、谈锡永导论、许锡恩翻译，香港：密乘佛学会，1998 年。

《〈藏史丛考〉序言》，陈楠：《藏史丛考》，北京：民族出版社，1998 年。

1999 年：

《賨人初考——藏族与道教的关系一探》，王尧主编：《贤者新宴——藏学研究丛刊》第 1 辑，北京：北京出版社，1999 年。

《我与西藏学》，张世林编：《学林春秋》第 2 编，北京：朝华出版社，1999 年。

《〈法藏敦煌藏文文献解题目录〉序言》，王尧主编：《法藏敦煌藏文文献解题目录》，北京：民族出版社，1999 年。

《〈贤者新宴〉创刊序言》，王尧主编：《贤者新宴——藏学研究丛刊》第 1 辑，北京：北京出版社，1999 年。

《〈敦煌汉文吐蕃史料辑校〉序言》，杨富学、李吉和：《敦煌汉文吐蕃史料辑校》第 1 辑，兰州：甘肃人民出版社，1999 年。

《〈八思巴生平与《彰所知论》对勘研究〉序言》，王启龙：《八思巴生平与〈彰所知论〉对勘研究》，北京：中国社会科学出版社，1999 年。

《潇洒无尘，耿介绝俗，崎岖历尽，书生面目——为费孝通老师 90 大寿献词》，张荣华编：《薪火相传——记费孝通教授》，北京：群言出版社，1999 年。

2000 年：

《吐蕃时期藏译汉籍名著及故事》，王尧：《水晶宝鬘——藏学文史论集》，台北：佛光文化事业有限公司，2000 年。

《诗人、圣者米拉日巴的自然雅趣与性瑜伽观》，王尧：《水晶宝鬘——藏学文史论集》，台北：佛光文化事业有限公司，2000 年。

《明初与藏事有关的诏文及河西碑刻考异》，王尧：《水晶宝鬘——藏学文史论集》，台北：佛光文化事业有限公司，2000 年。

《〈金瓶梅〉与明代藏传佛教》，王尧：《水晶宝鬘——藏学文史论集》，台北：佛光文化事业有限公司，2000 年。

《台北故宫博物院藏一件驻藏大臣奏折介绍——嘉庆治藏政策平议》，王尧：《水晶宝鬘——藏学文史论集》，台北：佛光文化事业有限公司，2000 年。

《古藏文概述及图例》，王尧：《水晶宝鬘——藏学文史论集》，台北：佛光文化事业有限公司，2000 年。

《千江映月，同是一月——〈解深密经疏〉遗事掇琐》，韩金科主编：《'98法门寺唐文化国际学术讨论会论文集》，西安：陕西人民出版社，2000年。

《近十年中国藏学研究概述（1986—1996）》，王尧：《水晶宝鬘——藏学文史论集》，台北：佛光文化事业有限公司，2000年。

《〈更敦群培评传〉序言》，杜永彬：《二十世纪西藏奇僧——人文主义先驱更敦群培大师评传》，北京：中国藏学出版社，2000年。

《藏学研究与外宣工作之浅见》，《中央民族大学学报》2000年第6期。

2001年：

《云南丽江吐蕃古碑释读劄记》，荣新江主编：《唐研究》第7卷，北京：北京大学出版社，2001年。

《〈大宝积经〉汉藏文对勘校读本述略前记》，胡军、孙尚扬主编：《诠释与建构——汤一介先生75周年华诞暨从教50周年纪念文集》，北京：北京大学出版社，2001年。

《藏译本〈大唐西域记〉的翻译、译者和大乘上座部等几个问题述记》，乐黛云主编：《季羡林与二十世纪中国学术——纪念季羡林教授90寿辰》，北京：北京大学出版社，2001年。

《特立异行，追求真理——记我所知道的先师于道泉先生》，王尧编著：《平凡而伟大的学者——于道泉》，石家庄：河北教育出版社，2001年。

《于道泉先生年谱简编》，王尧编著：《平凡而伟大的学者——于道泉》，石家庄：河北教育出版社，2001年。

《两位学术大师：周叔迦与于道泉》，湛如主编：《华林》第1卷，北京：中华书局，2001年。

《〈早期汉藏艺术〉中译本序言》，［法］噶尔美·海瑟：《早期汉藏艺术》，熊文彬译，石家庄：河北教育出版社，

2001 年。

2002 年：

《吐蕃古史探微——神话、传说、故事与寓言》（与褚俊杰合撰），陈高华、余太山主编：《中亚学刊》第 6 辑，乌鲁木齐：新疆人民出版社，2002 年。

《从敦煌文献看吐蕃文化》，黄征主编：《南京栖霞山石窟艺术与敦煌学》，杭州：中国美术学院出版社，2002 年。

《〈藏学文库〉总序》，王尧主编：《藏学文库》，西宁：青海人民出版社，2002 年。

《〈雪域旧旅丛书〉总序》，王启龙主编：《雪域旧旅丛书》，成都：四川民族出版社；北京：中国社会科学出版社，2002 年。

2003 年：

《唐帝国统治下的西域与吐蕃王国》（与穆舜英合撰），［俄］B. A. 李特文斯基主编：《中亚文明史》第 3 卷，马小鹤译，北京：中国对外翻译出版公司，2003 年。

《〈中国藏学史〉序言》，王尧、王启龙、邓小咏：《中国藏学史：1949 年前》，北京：民族出版社、清华大学出版社，2003 年。

《〈吐蕃文献选读〉序言》，陈践、王尧：《吐蕃文献选读》，四川民族出版社，2003 年。

《记与王重民先生交往二三事》，国家图书馆善本特藏部编：《文津流觞》第 11 期，2003 年。

《高山仰止——长忆李方桂先生》，李方桂：《李方桂先生口述史》附录，王启龙、邓小咏译，北京：清华大学出版社，2003 年。

2004 年：

《青海玉树地区贝考石窟摩崖吐蕃碑文释读》，荣新江主编：

《唐研究》第10卷，北京：北京大学出版社，2004年。

《〈拉萨尼寺梵呗〉序言》，黄勇：《拉萨尼寺梵呗——阿尼仓空宗教仪轨供品研究》，北京：中国藏学出版社，2004年。

2005年：

《青海都兰新出吐蕃文汇释》，北京大学考古文博学院、青海省文物考古研究所：《都兰吐蕃墓》附录，北京：科学出版社，2005年。

《〈藏族与长江文化〉序言》，王尧、黄维忠：《藏族与长江文化》，武汉：湖北教育出版社，2005年。

2006年：

《蹉跎岁月里的辅仁》，李丽主编：《王辅仁与藏学研究》，北京：中央民族大学出版社，2006年。

2007年：

《吐蕃"钵阐布"考论》，四川大学中国藏学研究所编：《藏学学刊》第3辑，成都：四川大学出版社，2007年。

《西藏地名释例》，唐晓峰主编：《九州》第4辑，北京：商务印书馆，2007年。

《藏汉文化的双向交流》，陆挺、徐宏主编：《人文通识演讲录·历史卷》，北京：文化艺术出版社，2007年。

《藏族为中华文明做出了重大贡献》（杨君采访），《中国宗教》2007年第12期。

《〈古代西藏碑文研究〉汉译本序言》，丁邦新主编：《李方桂全集》第9卷，王启龙译，北京：清华大学出版社，2007年。

《〈图说西藏古今〉序言》，廖东凡、张晓明、周爱明、陈宗烈：《图说西藏古今》，北京：华文出版社，2007年。

《我陪耀邦书记进藏侧记》，胡耀邦史料信息网，2007年7月30日。

2008 年：

《藏戏源于佛教述略》，王俊义主编：《炎黄文化研究》第 8 辑，郑州：大象出版社，2008 年。

《文化的认同和融合——汉藏文献互译浅见》，北京：国际藏学讨论会，2008 年。

《〈敦煌本吐蕃历史文书〉三版前言》，王尧、陈践：《敦煌古藏文文献探索集》，上海：上海古籍出版社，2008 年。

《点点滴滴，关于丽江和纳西族的回忆（代序）》，木仕华主编：《丽江木氏土司与滇川藏交角区域历史文化研讨会论文集》，北京：中国藏学出版社，2008 年。

《儒雅博学，热爱祖国——长忆柳陞祺先生》，郝时远、格勒主编：《纪念柳陞祺先生百年诞辰暨藏族历史文化论集》，北京：中国藏学出版社，2008 年。

2009 年：

《藏传佛教与灵童转世》，《中国文化》2009 年第 3 期。

《长安佛教与西藏佛教》，西安：长安佛教论坛，2009 年。

《丰富精美，耳目一新——序〈汉藏交融——金铜佛像集萃〉》，王家鹏主编：《汉藏交融——金铜佛像集萃》，北京：中华书局，2009 年。

《〈藏传佛教寺院美岱召五当召调查与研究〉序言》，王磊义、姚桂轩、郭建中：《藏传佛教寺院美岱召五当召调查与研究》，北京：中国藏学出版社，2009 年。

2010 年：

《藏传佛教的发展传承》（张萍采访），《精品购物指南》2010 年第 75 期。

《中国文化因“和”而传承》（赵媛采访），《精品购物指南》2010 年第 11 期。

《藏学家王尧教授访谈录》（何贝莉采访），王铭铭主编：《中国人类学评论》第14辑，2010年。

《〈贤者喜宴吐蕃史译注〉序言》，黄颢、周润年：《贤者喜宴吐蕃史译注》，北京：中央民族大学出版社，2010年。

《朴老与三代班禅大师的旷世友情》，《中国宗教》2010年第6期。

《深切怀念王永兴先生》，编委会编：《通向义宁之学：王永兴先生纪念文集》，北京：中华书局，2010年。

2011年：

《藏传佛教之活佛转世制度的形成和发展》，《国学新视野》2011年第1期。

《西藏历史进程中的两座丰碑——萨班·贡噶坚赞与阿沛·阿旺晋美合论》，《中国藏学》2011年第3期。

《惠果所传曼荼罗画与唐密、东密、藏密的殊胜因缘》，西安：大兴善寺与唐密文化学术研讨会，2011年。

《语文学的持守与创获》，《读书》2011年第8期。

《〈巴尔蒂斯坦的历史与文化〉序言》，陆水林编译：《巴尔蒂斯坦的历史与文化》，北京：中国藏学出版社，2011年。

《追忆季羡林先生二三事》，张世林主编：《想念季羡林》，北京：新世界出版社，2011年。

（二）专著、合著

《西藏民间故事》，北京：通俗读物出版社，1955年。

《说不完的故事》，北京：通俗读物出版社，1956年；西宁：青海民族出版社，1962年、1980年。

《文成公主的故事》，北京：通俗读物出版社，1956年；上海：上海文艺出版社，1958年。

《珍珠》(与开斗山合著),北京:通俗文艺出版社,1957年。

《蒙藏民间故事》(与李翼合著),香港:今代图书公司,1957年;香港:国光书局,1975年。

《西藏萨迦格言选》,西宁:青海人民出版社,1958年;西宁:青海民族出版社,1981年。

《藏剧故事集》,北京:中国戏剧出版社,1963年;拉萨:西藏人民出版社,1980年;英文本,北京:新世界出版社,1986年。

《藏族民间故事选》(与佟锦华合著),上海:上海文艺出版社,1980年。

《敦煌本吐蕃历史文书》(与陈践合著),北京:民族出版社,1980年;增订本,北京:民族出版社,1992年。

《吐蕃金石录》,北京:文物出版社,1982年。

《吐蕃文献选读》(与陈践合著),北京:民族出版社,1983年;成都:四川民族出版社,2003年。

《敦煌吐蕃文献选》(与陈践合著),成都:四川民族出版社,1983年;藏文本,北京:民族出版社,1983年。

《吐蕃简牍综录》(与陈践合著),北京:文物出版社,1986年。

《吐蕃时期的占卜研究——敦煌藏文写卷译释》(与陈践合著),香港:香港中文大学出版社,1987年。

《敦煌吐蕃文书论文集》(与陈践合著),汉藏合刊本,成都:四川民族出版社,1988年。

《吐蕃文化》,长春:吉林教育出版社,1989年。

《西藏文史考信集》,高雄:佛光出版社,1992年;北京:中国藏学出版社,1994年。

《藏学零墨》,高雄:佛光出版社,1992年。

《宗喀巴评传》(与褚俊杰合著),台北:东初出版社,1992年;南京:南京大学出版社,1995年。

《中国地域文化·藏文化卷》(与丹珠昂奔合著),济南:山东美术出版社，1997 年。

《水晶宝鬘——藏学文史论集》，台北：佛光文化事业有限公司，2000 年。

《平凡而伟大的学者——于道泉》，石家庄：河北教育出版社，2001 年。

《中国藏学史：1949 年前》（与王启龙、邓小咏合著），北京：民族出版社、清华大学出版社，2003 年。

《藏学概论》，太原：山西教育出版社，2004 年。

《西藏文史探微集》，北京：中国藏学出版社，2005 年。

《藏族与长江文化》（与黄维忠合著），武汉：湖北教育出版社，2005 年。

《敦煌古藏文文献探索集》（与陈践合著），上海：上海古籍出版社，2008 年。

《当代名家学术思想文库·王尧卷》，沈阳：万卷出版公司，2010 年。

（三）主编、参编

《国外藏学研究选译》，兰州：甘肃民族出版社，1983 年。

《藏汉对照拉萨口语词典》（于道泉主编），北京：民族出版社，1983 年。

《国外藏学研究译文集》（第 1—18 辑），拉萨：西藏人民出版社，1985—2006 年。

《藏汉大辞典》（张怡荪主编），北京：民族出版社，1985 年。

《中国大百科全书·语言文字》（中国大百科全书编辑委员会编），北京：中国大百科全书出版社，1988 年。

《中国大百科全书·宗教》（中国大百科全书编辑委员会编），北京：中国大百科全书出版社，1988 年。

《国外敦煌吐蕃文书研究选译》，兰州：甘肃人民出版社，

1992 年。

《佛教与中国传统文化》，北京：宗教文化出版社，1997 年。

《西藏历史文化辞典》（与陈庆英合作主编），杭州：浙江人民出版社；拉萨：西藏人民出版社，1998 年。

《中华文化通志 · 民族文化典》，上海：上海人民出版社，1998 年。

《法藏敦煌藏文文献解题目录》，北京：民族出版社，1999 年。

《贤者新宴——藏学研究丛刊》（第 1—5 辑），北京：北京出版社，1999 年；石家庄：河北教育出版社，2000—2005 年；上海：上海古籍出版社，2007 年。

《佛教小辞典》（杜继文、黄明信主编），上海：上海辞书出版社，2001 年。

《中国佛教文化大观》（方广锠主编），北京：北京大学出版社，2001 年。

《藏学文库》，西宁：青海人民出版社，2002—2008 年。

《敦煌典籍与唐五代历史文化》（张弓主编），北京：中国社会科学出版社，2006 年。

《李方桂全集 · 古代西藏碑文研究》（与柯蔚南合作主编），北京：清华大学出版社，2007 年。

图书在版编目(CIP)数据

王尧藏学文集.5,藏汉文化双向交流·藏传佛教研究/王尧编著.
—北京:中国藏学出版社,2011.4
(现代中国藏学文库)
ISBN 978-7-80253-348-6

Ⅰ.①王… Ⅱ.①王… Ⅲ.①藏学-文集②藏族-民族文化-文化交流-汉族-中国-文集③喇嘛教-文集
Ⅳ.①K281.4-53②B946.6-53

中国版本图书馆CIP数据核字(2011)第040258号

王尧藏学文集 5
——藏汉文化双向交流·藏传佛教研究

王尧 编著

出版发行 中国藏学出版社
印　　刷 北京牛山世兴印刷厂
开　　本 787×1092毫米 1/16
印　　张 34.75
字　　数 467千
印　　数 2000册
印　　次 2012年6月第1版第1次印刷
书　　号 ISBN 978-7-80253-348-6/K·272
定　　价 69.00元

图书若有质量问题,请与本社联系
E-mail:dfhw64892902@126.com　电话:010-64892902